本书获中宣部全国文化名家暨"四个一批"人才项目资助

思想的表达与传播

学术出版的本质及其实践

—— 下卷 ——

赵剑英　著

中国社会科学出版社

下卷目录

2015

2018

2020

2015

大力推动数字化转型
开创互联网经济新形态[*]

大家下午好！我昨天中午刚刚从浙江出差回来，想把这两次出差的情况和所见所闻跟大家分享一下，我所受的冲击很大，要把自己感受的东西传递给大家。

第一个会议是在杭州召开的2015年中国数字阅读大会，这个数字阅读大会是由中国移动在杭州的手机阅读基地和浙江省人民政府、省委宣传部组织的一个大型会议，是在全民阅读节前夕组织召开的。中国移动在数字产品方面有好几个基地，比如在杭州是阅读基地，在四川是音乐基地，其他地方还有游戏、动漫基地等，现在它把这些公司全部整合起来，叫作咪咕数字传媒有限公司，这次也是该公司的成立大会。来自各大数字出版公司、互联网的巨头都到会做了报告，咪咕数字传媒有限公司发布了一个白皮书，我听了很受启发。还有浙江出版集团下面专门有一个数字出版、数字阅读的公司，也讲了传统出版与新兴出版相融合的思考，我听了也很受启发。一会儿我要讲的主要是这个会上的成果。

第二个会议是浙江书展，就是浙江的馆配会。3月底到4月初是全国馆配会的高峰，我要求每位发行部的同志参与馆配会都要汇报，重点汇报情况和存在的问题，寻找差距，分析原因，提出对策，这一点明天的馆配工作会议我会重点讲。

---

[*] 2015年4月24日，在中国社会科学出版社青年工作会议暨团总支成立大会上的讲话。

　　数字阅读大会让我感受到数字阅读的热浪，受到了很大的震撼与冲击，感到我们中国社会科学出版社的数字化转型迫在眉睫。我就思考，如果在数字出版转型上迈不出步伐或者没有成效的话，我们出版社五年以后会怎样？大家别看现在日子好过，我们要考虑我们的前途和命运，这是我想的第一个问题。

　　第二个问题是参加浙江书展全民阅读日，那天浙江省新华发行集团的董事长兼党委书记，还有一个副书记，他们的副总，杭州新华书店的老总、办公室主任、采购中心主任等，专门和我们交流。浙江省新华发行集团的发行销售能力是非常强的，包括馆配，所以两天半的时间整个馆配成交量超过 1 亿元，这是令人非常震惊的数据。我打听了一下，江苏算不错的，也就三四千万元，江苏也是经济大省，与浙江相比差距还这么大，可见浙江作为一个经济大省，也是个文化大省，它的公共文化消费的投入很大，市场很大。但是我们社跟许多大的出版社相比差距实在太大。这两天半之内我看馆配成绩最好的是上海世纪出版集团，600 多万元，机械工业出版社是 300 多万元，电子工业出版社、化学工业出版社也比我们好很多，我们的兄弟出版社社科文献出版社位居第 11，130 多万元，成绩也相当不错，我们的数字差得很远。

　　所以我参加这两个会感受非常深。一段时间以来，我一直考虑这样一个很重要的问题，就是互联网时代的来临对出版业尤其是给我们社科出版社带来的冲击，以及社科出版社的前途命运，我用相当多的时间考虑这个问题。因为对我来讲，这些都是新生事物，我也是在学习当中，现在正好有这样的机会，我就先介绍一下。

　　我今天想讲的主题就是这么几句话：首先是融入互联网时代，要紧跟和融入互联网时代，积极拥抱数字阅读时代的到来，而不是拒绝数字化时代、数字阅读时代的到来，因为它是不以人的意志为转移的。其次，树立互联网思维，既然互联网时代来临了，数字阅读时代来临了，我们就要树立互联网思维。我们作为一个认识主体，作为出版人，要树立互联网思维。最后，树立互联网思维是为了开创出版业的互联网经济形态。我今天就讲这三句话。

树立互联网思维，开创出版业的互联网经济形态，可能有的同志是理解的，互联网经济形态是一个很有内涵的概念，不仅仅是我们现在做电子书，销售电子书，把纸质图书数字化。那天在会上吴晓波的讲话使我很受启发，他是著名的财经作家，写过《激荡三十年》，他是研究企业的，研究过华为等著名企业。他现在粉丝几百万，通过财经书友会和吴晓波频道的粉丝已经开创了一个自媒体直接营销的模式。这些粉丝也好，书友会的会员也好，实际上新的概念就叫用户，都是他的用户。比如说，他有四百万会员，会员还有好友之类，他推销一本书很轻松就是几百万的销量，这就是互联网经济形态。还有连带的更多的效应，比如他的会员里边有好多是企业家，他觉得一本书不错，推荐到一个企业，中层以上干部或者职工人手一本，乘数效应非常大，不光是卖书，还有广告等，这就叫互联网经济形态，有人也叫它"粉丝经济"。

我还想介绍一个数据，就是互联网网民截至 2014 年 12 月是 6.49 亿人，手机网民 5.57 亿人。手机网民是什么意思呢？就是用手机直接上网的，过去一般是在 PC 上网，现在更多的是依赖智能手机上网，4G 手机上网速度很快，手机逐渐成为我们阅读的重要载体。这样一个情况就是我们阅读的载体、阅读的方式发生深刻、巨大的变化。不光是网上阅读，网络的销售、电商、互联网金融等的兴起和发展，导致这样的情况：实体销售，所有实体店，各种产业的、各种实业的，不光是书，其他产品像家电、服装等相关的产品销售额逐渐下降，实体店的零售用户逐渐变少，而且传统企业要有房租、人力成本，这些成本都很大，而网络直接免去了这些环节。我相信这天肯定会到来，我们的企业可能不需要仓库了，我们自己的用户实现互联网化以后他要多少书，我们物流直接跟上给他了，可能厂里定制出来以后直接配送给他，连仓储都不需要，很可能出现这样一种形态。所以传统商业的成本高，而网络的成本非常低，而且在网络上我们的用户可以挑的书很多，什么书都能看到。我们去一间书店的时候，它的书很有限，但是网络平台的数据是海量的，其他商品也是这样，可供你挑选的品种太多了，专注于某一类商品的客户的忠诚度在下降，这些东西都是互联网时代对我们商业模式的挑战。

所以根本上要落实到这点，就是我们的生产方式、运营管理模式、销售模式在互联网时代要发生深刻变化，这是个根本，就是我们的商业模式要创新，要适应互联网时代，要适应用户时代，要有用户思维，要树立互联网经济形态的概念。昨天我还在想，互联网时代、互联网经济是个什么概念？我们讲互联网经济、互联网时代就说明我们传统的企业越来越难做了，传统企业的生产、传统的商业销售越来越难做，我们不得不做出改变。刚才我讲到今年上半年以来最热的词有几个，创业、创新还有"互联网＋"，"互联网＋"是个非常热的概念，"互联网＋"是什么？现在我们所处的时代已经是个互联网时代。你我看到、感受到的是这样一个客观的时代，你必须在这样一个时代方向下来决策、生产和销售，这是个前提，我们搞哲学的知道这叫客观环境，你的客观对象就是这样的客观对象，"互联网＋"是我们的前提。所以我们突然醒悟"互联网＋"的时代来临了，你别无选择，你要选择的就是要对你的生产、管理、运营、销售模式的创新变革，这是必须要走的一步。"互联网＋"的时代归根到底就是你的商业模式要变化。商业模式是什么？我的体会不知道对不对，我感觉到商业模式的变化集中到一点，就是用户的积累与拓展，这个用户不是指传统销售模式下的中间商，而是指你的受众对象、你的消费客户，也就是你的终端用户，需要通过互联网把自己的终端用户搞得多多的，和他们建立一对一的关系。首先是稳固化，其次要拓展和积累。总之，要取得乘数放大效应。比如郭沂纹①副总编跟我讲她的博客点击量很

---

① 郭沂纹，时任中国社会科学出版社副总编辑。

高，她介绍一本书点击量十几万次。

如果我们某一本书、某一个学术产品转化为一个视频，有这样的点击量，每次收1元钱是什么概念？那就是2000万元。它就是个海量用户的数据，所以我由此想到商业模式的变化主要就是用户的拓展、维护、稳固，把你的用户搞得多多的。凭什么？凭你的互联网、你的平台、你的产品去吸引更多的人。这次数字阅读大会上颁发了好多网络作家的奖，什么唐家三少，颁了四本书，你知道他的版税是多少吗？是5000万元。他的小说是怎么写的？他写一章放上去，粉丝是非常多的，盛大网络和腾讯文学合并以后叫作阅文集团，它下面拥有400万名畅销的、受粉丝欢迎的作家、网络写手，作为我们来讲就是传统的作者的概念，对于它就是这些网络写手、网络作家的概念，这就是它的财富。拥有这个核心资源之外，它的编写是互动的，粉丝有评论，然后再转发，所以读者越来越广。比如他写一章以后，点击阅读收费是0.5元或者0.3元，或者一章大概是多少字，都是有价格的，单看价格不高，但是用户量大。阅文集团每天的阅读量是300本书左右，量是很大的。这就是互联网经济，然后随之而来的是这些网络公司的广告。不光是读者阅读愿意付费，每个人感受不到，钱可能很少，一个人包月的话3元钱，但是人多，这是一块收入。第二块收入就是广告的收入，广告的收入不得了。现在平面媒体发行量逐年下降，电视媒体的收入也下降了，受到互联网媒体的强力冲击，就是互联网时代的到来和互联网经济形态的崛起，就是这样一个客观现实，发生得很快。

我感觉到今年似乎"互联网＋"这把火烧得越来越旺，真是如火如荼，我在微信上忍不住发了一下，数字阅读市场的竞争与圈地可谓狼烟四起、逐鹿争雄。许多像腾讯这些大的网络公司雄心勃勃，不光是在文学这块，它还要进军财经、进军人文、进军社科，所以我们要有紧迫感。我感觉到社科、人文这块资源在互联网阅读方面还没有真正地开拓，他们想来开拓这块，现在真正挣钱的是网络文学这块，因为好多都是虚构的，但是庞大的人文资源、文化资源、社科资源这些东西怎么在互联网上呈现，怎么在手机阅读当中呈现，怎么才能有更多的读者和粉丝，我认为这还是一块尚未开垦的处女地，具有巨大的开发潜力。但是现在速度很快，因为他们强强联合，资本强大，技术先进，管理经验都走在前面，所以这些东西好像腾讯都已经在涉猎，正在开始进军这个领域。所以，我作为出版社领导者感觉到压力巨大，如果我们社科出版社对这样一个业态环境的变化毫无感知或者感到无所谓，五年以后我们出版社只有一条路，可能就被别的公司——别的网络公司也好，别的出版集团也好——并购，很可能就是这样。

我觉得互联网时代、互联网经济的到来是一个整体性的东西，我们这几年成立了数字出版中心，但是在大家的心目当中好像它就是一个部门。这点我早就说了，我说要做到一个生产过程，多种产品形态。我是学哲学的，说的时候还有超前性，现实证明这句话没错。现在真正要把数字出版放到全社的整体性更加突出重要的位置。什么概念？就是从策划到生产到营销的整体性数字化转型，从选题策划到印制、销售，我们要有数字化思维，要有数字阅读思维，要有多种产品形态，不光是纸质图书，刚才讲到根本的是盈利模式的变化，如果我们仅仅停留于现在，只销售纸质的图书是没法活下去的。如果我们提供不了数字产品的话，我们能不能守得住？我们现在的发行量，无非是两块，一个馆配，一个实体店，现在这样的收入能够维持多少年？我们有没有数字产品出来能够开辟数字产品的市场，赢得在这块领域里边我们的销售收入？这个概念应该说清楚了，数字产品的销售收入是我们亟须开拓的一个领域。我们的社科资源，好多已经出版的资源和我们现在正在出版的资源是不错的，我们需要有一种互联网思维，把我们的数字化产品资源开发出来、研发出来，赢得自己的数字产品市场，获得市场销售收入。

当前编辑和出版工作中应当注意的几个重要问题[*]

一　加强选题立项和书稿审读的把关

这是个老问题，但还是要强调，始终不能松懈，一出问题就是大问题。尤其党的十八大以来，意识形态工作面临新形势，现在中央、国家新闻出版广电总局和中国社会科学院提出很多新要求，我们都在第一时间进行了传达和学习，大家一定要重视起来。这方面我们也多次进行教育，我本人就讲了三次，其他社领导也都讲过多次，这些要求、这些内容是我们选题立项内容把关的一个前提条件，没有这些东西我们就会迷失方向，就会犯错误。大家看一看我去年3月在三项纪律教育活动方面做了三次讲话，这些内容对编辑室主任也好，对在座的每位编辑、每位职工来讲是非常重要的，这是我们做好出版工作的一个底线、生命线。

最近有一本书，编辑觉得可能是很普通的书，貌似很普通的书，作者身份是一个企业家，但它的内容、它的观点实际上是有政治问题的，出版资助给的也不少。在这种情况下，我们的编辑就很容易犯错，就想着这个选题比较好，好多事情就听作者的话。幸亏我们在正式印刷之前停止出版，没有向社会公开发行，算是消灭在了萌芽状态。千万不要小看自己从事的图书出版工作。图书出版是重要阵地，是传播思想观点的一个重要载体，现在管理越来越严，所以

---

* 2015年6月18日，在中国社会科学出版社中层以上编辑干部工作会议上的讲话。

千万要做到守土尽职。

这给大家敲了次警钟，一是选题立项和内容审读方面，以及样书的制作方面，我们都有许多要检讨的地方。实际上事后想一想，不光替当事人，我自己也是捏把汗的。但凡书稿出错误了、出问题了，还是审稿的问题！审得认不认真、把不把关，三审当中只要做到有一审、有一关是认真的，把问题提出来，这本书就应该不会有太多问题，就怕把关不严，形同虚设。因此，我强调两点：第一个是选题立项，第二个是内容把关，一定要切切实实地做三审，一定要看稿子，初审、复审、终审，终审对政治观点要把关，复审要特别对一些初审提出的问题进行复核，尤其是知道这本书有政治问题的时候，属于政治观点类，就一定要睁大眼睛好好看，所以咱们的编辑费不是那么好挣的。

还要提醒大家，带有鲜明的政治观点或者政治色彩很强的书，作者给的条件又非常优厚，出书又非常急。这种时候我们要保持清醒，放慢出版节奏，不要跟着作者的节奏走，他可能背后有什么动机。

另外就是现在年轻的同志比较多，各位领导、各位出版中心主任一定要加强对年轻同志的培养，严格要求。他出了问题，责任还是在带他们的老编辑和中心主任身上。对年轻的同志一定要注意培养，要告诉他们审稿子要注意的问题。对于他们看的稿子，你们复审的时候要认真一些，做好传帮带的工作，千万不能稿子看不过来，扔给年轻人一看就行了，复审也不好好看，年轻的同志毕竟有的地方把不住，你又不好好看，三审又可能时间紧，这个稿子就这么出版了，这样很容易出现问题。我们可能觉得很多书稿都没有什么问题，实际上发生问题的概率是很小很小的，但是如果你碰上了，那绝对是一个百分之百的事件，就是这么个道理。

再强调一下，选题、内容把关要切切实实地去做，绝不能松懈。另外要求大家多学习 OA 上关于加强政治纪律方面的文件。

二　关于成书质检问题

我们今年出台了几个文件，如加强质量建设、加强流程管理等，有些大家意见还是比较多的，比如成书质检。

我们今年增加了成书质检环节，原来没有这一环节，之前在官网录入上传图书信息的时候也会时不时地发现一些问题，有时候反馈给编辑。现在增加了成书质检岗位后，可能发现的问题更多了，要求更高了，大家有点不适应，所以恐怕大家的意见也不小，甚至有些冲突。我觉得这个方向是没问题的，加强质量建设，现在大的环境要求我们必须这样做，而且确实我们图书生产中有好多环节是比较粗糙的。

另外一点，我跟大家探讨一下，大家也呼吁加强印前的管理，印前管理当然是最好的，我们要拿出一个好的管理办法，最好是将印前和印后管理结合起来，把更多的错误消灭在印制前。我们是为了发现问题，把好质量关，出好书，处罚不是目的。这个问题，大家都思考一下，多提建议。

三　关于返工处罚问题

近期，我们公布了几年来每个编辑的返工费用，大家可能多多少少都有些议论，有些不太理解。我想说明的是，大家的心情可以理解，每年承担 30 多万元返工费的经营成本，如果你站在企业管理者的位置上会怎么想？我们也充分考虑到了大家各方面的想法，制定了处罚标准。

一个企业总要有个起码的管理，如果对这些现象听之任之，没有任何的管理措施，还讲什么企业管理。我们是企业，企业要有成本的核算和管理，企业管理中最重要的就是成本控制。成本控制有质量要求，大家都是应该理解的，不是为了扣大家的钱，而是要解决问题，大家应该通过提高工作质量，减少返工现象，控制生产成本。各位领导、各位中层干部在这个问题上要平心而论，对社里这样一个决定要予以理解、予以支持、予以配合。

社里现在不是没有钱，罚钱不是目的，是为了加强管理，使我们各方面的工作在正确的轨道方向上前进。我们该怎么管理就怎么管理，节省下来的钱，可以增加年底的奖金。但是如果管理上是这个样子，错误率很高，质量有问题，我们又不采取措施，你说这个企业像什么样子？我们绝不能这样干，我们要有个正确的方向，在这个前提之下多发奖金，这些都是顺理成章、高高兴兴的事。

四 提高竞争意识和竞争力

春节过后，我们开始组织智库项目，利用中央加强智库建设和院里建设 11 个专业智库的机遇，做好智库报告成果发布。这方面我们的目标是很明确的，但是推进相当艰难，需要付出很多很多的努力。王茵[①]和重大项目出版中心的同志们干得很辛苦，跑了很多研究所，也签了好多框架性协议。但是院里经济片和国际片有很多固定的关系，所以要打破这样一个局面或者要挤进去还是要花很大的努力，确实非常艰难。

不只是这个项目，包括其他的成果，普遍反映有两个情况，一个是说我们去联络的人很少，人家都是有规律地去，至少两个礼拜去一次。再一个，前段时间我们按照学科统计了，我们各个出版中心近两年来在院每期成果文库和后期资助成果争取的情况。是什么比例？只是我们没有公布，如果公布，有些主任可能有压力，实际上这个数据社里都掌握了。虽然这几年有进步，但有的学科拿到的比例很低，就显示出我们的竞争意识还不够。

我们是企业，就要面临市场竞争，竞争是非常残酷的。像智库报告，这是个巨大的出版市场，不光社科院，恐怕要面向全国，我

---

① 王茵，时任中国社会科学出版社重大项目出版中心主任，现为中国社会科学出版社副总编辑。

们现在要打进这个市场，我们要加倍努力。我们的竞争对手也会想尽办法，人家不会轻易让你进入这个市场，他们想把你挤出这个市场。只要存在独立的经济主体和法人，就有残酷的竞争。商业之间的竞争就是这么回事，我们必须要看到这点本质，不看到这点本质，我们就是虚幻的或者所谓的善良、天真，真正的竞争者应该做到这点。

1. 不断强化竞争意识

我们出版社是老社、名社、大社，我们每个领导要有出版志向，有志气，竞争意识中必须要有这样一种气概、有这样一种志向做支撑，社科出版社凭什么要输于别人？有没有这样一种志向？有没有一种打仗的勇气？大家都是资深编辑了，不说要成为一个出版家，我们起码在竞争当中不能老输吧？就像打仗一样，商战也是一样的。所以我觉得我们要有一种精神状态，要有一种志气。社科院这个庞大的学术资源是优质的学术资源，我们首先要争取，当然从考核体制机制来讲，我们这两年有所改善。但也许考虑到压力，这方面我们的指标加码的力度还不够大。社里真的也是体谅大家，但是丝毫不能放松对院里资源的争取，现在这段时间有这个倾向，我们强调得不够，跟院所里各方面的联系又弱化了，主动性不够。

2. 提前介入，积极争取院里的重大项目

不要等院里成果公布的时候再去联系，要提前在项目立项过程中介入。要经常去，了解信息。我知道大家也很忙，但是有时候出去走走完全不一样。所以我觉得各位主任，你们的排兵布阵、工作计划、工作要求当中这块是不是要加强？要把这项工作作为指标，我们也需要在工作实践中不断体会、不断摸索这方面好的经验。今年编辑考核方案出台了，但是要细化，就是要把各出版中心争取到的院里成果的情况作为一个指标进行考核，尤其作为中心主任的考核指标。比如经管出版中心，经济片所有发布的成果，你们拿到了多少项？比例是多少？比如哲学的、宗教的，你的比例是多少？也可以统计其他出版社拿了多少？都可以统计得很清楚。这些比例指标总编室是可以细化的，做得好的要奖励。

3. 各出版中心要至少完成一项重大项目

今年咱们增加了一条考核指标，每个出版中心至少有一项重大项目，这是必须完成的。但是这些项目是有要求的，各位主任要看一看你们布置得怎么样？你们思考得怎么样？你们联系得怎么样？今年的时间已经过半了，作为领导，应该在十分繁忙的工作中对照这个方案看看自己的管理到位没有？我特别想强调一点，竞争是很残酷的，我们讲究企业美德，我们不是不择手段，但我们要有一种竞争意识，要有一种志气，要有一种竞争状态。

4. 主动策划一些好的选题

尤其各出版中心主任、副主任和主任助理，要重点组织策划一些好项目，这个很重要。自发的和自觉的是不一样的，自发的是市场分配来的东西，自觉组织策划一些东西往往是要精气神的，有精气神，能体现你的引领作用和出版社品牌作用的东西，而且往往是独一无二的、人无我有的东西，我希望更多一些自主策划的东西。有若干这些东西，每个出版中心每年都有这样策划的产品出来，我们汇集起来整体的自主创新能力就强了，自主策划能力就强了，我们的人无我有的特色产品就多了，这就构成了出版社的品牌和形象。所以我觉得我们虽然稿子不愁做，但是真正要有一些精气神的东西。我老强调培养优势学科、王牌书系，国际政治也好，经济学也好，政治学也好，以及其他学科都应该有大显身手的东西。这要求我们既要学习、要思考、要钻研，还要有开阔的视野，能组织、能策划，现在这些东西太少了。

5. 创新机制，鼓励年轻人创新

我们要鼓励年轻人，可以跨编辑中心组成一个项目组。我觉得要创新一些机制去鼓励年轻人，年轻编辑不要觉得前辈们在那儿埋头做书，收入挺高，都跟着这个路子去做。我们要开阔视野，有一种职业的视野和理想，能不能像读书会一样，你们三五挚友策划一个什么东西，社里支持，我希望各位领导、各位出版中心主任把这个信息告诉年轻人。年轻人思想活跃，要鼓励年轻人，30 多岁的人正是能干的时候，有创造力的时候，要充分发挥年轻人的作用。组织形式上可以跨室成立项目组，社里进一步论证通过后就鼓励你们去做，这叫创新点，要有若干个创新驱动、创新点。我觉得如果社里出现一两个这样由年轻人领衔的、年轻人组成的项目，并且做好，我们将感到非常欣慰和高兴。我们社的年轻人很多，希望年轻人打破习惯性思维，从做事业的角度、从出版社发展的角度、从出版家的角度干点事情，做出一些有影响、响当当的丛书或者单本的图书出来，做出一些在出版业界有影响、在学界有影响的东西。

五　加强人才队伍建设

无论是现在还是从未来出版社的建设来讲，人才是竞争力的根本。这两年我们人才招聘力度是比较大的。人才引进要突出两个重点：第一，要想方设法引进一些成熟的人才、骨干人才或者是带头人，起码是有编辑经历的。第二，可以挖一些、引进一些直接能当主任或者副主任的人，或者起码能够当助理的。我认为这是个战略，我觉得除了常规性的竞争之外，要引进一批骨干，无论从我们现在的人才结构来讲，还是我们未来五年十年的发展来讲，要储备一批人才，这五年时间我们好多同志都将退休，我们 20 世纪 60 年代初出生的人都接近退休年龄，所以必须要布局，要引进一批 70 年代、80 年代出生的人。

最近我们也考察和研究了一下，做了干部人员方面的补充，即使这样我们的人数也不够，人多有人多的好处，但是人不能太多。现在有时候我们觉得可用的人手不多，所以会带来各种各样的问题，包括内部管理上效率的问题、工作质量的问题，所以要储备一些人才，这对企业现在的管理和我们的工作状态以及我们将来的竞争都有十分重要的意义。我希望大家要统一思想，另外人力资源部要加大人才引进力度。

此外，做好培训。近几年，我们新进的员工比较多，我们的培训工作没有及时跟上，有针对性的、富有成效的培训应该赶紧推进，如封面设计方面，发行方面，包括发行的理念、发行的方法等都可以搞，编校技能方面就更不用说了。所以希望人力资源部今后要加强组织、加强协调、加紧推动，把培训工作搞好。

建立和完善现代文化企业
考核指标体系[*]

　　根据中央要求，当前出版系统正贯彻落实《关于推动国有文化企业把社会效益放在首位、实现社会效益和经济效益相统一的指导意见》文件的精神。这个文件非常重要，它是对文化企业包括出版社下一步发展的指导性文件，提出文化企业的发展方向要以社会效益为主，当社会效益和经济效益、社会价值和经济价值发生冲突时，后者必须服从前者，同时还要努力实现"两个效益"的统一。这就是给文化企业包括出版社的发展方向提出了要求，实际上是突出了文化企业的意识形态属性和文化属性，产业属性次之。文件首先是回答了这个问题。这说明在国有企业改革当中，文化企业是例外，体现在它有文化属性和意识形态属性。其次，如何考核国有文化企业。文件提出了明确要求，社会效益的指标必须大于50%。再次，关于下一步改革。国有文化企业是国有独资，这是一个方面，同时还要推进混合所有，鼓励跨地区跨行业跨媒体重组或相互参股，鼓励传统媒体和新兴媒体融合发展。也就是说，出版社如果有实力，可以投资别的事情，跨媒体、全媒体、办研究院都可以做，企业有自主策划的权力。然后，在治理结构上，文件明确提出党的领导和企业治理相混合，党委书记兼任董事长，强化总编辑岗位，对内容进行把关，具有否决权。文件还提及了薪酬改革、党的工作、干部

---

　　* 2015年10月13日，在全社学习贯彻《关于推动国有文化企业把社会效益放在首位、实现社会效益和经济效益相统一的指导意见》会议上的讲话。

配备等问题。这个文件是中宣部主抓的，实际上是关于国有文化企业改革方向的指导性意见。所以，要认真学习贯彻落实，拿出意见。党的十八届五中全会即将召开，国家要制定"十三五"规划，领导班子研究之后认为我们也要有自己的"十三五"规划。规划和计划不一样，相当于目标管理，对发展是有制约的。规划不一定会实现，但是有没有规划对于一个企业来讲是不一样的。在规划当中，我们要对如何贯彻文件精神做研究，要贯彻落实。实际上，近四五年，我社改革的总体思路体现了将社会效益放在首位，努力实现"两个效益"统一的思路。编辑部门的绩效改革方案逐步完善，内容和指标已经比较丰富了，社会效益的比重接近三分之一。如果按照文件要求的大于50%，那么如何对这个增量进行考核和分配都是要考虑的。这两年我们贯彻了将社会效益放在首位、努力实现"两个效益"统一的思路，而且取得了明显的进展。我们的品牌影响力、排名数一数二，国内国际影响力以及在读者作者中的口碑日益提升，这同时也加强了宣传。并且经济效益并没有滑坡，"两个效益"协调发展。这两年在我的老家浙江萧山，浙江民营企业最发达的地方，一些朋友的企业非常难做，实体经济很困难。我们没有一分贷款，而且现金存款相当宽裕。这说明企业的发展质量好，发展思路正确。下面我就如何贯彻文件提一些初步思考。

第一，要进一步量化和优化社会效益考核指标体系。作为一家专业出版社，什么叫社会效益，怎样定义是科学的，能够全面反映引导我们的品牌提升、影响力和社会效益。这些指标的完善、量化，要作为一项工作加以落实，并按照指示要求细化量化。

第二，经济效益指标。现在的指标主要是提成。既然讲"两个效益"，那么在提成之外还有什么，这个考核指标体系也要完善。

第三，要明确社会效益考核指标的权重大于50%。这个要贯彻，也就是对于室主任和编辑来说，50%是一条杠杠，是中央文件的规定。大于50%并没有明确具体数，但是要大于经济效益考核。

第四，要根据文件精神，着眼于长远发展，也就是持续的品牌影响力。要加强我们的优势学科培养。一家学术出版社靠的就是这个，我们论经济规模根本没法和别人比，但是我们在各项排名中数一数二。在南京大学中文学术图书综合影响力的排名中，我们三个学科第一、三个第二、三个第三，这就是优势学科。接下来，我们首先要巩固已有优势，其次要继续提升扩大。只有这样，出版社才能经得起风浪，不管经历多少年，始终能够站得住，位列顶尖出版社。为了落实这一点，各个出版中心一定要打造自己的优势学科，提高作者层次和选题层次，敢于攀高枝，和各个学科的一流学校、一流学者接触。这里涉及利益、价值观、导向和分配机制的问题。如果我们真正倒过来，让社会效益的考核权重超过50%，这个导向就会起变化。这两年社里要求提高专业化精品化的比例，在专业化方面我们是做了，但是在重点和优秀选题方面并没有专业化要求，这是给大家减轻压力。如果在重大和优秀选题上同时讲专业，那对个别部门是有压力的。下一步我们要深化改革的话，在这个方面要严格提出要求。各个编辑室至少在自己的学科里面要拿出东西，这个和社会效益考核挂钩。比如现在比例是1/3，可以再增加个1/3，总量就不小了。总量如何分配，还要取决于社会效益的实现情况。大家一定要树立做好选题、做优秀图书的目标，各个出版中心主任要抓起来。本来我们的品牌也是很高端的。最近全国哲学社会科学办公室公布了重大项目结项的课题，可以分头联系。

另外，可以尝试加大对优秀和获奖图书的奖励力度，评选优秀图书和优秀编辑，提高奖励。企业的导向就是要用经济手段刺激社会效益。这个比思想政治工作要直接，两者要结合。

接下来，要把贯彻这个文件与制定"十三五"规划结合起来。下一个五年，出版社发展的底线是不能滑坡，必须前进，攀高峰，在选题、作者和图书层次上提升，提高影响力，同时经济效益稳中有升，多元发展上迈出步伐。

如何面对新形势下出版业的
问题与挑战[*]

　　近几年，我国出版业稳定增长，社会效益明显，总体形势向好。同时，出版业正在发生一些重大变革：中国正从出版大国向出版强国转变，出版业态从单一纸质出版向数字出版转型升级，出版"走出去"战略从追求规模向寻求实效转变，出版体制机制改革处于从完成转企到积极构建现代企业治理结构的深化阶段。总体来看，出版业处于大转变、大转型的过程中，既面临深刻挑战，也面临重大机遇。

　　从中国社会科学出版社近几年的发展来看，坚持走哲学社会科学专业出版的发展道路，坚持"三个统一"（社会效益与经济效益统一、数量增长与品牌提升统一、个人利益与出版社长远利益统一）的发展理念，坚持学术出版与数字出版、大众读物出版"一体两翼"的发展格局，坚持服务作者读者、提升品牌、开拓市场、创新业态的发展路径；坚持牢牢立足中国社会科学院，面向中外学术界的发展视野，坚持努力成为展示中国社科院优秀成果的重要窗口、全国哲学社会科学出版重镇、中外优秀学术文化的重要交流平台的发展目标。大力推动"五化"（专业化、精品化、数字化、国际化和大众化）战略，努力把中国社会科学出版社做专做精做强做大。

　　近几年，在牢牢坚持社会效益优先的前提下，我社不断追求和

---

* 2015 年 10 月 21 日，在国家新闻出版广电总局座谈会上的发言。

探索社会效益与经济效益的协调发展、齐头并进，经过不懈努力，在社会效益与经济效益两方面都取得了显著成绩。

在社会效益方面，近年来我社专业选题、重点选题比例大幅增长，出版的图书精品迭出，成绩显著。第一，学术影响力大幅提升。从国际学术影响力来看，2013 年我社出版的 1078 种图书被海外图书馆收藏，2014 年 1314 种图书被海外图书馆收藏，连续两年在全国六百多家出版社中排名数一数二。从国内学术影响力来看，中国图书评论学会和南京大学中国社会科学研究评价中心共同发布的"中文学术图书引文索引"入选图书数据显示，我社在 11 个学科中取得 3 个第一，3 个第二，3 个第三的好成绩。从排名来看，我社各学科发展均衡，均位于前列，综合学术影响力当属国内第一，彰显了我社图书在专业学术领域的影响。第二，我社在各层次评奖活动中名列前茅。我社图书多次获得中国政府出版奖图书奖，仅第三届就获 3 个正式奖和 1 个提名奖。在教育部高等学校科学研究优秀成果奖（人文社会科学）评选中，我社获奖图书连续两年在全国出版社中排名第二。另外，还有数百种图书获得"三个一百"（人文社科类）原创图书出版工程奖、郭沫若中国历史学奖、吴玉章人文社会科学奖等其他国家级、省部级奖。第三，我社承担《国家哲学社会科学成果文库》"国家社会科学基金后期资助项目"的图书连续三年排名第一，获得全国社科规划办的表扬。第四，主题出版表现活跃，成绩突出。我社在历次国家各部门组织的主题出版活动中，均有图书入选。我社专门成立马克思主义理论出版中心，策划出版了一大批研究宣传马克思主义基本理论、中国特色社会主义理论和弘扬民族优秀传统文化的主旋律图书，积极弘扬主旋律、发挥正能量，彰显了我社作为党和国家意识形态重要阵地的作用。第五，大力推进图书"走出去"工作。近年来我社在争取做国内最好的学术出版社的同时，一直把"办国际知名的出版社"放在更加突出位置，积极与国外学术出版机构合作，以《理解中国》等丛书为龙头和载体，把我国的高端学术图书推向世界。虽然我社"走出去"工作起步晚，但步伐快，质量高，极大提高了我社的国际影响力。

在经济效益方面，我社也取得了显著成绩。第一，生产规模和出书品种连续五年实现较快增长。2010—2013 年，出书规模、企业收入和利润三项指标均实现翻番。2014 年各项数据继续平稳增长。2014 年中国新闻出版研究院发布的《2013 年新闻出版产业分析报告》显示，社科类图书出版单位总体经济规模综合排名，我社比 2012 年提高八位，名列第九，首次挺进前十。第二，我社总收入显著增长，连续两年突破两个亿。第三，职工人均收入连续增长，很好地体现了多劳多得、优劳多得的分配原则。第四，未来五年，我社经济效益将实现进一步增长。我们有很好的学术品牌，在传统学术出版方面仍有一定增长空间；数字出版方面已经实现盈利，将来还有较大的增长空间，将成为新的利润增长点；多元经营方面，我们也要积极探索，这将为我们开拓新的增长点。

另外，我社大力推动管理体制机制改革，创新管理制度。第一，进行机构改革，成立七个专业出版中心和一个重大项目出版中心，为做专做精提供体制保障。第二，改革考核机制，将"以社会效益为主，社会效益与经济效益相统一"的理念转化为管理举措和制度，实现多劳多得、优劳多得，效果显著。第三，加强人才队伍建设，着重打造领导班子、中层干部和编辑队伍，积极引进国际化人才，设立博士后科研工作站，培养研究型编辑人才。

以上是对我社近几年发展情况的介绍，下面谈谈我国出版行业面临的问题和挑战，并提出几点建议，仅供参考。

第一，国家应加大对专业学术出版的扶持力度，应充分认识专业学术出版在文化传承、文化建设、对外文化交流及民族复兴中的重要作用和地位。这是贯彻落实文化企业要把社会效益放在首位的必然要求。人文社科图书可以影响著名的专家学者，影响政府治理、商业精英。这些积极影响都有赖于学术出版发挥作用。

第二，学术出版要高度重视学术质量和学术影响力。未来的"十三五"规划，学术类出版社应该着重在学术质量和学术影响力两个方面发力。要瞄准理论创新、思想创新、文化传承的精品。我们搞学术出版，做的就是文化传承、文化积累、传播思想创新成果的工作。思想和文化要薪火相传，就要重视文化的传承、积累和创新。社会效益第一也是这个意思。

第三，推动融合发展和出版业态的转型升级。探索学术出版的数字传播、数字商业模式，使学术出版产品通过"互联网＋"和大数据发挥其学术价值、普及价值，发挥学术产品的作用，推动学术产品的大众化、市场化，使其插上互联网和数字化的翅膀。

第四，提高主题出版的学术含量和精品意识。人文社会科学图书不是一般的工业产品和商业产品，具有明显的文化属性和意识形态属性，从这方面讲，要加大人文社会科学的责任感和使命感。主题出版是做好意识形态工作的必然要求，但是要减少宣传的味道，提高人文内涵，实现精品化，提高学术含量。不要光是应景、应付，而要做能够直指人心，对文化传承、人的培育教化及人的精神成长起到积极作用的精品。

第五，要重视学术出版对学术研究的"引领作用"。学术出版对学术研究不仅仅有传播功能和组织功能，还对其有引领作用。我们希望把学术出版社办成一个学术组织、学术机构，这是一个新的理念和定位。在这方面，要充分发挥编辑工作者的作用。编辑工作者不是专业学术研究者，不是埋头做学问的人，但他们也有自己的专长，首先是有市场意识，其次要有敏锐的眼光和学术敏感性，知道市场上缺少哪类图书并能够组织大家去做。所以，学术引领作用就是做好选题研发和产品研发，发挥好学术出版的原创力，只有这样我们才能够在世界范围内形成竞争力。这就迫使我们出版社要往"上游"走，出版社要努力成为学术研究机构，如成立研究院。我们要有紧密合作的智囊机构，要有一大批专家学者为我们所用，筹划组织召开重要学术会议，出版与学术要很好地结合，这样出版社就会很有生机，才会大大提高影响力。

第六，加强数字出版版权保护。数字出版版权保护迫在眉睫。数字盗版的广泛存在严重危害业态发展，只有依靠国家力量切实地加强知识产权保护，出台相关版权保护法律法规，才能够保证数字出版行业的健康发展。同时也要对盗版产品的购买方进行处罚，净化市场环境。另外，希望可以适当延长电子书合同期，这有利于缓解恶性竞争和资金浪费。目前中国电子书版权不同于国际电子版权，而是效仿中国纸书版权，最多期限为十年。数据库转型面临着电子书内容做进数据库之后，许多内容已经过期，涉及侵权不能销售的问题。希望能够延长电子书版权年限，沿用国际标准，使电子书版权终身有效。

第七，做好主业，同时探索多元发展。刚才有的同志说了，做好主业是根本，是基础，这是命脉，这没得说，但是仅仅做好这一点是不够的。我们需要风险控制，鸡蛋不能放在一个篮子里。巩固传统出版，开拓数字出版，这是新的方向。同时刚才说了我们有多元发展经营这块。如果我们有三个盈利来源，这样我们的风险分散可控，我们经得起风浪，三足鼎立。要有传统出版的利润来源、数字出版的利润来源和多元经营的利润来源。这是我们出版社欠缺的，或者说是人文社会科学出版社都比较欠缺的。刚才有的同志也讲了要大胆引入民营资金或者其他一些战略投资者进入出版领域，当然我们要控股，就是构建多元股份结构和与之相适应的多元治理结构。这一步非常重要，大家要解放思想。现在政策也都允许，包括职工持股等都可以探索，在这一块如何搞活，构建多元股份结构和多元治理结构，我觉得对学术出版来讲，对它的长远发展、可持续发展具有重要的意义。

最后，希望总局开展的各类培训能够在精简数量的基础上不断提高培训质量，增强培训内容实用性，切实提高从业人员素质。

21 世纪中国的马克思主义：标志中国特色社会主义发展到新阶段[*]

  "21 世纪中国的马克思主义"这一概念是习近平总书记在党的十八届四中全会的重要讲话中首次提出的，他强调要多宣传、多讲 21 世纪中国的马克思主义，或者说新时代的马克思主义。在 2015 年 1 月 23 日中共中央政治局第二十次集体学习时，习近平总书记又明确指出："要根据时代变化和实践发展，不断深化认识，不断总结经验，不断实现理论创新和实践创新良性互动，在这种统一和互动中发展 21 世纪中国的马克思主义。"① 因此，从发展 21 世纪中国的马克思主义的视角对党的十八大以来习近平总书记的系列重要讲话进行梳理和研究，是赋予我们理论工作者的一项重大理论任务。

  21 世纪中国的马克思主义或者新时代的马克思主义首先蕴含着一个时空的概念——21 世纪；另一个是中国的马克思主义。这里还有个比较的视野，21 世纪和 20 世纪两个时代有什么区别？中国的马克思主义和西方的马克思主义，或者和别的社会主义国家的"马克思主义"有什么不一样的地方？20 世纪的马克思主义是以无产阶级革命为主题，发展到了冷战结束以后特别是中国改革开放以后是以社会主义建设和发展为主题的。21 世纪中国的马克思主义实际反映

---

  * 2015 年 5 月 11 日，在中国社会科学出版社主办的"21 世纪中国的马克思主义——学习习近平总书记系列重要讲话精神专家座谈会"上的发言。
  ① 《坚持运用辩证唯物主义世界观方法论　提高解决我国改革发展基本问题本领》，《人民日报》2015 年 1 月 25 日第 1 版。

了一种"差异"和"独特"。我觉得从 21 世纪时代的变化和特征来看有四个不太一样的地方。

第一个最鲜明的特点就是全球化趋势的加剧。与 20 世纪相比较，人类在 21 世纪真正进入了全球化的时代，民族、国家之间各个方面利益紧密地联系在一起，全球化的广度与深度与 20 世纪已不可同日而语。21 世纪是一个互联网时代或者说互联网经济的时代，人类的生产、生活、政治生态都发生了重大的变化。

第二个是国际金融危机。2008 年国际金融危机引发了资本主义全面危机，世界经济发展放缓，西方自由资本主义发展遇到了许多深层次问题。应该说这样的危机还没有过去。世界秩序正处于大变革大调整时代。这是 21 世纪面临的新问题。

第三个是从我们国内来看，中国的经济发展经过 30 多年高增长以后，由于受到生态、资源、环境、人的全面发展等因素的制约，还有国际竞争这样的态势和要求，中国必须调整自己的生产方式，中国经济发展进入了适应新常态、把握新常态、引领新常态的阶段。新常态的一个很重要的含义就是发展速度从高速转向中高速，发展方式从规模速度型转向质量效益型。人与自然的关系、人与生态的关系发生了一些新的变化，生产方式发生了一些新的变化。我们必须发挥好市场的决定性作用和政府的宏观调控职能，大力加强市场调节的作用和政府公共职能的作用，这是中国发展的阶段性。

第四个是中国共产党即将迎来建党 95 周年，中国共产党领导中国人民经过 30 多年的改革开放，取得了辉煌的成就。我们党虽然是一个老党大党，历久弥新，但党内也存在不少严重问题，如党的领导弱化、党的建设缺失、全面从严治党不力、党的观念淡薄、一些党组织涣散、纪律松弛等。我们党还面临长期执政考验、改革开放考验、市场经济考验、外部环境考验"四大考验"，还面临精神懈怠危险、能力不足危险、脱离群众危险、消极腐败危险

"四大危险"。

所以概括地讲，时代的两个变化和我们国内面临这些新的问题，我们党要从理论上进行回应和创新，这是摆在我们面前的任务。构建 21 世纪中国的马克思主义，我们要从所面临的这四大问题入手，这是 21 世纪中国的马克思主义进行理论创新的时代背景和出发点。

21 世纪中国的马克思主义新在何处呢？尤其是党的十八大以来习近平总书记发表的系列重要讲话回应了刚才我讲的四大问题，习近平总书记系列重要讲话构成了 21 世纪中国的马克思主义的主要内容。从构建和发展 21 世纪中国的马克思主义的视角，我认为习近平总书记系列重要讲话有诸多创新之处。

第一个创新之处在于，习近平总书记深刻系统地阐释了中国特色社会主义道路的历史必然性，这是之前没有阐释过的。他在历次讲话中指出中国特色社会主义道路的"四个走出来"，这"四个走出来"的重要论断值得我们重视和做深入的研究。第一个"走出来"是讲中国特色社会主义这条道路，就是我们现代化的道路，是从改革开放 30 多年的伟大实践当中走出来的。第二个"走出来"是从中华人民共和国成立 60 多年的持续探索中走出来的。第三个"走出来"是讲从近代以来 170 多年发展历史的深刻总结中走出来的。第四个"走出来"是讲从中华民族 5000 多年优秀文明的传承中走出来的。习近平总书记还强调，中国特色社会主义道路有悠久的历史渊源和广泛的现实基础，中国特色社会主义道路是科学社会主义逻辑和中国社会发展历史逻辑的辩证统一。中国特色社会主义道路不是凭空来的，有它的历史基础、文化渊源和必然性，这个必然性就是科学的理论逻辑和中国社会发展历史逻辑的辩证统一。所以，我认为，这一论断打开了理解中国特色社会主义道路的新视野。中国特色社会主义道路是植根于中国优秀传统文化特别是近代以来中国历史发展实践的，中国特色社会主义道路的历史基础不光是在中华人民共和国成立以后或者改革开放以后开始的，习近平总书记把历史视野放得更远，推到建党以来、中国近代史和5000多年文明史几个角度去看，所以这一点开阔了我们对中国特色社会主义道路的理论视野和认识视野。

第二个创新之处在于，习近平总书记系列重要讲话深刻阐述了中国特色社会主义的理论创新。首先，总的来讲，习近平总书记把深化改革这样一个大的战略作为实现全面建设小康社会与中华民族伟大复兴的一个关键前提，即重启改革，是有深刻的实践依据的。重启改革，也就是我们最近说改革再出发，主要是讲中国经济改革的大逻辑，我们1978年开始进行改革，到今天的全面深化改革，它的意义、内容已经升级到更高的层次。其次，我觉得政治改革也有新的提法，主要体现为全面推进依法治国，这是一个重大的战略，习近平总书记讲，这是为党和国家长治久安、为我们的子孙万代谋幸福考虑的。

这次改革可以集中到一点，首先是党的执政方式、党的领导方式的改革，习近平总书记把党的领导和依法治国统一起来，明确提出中国共产党领导是中国特色社会主义最本质的特征，这是党的十八届四中全会讲到的核心命题，这点是前提，不可动摇。但在这样的前提之下，中国共产党如何在一党领导、多党合作的基础之上，如何在宪法和法律框架之内，将党的领导权力的运行合法合规和相互监督，我觉得值得探讨。比如说同级纪委和党委的关系问题，党的十八大以后在理论上和实践上已经有新的变化，党的领导、监督方式的改变，然后立法、司法方面的改革，如法院、检察院实行中央垂直管理，地方政府不许干预，不论编制和财政，都是由中央支持。这些改革加强了对行政权、司法权的制约和监督，改变了我们过去一些弊端，真正开启了我们党的领导的改革，目标就是要确立一种既坚持党的领导，同时又有相互监督制约的领导体制，这种制度比西方的所谓三权分立要强得多，更适合中国、更适合发展、更有效率，这套民主政治理论正在破题或者正在推进。

从我们党的领导来看，政党与人民群众的关系也不是老生常谈，提出了许多新的观点。党的十八大以来我们党清醒地认识到，我们党是马克思主义的政党，来源于人民，更深刻认识到我们党执政的基础在人民，所以政党与人民群众的关系问题、党的作风问题、党的形象问题要摆到一个特别突出的位置。群众路线教育实践活动是处理这些问题的重要途径。2014 年 12 月，习近平总书记在江苏调研时强调，要"协调推进全面建成小康社会，全面深化改革，全面推进依法治国，全面从严治党，推动改革开放和社会主义现代化迈上新台阶"。这是习近平总书记第一次将"全面从严治党"作为"四个全面"战略布局的重要组成部分，提升到一个全新的战略高度。此次讲话不是一个普通的工作总结，而是一个党的建设纲领性文件。因此，政党与人民群众的关系问题，党的作风、党的形象的问题也凸显了马克思主义群众史观与人民主体论。因此这方面习近平总书记系列重要讲话是有诸多创新的。

第三个创新之处在于，关于文化与意识形态的问题。其一，是强调意识形态的重要性，习近平总书记有几次讲话都讲到这个问题，经济建设搞不好不行，意识形态出问题也不行，这是讲到意识形态与文化安全问题。其二，更重要的是，一直以来，我们最强调的是中国特色社会主义与中华优秀传统文化的关系，而且提出要对传统文化进行创造性转化和创新性发展，最根本的就是要贯通、融合中华优秀传统文化与马克思主义、社会主义核心价值观，我们要打通这个联系。这个问题非常具有创新性。

近代以来，特别是"五四"以来引进的马克思列宁主义改变了中国，我们叫马克思主义中国化。辛亥革命推翻了封建王朝体制，儒学失去了科举制度的载体，传统文化的制度依托没有了，"五四"时期更是批判传统文化。但到了延安时期，毛泽东同志新民主主义文化论中却提出了要重视民族的、科学的、大众的文化，强调民族和大众，实际上那时候也有新启蒙，这个启蒙就是反对对传统文化不重视，是对民族文化价值的一次补救。但是中华人民共和国成立以后，我们有过一段时间排斥中华传统文化。20世纪80年代我们曾大量引进西方的东西，西方理论思潮盛行。市场经济发展起来以后，学术界一些人重新提出重视新儒家思想，主张儒学复兴。到了20世纪全球化推进以后，传统文化持续升温。所以我觉得市场化和全球化促进对传统文化、民族文化的重视，具有现实的根据。

现在习近平总书记讲社会主义核心价值观，最近他去清华大学，视察了两个代表中华优秀传统文化的地方，一个是国学院，还有一个是李学勤教授领衔的清华大学出土文献研究与保护中心。我从习近平总书记的重要讲话中看出，对待传统文化，更多的还是要与当今中国特色社会主义主流文化、意识形态贯通和融合，21世纪中国的马克思主义应该是包容传统文化或者吸纳传统文化，相互融合，这恐怕是对马克思主义一个重要的要求和创新。马克思主义与传统文化的关系，在21世纪中国的马克思主义理论创新当中应该有新的内涵，它不是简单的指导、批判的关系，而是要走向融合发展。或者说马克思主义要走向大众，要走向民间，必然要和传统文化结合起来，这是一个很重要的思想。

第四个创新之处在于习近平总书记在系列重要讲话中集中阐释了中国道路、中国制度，尤其是中国制度的独特性、差异性和对中国来讲它的合理性、有效性。我觉得合理性、有效性就是科学性，中国制度当然还是在成长发展当中，我们的目标是建立一套科学、完备、规范、成熟的国家治理制度体系，这套制度体系的成熟过程实际上也就是中国特色社会主义的发展和完善过程，两者是一致的。习近平总书记系列重要讲话既强调中国制度的独特性，还强调与西方制度的差异性，强调对中国发展来讲它是有效的、合理的、科学的，这套制度与西方资本主义文明体系、政治制度是不一样的。所以说这实质上是两种制度文明之间的竞争。

　　这些思想对我很有启发，中国的这些制度正在发展和完备当中，它们对于中国发展非常有价值，同时中国制度对人类现代化道路、对呈现人类文明多样性形态、多样性价值具有重大意义。

　　总之，以上四大方面是我对 21 世纪中国的马克思主义的内容的一些分析与思考，很不成熟，希望大家批评指正。

马克思主义中国化的重要探索[*]

——读《李铁映社科文集》

《李铁映社科文集》2015年8月已由中国社会科学出版社和社会科学文献出版社联合出版，全书分为上、中、下三卷，收录了李铁映同志任中国社会科学院院长期间的讲话、文章共计183篇，其中上卷57篇、中卷59篇、下卷67篇，全书约120万字。阅读这部分量厚重的新著，无论是作为李铁映同志任中国社会科学院院长时的基层一兵，还是作为一名理论工作者，我都颇有感触。

这部著作反映了李铁映同志对哲学社会科学重要地位的深刻洞见，反映了他对哲学社会科学发展规律富有成效的探索，反映了对马克思主义中国化的新阐释、新发展。我深深感到，这部著作字里行间流淌着李铁映同志对哲学社会科学的热爱，而这种热爱又处处以研究和解决中国问题为出发点和归宿。他呼吁"当代中国的理论研究，理所当然地要以研究中国现代化建设和发展中的问题

* 原载《哲学动态》2016年第2期。

为己任，在研究、解决重大时代问题的过程中，创新理论，为中华民族的全面振兴服务"①。我们从《李铁映社科文集》一书所论述的主题内容入手，以走进这位学者型国家领导人的内心深处，领会其思想的精髓。

一　对哲学社会科学重要性的深刻洞见

（一）对哲学社会科学地位和作用的深刻认识

李铁映同志多次强调发展哲学社会科学的重要性，以至他用诗的语言深情加以赞颂。

1997年5月20日李铁映同志在中国社会科学院建院20周年庆祝大会上作了《发展哲学社会科学》的讲话。他说："哲学社会科学，可以帮助和指导人们正确认识社会历史发展和人的自身发展规律，可以为推动社会生产力的发展，推动社会变革和社会关系的调整，制定符合社会发展需要的政策和法律，形成科学的世界观、历史观、价值观和高尚的道德风尚，促进人类社会的文明与进步，提供理论和方法。哲学社会科学是一个国家精神文明建设的重要组成部分。"②

社会科学在人类历史上具有巨大作用，"先进的思想、科学的理论是人类社会进步的强大动力。同时，理论也是在解决人类社会面临的困难和问题中体现自己价值的，并为自己的发展开辟前进的道路。社会科学是人类认识世界、改造世界和发展自身的强大武器。人类的发展和进步，一刻也离不开理论的支持和指导，而理论的支持和指导一刻也离不开社会科学的发展和繁荣"③。

---

① 《李铁映社科文集》上卷，中国社会科学出版社、社会科学文献出版社2015年版，"自序"第8页。

② 《李铁映社科文集》上卷，中国社会科学出版社、社会科学文献出版社2015年版，第27页。

③ 《李铁映社科文集》上卷，中国社会科学出版社、社会科学文献出版社2015年版，第267页。

可见，李铁映同志是将哲学社会科学的地位和作用放到整个人类历史的发展中去认识和理解的。

而对于一个政党和国家而言，"理论是党的灵魂和旗帜，是国家发展、民族振兴的强大精神力量。一个政党、国家、民族，必须有自己的理论。没有自己的理论，只能做别人理论的俘虏。没有自己的理论，也就失去前进的精神动力和方向，是注定没有希望的"①。就哲学对中国而言，其重要意义在于"哲学是中华民族全面振兴的灵魂"。"哲学家的思想解放，要同国家、民族、人民的前途命运结合起来。""今天中国的哲学，可以说正处于东西融汇、百流竞发的空前繁荣时代。哲学家们摘掉有色眼镜，抛弃教条和僵化，像勤劳的蜜蜂一样，采世界思想之'花粉'，酿造中华文明之'蜜'，滋养着中华民族的精神，振奋着中国人民的心灵！要探索，要创新，要学习，不仅已成为时代的号角，而且正在成为新时代中国人的民族精神、思维方式和生活方式。"②

在《哲学是文明的魂》一文中，他呼唤时代的哲学，"社会需要哲学，时代需要哲学，而急剧变化的时代则更需要哲学。我们所处的正是这样一个时代，我们现在比任何时候都更需要哲学。哲学是生活的产物，是实践的结晶。哲学必须跟上历史的步伐，才能成为时代的精神"③。

他认为哲学社会科学只有做到"有为"才能"有位"，即"社会科学的地位和作用，首先表现在社会科学的研究成果上。如果社会科学不能推动社会的发展、历史的前进，不能回答和解决社会发展的历史性、时代性课题，我看再怎么呼吁也很难引起全社会的高

---

① 《李铁映社科文集》下卷，中国社会科学出版社、社会科学文献出版社 2015 年版，第 1171 页。

② 《李铁映社科文集》下卷，中国社会科学出版社、社会科学文献出版社 2015 年版，第 1243—1245 页。

③ 《李铁映社科文集》下卷，中国社会科学出版社、社会科学文献出版社 2015 年版，第 1143 页。

度重视"。①

他称赞"哲学是一把圣火""哲学是文明的魂"。"哲学用独特的思维和语言，概括了人类的思想品格、价值观念和精神追求，集中了人类最精致、最珍贵和看不见的精髓。"② 他以饱含深情的、诗的语言，对哲学加以歌颂，"哲学是使人聪明的学问，而不是束缚人的思想和行动的教条。哲学是小溪，翠鸣山谷，余音袅袅；哲学是清茗，沁人心脾，明目醒神"。③

（二）不同文明间必须在平等、自由基础上开展对话

中国历史的发展无可避免地面临着古今、东西之争，在改革开放的新时代，哲学社会科学应如何看待这两个问题，尤其是东西方哲学的关系，这既是历史遗留下来的问题，也是历史发展永恒的问题。从清政府的洋务运动学习西方先进的技术，到五四运动引进"德先生""赛先生"，中国人在对西方的学习中不断地反思自己的文化。

在全球化浪潮的裹挟之下，在改革开放的新时期，中西方在文化领域的论争再度勃兴。李铁映同志明确指出："价值观已不仅是哲学问题，而且是政治、社会、文化问题，乃至国际斗争问题。""美国人现在打出一种旗号：'为价值观而战'，其目的无非是要捍卫和推行美国的价值观。这将形成 21 世纪世界意识形态斗争、外交斗争的一个重点，绝不可忽视，要抓紧研究。"④ "价值观是利益的反映，价值观的基础是利益。国家观念是国家利益的体现。"⑤ 全球化不仅

---

① 《李铁映社科文集》中卷，中国社会科学出版社、社会科学文献出版社 2015 年版，第 661 页。

② 《李铁映社科文集》下卷，中国社会科学出版社、社会科学文献出版社 2015 年版，第 1142 页。

③ 《李铁映社科文集》下卷，中国社会科学出版社、社会科学文献出版社 2015 年版，第 1240 页。

④ 《李铁映社科文集》中卷，中国社会科学出版社、社会科学文献出版社 2015 年版，第 668 页。

⑤ 《李铁映社科文集》中卷，中国社会科学出版社、社会科学文献出版社 2015 年版，第 767 页。

是经济的全球化，也伴随着价值观之争，以美国为首的西方国家极力推行其所谓的"普世价值"，这种价值观背后实际是其国家利益在价值观领域的反映，认清这一点，方能不被其迷惑，破除其"不战而胜"的"神话"。

当然，李铁映同志并没有完全拒斥西方，对东西方哲学有着客观的理解。他说"哲学必须把握时代，真正掌握时代潮流和时代精神；哲学家必须共同面对当今世界的问题，并不是只要一种哲学，只听一种声音"。①东西方哲学有着自身不同的思维逻辑和发展逻辑，面对新时代课题，双方都应以包容的、创新的态度去共同解决世界的问题。

不同的文化之间需要沟通、需要交流。李铁映同志多次提出要加强文化间的"对话"，并将"对话"置于哲学诠释学的高度进行论述。他说："对话本身就是一种哲学探索的方式，一种创造过程。通过对话打开一个新的视域，在这个视域内，我们共同面对和思考人类文明遇到的问题，研究探索解决这些问题的途径。对话是一种平等、共融、双赢的方式，是人类文明的一大进步。在21世纪，对话应是人类不同文化、不同制度、不同民族、不同国家共存共荣的基本模式，也是哲学的基本方式。在平等、自由的基础上进行对话、加强对话，是一种新的哲学交往方式，也是哲学发展和创新的有效途径。"②"对话，是消除误解、实现共同发展的方法。""对话，是世界哲学发展的必由之路。"③

对于西方社会不厌其烦地推销的所谓"普世价值"，李铁映同志是这样看待的："存在不同，利益不同，价值不同，必然会有不同的

---

① 《李铁映社科文集》下卷，中国社会科学出版社、社会科学文献出版社2015年版，第1114页。

② 《李铁映社科文集》下卷，中国社会科学出版社、社会科学文献出版社2015年版，第1115页。

③ 《李铁映社科文集》下卷，中国社会科学出版社、社会科学文献出版社2015年版，第1241页。

哲学。……即使有'地球村'、'普世价值'和'人类共同利益'，也绝不应该是大鱼吃小鱼的弱肉强食，只能是世界各民族国家的多样共存、和睦相处、相互学习、共同繁荣和共同发展。"① 他提倡文化的多元化，提倡不同文化和平共处、共同发展。

（三）中国需要什么样的哲学

既然哲学社会科学的作用如此之大，那么中国需要怎样的哲学呢？李铁映同志是这样回答的："今天中国人需要研究回答中国问题的哲学。""今天中国人需要探索的哲学。""今天中国人需要总结和概括新的时代精神的哲学。""今天中国人需要创造的哲学。""今天中国人需要学习的哲学。""今天中国人需要中国特色、中国风格、中国气派的哲学。"② "今天中国人民正在进行的伟大实践，是实现社会主义工业化、现代化，实现国强民富，实现民族振兴。哲学要无愧于时代，就必须同中华民族的历史任务、前途命运相结合，着眼于当代中国人民的社会实践，在对重大时代课题的敏锐反应、深刻解答中，建构哲学新的生长点。""今天中国人需要的哲学，就是能够服务并指导这一伟大实践和历史任务的哲学，就是为中华民族的全面振兴提供精神力量的哲学，就是解放中国人民的思想、凝聚中国人民的精神、激励中国人民走向未来的哲学。一言以蔽之，今天中国人需要的是解放的哲学，是解放中国人精神的哲学。要让哲学成为中国人民思想解放的锐利武器，使他们释放和迸发出无穷的创造力。"③

可见，李铁映同志是将哲学问题放在国家和民族生存和发展的战略高度来思考的。中国的哲学不是书斋里的学问，不是附庸风雅

---

① 《李铁映社科文集》下卷，中国社会科学出版社、社会科学文献出版社2015年版，第1265页。

② 《李铁映社科文集》下卷，中国社会科学出版社、社会科学文献出版社2015年版，第1268页。

③ 《李铁映社科文集》下卷，中国社会科学出版社、社会科学文献出版社2015年版，第1266页。

的点缀，必须能够把握我们的时代精神，能为中华民族的全面振兴提供精神力量，要形成中国风格、中国气派。这样的哲学，也必然是解放的哲学，是创造的哲学，是充满勃勃生机的哲学。如此高瞻远瞩地对中国哲学的期待，折射了一位学者型领导者宏大的学术视野和为国家民族发展深远的谋划。

二 探索哲学社会科学发展规律

（一）为繁荣发展哲学社会科学奔走呼号

《大力发展社会科学》是 1999 年 3 月 7 日李铁映同志在社科界人大代表、政协委员座谈会上的讲话。这篇讲话中，他指出了当前社会科学发展中的一些问题，诸如不重视社会科学特别是忽视人文学科和基础理论研究，经费不足致使一些重大科研项目无法展开等。他提出为 21 世纪我国哲学社会科学的大发展创造条件，应着力研究、解决以下几个主要问题：

第一，要进一步明确新时期哲学社会科学的地位、作用和任务。

第二，从长远考虑，为了社会科学的发展和繁荣，避免在研究机构上重复设置、低水平重复研究，应该制定面向 21 世纪的《全国哲学社会科学发展规划》。

第三，为体现国家对社会科学的重视，鼓励社会科学研究人员潜心研究、勇于探索，多出精品，国家应当设全国性的"哲学社会科学奖"。

第四，根据国家财力，适当增加对社会科学研究的经费投入。

第五，应当重视对社会科学研究队伍的建设和后备人才的培养。①

李铁映同志以中央政治局委员的身份发表了许多有分量的文章，他在多种场合为哲学社会科学重要地位和作用奔走呼号，这对促进

---

① 参见《李铁映社科文集》上卷，中国社会科学出版社、社会科学文献出版社 2015 年版，第 119 页。

全党和全民族进一步提升对哲学社会科学重要性的认识起到了不可低估的作用。20 世纪初江泽民同志提出哲学社会科学和自然科学"四个同等"重要，它们是车之两轮、鸟之两翼，之后党中央颁布了关于繁荣发展哲学社会科学的意见。这些与李铁映同志担任中国社会科学院院长期间，对哲学社会科学地位和重要性的认识，以及他的奔走，是密切相关的。

（二）对中国社会科学院体制建设的贡献

李铁映同志在担任中国社会科学院院长期间，高度重视社科院体制建设。

首先，他提出了中国社会科学院的发展目标："三个一批""五个中心"和"一个基地"，"即经过 10 年、20 年的努力，建设一批国际知名的研究所，培养一批享誉海内外的学术大家，推出一批对国家重大决策和学科建设具有重要价值的科研成果，把中国社会科学院建设成为以基础理论研究为依托，以宏观性、战略性和前瞻性研究为重点，以多学科综合研究为特长的全国哲学社会科学最高研究机构，并逐步形成马列主义、毛泽东思想、邓小平理论研究中心，经济改革和发展研究中心，社会主义民主法治与社会发展研究中心，中华文明和社会主义文化研究中心，国际问题理论与国际战略研究中心，培养和造就一流人文社会科学研究人才与高素质管理人才的重要基地"。[①]

其次，他提出为实现跨世纪的发展目标，必须要深化社科院改革，建立现代科研院所新体制。"改革的总体思路和目标是：围绕出成果、出人才这个核心，建立符合社会科学发展规律，与社会主义市场经济相适应的现代科研院所新体制，为社会主义现代化建设和中华民族的全面振兴服务。"[②] 并于 1999 年在社科院推进了一系列重

---

① 《李铁映社科文集》上卷，中国社会科学出版社、社会科学文献出版社 2015 年版，第263 页。

② 《李铁映社科文集》上卷，中国社会科学出版社、社会科学文献出版社 2015 年版，第264 页。

要改革：一是院领导体制由党委制改成党组制，行政工作由院的行政领导来进行管理。这就有利于党在社科院很好地抓大事，抓政治方向、理论方向，抓学习贯彻中央的方针、政策，抓人才、干部队伍的培养。二是院长对全院工作不再实行分片管理的方针，直接实行院、所两级的管理体制，这就加大了所一级的权限和职责，使各所在院的统一规划和指导下，更大胆、更全面地负责起所的各项工作和任务。三是成立院学术委员会，把更多的学术性的工作交给学术委员会进行研究，提出意见。四是各职能局除了日常的工作管理和服务之外，还要每年为院的建设和发展办几件实事。

另外，积极推进科研管理体制、人事管理体制、物质条件保障和后勤服务管理体制、社会保障和住房制度等方面的改革。逐步推行了课题制；实行了重点科研项目院、所两级管理制和项目拨款制，科研经费投入向重点项目和重点学科倾斜；人事制度的改革要以聘任制为核心，要通过改革，解决社科院机构臃肿、人浮于事的问题，深化了专业技术职务评聘改革，对各类人员实行分类管理；加快了后勤服务社会化步伐，积极推进社会保障制度和住房制度改革等。①

李铁映同志还非常重视现代化的研究手段，并积极推进研究手段和研究方法的现代化。"近年来，我院已投入不少经费，用于网络建设和信息开发。九个局域网已经联通启用，网络宽带不断拓展。……逐步实现研究手段和研究方法的现代化，使科研工作和科研人员充分利用现代化技术，多出高质量的科研成果。"②"要提高科学研究的效率和质量，必须实现研究方法、研究手段的现代化。这要抓好两个重要的环节：一是尽快建立社会科学理论方面的数字化图书馆，以图书馆为中心，和国内、国外的图书资料信息中心建立网络联系，为全院

---

① 参见《李铁映社科文集》上卷，中国社会科学出版社、社会科学文献出版社2015年版，第271页。

② 《李铁映社科文集》上卷，中国社会科学出版社、社会科学文献出版社2015年版，第274页。

科研工作提供信息和资料服务，以此解决报纸、杂志的短缺问题。二是建立院、所、个人三级内部科研信息网络。院一级的网络要和国内、国际的网络相联系，主要是把所有的图书、资料输入计算机进行管理，同时对我院的科研、人事、财务、管理工作要逐步实现计算机管理。通过计算机管理，使全院的工作更加透明，实现全院科研工作的民主化管理。我们要加快科研手段的现代化进程，争取到本世纪末使全院科研人员全部实现科研手段现代化。"[①]

（三）强调尊重哲学社会科学发展规律，提出"思想有自由，研究无禁区，宣传有纪律，行为守法律"

李铁映同志多次强调要尊重人文社会科学发展的基本规律。他在《治学与治所》一文中说："人文社会科学研究有其自身的规律，特别是基础理论研究成果的价值，很难用商品价值来衡量，也不可能通过市场上的供求关系来反映社会对它的需要。基础理论研究成果，无论是社会科学还是自然科学，其学术价值与市场上的商品价值经常是很不一致的，学术价值很高的成果，在市场上可能完全没有销路或销路不大。"[②] 在市场经济的大潮下，不能将人文社会科学的成果完全等同于商品，这一思想的提出，在当前依然有着重要的指导意义。

李铁映同志在任中国社会科学院院长期间，提出了"思想有自由，研究无禁区，宣传有纪律，行为守法律"的命题，以此作为贯彻"双百"方针的具体化。他说，"学术问题不能一概用政治标准来裁判，也不能用行政手段来解决，而要通过争鸣的办法、实践检验的办法加以解决"，"要积极开展学术争鸣、学术争论"，"要建立

①《李铁映社科文集》上卷，中国社会科学出版社、社会科学文献出版社 2015 年版，第45 页。

②《李铁映社科文集》上卷，中国社会科学出版社、社会科学文献出版社 2015 年版，第88 页。

宽松的学术环境，包容不同意见"。① "思想有自由，研究无禁区，宣传有纪律，行为守法律"，以简明的语言，对"百花齐放，百家争鸣"做出了精准的阐释，是被实践所证明的真知灼见。

（四）重视学风和文风建设，认为创新理论必须端正学风和文风

在《关于学风》一文中，李铁映同志明确提出一个好的学术环境，应当是有利于出成果、出人才，尊重学术研究和科研规律的环境，包括体制环境、人文环境和学术氛围。该文还对当时一些不良的学风进行了批评，如追名逐利、浮躁，以数量立学，"言必称西方"等，作者指出社科院应出精品，努力提高科研水平，做到精益求精。②

《学风与文风》一文，对我党的党风、学风建设进行了追溯，并阐明了党风、学风、文风三者的关系，指出"党风是党的生命""学风是党的灵魂""文风是学风的集中体现，是理论掌握群众的重要方式""创新理论，必须端正学风和文风"。文章进一步对如何端正学风文风，进行了颇有建设意义的思考。譬如，端正学风文风，必须实现思想认识的"三个解放"，必须着力研究解决重大时代课题，必须创建有中国特色的理论、范畴、话语体系，必须确立精品意识，必须有生动活泼的语言。③

《树立良好学风》是 2000 年 10 月 20 日，李铁映同志在中国社会科学院第三届优秀科研成果颁奖大会上的讲话。讲话强调学风建设的重要性，认为学风问题是一个国家、一个社会的科学精神的体现，从五个方面较全面地指出了当时存在的学风问题：（1）浮躁情

---

① 参见《李铁映社科文集》中卷，中国社会科学出版社、社会科学文献出版社 2015 年版，第517 页。

② 参见《李铁映社科文集》中卷，中国社会科学出版社、社会科学文献出版社 2015 年版，第 423—426 页。

③ 参见《李铁映社科文集》下卷，中国社会科学出版社、社会科学文献出版社 2015 年版，第 833—839 页。

绪普遍存在；（2）思想仍不够解放；（3）学术民主气氛还不够浓厚；（4）理论联系实际仍需加强；（5）贯彻"双百"方针，还有大量工作要做。讲话指出，没有创造性的思维，没有独立思考，就没有"精品战略"，就不可能有传世之作，社会科学的创新，应包括观点创新、材料创新、方法创新，应建立新的体系，要有新的发现、新的材料、新的诠释，要创立新的方法。李铁映同志号召各研究所抓紧学风建设，多出优秀成果增强凝聚力。

《任务和责任》是 2001 年 9 月 10 日，李铁映同志在中国社会科学院研究生院开学典礼暨第 17 届教师节庆祝大会上的讲话。他对青年学生寄予厚望，告诫青年学生从学生时代起就要努力养成良好的学风。具体地说，做好学问，应做到以下四个方面：一是讲求科学精神和科学态度，即崇尚科学、追求真理，解放思想，实事求是。二是要有使命感和责任感。三是要做到"两个跨越"，不能囿于个人的专业研究领域，而是要兼收并蓄，博采众家之长。四是要积极开展健康的学术争鸣和学术批评，这是接近和达到真理的重要手段和方法。[①]

在《任务与责任》这篇文章中，李铁映同志语重心长地告诫青年学生："做学问与做人是统一的"，二者是"文格"与"人格"的关系，他希望青年学生"进德修学""德学双馨"，做一个真正有益于国家，有益于社会的人。[②]

如今十几年过去了，李铁映同志所指出和批评的学风问题，在学术界依然存在。他鼓励科研工作者端正学风，努力创新，出优秀成果，对今天的我们依然有着警示和指导意义。

（五）提出创造中国的话语体系，形成中国学派

李铁映同志对我国哲学社会科学的发展方向和研究方法也在相

---

　　① 参见《李铁映社科文集》中卷，中国社会科学出版社、社会科学文献出版社 2015 年版，第 764—765 页。

　　② 参见《李铁映社科文集》中卷，中国社会科学出版社、社会科学文献出版社 2015 年版，第 765 页。

关的文章中做了深入思考。"时代性的大课题之所以重要，就是因为它关系到中国的前途和命运、发展道路和发展模式。中国的社会科学，应该集中力量研究那些事关中华民族前途和命运的问题，为在21世纪中国实现现代化提供精神动力、理论支持、对策措施。"①"在研究中要提倡建立学派，建立各种不同的学术研究组织、机构。解决中国的问题，必须要靠中国人民的实践，靠中国的学者创造一套中国的概念体系、话语体系，形成中国学派。这种学派是从中国的实际出发，以回答、解决中国的实际问题为己任，并且最后达到了规律性、真理性的认识。只有这样，才能对中华民族的全面振兴做出贡献，对人类做出贡献。理论只有符合实际，才具有真理性，才有价值。"②"第三，要多渠道筹集科研资金。""第四，要结合重大课题培养人才。要吸收青年科研人员直接参与到时代性的大课题中来，锻炼几年就可能成才。"③

　　创造中国的话语体系，形成中国学派，必须反对教条主义。李铁映同志指出，中国共产党九十年的发展历史证明，一切教条主义都不是科学，都有害于共产党和共产党领导的人民事业。既要反对照抄照搬西方理论、概念和话语体系的"西"教条，又要反对把马克思主义教条化的"东"教条，即"抓中国的'老鼠'，要靠中国的'猫'！"近年来，随着中国国际地位的大幅提升，"中国道路"的彰显，面对西方国家对中国道路的各种质疑，讲述中国故事、阐述中国道路、发出中国声音、建构中国理论之任务紧迫而重要。就此而言，也反映出李铁映同志的远见卓识。这也警示着当今的研究者，应该时刻保持学术独立性和创造性，也只有真正做到了反对教条主义，中国学派、中国的话语体系才能真正形成。

---

①　《李铁映社科文集》中卷，中国社会科学出版社、社会科学文献出版社2015年版，第661页。
②　《李铁映社科文集》中卷，中国社会科学出版社、社会科学文献出版社2015年版，第662页。
③　《李铁映社科文集》中卷，中国社会科学出版社、社会科学文献出版社2015年版，第663页。

三　对中国化马克思主义的若干重大问题进行新的研究和阐释，推动马克思主义的中国化

李铁映同志在任中国社会科学院院长期间，对马克思主义、社会主义理论的研究非常重视，有着浓厚的兴趣，他以刻苦钻研的精神，严谨的学术态度，对马克思主义理论做出了重要阐释，其诸多理论和观点都有所创新。

（一）论社会主义民主

《关于社会主义民主》以近40页的篇幅，从古希腊民主谈起，谈到西方资产阶级革命时期的民主概念，而在我国，"民主"一词在三千年前的《尚书·多方》中就已出现。在此基础上，对马克思主义的民主观进行了详细的阐释和评论。"马克思主义经常在社会不同层面上和不同领域中使用民主概念。在国家政治制度层面，把民主理解为一种国家形态或国家形式，称作民主的政治制度或民主政体；在人民权利层面上，指广义的民主权利；在管理层面上，指组织管理的民主原则、民主体制；在思想观念层面上，指民主观念、民主精神；在行为方式层面上，指民主作风、民主的工作方法。再把民主概念扩展到政治领域以外的其他领域，如经济、文化和社会生活领域，则形成了经济民主、文化民主和社会民主。"[①]

李铁映同志对民主这个范畴的理解继承了前人研究的成果，是全面的、多维的。同时，他又强调了民主的目的性和工具性的关系。"关于民主的目的性和工具性的关系，我想多说几句。民主是政治文明的成果，是政治工具、政治形式，资本主义民主和社会主义民主有本质的不同，但作为政治形式和工具，都可以为自己的目的服务……关键是要看是否符合中国人民的根本利益，是否符合中国的国情，是否符合中国的社会主义制度。即使是资本主义国家之间，

---

① 《李铁映社科文集》中卷，中国社会科学出版社、社会科学文献出版社2015年版，第599页。

民主的形式在许多方面也是不同的，存在很大差异。""我不同意抽象地谈论民主的作用。民主总是具体的、历史的。绝对好的、完美无缺的民主制度，历史上没有，今天也不存在。"①

　　他重视探索社会主义民主的实现形式，"马克思、恩格斯总结了巴黎公社的经验，但没有涉及社会主义民主实现形式的多样性、特殊性问题"。"我们进行政治体制改革，其中一项重要任务就是要探索社会主义民主的实现形式。社会主义民主的实现形式问题解决不好，社会主义民主本质所具有的优越性就不可能充分地发挥出来，社会主义政治制度的优越性也不可能充分体现出来。因此，探索社会主义民主的实现形式是逐步完善社会主义民主，加强社会主义政治制度建设极其重要的内容。"②

　　文章对有中国特色的社会主义民主的理论与实践进行了系统的勾勒。作者多次强调，有中国特色的社会主义民主，"是具有鲜明中国特色的民主"，并对社会主义民主的基本特征进行了概括："（1）共产党领导和人民当家作主的高度统一；（2）多党合作和民主协商的新型政党政治；（3）对最广大人民的民主和对敌对分子的依法专政相结合；（4）以人民当家作主的制度确保人权的真正实现；（5）以民主集中制保障民主政治正常有序地运转"。"有中国特色的社会主义民主是中国人民真正需要的民主，是人民普遍享有的民主，是能够实现国家的长治久安和兴旺发达的民主。它是世界民主发展史上的伟大创造。"③

　　文章明确提出，我们不能照搬西方资产阶级民主，特别不能照搬美国的民主。作者强调"要从我们在国际上面临的挑战和机遇出

---

　　①《李铁映社科文集》中卷，中国社会科学出版社、社会科学文献出版社 2015 年版，第600 页。

　　②《李铁映社科文集》中卷，中国社会科学出版社、社会科学文献出版社 2015 年版，第607 页。

　　③《李铁映社科文集》中卷，中国社会科学出版社、社会科学文献出版社 2015 年版，第615 页。

发，认识社会主义民主政治建设的必要性、复杂性和长期性"，"美国作为当今世界唯一的超级大国，在世界各地推行强权政治和霸权主义，推行美国式的资产阶级民主政治，在其他国家建立听命于美国的国家政权，其根本目的是为了维护美国的国家利益"。"以美国为首的北约集团还提出了所谓的'新干涉主义'的原则，打着维护'人权'的旗号，肆意干涉主权国家的内政，甚至用武力来推行它们的民主政治模式。这是我国社会主义民主政治建设必须面对的严峻挑战。"①"在西方资产阶级的政治和文化攻势面前，在敌对势力对我进行的西化、分化和弱化的攻势面前，软弱退让，就会丧失政治和思想文化阵地。我们必须运用马克思列宁主义、毛泽东思想和邓小平理论的思想武器，依托中华民族五千年的优秀传统文化，对西方文化价值观念和资产阶级民主政治进行及时的科学的分析和判断。"②

在他看来，民主建设应从以下几方面推进：坚持和完善人民代表大会制度；坚持和完善共产党领导的多党合作和政治协商制度；坚持和完善民族区域自治制度；进一步扩大基层民主；坚持和完善民主监督制度；大力推进依法治国、以德治国。

（二）劳动价值论新解

《资本论》是马克思主义的重要经典和重要组成部分，李铁映同志《关于劳动价值论的读书笔记》一文，原载《中国社会科学》2003 年第 1 期，该文将对《资本论》的研读与我国的改革开放和社会主义市场经济的发展相结合，体现了理论指导实践的马克思主义哲学的基本原理。文章认为，马克思主义劳动价值论是经受了实践检验的科学理论，马克思揭示了劳动是价值的实体，是创造价值的

---

①　《李铁映社科文集》中卷，中国社会科学出版社、社会科学文献出版社 2015 年版，第622 页。

②　《李铁映社科文集》中卷，中国社会科学出版社、社会科学文献出版社 2015 年版，第633 页。

唯一源泉，并以劳动价值理论为基础，创立了剩余价值学说，揭示了资本主义生产方式的基本矛盾，而我们今天讨论劳动价值论"首先应当突出的是劳动、劳动者""尊重劳动、劳动者，根本目的在于解放劳动、劳动者，在于解放和发展生产力""中国现代化的过程，就是劳动积累的过程，就是劳动、劳动者解放的过程，就是劳动者素质和劳动效率不断提高的过程"①。文章强调"劳动所得神圣不可侵犯"，应"充分保护劳动权""充分保护劳动所得权""充分保护劳动者对劳动所得的支配权"，而且"改变劳动者与生产资料分离的状态，消除无产者的'无产'状态，是无产阶级及其政党的追求和历史使命，是劳动解放的标志与象征"②。

尤其需要指出的是，《关于劳动价值论的读书笔记》从劳动创造价值、劳动是价值的唯一源泉这一理论基点出发，从生产要素、剩余价值和净增价值、资本三个方面，在理论上深刻揭示了社会主义市场经济与资本主义市场经济的本质区别。《关于劳动价值论的读书笔记》发表于 2003 年 1 月，而在 2002 年党的十六大报告中首次确立了劳动、资本、技术和管理等生产要素按贡献参与分配的原则，完善按劳分配为主体、多种分配方式并存的分配制度，解决了其他生产要素能不能和怎么样参与收入分配的问题，是我国分配制度改革的重大突破。既然按劳分配是社会主义的分配原则，那么又如何理解生产要素参与分配？生产要素参与分配是否意味着剥削？这些问题成为当时学术界、理论界争论的热点。首先，《关于劳动价值论的读书笔记》认为，不能将生产要素参与分配等同于西方经济学的生产要素分配论，后者是将劳动力等同于物，等同于一般生产要素，并将其排斥于剩余价值的分配之外。在商品经济条件下，生产要素

---

① 《李铁映社科文集》下卷，中国社会科学出版社、社会科学文献出版社 2015 年版，第 1213 页。

② 《李铁映社科文集》下卷，中国社会科学出版社、社会科学文献出版社 2015 年版，第 1216 页。

参与分配是必然的、自然的形态。按劳分配和非劳动要素参与分配相结合的分配制度，在我国社会主义初级阶段，就是按劳分配为主和非劳动要素参与分配相结合的原则。① 其次，文章认为，在社会主义理论体系中，不宜再沿用"剩余价值"这个范畴，来指称社会主义社会的剩余劳动所创造的价值，可以用"净增加值"这个范畴来表示。② 第三，在社会主义市场经济条件下，"资本"这个范畴是必不可少的、必须用的，但其内涵有所发展，应该发扬其有利于生产要素的优化配置，有利于解放和发展生产力的一面，促进社会主义市场经济的发展，促进社会财富的不断增加，同时要限制其消极的、影响解放和发展生产力的一面。③

显然，李铁映同志娴熟运用马克思主义政治经济学的观点，对社会主义市场经济的分析，从理论上解决了当时社会主义市场经济发展中面临的理论难题。这也反映出他并未对马克思主义做教条化理解，而是根据中国改革开放的实践，对马克思主义的劳动价值论进行了发展和创新，而这种理论创造又不是对马克思主义的歪曲和违背，而是他对我国社会主义经济的实践在理论上做出的提升和诠释。

（三）关于全球化的研究

李铁映同志对国际形势，尤其是全球化，有着深刻的体认和独到的理解。他将经济全球化放到整个资本主义发展史、世界历史中去分析，认为当今的"经济全球化实质上是资本主义生产方式在全世界的一种扩张"，"是以新经济、新技术的方式来推行的"。我们应在经济全球化的大潮中，做到既和资本主义世界长期共存、和平

---

① 参见《李铁映社科文集》下卷，中国社会科学出版社、社会科学文献出版社 2015 年版，第 1226—1228 页。

② 参见《李铁映社科文集》下卷，中国社会科学出版社、社会科学文献出版社 2015 年版，第 1228—1231 页。

③ 参见《李铁映社科文集》下卷，中国社会科学出版社、社会科学文献出版社 2015 年版，第 1231—1233 页。

共处，同时又要坚持自己的制度和保持自己的利益，实现中华民族全面振兴。应对西方全球化的观点，进行深入分析，解读其概念、观点、理论的内涵，中国学者的全球化研究，在范畴、理论的建构上，不能照抄西方。他还对经济全球化研究进行了详细的规划，认为一部论述经济全球化的专著，可分为上下两篇，上篇论述世界经济问题，包括宏观、微观、市场、规划和机构等方面；下篇论述世界政治问题，包括联合国改革、美国霸权、国际组织、军事、文化、意识形态等方面。经济全球化带给我们的既有机遇，又有风险，经济全球化的潮流不可抗拒，关键要有应对能力。[①]

基于对全球化的深刻认识，李铁映同志对中国的发展充满了深深的关切，他说："正是在这样的世界里，中国要发展，要实现工业化、现代化，而且是通过社会主义基本制度，去完成人类历史上的工业化和现代化。中国的制度、道路、理论，都是为了实现中国工业化、现代化这一历史任务的。"中国只有坚定地走中国特色社会主义道路，才能应对全球化的裹挟。中国人要有自己的全球化理论，不能仰他人鼻息，以世界人民共同繁荣与发展为旨归。[②]

十多年过去了，经济全球化的态势有增无减，李铁映同志关于全球化的有关论述，对世界政治经济研究、对我们坚定不移地走中国特色社会主义道路，依然有着重要的指导意义。

（四）推进马克思主义中国化

《马克思主义研究》一文，是李铁映同志在中国社会科学院庆祝建党80周年大会上的讲话。文章认为，"中国共产党的80年，是成功地坚持马克思主义的80年"。"中国共产党的80年，是成功地传播、普及马克思主义的80年。80年间，马克思主义成为唤醒民众、

---

① 参见《李铁映社科文集》上卷，中国社会科学出版社、社会科学文献出版社2015年版，第387页。

② 参见《李铁映社科文集》中卷，中国社会科学出版社、社会科学文献出版社2015年版，第757—760页。

武装民众的最重要的精神力量。马克思主义，使中华民族的理论思维能力获得空前提高，将源远流长的中华文明推向一个崭新的发展阶段。""中国共产党的 80 年，又是成功发展马克思主义的 80 年。"①文章将中国共产党对马克思主义的重大发展归结为四个方面：丰富和发展了马克思主义哲学、创立了有中国特色的革命理论、创立了建设有中国特色的社会主义理论、丰富和发展了马克思主义的建党学说。

在马克思主义中国化这一问题上，李铁映同志多次强调"教条主义是思想解放的大敌"，"教条主义有多种表现形式。既要反对'东教条'，也要反对'西教条'。'东教条'，就是把马克思主义教条化。……'西教条'，就是'西化'，照抄照搬西方的理论、制度、模式"。"克服'两个教条'，就要努力创建和发展有中国特色的理论、概念和话语体系。我们既要抢占理论制高点，也要抢占概念和话语体系的制高点。我们不能全部接受西方的概念和话语体系。"②

《推进马克思主义中国化》是李铁映同志 2002 年 11 月 10 日在党的十六大湖南代表团分组会上的发言。文章说："在当代中国，理论的目的就是为了解决中国自己的问题，推动中国的发展，就是为了实现中国人民的根本利益，实现中华民族的伟大复兴。""中国的马克思主义理论，就是在回答中国问题，在总结中国共产党和中国人民的历史实践中形成、发展的。一句话，中国的理论，就是有利于中国发展的理论。"③

《在实践中发展马克思主义》一文，对如何发展马克思主义，实现马克思主义中国化做出了重要指示："社会科学工作者要从实际出

①　《李铁映社科文集》中卷，中国社会科学出版社、社会科学文献出版社 2015 年版，第699—700 页。

②　《李铁映社科文集》下卷，中国社会科学出版社、社会科学文献出版社 2015 年版，第1174 页。

③　《李铁映社科文集》下卷，中国社会科学出版社、社会科学文献出版社 2015 年版，第1175 页。

发，以研究有中国特色社会主义为首要任务，适应形势发展的要求，为中华民族的全面振兴服务。""要选准一批社会主义物质文明建设和精神文明建设的重大题目，通过抓重大课题，把科研人员组织到研究建设有中国特色社会主义的重大理论和实践问题上来。""社会科学工作者必须具有高度的社会责任感，才能承担起发展和繁荣人文社会科学的伟大历史使命。"①

（五）坚信社会主义必将战胜资本主义

《研究社会主义理论》一文，是李铁映同志 2000 年 10 月为《当代世界社会主义研究丛书》所作的总序。文章对社会主义的发展史进行了简要追溯，对社会主义必然取代资本主义充满信心，"资本主义也不是永恒的，迟早要被社会主义所取代"②。对 20 世纪社会主义实践的历史意义进行了客观评述，指出，社会主义实践为人类社会开辟了崭新的发展道路，展示了美好的前景；在很大程度上遏制了帝国主义在全世界的扩张，并改变了世界的政治格局；消灭了剥削和压迫，实现了真正的平等和民主；使绝大多数殖民地国家取得了国家独立、人民解放的胜利。尽管当前社会主义运动处于低潮，但在世界范围内却兴起新一轮的研究马克思主义、社会主义的热潮。我们的中国共产党人和马克思理论工作者，"对于研究和发展科学社会主义学说肩负着特殊的历史责任"③。李铁映同志对社会主义的发展史、现状，以及当时的国际国内形势，有着清醒的认识和理解，对马克思主义研究者提出了殷切的希望。

李铁映同志对社会主义事业的前景充满信心，这种信心源自他对马克思主义基本原理，特别是科学社会主义基本原理的深刻认识和坚定信仰；也源自他对世界形势的客观分析和认识。《关注世界社会主义运动》一文对当时世界范围内的马克思主义研究进行了描述，

---

① 《李铁映社科文集》上卷，中国社会科学出版社、社会科学文献出版社 2015 年版，第 144 页。
② 《李铁映社科文集》中卷，中国社会科学出版社、社会科学文献出版社 2015 年版，第 499 页。
③ 《李铁映社科文集》中卷，中国社会科学出版社、社会科学文献出版社 2015 年版，第 503 页。

指出世界范围内马克思主义、社会主义研讨会的兴起，必将推动世界社会主义的复兴。在文中，李铁映同志还对中国社会科学院世界社会主义研究中心的宗旨和任务做出重要指示，认为世界社会主义研究的主要内容是"认真总结苏东剧变的原因和教训，关注这些国家、地区社会主义力量的现状和发展前景；深入研究发达国家的共产党和左翼力量的理论与实践经验；研究发展中国家社会主义理论的情况和发展趋势；研究现有社会主义国家的理论与实践；跟踪研究国外社会主义思潮和流派的新动向，等等。重点还是研究总结苏东剧变的原因与教训"。①

这些观点和认识，既是李铁映同志作为社会科学大家的必然结论，同时也展现了一名具有革命传统血脉的中国共产党人的坚定理想信仰与信念。

总的看来，《李铁映社科文集》有两大主题：一是改革开放后，如何认识社会科学、发展社会科学，发展马克思主义；二是改革开放后，如何回答和解决中国的问题，即推动马克思主义的中国化。如前文所述，李铁映同志非常重视理论思考和探索，并多次从国家和民族生存的战略高度，对哲学社会科学的重要性进行了深刻的阐释。

现在看来，李铁映同志十多年前提出的理论极具现实意义，书稿中的大部分观点对于今后的哲学社会科学研究仍有积极的指导意义，比如作者关于社科院作为我国最高社会科学研究机构、中央智囊团的定位及其所负责任与使命的思考，关于搞好社科院工作的"四三五一"方针，关于院、所两级领导负责制的确立与贯彻执行，关于一些重大理论问题的思考，等等，充分反映了作者高屋建瓴的学术洞见，对于促进我国哲学社会科学研究、推动我国哲学社会科学事业发展起到了积极的作用。

---

① 《李铁映社科文集》上卷，中国社会科学出版社、社会科学文献出版社2015年版，第367页。

　　该书论题涉猎广泛，涵盖党的理论、社会科学研究、社科院建设、文化对话等很多方面，体现了作者广博的知识积累和深厚的理论积淀。李铁映同志高度重视理论思考，高度重视哲学社会科学发展，也从未停止过对理论的思考。如其在该书"自序"中所言："对理论的挚爱和求索——是我始终不渝的追求。"在他的文章中，我们读到了"士不可不弘毅""天下兴亡，匹夫有责"的士大夫精神，也看到了"寄情山水"的文人情怀。他是一位思想者、智者，也是一位富有浪漫情怀的诗者，更是一位具有坚定理想信仰和信念的革命者。李铁映同志的思考与思想观点，都是源于或结合时代或中国的重大实践问题，体现了理论与实践的统一，践行了马克思主义的学风。

　　综观全书，《李铁映社科文集》真实地反映了李铁映同志在任中国社会科学院院长期间对马克思主义、社会主义、历史、哲学、政治、文化、国际问题等方面的深刻思考。全书立意高远，观点鲜明、内容充实、阐述清晰，文字精练流畅，融思想性、理论性、政策性于一炉，具有重要的历史价值和出版价值。如其所言"哲学社会科学担负着认识世界，传承文明，创新理论，资政育人，服务社会的历史职责，在人类社会发展中，具有不可替代的重要地位和作用"，也正是因为有着这样的战略眼光和历史的观照，才使得书中的每一段文字都闪耀着智慧的光芒。李铁映同志对理论研究孜孜不倦，永不止步——他是一位永不停止思考的思想者。

附录一　《李铁映社科文集》近日出版[*]

　　12 月 11 日，中国社会科学出版社举行了《李铁映社科文集》出版座谈会。中央社会主义学院党组书记、第一副院长叶小文出席

---

　　* 2015 年 12 月 11 日，央广网。

座谈会并讲话。中国社会科学院党组成员、秘书长高翔主持座谈会。出席座谈会的，还有中国人民大学党委书记靳诺，中国社会科学院原副院长汝信等。

与会专家学者围绕《李铁映社科文集》的出版展开研讨。中国社会科学出版社社长兼总编辑赵剑英介绍说，李铁映同志担任中国社会科学院院长期间非常重视对理论问题的探究，不断探索我国哲学社会科学发展规律，多次从国家和民族生存的战略高度，对哲学社会科学理论的重要性进行了深刻的阐释。他认为，理论，是人类智慧的花朵，是文明的活的灵魂，是民族兴旺的动力，是政党成熟的重要标志，是综合国力的重要组成部分，他文章中的很多观点对哲学社会科学理论研究具有积极的推动与指导意义。李铁映同志关于充分发挥我国哲学社会科学认识世界、传承文明、创新理论、资政育人、服务社会重要作用的论述，关于中国社科院作为我国最高哲学社会科学研究机构、党中央智囊团的定位，以及应承担的责任与使命的思考，关于搞好社科院工作"四三五一"方针的提出，关于院、所两级领导负责制的确立与贯彻执行，关于"双百"方针的具体化"思想有自由，研究无禁区，宣传有纪律，行为守法律"的阐释，关于树立良好学风、培育一流人才等问题的思考，都充分反映了作者高屋建瓴的学术洞见与真抓实干的科研管理，对于促进我国哲学社会科学研究、推动我国哲学社会科学事业发展起到了积极的作用。

记者从发布会上了解到，全书分上中下三卷，共120余万字，收录了原中共中央政治局委员、全国人大常委会副委员长李铁映同志在1998年至2003年担任中国社会科学院院长期间的讲话文稿、撰著文章，共计183篇。这些精选文稿虽题材各异，篇幅不一，时间跨度较大，但皆有共同主题，就是作者对哲学社会科学理论问题的思考。论题内容涉猎广泛，涵盖党的理论、社会科学研究、社科院建设、中国文化、文化交流等诸多方面，体现了作者广博的知识积累和深厚的理论积淀。

与会专家学者指出，《李铁映社科文集》真实地反映了李铁映同志在任中国社会科学院院长期间对马克思主义、政治、历史、哲学等多方面的深刻思考，全书观点鲜明、内容充实、阐述清晰，且文字精练流畅，兼具思想性、理论性、政策性。可以说，这部文集的出版具有重要的历史价值和现实意义。

附录二　汝信①同志在 2015 年 12 月 11 日《李铁映社科文集》出版座谈会上的发言

我今天非常荣幸有机会参加《李铁映社科文集》出版座谈会，我来不及仔细看，但是挑了里面一些内容看了，正在消化。我感觉一方面深受教育，这是铁映同志领导和主持社科院工作的一个真实的记录，同时也是对整个国家哲学社会科学发展的深层思考。我想如果用他自己的话来形容，那就是天道酬勤。我感觉这本书体现了这个精神，就是说勤奋，勤于思考、勤于探索，做事情勇于担当，要真干实干。

铁映同志是党的十五大以后到社科院领导社科院的工作，我是党的十五大以后退下来的，当时铁映同志在我退下来的时候交代我两件事情：一个是说社会科学院作为学术机构要组织一个学术委员会，他担任主任，还包括一些退下来的老学者和各个研究所的领导同志，应该在学术上起作用，进行一些活动，这是他交代我做的一件事情。另外一件事情就是组织一些重要的课题研究。铁映同志勤于思考，非常好学，这个精神也给我留下很深的印象。他在布拉格大学读书，这是欧洲最古老的一所大学，跟牛津、剑桥差不多的地位，比美国的哈佛古老得多。他在布拉格大学念的是物理系，我不懂，但是我一看到他的笔记非常感动，可以看出他的刻苦。他具有

---

① 汝信，中国社会科学院学部委员，时任中国社会科学院副院长。

非常扎实的功底，实事求是的精神、探索的精神，可以说这是从他大学时代延续下来的。所以我感觉到他思考的很多哲学社会科学问题的面非常广，给我印象最深的，是他在社科院工作抓得最紧的三个方面。

一是思想建设，就是怎么样用马克思主义来指导哲学社会科学的发展，这一方面我们从他的文集里面看到也是最突出的。他讲到马克思主义是要结合中国实际的中国化的马克思主义，而且是与时俱进的马克思主义，绝对不是"西教条""东教条"，他是非常灵活地学习和掌握马克思主义。这点可以说也是我们社科院建院最根本的问题，就是怎么用马克思主义来指导各个学科的发展，因为如果光讲马克思主义，不跟每一个学科具体相结合，那完全是空的，实际上落实不了，而铁映同志强调每一个学科、各个领域都要用马克思主义思想作为指导，我感觉到这是对我们社会科学来说，对整个院的建设来说都是一个根本的问题。

二是铁映同志非常重视科学研究的基础建设，现在大家讲铁映同志来社科院干了几件大事，比如院图书馆的建设，我是社科院的老人，铁映同志来了以后把图书馆搞起来了。研究生院原来发展有困难，铁映同志来了以后，亲自兼起研究生院院长，现在研究生院有了新的发展面貌，这些都是涉及社科院长远发展的根本问题。还有就是计算机网络的建设。所以铁映同志来了以后对社科院的基本建设做出了贡献。

三是对一些重大理论问题的研究和建设，今天发布的这部书就反映了这个情况。我也参加过一个课题，就是论民主，除了论民主以外，我知道铁映同志还搞关于经济改革等经济方面的研究，还有一些国际问题的研究，都是一些重大的问题，他来搞这些课题不是像现在的一些主编，基本上就是专来领导的，自己不参与，铁映同志是亲临第一线，与我们参加课题组的人一样艰苦，每天开夜车，他带头晚上加夜班。我们搞了两年，可以说下了很大的功夫，他都是亲临第一线，身先士卒带着大家干，我感觉到在这方面他为研究人员树立了很好的榜样。

我今天顺便跟出版社提一个建议，我感到《论民主》这本书可以说是当前意识形态斗争的一个重点问题，这些年来世界搞得这么乱，搞颜色革命、中东乱局，很大的问题就是西方一些国家拿民主问题大做文章，民主问题是意识形态领域的一个重大问题。所以我预言将来如果出问题的话，民主问题是个大问题。这本书是20世纪末搞的，2001年出版的，到现在15年了，前几次我拿出来翻一翻，感觉这15年在这方面陆续出了一些文集，但是还没有一本书能够这么全面系统深刻地讲这个问题，我感到这本书应该把党的十八大以后一些新的发展，我们党在民主政治方面新的论述，结合世界形势的变迁加以充实，再搞一个新版，这是具有现实意义的。

让世界更好地了解和理解中国[*]

首先，我对吴尚之[①]先生、各位领导和中外学者以及各位媒体朋友出席"《理解中国》丛书英文版发布暨学术研讨会"表示热烈的欢迎和衷心的感谢！

《理解中国》丛书是本人三年前开始策划的，今天首批发布的九本书分别是：《中国社会巨变和治理》《破解中国经济发展之谜》《中国的民主道路》《中国的环境治理与生态建设》《中国经济改革的大逻辑》《中国人的宗教信仰》《中国的价值观》《中国的法治道路》《中国战略新布局》。

该丛书力图用浅显易懂的语言，从不同学科角度介绍和展示中国文化的丰富内涵和特点，科学、准确地阐述中国现代化的道路、理论、制度的形成、内涵和特点，特别是中国改革开放以来所发生的巨大变化和发展成就、存在的问题，以及中国在政治、经济、社会、文化、生态和执政党建设上正在进行的全面改革和发展趋势，力图给国内外读者一个立体的全面的真实的"当代中国形象"。概括地讲，《理解中国》丛书就是当代中国形象的学术表达。

经过改革开放三十多年来的发展，中国成功地走出了一条适合自己发展的现代化道路，这就是中国特色社会主义道路，与此同时也形成了一整套中国特色社会主义政治、法律、经济、文化等制度。

* 2015 年 5 月 29 日，在纽约国际书展中国主宾国活动上的发言。
① 吴尚之，时任国家新闻出版广电总局副局长。

这些制度越来越显示出它的有效性和生命力。中国的崛起和中国发展的奇迹世人瞩目，已成为国内外很多研究机构和学者关注与研究的对象，当代中国研究成为国际学术界一个持续升温的研究领域。《理解中国》丛书的作者都是中国目前一流的学者，他们都力图从自身的学科角度和研究领域对上述问题做出探索与回答。如《破解中国经济发展之谜》从人口红利的角度分析了中国经济的发展之谜，并指出，未来中国经济的发展要从依靠"人口红利"转向通过改革释放"制度红利"。《中国社会巨变和治理》运用大量统计数据和经验调查材料，从人口、家庭、社会结构、社会心态、社会治理等不同的角度，全面反映了中国改革开放以来社会发生的巨大变化、取得的成就和面临的挑战。《中国经济改革的大逻辑》梳理了中国经济改革30余年的实践逻辑和理论逻辑，从中揭示出中国经济理论的创新之处。

希望《理解中国》丛书成为外国学术界和外国读者了解中国和理解中国的入门书，成为世界人民认识当代中国的一个重要载体。

中国社会科学出版社隶属于中国社会科学院，是一家专门从事哲学社会科学学术著作出版的机构，是中国人文社会科学研究的重要出版基地，同时也十分重视中外学术文化的交流。我社每年引进几十种国外图书的版权，翻译成中文在中国出版发行。我社所出图书不仅在国内具有重要的学术影响力和社会影响力，也受到国外学术界特别是汉学和当代中国学研究的重视。我社2013年出版的1500种图书，有1078种进入世界图书馆收藏系统。这个数量在中国近600家出版社中名列第一。

近几年，我们加大了与国外出版界、学术界的交流与合作。我们殷切希望与中外学者和出版同人共同努力，进一步发挥学术出版合作在推动中美学术文化交流中的作用。

最后，再次感谢出席此次会议的领导、中外学者和朋友们！祝大家身体健康，幸福快乐！谢谢大家！

在首场"国家智库报告"
发布会上的发言[*]

大家下午好！首先对《中国海外投资国家风险评级报告（2015）》《中国对外投资季度报告（2015年第1季度）》的出版表示祝贺，也对中国社会科学院世界经济与政治研究所的研究团队表示祝贺。此次发布的两份报告属于中国社会科学出版社打造的"国家智库报告"系列。

党的十八大，十八届三中、四中全会和习近平总书记系列重要讲话对于加强中国特色新型智库建设做出了重要指示，中国社会科学院党组高度重视，充分发挥我院作为国家级综合性高端智库的优势，为推动我院建设成为具有国际影响力的世界知名智库，于5月26日，正式揭牌了以所局为单位的11个专业化新型智库，这是我院加强中国特色新型智库建设的标志性举措。我社作为专业的学术出版机构，依托社科院作为国家智库的优势，快速反应，积极行动，与院内外的智库联系，开辟和推出了"国家智库报告"和"智库丛书"两大出版系列。目前已出版的智库报告共5种，分别为《中国高等教育透明度指数报告（2014）》《中国政府信息公开第三方评估报告（2014）》《NAES宏观经济形势分析（2015年第1季度）》《中国海外投资国家风险评级报告（2015）》《中国对外投资季度报告（2015年第1季度）》，在社会上引起了巨大反响。即将发布的智库

---

[*] 2015年6月5日，在《中国海外投资国家风险评级报告（2015）》《中国对外投资季度报告（2015年第1季度）》新书发布会上的讲话。

报告还有 7 种，分别为《内蒙古草原可持续发展与生态文明制度建设研究》《内蒙古发展定位研究》《内蒙古草原碳储量及其增汇潜力分析》《"十三五"时期的中国金融体系改革建议》《中国"经济新常态"：内涵与对策》《农地改革、农民权益与集体经济》《中国人文社会科学期刊评价报告（2014）》。该系列旨在搭建我院智库的成果展示平台，扩大我院智库成果的社会影响力，从而更好地发挥智库理论创新和政策咨询的作用，更好地服务党和国家工作大局。

2015 年 6 月 5 日，《中国海外投资国家风险评级报告（2015）》
《中国对外投资季度报告（2015 年第 1 季度）》新书发布会

世经政所作为我院 11 家专业化新型智库试点单位之一，在国内经济政策类、国际经济政策类的智库排名都非常靠前，每年有大量的科研成果问世。此次推出的《中国海外投资国家风险评级报告（2015）》，对中国企业海外投资做好风险预警，避免投资风险，提升海外投资的成功率和可持续性，具有重要参考价值。《中国对外投资季度报告（2015 年第 1 季度）》从海外直接投资和金融投资两个维度，从行业、区域、政策等多个方面全方位地观察分析了 2015 年第 1 季度中国对外投资的实际情况。这两份智库报告对中国海外投资面临的风险和机遇、劣势及优势都有独到而细致的分析，有利于中国企业在海外寻求最佳投资机遇，实现稳步的投资增长，是中国企业"走出去"的重要参考读物。今后我社将与世经政所进一步合作，从党和国家政治、经济、社会、文化等方面的工作大局出发，在世界经济问题领域，发布更及时、更有效、更权威的成果。

此次发布会也是我社与光明日报智库研究与发布中心的首次合作。6 月 3 日《光明日报》智库版整版报道了这两本书的核心内容，这体现了《光明日报》对中国特色新型智库建设的高度重视。"国家智库报告"系列是重点展示我院智库成果的平台，而《光明日报》又为我们的智库报告提供了更快速、更及时、更简洁的展示通道。

今后，我社将陆续推出各领域的"国家智库报告"，并努力做好该系列的宣传工作，在推广我院智库成果、扩大我院智库的国内外影响力、加强中国特色新型智库建设上，做出我社应有的贡献。再次祝贺《中国海外投资国家风险评级报告（2015）》《中国对外投资季度报告（2015 年第 1 季度）》的出版，谢谢大家！

推动中国历史学走向世界[*]

2015 年 8 月 24 日，中国历史学走向世界——《中国历史学 30 年》
（英文版）首发式暨出版座谈会专家合影

  大家晚上好！《论语》中说："有朋自远方来，不亦乐乎！"请
允许我用这句话，在孔子的故乡，代表中国社会科学出版社，欢迎
来自世界各地的著名历史学家，对各位专家在百忙之中拨冗出席今
晚的会议表示热烈的欢迎和诚挚的感谢！

---

  * 2015 年 8 月 24 日，在济南召开的第 22 届国际历史科学大会活动之一"中国历史学走向世
界——《中国历史学 30 年》（英文版）首发式暨出版座谈会"上的致辞。国际历史科学大会前会
长、柏林自由大学历史与文化系讲座教授于尔根·科卡，国际历史学会秘书长、法国巴黎第一大
学教授罗伯特·法兰克，美国芝加哥大学教授彭慕兰等国际著名历史学家出席本次座谈会。

　　中国有源远流长的史学研究传统，史学家通过卷帙浩瀚的历史典籍，描绘了中华文明整体画卷和总结出历史发展规律。从"史家之绝唱"的《史记》，到《汉书》《后汉书》等，"二十四史"的编纂，记录了中国错综复杂的历史进程，使中国和中华民族成为世界上唯一拥有五千多年源远流长的文明历史的国家和民族。19 世纪末，随着西学东渐，外国史学思想开始传入中国。五四运动时期，李大钊系统地阐释了唯物史观的基本原理。之后的马克思主义史学家们自觉运用唯物史观剖析围绕当时中国社会的一系列政治、经济、社会等问题，发展出有生命力的史学理论。中华人民共和国成立后，扎根中国实际的中国马克思主义史学得以发展。但是，"文化大革命"时期中国的史学研究受到了极大的影响和停滞。

　　1978 年中国改革开放到现在 30 多年，中国的历史研究焕发出新的生机与活力，得到了繁荣和发展。这表现为历史学研究培养了一大批专业人才，出版了大量史学著作，尤其是在历史学的理论研究、范式、方法、手段、学科体系上呈现出巨大的变化与发展。同时这个时期中外历史学研究的交流日趋频繁，中国学者到世界各地参加各类历史学国际会议，并且翻译了大量世界各国的历史学前沿著作，吸收了国外史学理论的合理成分，丰富和完善了中国的史学理论研究、范式和方法。

　　在全球化的背景下，中国顺应全球化发展的总体趋势，中国特色社会主义现代化建设也取得了令世人瞩目的成就，综合国力快速增强，人民生活水平显著提高。随着中国的崛起，中国学者也加快了融入国际学术大家庭的步伐。随着中国历史学研究的繁荣与发展，西方的历史学界也迫切希望更多地了解中国，更多地了解中国历史学家们的想法和观点。

　　2008 年，由中国史学会会长张海鹏教授主编的《中国历史学 30 年》在我社出版。这本书论述了改革开放 30 年来中国历史学发展的概况和现状，并对其前景及趋势做了展望，比较完整地勾勒出中国历史学 30 年来发展变化的全景。不仅是中国的历史爱好者，也是国外的历史学家们了解中国历史学 30 多年来的繁荣发展、理论创新，包括学科体系，学术观点，研究范式、方法、手段等成果的发展状况的很好的概要性读本。这本书涵盖了中国考古学、边疆民族史、历史地理、经济社会史、思想文化史、史学理论、城市史、宗教史、科技史、世界史、第二次世界大战史、战后国际关系史等内容。特别值得关注的是，这些领域的领衔作者都是历史学领域各分支学科的学术带头人和著名学者。可以说，这本书概括了各个研究领域、各个分支学科的进展，代表了中国大陆史学研究的最高水平，所以是比较精要又高屋建瓴的一本书。这本书应该说对历史学研究尤其对国外了解中国历史学 30 多年来的成果是一本很好的参考读物，也是中国历史学家群体向世人的一次整体亮相，给中国历史学的发展带来深远的影响。所以在张海鹏会长的支持之下，我们社下决心把这本书翻译成英文，希望这本书能够发挥很大的作用，我们希望这本书能够成为世界历史学界了解改革开放 30 多年来中国历史学的创新和进展的一部经典之作。

适逢第 22 届国际历史科学大会在泉城济南召开。国际历史学大会是世界历史学界五年一次的规模最大的、层次最高的盛会，这次大会的主题是"全球视野下的中国"，大会不仅要呈现中国史学家们、中国史学的面貌，更重要的是通过展示改革开放以来中国史学的发展，让世界各国历史学家们更多更深入地了解中国、理解中国。当前习近平主席提出"一带一路"倡议，这是不限国别范围的开放包容的经济合作倡议，这一跨越时空的宏伟构想，是从历史深处走来，研究其深厚的历史时代背景是史学家的时代使命，是史学家把中国历史推向世界的重要契机和历史使命。在这样的时代背景下，我们能够在这里举办这本书英文版的发布会，有那么多来自世界各地的著名历史学家光临出席会议，我们深感荣幸。因为这本书是中国改革开放 30 多年来中国史学研究的一次比较集中的展示，所以如

果想要比较快捷地掌握中国历史学 30 多年来的历史成果，这本书是
个很好的窗口。同时这本书也体现了中国历史学家自身的思维方式，
当然也是在我们自己的史学传统和借鉴西方史学理论成果的基础之
上，中国史学家们在探索史学研究领域、课题、话语体系、学术特
色等方面自身的创造和特色，所以非常有价值。这也为在当今全球
化的条件下为中国历史学派凸显和中国历史学自身话语体系的建设
提供了很好的基础。

　　中国社会科学出版社是中国社会科学院直属的出版机构，是专
门从事人文社会科学著作出版的出版社，同时也是特别注重中外文
化交流的一家出版社。这里我想说以下两个数据：第一个数据，海
外的图书馆包括大学以及其他的国家馆收藏的图书数量，我们出版
社在中国大陆出版界是第一位的。2013 年，我们被国外图书馆收藏
的图书是 1078 种，2014 年是 1400 多种。这说明我们中国社会科学
出版社出版的图书在海外是非常有影响力的。第二个数据，是刚刚
发布的，也就是由南京大学中国社会科学研究评价中心发布的"中
文学术图书引文索引"，中国社会科学出版社在历史学科的图书影响
力在全国的出版社当中是第一位的。这是运用计量学方法计算出来
的。所以历史学、考古学是中国社会科学出版社的优势学科。

　　中国社会科学出版社成立近四十年来，出版了大量有影响的历
史学著作，如《商代史》（11 卷本）、《中国历史地名大辞典》（上
下卷）、《甲骨文合集释文》（1—4 卷）、《中国考古学》（多卷本）、
《中国古代社会生活史》（多卷本）等；同时，中国社会科学出版社
特别重视国外历史学家著作的引进、翻译、出版，特别是我们翻译
了《剑桥中国史》、《新编剑桥世界近代史》（多卷本）系列丛书等，
最近我们又组织翻译了《剑桥古代史》《新编剑桥中世纪史》。在向
国内翻译介绍学术著作的同时，近些年在学术著作外译方面，我们
也做了很多工作。除今天发布的《中国历史学 30 年》（英文版），
我们还成功推出了《理解中国》丛书的英文版，张海鹏先生的另一

本著作《中国近代史基本问题研究》也即将翻译成英文出版。在座不少专家都曾在我们出版社出版过自己的学术著作，有很多都是代表作。感谢诸位对中国社会科学出版社的大力支持，希望将来我们继续合作，为中国历史学走向世界、走向繁荣共同努力！

最后，再一次诚挚地感谢张海鹏先生，感谢各位专家学者，尤其是来自世界各地的各位历史学家参加今天这次会议，也诚挚地邀请各位历史学家到北京一定光临中国社会科学出版社，我们在北京风光旖旎的后海边上，也是宋庆龄纪念馆的旁边，欢迎大家到我社做客。

祝各位历史学家在美丽的泉城济南生活愉快！工作顺利！

着力建构中国民主理论话语体系[*]

今天杨光斌①教授主编的关于比较政治与中国社会科学话语体系研究的四本书出版发布，非常值得祝贺。《中国民主：轨迹与走向（1978—2020）》，还有《观念的民主与实践的民主》《政体新论》《被自由消解的民主》，这四本书同时出版发行，不仅是我们出版社出了这四本有分量的新书，我认为应该是我们国家、我们的学术界同时推出了有关民主理论研究方面的四本厚重的书，这是一个重要的现象，是值得祝贺的。

在编辑过程中，我作为社长一直非常关注这套书的组稿和编辑的过程，也期待着今天这个会议的召开。我虽然没有全部阅读这几本书，但是我看了杨老师写的总序，还有他对这四本书的一个概要的介绍和点评。看了以后有一个强烈的感觉，杨老师和他的

* 2015 年 12 月 16 日，在"中国民主理论话语体系建设座谈会暨《中国民主：轨迹与走向（1978—2020）》等四部新书发布会"上的发言。

① 杨光斌，中国人民大学国际关系学院院长。

研究团队指向中国民主理论的目的，在于它是个重大的理论问题，一直是非常有争议的，到现在为止依然如此。这套书呼吁要立足中国的历史文化传统，立足中国的实践经验，这个实践经验包括经济、政治等创造和创新，来提炼我们自身的中国民主理论。我觉得这样的理论目的是非常强烈的。所以今天我们出版座谈会的题目不知道是不是符合杨老师的意思，我们就想以中国民主理论话语体系的建构为题进行研讨。我认为这是非常有意义的，而且每本书都有特点。前几天在我参加的一个协商民主的会上就主要推荐了《中国民主》这本书。这本书的时间跨度非常长，当然关于中国特色的民主政治理论实践，我们也有一些探索。但是这本书主要讲改革开放以后，中国民主政治的实践和民主理论的成长。历史的逻辑与理论的逻辑勾勒得很好，而且历史的逻辑和理论的逻辑是相一致的，讲了当代中国民主成长的四个阶段，而且他有自己的观点，最后中国国家治理框架下的民主理论，是辩证的关系。有限的国家能力，国家能力要强，也要讲大国，但是也是有限的。这里的民主性、人民性与国家的民主进程统一，这是国家统一框架讨论的内容。我认为他的观点都是非常有创建性和符合中国国情的。

所以我认为这四本书理论的指向非常可嘉。中国民主跨度很大，每本书有不同的角度，其他三位作者都非常年轻，但是写的文章非常有分量，从不同的角度来阐述中国民主理论的必然性、合法性，对中国的科学性和有效性。实际上就是这几个问题，这套民主理论体系在中国有其合理性，当然也是有效的。合理有效的就是科学的。要进行深入的中西比较研究，有一个题目就是中国民主的选择问题，论证西方民主不是唯一的模式，要把它从不应在的神坛的位置上请下来，回到它应在的位置。同时要论证中国民主的合理性、有效性。我认为这个是非常客观的，是现在中国的崛起、中国的发展面临的一个重大的实践课题。我不是这方面的专家，所以讲的只是一些皮毛。但是我感觉到这是一个重大的问题，而且这四本书的出版将中国民主理论的进一步深入研究翻开了新的一页，我期待学术界尤其是政治学界对中国民主的研究能够以此为契机，有进一步深入的研究。

构建风清气正、干事创业的
良好政治生态[*]

根据中国社会科学院党组的部署要求，为贯彻落实中央关于四川南充拉票贿选案、湖南衡阳破坏选举案查处情况通报的精神，深刻吸取"两案"教训，进一步推进中国社会科学出版社三项纪律教育，深入贯彻"三严三实"要求，今天由我代表社机关党委讲一次专题党课，主题是严明政治纪律和组织人事纪律，防治选人用人进人、职称评审和基层党组织选举中的不正之风。

今年，中央印发了《中共中央关于四川南充拉票贿选案查处情况及其教育警示的通报》；此前，中央曾于2013年、2014年先后印发《中共中央办公厅关于湖南衡阳破坏选举案的情况通报》和《中共中央关于湖南衡阳破坏选举案处理情况及其教训警示的通报》。最近，中共中央纪委又通报了五起党风廉政建设责任追究典型案件，中央彻查严处这些案件，并在全党范围内发出这样的警示教育通报，充分体现了中央坚持全面从严治党、坚决惩治腐败的坚定决心，是我党端正换届选举、选人用人风气的重要举措。根据中央精神，院党组也下发了贯彻落实中央通报精神的意见，要求各单位认真学习传达中央通报精神。我社机关党委对此高度重视，专门组织机关党委学习中心组开展了专题学习讨论，并于国庆节前召开全体职工大会对通报做了传达。根据院党组的要求，我社还对遵守政治纪律、

---

* 2015年11月19日，在中国社会科学出版社机关党委书记专题党课上的报告。

人事纪律和组织纪律的情况做了专项检查，目的在于落实机关党委管党治党的主体责任，强化责任担当，抓好党风廉政建设。下面我结合专项检查情况，向大家通报问题，剖析原因，提出改进措施。

一 关于遵守政治纪律和政治规矩

总体而言，我社广大党员干部在遵守政治纪律和政治规矩方面做得较好，政治立场比较坚定，能够与以习近平同志为核心的党中央保持一致，未出现散布违背党的理论和路线方针政策、公开发表违背中央决定的言论的情况。但在个别方面，也存在着一些不足或苗头，有待纠正和改进：

第一，近几年我社业务规模迅速扩大，出书品种数增长较快，虽然同时加强了编校队伍建设，新引进了不少专业人员，但是与业务的快速增长相比仍然相形见绌，尤其是复审和终审的力量不足，虽然政治上没有出现大的问题，但在一定程度上还存在隐患。

第二，个别党员干部在接受工作任务时和上级讨价还价，或者找借口、讲困难，在工作任务面前有畏难情绪；有的党员干部执行力差，对于集体研究决定的事项或领导交代的任务拖沓延误或者打折扣地办，不能认真贯彻落实。今后，对于社长办公会研究决定的事情，要有督办制度，不能按时保质保量完成的要追究相关领导和人员的责任。

第三，有的党员干部注重部门利益和个人利益，钱字当头，只追求数量，忽视图书的政治方向、学术质量和编校质量，对出版社品牌建设不感兴趣，甚至破坏了出版社的品牌形象；有的同志对现有的利益要求固化，对出版社的改革发展、坚持和加强社会效益考核的力度等有抵触情绪，甚至形成隐形联盟。

品牌的建设非一朝一夕之功，出版社职工要守规矩讲纪律，不能简单地把出版社只作为个人多出书、多提成的平台，出书时要更多考虑为我们的品牌建设做贡献，对我们的品牌和声誉负责，这是个人在出版社工作的前提。这是对出版社的长远利益负责，对在这里工作的年轻同志负责。今年中宣部出台了"两个效益"文件，院里也出台了企业负责人考核评价办法，都要求从社会效益和经济效益两方面对出版社的经营业绩进行考核，这与过去对出版社的要求相比有了很大变化，社里也要根据形势对考核方式和内容进行调整，将院里对出版社的考核指标层层分解到各部门和每个人。当然，在这个过程中，社领导班子会继续兼顾个人利益与社里的整体利益、长远利益的统一，但势必会出现两者冲突的时候，这时个人利益就要服从社里的利益，这是我们长远可持续发展的前提。否则，如果我们还像过去一样各干各的，做一个"图书生产大队"或"个体户联合体"，不能把思路和行动统一到出版社的整体发展目标上来，最后我们的品牌会受损，大家也都无法长久地发展。

　　针对上述问题，结合中国社会科学院党组近期关于加强意识形态工作和党风廉政建设工作的要求，为进一步督促我社职工遵守政治纪律和政治规矩，提出以下改进措施：

　　第一，加强对在职职工和离退休职工的管理，各分管社领导、党支部书记和部门负责人要管好自己的人，教育和监督全体职工在政治上、思想上和言行上与以习近平同志为核心的党中央保持高度一致，不得在会议、论坛和网络等媒体上发表与中央不一致、违背中央决定的言论；不得编造、传播谣言丑化党和国家形象；不得泄露党和国家秘密；不得搞团团伙伙、结党营私、拉帮结派；不得违反重要情况报告制度，超越权限办事，搞先斩后奏、边斩边奏，甚至斩而不奏；不得违反民主集中制原则，拒不执行或擅自改变党组织和社长办公会做出的决定；不得在党内搞匿名诬告、打击报复等非组织活动，破坏党的团结统一；不得在选举或干部选拔任用中搞封官许愿、跑风漏气、拉票、打招呼。这是我社广大职工遵守政治纪律最基本的要求。

　　第二，把好图书政治关是我社重要的政治纪律，各位分管社领导和出版中心负责人首先要把好选题立项政治关，对于涉及敏感内容的选题要保持警惕，对可能存在政治问题的坚决不予立项；其次，要把好书稿内容政治关，切实执行三审三校制。对于这一点，我们要强化责任，责任编辑、出版中心负责人、终审和分管社领导都要对图书的政治质量负责，出了问题都要追究责任。

第三，严格遵守中国共产党廉洁自律准则和纪律处分条例，认真贯彻落实意识形态责任制和党风廉政建设责任制，我是出版社两个责任制第一负责人，同时要把责任层层分解，各分管社领导和部门负责人要分工负责，出了问题都要问责。

第四，在对外宣传工作中，要牢固树立政治意识，时刻谨记个人言行代表出版社形象，不得发表不利于国家、社科院和出版社的言论。与国外的学术机构或基金会交流时须事先查清背景、摸清状况，谨防被一些别有用心的机构利用或乘虚而入。

二　关于遵守干部人事纪律

今年10月，院人事教育局牵头在全院开展了遵守干部人事纪律情况专项检查。总体而言，我社人事人才工作比较规范，较好地遵守了院干部人事工作的各项纪律。但由于我社2010年转为国有企业，事业单位和企业在人事人才工作方面要求不同、管理办法不同，院里对如何管理企业也在逐步探索，我社在一些方面也存在不足之处，主要有以下几个方面：

一是人事管理制度建设还不完善，如中层干部的选拔聘用，仍沿用党政领导干部选拔任用条例，还没有制定符合企业发展需要的管理办法。

二是在人才引进方面还有一些不足，如笔试只针对编辑校对等业务岗位，其他岗位没有开展；除个别关键岗位人员外，未到应聘人员原单位（学校）进行政审考察；引进的高端人才还不够多，等等。

三是在干部档案管理方面，人事处在对处室干部的档案进行初步审查整理时发现，有的档案里"三龄两历一身份"等重要信息存在记载不一致的情况；有的档案材料尚不齐全，缺失学历、学位、考核表、履历表等材料。文书档案的管理和归档也存在不及时、不完整的情况。

出现上述问题的原因，一是工作的主动性、前瞻性不足，没有充分认识并适应转企改制对出版社管理提出的新要求；二是对待工作缺乏精益求精的态度，容易满足于现状，没有持续不断改进工作的精神，对信息不一致、存疑的问题没有及时核查核实；三是对基础工作重视不够，比如该整理的材料没有及时整理、该归档的材料没有及时归档。

人事工作无小事，在工作中要始终牢记"三严三实"要求，严格按照规则、程序办事，将各项要求落细、落小、落实，要深入学习国家和社科院的各项文件精神，对照要求进行自查，发现问题及时纠正，边学习边改进。目前要先做到以下三点：

第一，加快推进制度建设，完善出版社制度体系。在借鉴院有关制度并充分考虑企业发展需要的基础上，尽快完善中层干部管理办法、人才引进办法等制度，使出版社各项工作能够有章可循、有法可依。

第二，加强人才队伍建设，将人才引进与人才培养和使用结合起来，拓宽招聘渠道，真正将符合出版社发展需要的优秀人才吸引进来。比如，可以充分发挥出版社博士后科研工作站的作用，将博士后培养与出版社发展结合起来。积极拓展与院内研究所、院外高校博士后流动站的合作关系，招收专业对口、学术功底扎实的高素质人才，提供配套经费支持，博士后出站后可根据工作表现和双方意愿优先引进，使博士后工作站成为我社人才引进的重要渠道。

第三，加强档案管理，严格按照要求规范整理各类档案，认真梳理文书档案并予以补充归档。对干部档案中存在的问题要进行认定和补充，确保档案材料的真实性和完整性。近期，人事部门将就干部档案中缺失的材料向本人反馈，涉及人员要积极配合，尽快补充各种材料。

三　关于遵守组织纪律

近年来，我社不断加强内部管理，大力抓组织纪律建设，出台了一系列规章制度，在严明组织纪律、改进工作作风方面取得了显著进展，也得到了院里的肯定。比如，制定加强纪律建设的若干规定、考勤办法和请假办法，强化职工的组织纪律、工作纪律、外事纪律等；制定会议管理办法，严格执行"三重一大"决策制度，所有重要事项一律经社长办公会集体讨论决定，坚持民主集中制原则，社长办公会基本每周召开一次，会议纪要都由专人整理归档；制定请示报告制度，明确了请示报告的内容、程序和范围；基层党组织选举严格按照党章进行，不存在违反选举纪律的情况。

但在组织纪律方面也存在一些薄弱环节，具体表现为：

第一，在党的组织建设方面，因各种原因，我社机关党委和机关纪委十余年未开展换届选举，给党建工作的有效开展带来了一定困难。

第二，在内部管理上，虽然近年来取得了一些进展，但总体而言管理还不够严格，比较软。如有的同志工作作风懒散，对工作不够上心，个别部门主任管理不严，助长了个别员工消极懒散的工作作风；有的同志常年不参加社里的会议，或者签完到就离开会场，无视会议纪律；有的同志对请示报告制度学习不够，对请示报告的范围、要求和程序不甚了解，没有严格遵守。

针对组织纪律中存在的这些问题，要从以下方面改进：

第一，加强党的组织建设。我社上周已启动了机关党委和机关纪委的换届选举工作，候选人已报院直属机关党委，待其批复后即召开全体党员大会进行选举。

第二，进一步规范决策程序，贯彻好民主集中制，发挥好集体智慧和集体力量，对于集体讨论决定的问题，分管领导要坚决、及时、不打折扣地执行。

第三，加强对出版社各种规章制度的学习和执行力度。各部门要组织本部门职工认真学习社里印发的各种规章制度，要做到应知应会、应知应做。

在这里，我要着重强调几点：

第一，严格考勤和会议纪律。无论是干部还是职工，尤其是党员干部，不能无故不参加会议，也不能中场离开。不要视纪律为儿戏，要有党员意识，要保持言行与党员要求相一致。决不允许闹会、破坏会议秩序。我们要反思，我们的言行、所作所为是否符合一个党员的要求，是否符合一个公民、一个知识分子的基本素质。对于这一点，要严格执行纪律考核，执纪严问，不仅要将个人参加会议的情况与年终考核、评优评先等挂钩，还要进一步强化，要把会议出勤情况与经济处罚结合起来，每次会议结束后及时汇总出勤情况，当月扣发。

第二，严格执行请示报告制度。各部门负责人必须及时向领导报告本部门人员及工作的有关情况，出现重要工作失误时也要如实汇报，不能瞒报或者汇报打折扣，保证社领导及时如实了解出版社工作的全面情况。另外，还需要强调的一点是，职工出京出境出国要按时限向部门负责人和分管社领导报告，中层干部出京出境出国要向分管社领导和社长报告，所有人员出境出国还要到人事部门备案。

第三，我社最近正在进行"两委"换届选举工作。大家要严格遵守党章，严守政治纪律，绝不允许拉选票、打招呼、搞小圈子等非法手段。这是底线、红线，也是高压线，不要触碰，否则发现一处严查一处。

近五年来，在社领导班子坚强有力的领导下，在全社干部职工的辛勤奉献和努力拼搏下，我社学术影响力、品牌影响力显著提升，专业图书和精品图书越来越多，在学界和行业内口碑越来越好，愿意来我社出书的作者也越来越多，"五化战略"成绩显著。出版社"两个效益"显著提升，发展势头很好，是我社历史上最好时期之一。同志们一定要更加紧密团结，珍惜这来之不易的大好局面，本着对当下、对未来负责的态度，抢抓机遇，推动发展。要顾大局、识大体，相互理解、相互尊重，珍惜品牌，共同为我社越来越好的发展做出自己的努力和贡献。

同志们，守纪律、讲规矩是党的十八大以来党中央的新要求。加强纪律建设不是一句口号，而是要转化成实实在在的行动。社领导班子、中层干部、全体党员同志要身体力行、率先垂范，并自觉接受大家的监督；广大职工也要反省自我，对照检查，有则改之，无则加勉。今后，我们还要继续深化，确保政治纪律和组织人事纪律在我社落地生根，同时也要从严追责问责，要落实分管社领导、中层干部的管理责任，对于管理软弱、放任自流的领导干部要予以警示直至调离管理岗位，对于违反纪律的职工也要有切实措施予以惩戒。

学术出版可以实现
"两个效益"统一[*]

学术出版的生命源于出版人对人类优秀文化的传承和创新的追求。这一理想是学术出版人的灵魂和旗帜，是出版人的定位和定力，是出版人经得起风浪，扛得住诱惑的力量所在。理想的外化就是学术出版人对学术天然的热爱、炽热的追求和虔诚的敬畏。

"做专做精做强学术出版，创建国内外一流名社。"不变的追求，坚强的定力。翻看中国社会科学出版社30多年的成绩单，让中国社会科学出版社社长赵剑英引以为豪的是，中国社会科学出版社坚守学术出版这条特色之路，"始终把社会效益放在第一位"，不仅解决了温饱，还实现了经济效益较大增长。尤其是经过五年多的励精图治，中国社会科学出版社学术影响力、社会影响力和品牌影响力大幅提升。2014年8月28日，"海外馆藏：中国图书世界影响力（2014）"发布，中国社会科学出版社2013年出版的1500多种图书中，有1078种进入世界图书馆收藏系统，海外馆藏影响力在中国大陆516家出版社中排名第一。

离理想更近的奔跑，源于不懈的坚持。通过苦练内功，积极扩

---

[*] 2015年3月，接受《出版人》记者张竞艳的专访，载《出版人》2015年第3期，原标题为《学术出版也可"双效"俱佳——专访中国社会科学出版社社长赵剑英》。

大海外影响力，中国社会科学出版社如今已成为全国哲学社会科学出版重镇和中外优秀学术文化的重要交流平台，探索出了一条社会效益与经济效益双效提升的学术出版之路。

守土有责 "六个坚持"促发展

《出版人》：近年来，国内的学术出版正走上一条振兴之路。对于学术出版工作者而言，肩负着怎样的时代使命？

赵剑英：学术出版的生命力来源于出版人对人类优秀文化的传承和创新的价值追求，来源于他对出版事业的热爱以及使命感与责任感。编辑工作绝不仅仅是学术研究的终端环节，编辑策划工作以其自身的思维方式和创造性劳动，可以促进甚至引领学术研究，为文化积累和创新做出贡献。

这种使命与担当是学术出版人的崇高理想。这一理想是学术出版人的灵魂和旗帜，更是出版人的定位和定力，是出版人经得起风浪，扛得住诱惑的力量所在。承载学术思想的图书是文化的重要组成部分，是文化影响力中最具基础性和深远意义的因素。学术出版人的使命就体现在推动以哲学社会科学为核心的文化创新过程中。在这个过程，学术出版人坚守意识形态属性阵地，讲政治、守纪律、把底线；他们主动作为，弘扬主旋律，传播正能量；他们致力于新知识、新方法、新思想的积累与传播，启迪人们的智慧，增强人们认识世界、改造世界的能力；他们始终把以文化人润人育人作为出版的重要使命与责任，春风化雨，泽润心灵。

自古做大官、发大财的无数，但名垂青史的则是那些大思想家、文学家、诗人、艺术家以及大出版家。出版人应具有这样的职业理想。

《出版人》：社科出版社在大力弘扬主旋律的同时，也创造了可观的经济效益。在履行学术使命和实现商业价值间，社科出版社选择了一条怎样的发展道路？

赵剑英：2010 年以来，社科出版社找准了定位，逐步摸索一条适合社科学术出版的道路。我们确立了"六个坚持"的发展思路，即：坚持走哲学社会科学专业出版的发展道路；坚持社会效益与经济效益、数量增长与品牌提升、个人利益与社里长远利益相统一的发展理念；坚持专业化、精品化、数字化、国际化和大众化的发展战略；坚持服务作者读者、提升品牌、开拓市场、创新业态的发展路径；坚持牢牢立足社科院，面向中外学术界的发展视野；坚持把我社发展成为国内一流权威、世界知名的学术出版强社的发展目标。

从这几年的发展实践来看，"六个坚持"是遵循学术出版发展规律和符合社科出版社发展实际的。从学术导向来看，我社发挥党和国家意识形态主流阵地和全国马克思主义理论成果重要窗口作用更加显现。比如，我们出版了《马克思主义经典作家专题摘编》《马克思主义理论学科前沿研究报告》等图书，围绕党的十八大精神和习近平总书记系列重要讲话，我策划了《理解中国》丛书。本丛书英文版发布已被国家新闻出版广电总局列为 2015 年美国书展中国主宾国系列活动之一，成为宣传中国的一张亮丽名片。从品牌影响来看，学术出版品牌效应更加凸显，在第三届中国出版政府奖中，我社获得 3 个正式奖和 1 个提名奖，名列第一。从营销效果看，我社的学术精品走出"阳春白雪"，开始为大众认识和选择。比如，我们出版的《简明中国历史读本》和《新大众哲学》入选第二届全国党员教育培训教材，《简明中国历史读本》还入选"大众喜爱的 50 种图书"，图书的社会影响力不断增强。

品牌立社　做专做精学术出版

《出版人》：近年来，社科出版社不断强化学术出版特色，策划出版了一大批精品力作。社科出版社是如何做专做精做强学术出版的？

赵剑英：就学术出版来讲，首先要把出精品佳作、出好书、出经典作为始终不渝的最高追求，舍此，出版社无以立足，也没有存在的价值。出版社价值不能仅仅以它创造多少经济效益来衡量，衡量它的价值始终就是它出版了哪些好书，图书的社会效益始终高于经济价值。

我社主要采取了以下一些措施，深入推进专业化和精品化战略。其一，我社按照学科调整编辑部机构设置，旨在夯实专业化基础。其二，完善编辑岗位责任制，加强对专业选题、重点优秀选题的指标考核，加大对优秀选题和获奖图书的奖励力度。其三，要求各出版中心继续在专业化的基础上推进精品化，提升出版中心和出版社整体的品牌吸引力和学界认可度。

在这里，尤其需要指出的是，学术出版的创新除了上述一般的体制机制创新外，我们还正在进行着一场由传统出版社向现代出版社"脱胎换骨"转变的悄然革命。在数字化转型升级方面，我们加大了对数字出版的投入力度，加大了数字产品的策划和开发力度。另外，在积极探索出版社由知识密集型向资本多元经营方向转变上，我们以资本为纽带，盘活存量资产，在坚守学术出版社会效益的基础上，搏击蓝海市场。

《出版人》：社科出版社"名社"建设五年多来，在学术精品的打造上倾注了大量心力。目前取得了哪些重要成果？

赵剑英：近几年，我社申报获批了一大批国家级重点出版项目。2012—2014年，我社承担国家社科规划办的《国家哲学社会科学成果文库》和"国家社科基金后期资助项目"连续三年排名第一。

作为展示社科院优秀成果的重要窗口，我社积极配合院创新工程的实施，主动策划和组织重大项目，打造新的出版品牌。除了《中国社会科学院学部委员专题文集》《社科学术文库》《中国社会科学博士论文文库》等丛书项目，基于对中国社会科学年鉴发展工程的高度重视，我们专门成立了年鉴分社，未来将进一步扩展为学术年鉴和行业年鉴，力争用5年时间扩展至50种以上，形成整体规模优势。

我社还自主策划了《中国哲学社会科学学科发展报告》（包括三个子系列即重要学科 60 年学术史、三年一度的学科前沿研究报告以及年度学科发展综述），"剑桥系列史"等一系列重大出版项目。凝聚几代学人心血的《中华人民共和国国家历史地图集》等图书也在学术界产生了重要影响，并获得第三届中国出版政府奖。

"走出去"增强国际影响力

《出版人》：2014 年，社科出版社在中国图书世界影响力排名中从 2013 年的第六位上升到第一位，促成这一影响力跃升的关键因素是什么？

赵剑英：策划和出版更多的学术精品是增强国际学术影响力的根本。可以说，我社每年出版的 1600 多种新书具有相当强的代表性，从一定程度上反映了当今中国哲学社会科学学术研究的状况与水平。2014 年我们之所以能够在中国图书世界影响力排名中取得第一，说明国外对中国哲学社会科学学术成果越来越关注，同时也表明国外对我社图书的学术水平和出版品牌的认可。

《出版人》：近几年，社科出版社加大了与国外出版界、学术界交流与合作的力度。2014 年有哪些新的收获？

赵剑英：2014 年，我们先后接待了剑桥大学出版社、罗德里奇出版集团等来自英美等 8 个国家的 20 多家出版机构来访，并与他们建立了长期战略合作关系；对美国、俄罗斯等国出版机构、科研机构和图书馆进行业务访问，积极筹备并参加大型国际书展活动 7 次。围绕学术出版"走出去"，我们还举办了"中国社会科学论坛（2014）暨首届国际学术出版论坛""青年汉学家研修班交流座谈会"等多场国际交流活动。

通过这些活动，我们与国外的出版机构、研究机构、图书馆间拓展了业务，加深了合作。我们通过走访，更深入地了解了国外出版社的经营模式、发展现状，通过赠送最新中外文书目，更准确地把握国外学术界的研究动向、国外学者和读者感兴趣的中国问题和图书，同时很好地推广了我们的图书和品牌。

人文社科学术图书是文化的重要载体和重要组成部分，是文化影响力中最具基础性和深远意义的因素。作为中国哲学社会科学专业学术出版社，我们深感在中国文化"走出去"中使命光荣、责任重大，但也坚信，这是大有可为的。

2016

构建中国特色哲学社会科学的
必然性、可能性和紧迫性[*]

习近平总书记在全国哲学社会科学工作座谈会上的重要讲话（以下简称"讲话"），是一次十分重要的讲话，提出了许多新的思想、新的观点、新的论断，我们要深入学习领会讲话精神，切实落实贯彻到出版工作中。

一 讲话对哲学社会科学的地位和作用作了新的阐发

习近平总书记的讲话从人类思想发展史包括中国思想的发展史和西方思想的发展史的高度，从人类思想发展与人类历史前进的关系来阐述，视野十分开阔。人类的思想、制度是哲学社会科学研究创新成果的凝结。思想是实践的反映，但思想又开辟并引领时代的发展。所以，习近平总书记从这一动态关系阐发哲学社会科学的地位和作用是十分有新意的。同时，讲话还着重讲明了"当代中国为什么迫切需要发展哲学社会科学""为什么哲学社会科学如此重要""为什么哲学社会科学人才十分重要"等问题，其中集中讲了"五个面对"和"五个迫切需要"。这"五个面对"都是当今中国治国理政、治党治军、内政外交中的重大问题，这些问题的解决迫切需要哲学社会科学，哲学社会科学有着不可替代的作用。因此，习近平总书记的讲话非常有逻辑力量，而且很有新意。这是一篇关

* 本文为作者学习习近平总书记在哲学社会科学工作座谈会上的重要讲话精神所撰写，后载《21 世纪中国的马克思主义》一书，中国社会科学出版社 2018 年版，第 165—175 页。

于在当代中国发展什么样的哲学社会科学、如何发展哲学社会科学的马克思主义的纲领性文件，是关于当代中国学术自觉的动员令。

二 讲话的核心要义是加快构建中国特色哲学社会科学

构建中国特色哲学社会科学是一个重大命题。习近平总书记从三个方面进行了阐释。

第一，建构中国特色哲学社会科学的时机已经成熟。习近平总书记指出，先秦的诸子百家、两汉经学、魏晋玄学，到隋唐佛学、儒释道合流、宋明理学的兴起，再到清代的考据学，这是中国古代学术的基本脉络。辛亥革命以后，随着皇权的崩溃和科举制度的废止，西学的引进，以经学为主的国学逐渐衰微。经过五四新文化运动，直至改革开放前，国学实际上渐行渐远，这是很清楚的现实。改革开放以后，中国哲学社会科学大量引进了西方哲学社会科学的概念、范畴、理论和方法。中国社会科学出版社在"走出去"的过程中也深切地感受到，我们想要"走出去"的图书在谈判当中非常困难，面临各种各样的障碍，但是引进西方图书却非常容易，这是国学衰微、西学不化的表现。所谓"西学不化"是指我们学习西方的哲学社会科学来"格式化"和"裁剪"我们中国自己的实践。除此之外，还有一种现象就是马克思主义边缘化。十月革命之后，马克思主义思想理论进入中国，马克思主义确实改变了中国，在马克思主义逐步中国化的过程中产生了毛泽东思想，毛泽东思想解决了中华民族独立与解放、落后国家如何取得革命成功的问题。邓小平同志领导我们党解放思想，实事求是，开辟了中国特色社会主义道路，形成了邓小平理论。之后有"三个代表"重要思想、科学发展观，这些都是马克思主义中国化的成果。马克思主义中国化改变了中国命运，实现了中华民族独立与解放，改革开放使中国的发展取得了举世瞩目的成就。但是，马克思主义在学术领域还存在被边缘化现象，或者说马克思主义在当代中国学术领域中没有应有的地位。

另外，我们走的道路是中国特色社会主义道路，是落后的发展中的大国如何走向现代化的命题，用学术话语讲就是所谓现代性的建构问题。在这个过程中，我们的实践基础是独特的，经验是独特的，我们用了三十多年完成了西方资本主义发达国家两三百年的发展任务，虽然也付出了各种代价，但总体上我们的建设和发展是成功的，我们确立了新的革命和发展道路。所以，近代以来，我们独特的实践基础、自身的实践经验足以产生应有的理论学术思想。习近平总书记在讲话中提到，这是一个需要理论而且一定能够产生理论的时代，这是一个需要思想而且一定能够产生思想的时代，可谓一语中的，十分深刻。我们经过一百多年的探索，到了总结自己、建构中国学术体系的时候。习近平总书记的讲话具有深厚的历史感，我们从历史的角度去理解，就能深刻理解在当代建构中国特色哲学社会科学的紧迫性和重要性。

第二，如何构建中国特色哲学社会科学。关于如何建构中国特色哲学社会科学，习近平总书记讲了三个问题。首先是继承性和民族性。我们要善用三种资源，三种资源包括马克思主义的资源、中华优秀传统文化的资源和西方学术的资源。民族性就是中华优秀文化的资源。其次是原创性和时代性。原创性就是要反映我们中国自身的问题和实践经验，习近平总书记特别讲到了中国的哲学、政治学、经济学、社会学、新闻学、法学，这些学科内容与西方很不一样，这就要求我们形成中国自己的学科体系、教材体系和话语体系。我一直思考这个问题，中国的成功发展道路肯定是有自己的学术基础的，当初策划出版《中国当代学术思想史》（《中国哲学社会科学学科发展报告》大型丛书）就有这个蕴意。思想是时代的折射和反映。我们总结中华人民共和国成立以来的学术思想史就是要折射出中国经验、中国道路。我们的学科肯定有自己的学术支撑，比如中国的经济学，中国社会主义市场经济很大程度上是中国经济学家自己的创新，比如张卓元主编的《中国经济学 60 年（1949—2009）》

能够获奖，我们后来多次开会提出的"中国经济学话语体系"都说明了这个问题。习近平总书记曾在中共中央政治局集体学习会议上发表了一篇重要的讲话，指出，中国完全有理由、有能力写好"自身的"政治经济学。相应地，就中国的政治学来说，中国共产党的领导是推进中国现代化的前提，我们是在中国共产党的领导下推进现代化，而且党的十八届三中全会强调，中国共产党的领导是中国特色社会主义最根本的特征，党的领导、依法治国、人民当家作主三位一体，人民代表大会制度，协商民主制度，民主集中制，等等，都是中国政治的制定与实践的特色，是与西方议会民主制不一样的。所以，中国政治学一定是有中国特色的。中国的法学、中国的新闻传播学也是如此。当然，讲到中国特色哲学社会科学学科的时候，习近平总书记指出，我们不排斥对西学的借鉴，更不排斥传统文化。所以，习近平总书记的重要讲话就是在讲当代中国学术的自觉，就是要建构中国自身的学术，这个学术体系与西学不一样、与中国传统文化不一样，是以中国实践为基础的、为主干的，继承中华优秀传统文化，借鉴西方学术的综合创新体系。习近平总书记"5·17"重要讲话的动员令意义就在于此，要求建构当代中国学术体系的学术自觉，包括建立学科体系、教材体系和话语体系，这个任务十分迫切。讲话中提到，要加强这些学科的建设，要推出一系列专业学科的教材，出版社将围绕习近平总书记讲话要求，进行相关选题策划，推动学术创新和理论创新。

第三，改革和创新哲学社会科学管理体制。习近平总书记在哲学社会科学工作座谈会上的讲话和 2016 年 5 月 31 日在全国科技创新大会上的讲话，近期中央下发的《关于加强和改进教学科研人员因公临时出国管理工作的指导意见》等文件，将其联系起来看都是要深化科学体制机制改革，让自然科学、社会科学的知识分子在宽松的环境里施展自己的才华，实现思想创新，这是实现中国特色哲学社会科学的学科体系、学术体系和话语体系的必要前提。民族之间，国家之间的竞争根本的就是人才的竞争，人才的竞争就是思想的竞争。管理体制机制合不合理，有没有效，能不能引领发展，能不能跨越"中等收入陷阱"等难题，这些都要靠哲学社会科学的创新来解决。所以，民族之间的竞争根本上是思想的竞争，制度的竞争，最后就是人的竞争。我们一定要从这样的高度认识问题。

三　讲话对马克思主义的阐释赋予了新意

习近平总书记在讲话中对马克思主义作了全面阐释，提出许多有新意的观点。

第一，对马克思主义的阐释非常体系化。习近平总书记指出，马克思主义是反映自然规律、社会发展规律和人类思维发展规律的科学，讲到了本体论、认识论、价值观，还讲到了马克思主义的立场、观点、方法。可以说，非常全面地概括了马克思主义的内容，指出马克思主义是包含诸多方面的一个体系，要从整体上把握马克思主义的重要性，不能采取实用主义的态度，需要的时候作一种解读，不需要的时候作另外一种解读。

第二，很有新意地阐释了人的自由全面发展问题。习近平总书记指出，马克思主义坚持实现人民解放、维护人民利益的立场，以实现人的自由而全面的发展和全人类解放为己任，反映了人类对理想社会的美好憧憬。人的生命只有一次，无论贵贱、等级，都应该保持对生命、对权利、对自由的尊重和保障，这是人类的理想，也是马克思主义哲学的最高命题。恩格斯曾经说，马克思主义的最高哲学命题和本质就是实现人的全面自由发展，这是人类未来社会的根本特征。这个思想是非常深刻、非常重要的，是会深刻影响社会发展和我们的生活的。马克思主义是我们党的指导思想，能否全面准确地理解马克思主义影响到社会的方方面面，讲话对马克思主义理论的阐释是全面深刻的。

第三，强调马克思主义的批判性。习近平总书记在谈到如何借鉴西方文化时指出，批判性是马克思主义最本质的精神品质，这也是习近平总书记第一次阐述这个命题。实际上，马克思主义就是对资本主义的批判，马克思主义实际上揭示了对资本主义的替代方案，同时指向人类未来的一种生活理想。但是长期以来，马克思主义变成了单一的、维护性的、辩解性的思想体系。此次讲话是第一次把批判性作为马克思主义最根本的精神品质，是十分有意义的。

第四，讲话体现了辩证法。习近平总书记指出要把坚持马克思主义和发展马克思主义统一起来，不能对马克思主义采取教条主义的态度，马克思主义经典作家没有说过的就不能说，没说过的就不能干，这些都是不对的。因为社会生活是前进的，实践之树常青，否则社会将无法前进，不能用以前的思想裁剪我们现在的生活。对马克思主义也不能采取实用主义的态度，需要的就加以阐述，不需要的就遮蔽掉，这是不对的。另外，对西学的态度比如对西方经济学模型的态度，习近平总书记认为可以用，而且要用得更好，但同时，不能用西学来"格式化"我们的现实，不能用马克思主义思想生搬硬套，二者之间应该是批判借鉴、互学互鉴的辩证关系。所以，讲话具有开阔开放的大视野、大气魄，是开放性的思想体系，充分体现了科学的辩证思维。

四　把讲话精神贯彻到出版工作中

中国社会科学出版社要把习近平总书记在哲学社会科学工作座谈会上的重要讲话精神贯彻到出版工作中，把握时代机遇、建设名社强社。习近平总书记的此次讲话意味着哲学社会科学的春天来了，解放了长期以来制约哲学社会科学发展的管理方式。结合我们社的工作，我谈谈以下体会。

一是把好政治方向。中国社会科学出版社作为国家级的出版社，作为党的意识形态阵地，首先要讲政治、把好政治方向。不出政治问题是底线，另外还要主动策划出版更多弘扬主旋律的优秀图书，这是我们的义务和责任。

二是要植根学术，只有这样才能立于不败之地。从哲学概念上讲，这是我们的本体和主体，我们一定要厚植学术出版根基、培育优势学科。这句话永远不会过时，出版社的长期发展就是靠一本本好书和一个个好选题的积累。各位部门负责人一定要有一种责任感和使命感，中国社会科学出版社顶着国字号和哲学社会科学的金字招牌，不出精品就是渎职，就应感到羞愧。我们一定要策划组织一批原创性的重大选题，这是我们竞争力的根本。围绕这一点，我们社已经按照专业学科的划分确立了七大出版中心加重大项目出版中心，这样的部门设置就是要从体制上保障学术出版的宗旨。现在来看机构是合理的，主要看功能的发挥。

三是要紧盯市场。盯市场包括抓大众出版和开拓加大市场营销。抓大众出版就是要多推出优秀的人文社科普及读物，积极关注大众阅读，这也正是我们的弱点和短板。提高市场影响力，在现在的信息化时代关键是要树立"传播高于营销"的概念，要有"大销售"的概念，也就是"传播加销售"的概念，加大我社图书的市场影响力。

四是要集中抓影响力，包括在国内和国外的影响力。第一，进一步加强和优化部门设置。我社近两年，逐步完成了七大出版中心加重大项目出版中心的部门设置。这些出版中心主要做专业出版，重大项目出版中心在七大出版中心之外，主要策划出版跨学科、具有综合性和引领性的重要选题，它与七大出版中心是互补的。第二，提升"智库"品牌的影响力。自从策划出版"国家智库报告"系列后，我社召开新书发布会等会议的次数在大幅增加，因为通过"国家智库报告"，我社介入了对许多重大现实问题的关注与研究，在这些问题上发出了自己的声音，这就是影响力。影响力能够带来更多书稿资源、作者资源、海外资源和政策资源，这对于专业出版社的发展具有良性的促进作用和潜在的影响力。国际出版要进一步增强我社的国际影响力；年鉴系列是专业出版的制高点，具有品牌影响力；数字出版是新业态，面向未来。我们长抓各出版中心的重大选题、优势学科不放松，就是希望积极补齐短板，提高我社学术影响力。

学术出版要为构建中国特色哲学社会科学三大体系做出贡献[*]

　　刚才的小组发言和重点发言很精彩，大家听了很受启发，讲得都非常好，很有见解，得到大家的共鸣。这次会开得非常好，理论学习学得比较深入，会议材料和文件准备得很充分。大家在认真学习"习近平总书记在哲学社会科学工作座谈会上的讲话"的基础上，结合我社的工作，讨论了我社的"十三五"发展规划和学科发展的五年规划。各组讨论非常热烈，每个人都积极参与。尤其是关于我社的"十三五"发展规划，大家都发表了很好的意见。在此，我想再强调几点。

　　第一，社科出版社当前和今后五年的发展，首先要坚持正确的政治方向。要坚持以马克思主义为指导，深入学习贯彻习近平总书记系列重要讲话精神，指导我们出版社的全面发展。必须坚决与中央保持一致，因为我们社科出版社是一个国家级的出版社，是党和国家重要的思想理论阵地。首先要在政治上与党中央保持一致，不出问题；其次，我们要积极作为，策划更多的主题出版物，发出更多的声音，发挥更重要的正能量。作为中国社会科学院直属出版社，坚持正确的出版政治方向，这是任何时候都必须要坚持的，不能动摇。我们要对党负责，对国家负责，对读者负责。

　　第二，坚持质量第一，以质求胜。刚刚有同志在发言当中讲到

2016年10月12日，在中国社会科学出版社学习"习近平总书记在哲学社会科学工作座谈会上的讲话"培训班上的发言。

质量问题，讲得非常好，小组讨论时也听到校对科、质检部同志们讨论这一点。我社这两年发展速度很快，但是质量是有隐患的。发展速度与质量是一对矛盾。那么如何解决这对矛盾，我们要重视，要想办法。我们原来没有质检部门，现在有了质检部门。现在有了更多的书稿，总编室要加强编辑队伍的管理，人力资源部要继续招聘校对人员。刚刚提到劳动生产率，我们有这么一支庞大的编辑队伍，降低了我们的人力成本，但是这支队伍的管理非常重要，要加强管理，提升素质，消除隐患。坚持质量第一，需要培养大家的工匠精神，精品是工匠打造出来的。首先从编辑入手，对编辑各方面要加强考核，加强对质量的考核，要采取措施，在快速发展过程中一定要坚持质量第一，这次国家新闻出版广电总局的质量检查通报，影响非常大，几家知名出版社都被通报了，包括一些教材、少儿读物编校质量都不合格。所以，在这方面，我们一定要有忧患意识。

第三，围绕习近平总书记系列重要讲话精神，构建中国特色哲学社会科学学术体系、学科体系、教材体系和话语体系。中国社会科学出版社，作为国家级综合性的人文社会科学出版社，一定要有自己的意识，在这方面有所作为。习近平总书记讲话的第三个部分"构建中国特色哲学社会科学"的"继承性、民族性""原创性、时代性""系统性、专业性"①，这是根本。中国到了建构自主的哲学社会科学体系的时候，而不再仅仅是学习西方，习近平总书记的讲话给我们指明了方向，我们要通过好的策划、创造性的劳动来推动中国特色哲学社会科学的构建。学术思想体系和教材体系方面，社科出版社要策划一系列的出版物，这是下一步要做的事情，这里不再展开。7月学习的时候，我已经有了这个想法。我们出版社可以自己出资组织策划中国的经济学、社会学、政治学，围绕建构中国特色哲学社会科学体系，我们要加大策划力度，组织相关的出版物，

---

① 习近平：《在哲学社会科学工作座谈会上的讲话》，人民出版社 2016 年版，第 16—22 页。

包括教材。

第四，今后五年着力打造和培育优势学科，增强我们的核心竞争力。这是我们作为一家专业出版社的核心、基础、根本，立身之本就是学术影响力。说实在的，社里对我们出版社几个大的出版中心，有一套考核指标考核它们的学术影响力，领导班子要解决的主要矛盾就是学术影响力。同志们非常勤劳，每天都在加班加点地看稿子，考核的任务量也很大，但是作为我们一个团队的领导，要把学术影响力抓好，把握方向的问题。通过优势学科、重点学科的建设推出更好的图书，持续地构造我社的学术影响力和竞争力。在这么多出版社当中，我们只要不断推出好书、有影响力的书，培育很多强的学科，那我们出版社就可以始终立于不败之地。这是我们做好专业出版一个重要抓手，是我社的百年大计。

第五，建设一个好的团队。正所谓事在人为，伟大的事业，需要优质的人力资源。现在出版社面临很好的发展机遇，我们要有计划地引进多层次高素质的人才。刚才我讲到，现在出版社发展很快，首先要有优秀的编辑队伍，引进硕士以上学历、我们缺的这些学科人才，大家看一看团队中还需要哪些方面的人才，有些学科没有覆盖，有些学科很弱，只有一个人或者根本没有人。这些问题要重视，基本的学科起码要覆盖。还有数字出版、研发、项目管理、营销等比较专业的人才，都需要加大引进力度。我一再强调，数字出版不是数字出版中心一个部门的事情，这关系到出版社的转型升级、产业形态的问题，大家要转变观念。国际化方面，要引进一批视野开阔、外语又好的国际化人才。还有经营管理人才、宣传人才、营销人才，以及人力资源部、办公室、总编室等都需要优秀的管理人才，管理出生产力。招聘人才是一个非常重要的问题，人力资源部要做好招聘计划。

第六，创造一个好的工作氛围。这一点，刚刚很多同志也讲到了。我在一篇采访中也提到，出版首先是创新、创意。出版社是一个联动的单位，出版工作是一个链条，环环相扣。我以为，创新是解决动力的问题，联动是解决效率的问题，我社联动不足突出地表现在五个方面：一是各部门数字出版。数字出版不只是数字出版中心一个部门的事情，我们很多产品一开始就要与数字出版中心联系，可能是书稿的作者或者某一部分，或者产品的改良开发，可以作为一个很好的数字产品，创造我们数字营销收入，所以，这一点大家一定要重视。各编辑部门、营销中心都要与数字出版中心加强沟通。二是编辑、校对、质检沟通不够。现在我们虽然成立了质检部门和校对部门，但是质检当中，经常会发现一些共性的问题。解决这些问题，质检部门和校对部门应该每月最后一周召开一次会议，汇总问题反馈给编辑，这些反馈对事不对人，要建立这样一套制度并持续下去，营造一个好的工作氛围。三是编辑与营销联动不够。图书产品信息整理不出来，一方面对重点图书信息的整理要关口前移；另一方面要求编辑人员加强与营销中心沟通，主动地提供好的图书，及时提供可做宣传的图书的资料信息。这方面衔接得很不好，这是我们的老大难问题。有的编辑这方面意识比较强，但大部分编辑都不太重视这一问题。四是部门之间相互带动不够。每个部门要加强团队建设，比如，大家轮流主持会议，这个要看每个部门的主任，充分发挥好带队的作用，组织带动大家一起分享交流。五是跨编辑部门合作不够。现在考核机制有些个体化，下一步，我们要克服这些问题。我们鼓励跨中心跨年龄组建项目小组，以项目制打破部门之间和年龄之间的鸿沟。

第七，保持一个好的精神状态。为实现我们的目标，大家一定要保持齐心协力、共同奋斗的精神状态。我们出版社面临历史上最好的发展机遇，习近平总书记对哲学社会科学工作发表重要讲话，政府对哲学社会科学更加重视，投入也会加大，我们作为国家级哲学社会科学出版社，肯定是受益的。但是这个机遇怎么转化为我们的优势，需要我们出版社同人有一个好的精神状态。好的精神状态，一是要有大局意识，把握我们社科院和社科社的大局意识。二是责任意识，每一个员工都要有工匠般的责任意识，跟作者交流也好，看书稿也好，都要有一种责任心和机遇意识。三是团结协助精神。尤其我们出版工作，更需要大家的联动，大家一定要在共同目标之下，齐心协力，共同奋斗。我们每个人的战斗力很强，但是团队的凝聚力、战斗力、竞争力需要加强。

第八，要继续深化改革管理体制机制。2012年我们成立国际部，后来是重大项目出版中心、数字出版中心、大众分社，这些部门都是围绕五大战略设立的，每个部门都有新的功能。完善考核方案、推进薪酬制度改革，将个人能力的最大化、个人利益的最大化，单位利益的最大化三者统一起来。我们为每位员工开辟了晋升通道，只要你努力，只要你有能力，就能施展。社里一再强调，以奋斗者为本，今后，我们要继续加大项目创新，绩效创新，把更多的增量用在激励上。刚来的同志收入低，租房成本太高，我们领导班子也在商议，给大家普涨工资或者发租房补贴。企业年金的标准比较高，确保大家退休后收入不低于事业单位。

我们下一个五年的战略目标，是把我社打造成马克思主义理论出版重镇、全国哲学社会科学出版重镇、全国智库成果传播的重要平台、中外文化学术交流的重要桥梁，这个目标我相信通过大家的努力一定能实现。

了解和理解中国的重要窗口[*]

　　大家好！很高兴来到英国，来到美丽的伦敦，与各位分享中国社会科学出版社隆重推出的《理解中国》丛书。

　　《理解中国》丛书是本人于 2012 年开始策划的，为开放式丛书，不限定卷数。这套丛书的宗旨是对当前中国经济、政治、文化、社会的变革与发展进行全方位分析和展示，力图给国内外读者一个立体的、全面的、真实的"当代中国形象"。概括地讲，《理解中国》丛书就是当代中国形象的学术表达。

2016 年 4 月 12 日，在英国伦敦国际书展举办《理解中国》丛书发布暨学术研讨会

---

* 2016 年 4 月 12 日，在伦敦国际书展《理解中国》丛书发布暨学术研讨会上的发言。

从策划到写作，我们都高标准、严要求。为保障该丛书的权威性，全部由中国人文社会科学各领域的著名学者撰写。在写作风格上，我们要求既有研究深度，又要浅显明白，通俗易懂，贴近大众。

可以说，《理解中国》丛书可以使国内外读者更加正确客观理性地理解当前中国发展现状和趋势以及中国的历史文化，增进国外读者对中国的理解，是国外读者了解中国的入门书，以下我详细介绍一下已经出版的几本图书。

（1）《中国的民主道路》。作者房宁，中国社会科学院政治学研究所所长、研究员，多年从事民主政治理论与实践研究。中国的民主有与其他国家的民主相通的地方，也有与其他国家的不同之处。本书论述了在追求民族独立、国家富强和社会进步的长期奋斗和探索中，中国民主建设取得的有自己特色的重要经验，它是一种既体现民主基本价值和普遍原则又具有中国特色的民主制度，是一条有中国特色的民主道路。

（2）《破解中国经济发展之谜》。主编蔡昉，中国社会科学院副院长、学部委员。本书阐述中国经济从人口红利向获得制度红利转变，保持经济持续增长，跨越中等收入阶段，实现向高收入阶段过渡的路径。本书采用经济学的规范分析方法，以经济发展逻辑为主线，以通俗易懂的语言风格讲述中国经济奇迹，尝试用中国经验丰富经济发展理论。

（3）《中国社会巨变和治理》。主编李培林，中国社会科学院副院长、学部委员。兼任国务院学位委员会委员、国家"十三五"规划专家委员会委员等。本书运用大量统计数据和经验调查材料，从人口、家庭、社会结构、社会心态、社会治理等不同的角度，全面反映了改革开放以来中国发生的千年未有之巨变，揭示了中国何以能够通过有效的社会治理应对社会巨变带来的挑战，为理解中国巨变提供了一个窗口。

（4）《中国经济改革的大逻辑》。作者张晓晶、常欣。张晓晶，中国社会科学院城市与环境研究所副所长、研究员，中国宏观经济运行与政策模拟实验室首席专家。本书通过研究中国经济改革30余年的历程，揭示出中国经济改革的六大逻辑：改革具有周期性，从快速推进到陷入僵局，改革须重建共识；改革是个系统工程，经济改革离不开其他领域的配套改革；改革、发展与稳定的三维统一，与西方主流理论更多强调效率的一维视角迥然相异；中国的改革实践与理论逻辑相吻合，超越了渐进与激进的争论；改革顶层设计应与摸着石头过河相结合；中国的持续改革是在全球制度竞争与改革竞争中进行的。最后指出，中国不断进行改革的原动力，正是为了"保有"社会主义制度的不变色。

（5）《中国的环境治理与生态建设》。作者潘家华，中国社会科学院城市发展与环境研究所所长、研究员，1992年获英国剑桥大学博士学位。兼任国家气候变化专家委员会委员、国家外交政策咨询委员会委员等。本书紧扣人类社会可持续发展的理论与实践困境，考察中国生态文明的建设实践。对中国生态文明的历史认知、成功实践与理论创新的分析与解读，在理论上具有开创性，反映了中国资源禀赋和发展需求的矛盾与和谐的必然性。本书指出中国的生态文明建设是对全球可持续发展思想和实践的积极贡献。

（6）《中国人的宗教信仰》。作者卓新平，中国社会科学院学部委员，世界宗教研究所所长、研究员，中国宗教学会会长。本书以文化哲学的意蕴和文化历史的视阈来体悟和诠释中国人的信仰及宗教理解，探究宗教的社会、政治、文化及精神意义，追溯中国人宗教信仰的历史发展和范式转变，分析中国本土宗教的特色和世界宗教在华本土化的历程，描述多种宗教在中国社会及中国人的精神生活中的多元共存、多元通和，展示中国宗教文化的绚丽多姿、异彩纷呈，反映当代中国社会宗教的真实存在，并进而说明中国宗教的现实社会文化作用。

（7）《中国的价值观》。作者韩震、章伟文等，韩震，北京外国语大学校长、教授。本书是系统、深入总结中国社会价值观及其经验的一部具有代表性的著作。在介绍中国传统价值观的理论内涵、体系结构、历史地位与影响的同时，揭示其现代转化的理论创新点与发展新趋势；探讨当代中国社会进行价值观建构的意义，对当代中国社会主义核心价值体系内涵及建构过程中的经验和问题进行了系统阐释。

（8）《中国战略新布局》。作者辛鸣，中共中央党校教授、博士生导师，致力于以哲学视角研究社会变革和制度创新问题。"四个全面"是当代中国共产党人在带领中国社会迈向中华民族伟大复兴历史征程中所做的战略构建，在未来五年乃至 21 世纪中期更长的历史跨度内，中国的经济社会发展与政治改革创新都将围绕这一战略布局展开。这一战略新布局不仅反映了中国共产党人的"中国观"，更展示了当代中国共产党人的"世界观"。

（9）《中国的法治道路》。作者李林，中国社会科学院学部委员，法学研究所所长、研究员，兼任中国法学会副会长，中国法学会学术委员会副主任，中国法理学研究会常务副会长等。本书紧密结合当代中国的法制改革和依法治国、依宪治国、依宪执政的实践，深入研究坚持党的领导、人民当家作主和依法治国有机统一的理论创新、实践探索、制度程序运行和道路模式特征，在一定程度上揭示了中国特色社会主义法治发展道路的内涵、特征、规律和面临的挑战。

（10）《走向人人享有保障的社会》。作者周弘、张浚。周弘，中国社会科学院学部委员，国际学部副主任，中国欧洲学会会长，中国社会保障学会副会长，中国国际关系研究会副会长。本书系统地梳理了新中国成立以来中国社会保障制度从无到有、从少数人享有到人人享有的发展演变历程，揭示了不同经济条件下社会政策的取舍，社会保障制度的建设，社会理想实现的逻辑、脉络和步骤，介绍了中国社会制度建设者们的不懈追求和努力，剖析了具有中国特色的社会保障制度的成因，有助于读者理解中国社会保障制度的发展规律以及现阶段中国社会保障领域的主要问题。

（11）《中国特色解决民族问题之路》。作者郝时远，中国社会科学院社会政法学部主任，中国人类学学会会长、中国世界民族学会会长等，2013年当选为蒙古国科学院外籍院士。中国是一个多民族国家，中华民族是一个历经沧桑的多元一体大家庭，这是认识和理解中国最重要的维度之一。本书围绕民族问题这一全球性的话题，论述中国特色解决民族问题正确道路的理论与实践；从具体入微的实证，在国际比较的视域中，分析了中国解决民族问题的当代主题，即中国各民族人民在物质生活层面缩小差距、共享发展，在精神生活层面尊重差异、认同一体。

列入策划方案，即将出版的有：

（1）张宇燕：《中国的和平发展道路》

（2）干春松：《中华文化简明读本》

（3）高培勇：《中国的财政税收》

（4）魏后凯：《中国的新型城镇化》

（5）柳华文：《中国的人权发展道路》

（6）刘跃进：《简明中国文学史读本》

（7）张海鹏：《简明中国近代史读本》

《理解中国》丛书出版后，产生了良好的社会反响，也引起国际社会的注意，施普林格出版集团已经和中国社会科学出版社签订协议，在海外推广该丛书。目前已经出版了5种英文版图书：

（1）蔡昉：《破解中国经济发展之谜》

（2）李培林：《中国社会巨变和治理》

（3）房宁：《中国的民主道路》

（4）张晓晶、常欣：《中国经济改革的大逻辑》

（5）潘家华：《中国的环境治理与生态建设》

另外，《中国人的宗教信仰》《中国的法治道路》《中国的和平发展》《中国道路》4 种图书已经与施普林格出版集团签约，英文版也将面世。

《理解中国》丛书出版以来，多次亮相国际书展。2015 年 5 月，在美国书展成功发布；2016 年 1 月，在印度书展发布；2016 年 3 月，再次在美国发布。今天《理解中国》丛书来到了人文气息浓郁的伦敦，我们很高兴能为中英文化的交流做出努力和贡献。

中国社会科学出版社会继续做好该丛书的出版工作，特别是多语种的翻译出版工作。希望我们能与更多的国际知名出版集团，合作出版更多介绍中国的优秀图书，希望更多的国外专家学者深入研究当代中国的发展，出版更多更好的学术著作。

最后，感谢出席此次会议的中外学者和朋友们！祝大家身体健康，幸福快乐！谢谢大家！

打造中国经济改革与对策研究成果的重要发布平台[*]

　　今天会议的主要内容，是发布中国人民大学国家发展与战略研究院智库丛书，邀请经济学界的专家学者就经济新常态等热点话题进行研讨。

　　长期报道我们中国社会科学出版社的记者都知道，近两年来，我们的智库丛书发布的力度还是比较大的。昨天我们拜访了北京大学国际关系战略研究院，也是著名智库，另外还走访了中央党校、南京大学等智库机构。中国人民大学国家发展与战略研究院作为 25 家首批国家高端智库建设试点单位之一，无论在内部决策支持、材料报送，还是公开成果发布上面，都是非常突出的。

---

　　* 2016 年 6 月 20 日，在"中国经济改革政策与对策研究座谈会暨《中国新常态宏观经济：机制变异与理论创新》等四本新书发布会"上的讲话。

去年我们出版发布了中国人民大学国家发展与战略研究院国际政治学杨光斌教授政治学研究方面的成果。今天出版发布的是以刘元春教授为首的经济学研究方面的成果。刘元春教授是著名的经济学家，去年发布了一本他主持的关于2015—2016年中国宏观经济研究预测精华版，影响非常大。

今天四本书有刘元春教授的《中国新常态宏观经济：机制变异与理论创新》，范志勇教授的《货币政策理论反思及中国政策框架转型》，郭杰教授的《供给侧结构性改革的理论逻辑及实施路径》，以及仝志辉教授的《农民合作新路：构建"三位一体"综合合作体系》。

这些研究成果均为我国经济问题研究的最新成果，根据权威中国宏观经济研究数据，就国内外经济形势加以理性分析。全面论述了中国新常态宏观经济机制运行变异和经济框架结构，考察了国际金融危机后发达国家货币政策理念最新变化，有的探讨了供给侧结构性改革五大任务和既定原则，有的分析了农村综合改革理论实践，四本书引领前沿，对于当代中国制定各项经济政策具有重要的参考价值。

前段时间，我们把这些书在上海论坛展示，向各位参会专家做了一些宣传。效果非常好，非常受欢迎。

希望今天几本书的发布，能够引起经济学界、政策研究方面的关注。我们从事出版传播，像刘元春教授这样的专家学者是我们重要的智囊，他们的研究成果对决策层面有重要价值和影响。希望这几本书，媒体朋友多加报道和宣传。

更多的时间留给专家进行阐释。谢谢大家！

马克思主义哲学的传承与创新[*]

首先我代表出版方对《北京大学马克思主义哲学论丛》的出版，表示衷心的祝贺！

这套论丛共 11 本，收录了黄楠森、陈志尚、赵光武、赵家祥等老一辈马克思主义哲学家几十年来的研究成果。这套丛书的作者出生于 20 世纪 30 年代左右，他们经历了中国 80 多年的风云变迁，见证了新中国成立 60 多年的发展，对马克思主义理论有着更深切的领悟，对马克思主义有着更坚定的信仰。从对马克思主义传承和发展的角度而言，这套丛书反映了北大老一辈马克思主义学者在不同历史条件下的理论思考和艰辛探索，有助于我们更好地理解和把握马克思主义哲学研究的思想历程及其经验教训。

在新的社会形势下，如何坚持马克思主义，发展马克思主义，是每一位马克思主义研究者必须要回答的问题。我们党始终把思想建设放在党的建设的第一位。以习近平同志为核心的党中央，对党的思想建设非常重视。

---

* 2016 年 6 月 24 日，在"《北京大学马克思主义哲学论丛》新书发布会"上的发言。

早在 2013 年 12 月 4 日，习近平总书记在中共中央政治局第 11 次集体学习时强调，推动全党学习历史唯物主义基本原理和方法论，更好认识国情，更好认识党和国家事业发展大势，更好认识历史发展规律，更加能动地推进各项工作。2015 年 1 月 23 日，习近平总书记在中共中央政治局第 20 次集体学习时强调，坚持运用辩证唯物主义世界观方法论，提高解决我国改革发展基本问题的本领，必须高度重视理论的作用，增强理论自信和战略定力，不断实现理论创新和实践创新良性互动，在这种统一和互动中发展 21 世纪中国的马克思主义。

2016 年 5 月 17 日，习近平总书记在哲学社会科学工作座谈会上的讲话中强调，要坚持马克思主义在我国哲学社会科学领域的指导地位。他说："马克思主义……迄今依然有着强大生命力。马克思主义深刻揭示了自然界、人类社会、人类思维发展的普遍规律，为人类社会发展进步指明了方向；马克思主义坚持实现人民解放、维护人民利益的立场，以实现人的自由而全面的发展和全人类解放为己任，反映了人类对理想社会的美好憧憬；马克思主义揭示了事物的本质、内在联系及发展规律，是'伟大的认识工具'，是人们观察世界、分析问题的有力思想武器；马克思主义具有鲜明的实践品格，不仅致力于科学'解释世界'，而且致力于积极'改变世界'。"[1] 简言之，马克思主义从本体论、价值论、实践观、认识论等方面，全面深刻地揭示了世界发展的规律，是我们认识世界、改造世界的锐利思想武器，也正如习近平总书记所说："无论时代如何变迁、科学如何进步，马克思主义依然显示出科学思想的伟力，依然占据着真理和道义的制高点。"[2] 习近平总书记号召我们，在新的形势下，继续推进马克思主义中国化、时代化、大众化，继续发展 21 世纪马克思主义、当代中国马克思主义。

---

[1]　习近平：《在哲学社会科学工作座谈会上的讲话》，人民出版社 2016 年版，第 8—9 页。

[2]　习近平：《在哲学社会科学工作座谈会上的讲话》，人民出版社 2016 年版，第 10 页。

《北京大学马克思主义哲学论丛》的出版，可以说，既表达了我们对老一辈思想家的敬意，又为我们提供了重新认识和研究马克思主义的重要借鉴。在对马克思主义的研究、坚持和理论探索中，我们只有沿着前辈的道路，向他们虚心求教，汲取他们思想的灵光，少走些思想的弯路，也才能真正地开拓出马克思主义中国化的新境界。

让我们继承老一辈思想家的研究成果，继承他们对马克思主义研究的理论热情，努力在新的时代为马克思主义中国化、时代化、大众化贡献力量！

中国改革开放回顾与展望[*]

今天是一个十分喜庆的日子，因为各路英豪在此集聚，召开《郑新立文集》首发会。我们中国社会科学出版社特别荣幸承担了这套文集的出版任务，今天来了许多经济学家，庆祝的同时并座谈对改革开放历程的展望。首先请允许我代表中国社会科学出版社对《郑新立文集》的出版表示热烈祝贺。对各位领导，各位嘉宾，各位媒体朋友的光临表示热烈的欢迎和诚挚的感谢。改革开放三十多年来，中国摆脱贫困，跃升为第二大经济体，创造了惊天动地的奇迹。党的十八大以来，改革开放进入了新的历史阶段，以习近平同志为核心的党中央提出了一系列新理念、新思想、新战略，为推进改革开放提供了重要指导思想和理论依据，中国道路正在做出新的探索，

* 2016 年 7 月 9 日，在"中国改革开放回顾与展望——《郑新立文集》首发座谈会"上的讲话。

迈向新的发展。当前国内经济在稳定增长的同时也面临不少新情况、新问题、新挑战，在新时期新形势下，如何有效地推进改革开放，是摆在我们面前的重大突出问题。郑新立先生从改革开放初期开始，一直在中央有关部门从事经济理论和经济政策研究工作，我从本书的序言和有关文章中了解到，郑先生参与了从"八五"计划开始到"十二五"规划的起草工作，特别参与了四个经济改革的重要文件起草，一是关于社会主义市场经济体制的决定，二是党的十六届三中全会《中共中央关于完善社会主义市场经济体制若干问题的决定》，三是党的十七届三中全会《中共中央关于推进农村改革发展若干重大问题的决定》，四是党的十八届三中全会《中共中央关于全面深化改革若干重大问题的决定》，同时也参与起草了党的十七大的报告，郑新立教授是改革开放以来，中国经济改革和经济政策的重要参与者和制定者，为我们改革开放，推动社会主义市场经济的健康发展做出了重要的贡献。

2016 年 7 月 9 日，中国改革开放回顾与展望——《郑新立文集》
首发座谈会专家合影

不仅如此，他也为中国的经济学发展做出了自己的贡献。他的许多政策建议被中央所采纳，他的身份特殊，既是政策的研究者，同时也是经济学大家，这在学界是非常难得的。《郑新立文集》收录了从 1989 年到 2016 年 4 月公开发表的理论文章和学术著作，从一个侧面真实记录了改革开放我国体制机制的演变过程，见证了改革开放各个时期遇到的困难和矛盾，以及这些矛盾和困难是如何被克服的。

本文集是改革开放非凡历程的一个折射，一个记录，具有重要的历史文献价值和学术意义。文集中隐含丰富的经济思想，既展现出郑先生作为当代中国著名经济学家始终立足中国实践，坚持问题导向，独立思考，不断探索和发展中国的经济学和政策学的坚定信念和较高的研究水平，又为全面深入研究中国经济，把握中国经济发展方向，更有效地推进改革开放提供了有力的支持，对总结改革开放经验，把握中国经济开放规律，具有重要的参考和借鉴作用。

起初我并不知道这套书规模如此之大，16 卷，五百多万字，非常让人震撼。这彰显出郑先生学术研究的广阔视野，也体现出、反映出郑先生勤奋扎实的自学精神。我记得文集里面有一句话，让我非常感动，讲得非常好，郑先生讲道："这些浩瀚的文字，浸透了我的心血，表明了一个人如何融入时代潮流。"郑先生不仅是一位勤奋的研究者，更是一位有学术创造力的经济学家。同时我觉得他是把个人的研究切实融入我们的改革开放、民族伟大复兴的洪流当中，他用他的思想推动这样一个伟大的历史进程。所以我觉得这句话是点睛之笔，我看了非常感动。

作为文集的出版方，我们有幸承担郑先生文集的出版。据我所知当郑先生整理他的文集出版的时候，与他联系出版的有好几家，最后他还是决定与中国社会科学出版社合作，非常感谢郑先生对我们的信任，我们对文集的出版也非常重视，作为重点项目，认真编辑加工，在时间和生产紧张的情况下，为这套书的出版做出许多优先安排，保证了在今天能与大家见面。郑先生在出版过程中，也给予了我们很多支持与配合，他亲自审定版式，反复修改文稿。在编辑出版过程中，郑先生一丝不苟的工作态度令人敬佩，值得我们学习。

最后机会难得，我也简单介绍一下中国社会科学出版社。它成立于1978年，是中国社会科学院下属的一家专门从事人文社会科学的出版社，在国内外享有比较高的声誉，尤其在国内外的学术影响力近几年在不断增强。南京大学"中文学术图书索引"中公布，我社有九个学科位居前三强。中国图书世界馆藏影响力连续几年名列前茅，这也从一个侧面反映我们中文图书的海外影响力和学科影响力。

此外配合国家新型高端智库的建设，我们推出了"国家智库报告"和"智库丛书"这几个系列，出版速度快，40天左右可以出书，我们已经跟中央确定首批25家国家高端智库建设试点单位合作，许多智库成果将在我社出版。希望各位领导，各位专家，各位朋友继续关心社科出版社的发展。最后祝各位领导身体健康、万事如意，谢谢大家。

对社会主义核心价值观的系统研究和阐释[*]

　　非常感谢各位在百忙之中出席《中国的价值观》中文版发布研讨会暨英文版签约仪式，我代表中国社会科学出版社对大家的到来表示热烈的欢迎！

　　今天是个喜庆的日子，我们不仅要发布《中国的价值观》的中文版，还要举行英文版签约仪式，而且现场有这么多位领导和专家见证这个激动人心的时刻，可谓是"双喜临门"。在此，向《中国的价值观》一书的作者韩震教授和他的研究团队，表示衷心的祝贺！

　　《中国的价值观》是中国社会科学出版社策划的大型系列丛书《理解中国》的一种。《理解中国》丛书选取国内外读者关注的重大理论和实践问题，从经济、政治、宗教信仰、民族政策，以及中国古代文明、哲学、艺术等多方面设置选题，注重提炼中国特色，阐释中国道路、中国理论、中国制度，且具有国际和比较的视

---

　　* 2016年8月24日，在"《理解中国》丛书之《中国的价值观》中文版发布研讨会暨英文版签约仪式"上的致辞。

野。迄今已出版中文版 11 种，英文版 5 种，西文、日文、韩文等多语种在翻译中。《理解中国》丛书出版以来，在纽约书展、伦敦书展等国际书展上，多次召开发布研讨会，中外学者展开精彩对话。这套丛书在文化"走出去"方面取得了可喜的成绩，已经成为"讲述中国故事，发出中国声音，扩大中国学术话语权"的重要载体，在对外文化交流中发挥着重要作用。

价值观是个人对待自我、他人、社会、自然的态度和行为选择。放眼世界，存在着不同的文明类型。中华文明和西方文明具有不同的特征，而其根本的区别就在于价值观的不同。研究价值观对深刻理解文明的内涵具有十分重要的意义。

党的十八大以来，以习近平同志为核心的党中央非常重视社会主义核心价值观建设，多次强调要抓好理想信念建设。对中国的价值观，尤其是对社会主义核心价值观进行系统研究和阐释，是《中国的价值观》一书的主题。可以说该书敏锐地捕捉到了当前中国特色社会主义文化建设的核心问题，具有长远的战略眼光。

习近平总书记 2014 年 2 月在主持十八届中共中央政治局第十三次集体学习时强调指出，要深入挖掘和阐发中华优秀传统文化的时代价值，使中华优秀传统文化成为涵养社会主义核心价值观的重要源泉。《中国的价值观》既立足现实，又不忘历史，对中国传统的价值观和近现代中国的价值观建构进行了系统阐释。《中国的价值观》贯通古今，将历史性与时代性相结合，将对社会主义核心价值观的阐释与对中国传统价值观的阐释结合在一起，是其鲜明特色。这样的叙述方式，理清了社会主义核心价值观的源头，使我们对社会主义核心价值观的理解多了历史的维度；同时集中体现了社会主义核心价值观的民族性，使得传统的价值观在新的时代得以发扬光大。

《中国的价值观》在对社会主义核心价值观的阐释中，还贯通了中国传统文化与马克思主义。比如在对当代中国社会进步的价值理念"自由"进行论述时，既对中国传统文化中包含着的自由因素进行了追溯和批判，又对马克思主义的自由观内涵进行了解析，说明了"每个人自由而全面发展，是马克思主义的最高命题"。通过对中国传统文化的价值观与马克思主义价值观的比较，阐明中国特色社会主义核心价值观，是该书的典型特征。

《中国的价值观》一书的写作殊为不易，既要讲清楚中国历史上儒、道、墨、法、释等不同学派对待人生、自然、社会的态度和观点，又要讲清楚其现实意义，更要讲清楚社会主义核心价值观的意蕴。书稿在写作的过程中，我社多次组织召开专家审稿会和编辑研讨会，我个人也参加了历次会议，对书稿的修改提出了一些建议。韩震教授和各位作者精益求精，严谨认真，花费了很多的时间和工夫进行修改完善，几易其稿，终成此书。

《中国的价值观》英文版即将签约，这对于我们的文化"走出去"，具有重要意义，也是《理解中国》丛书"讲好中国故事，让世界理解中国"的宗旨所在。习近平总书记多次在讲话中号召要构建中国的话语体系，提高国际话语权。社会主义核心价值观，是中国话语体系的重要组成部分，讲好"中国的价值观"，对于提高国际话语权具有十分重要的意义。在全球化的过程中，我们能做到用协和万邦的智慧，来化解西方国家所谓的"普世价值"。我们有充分的文化自信，为世界和人类的发展贡献自己的价值观。

中国社会科学出版社会再接再厉，继续在找准世界需求、发挥学术优势、讲好中国故事、传播中国声音的道路上取得更大的成就！

《中国的价值观》对社会主义核心价值观的研究和阐释，取得了可贵的成果。最后，再次向本书的主编韩震教授和他的团队表示祝贺！

推动中国学术、中华文化走向世界*

  《中国社会科学院学部委员专题文集》是代表中国社会科学院最高学术水平的丛书之一。中国社会科学院的学部委员和荣誉学部委员是中国社会科学院最高荣誉称号，这套文集最大的特点是选取他们最有代表性、有创见的文章，所以这些文章应该是这些学部委员学术的精华，具有很高的学术价值。

  这套文集我们跟英国的著名出版机构罗德里奇学术出版社进行合作，他们翻译出版这套文集当中的一部分著作。今天即将推出已故的中国社会科学院原副院长、著名经济学家陈佳贵先生的著作，接下来到年底还有多部英文版著作要出版。我们已经跟罗德里奇学术出版社签约有 20 部，这个部头是不小的，它代表《中国社会科学院学部委员专题文集》里面的精华整体走向英语世界，而且由国外著名出版机构出版，这也是我们中国社会科学院学术走向国际、学术国际化的一个重要步伐和标志。在此我们也非常感谢罗德里奇学术出版社。

  中华学术外译项目是我们国家社科基金规划办推出的重点工程，是我们代表国家推动中国学术和中国文化"走出去"的一个重要项目。我们中国社会科学出版社近两年也高度重视这个项目，入选的数目逐年提高。这体现为一个是数量上逐年提高，另一个是我们推出图书的质量是比较好的，都是围绕当代中国改革开放的重大理论

  * 2016 年 8 月 25 日，在"《中国社会科学院学部委员专题文集》英文版暨中华学术外译项目成果发布会"上的发言。

和实践问题的研究，还有一些是人文方面的，如中华的历史文化等方面的优秀成果。中华学术外译项目当中有不同语种，以英语为主。

2016 年 8 月 25 日，在《中国社会科学院学部委员专题文集》英文版暨中华学术外译项目成果发布会上发言

英文版目前已经出版了八种，包括：

（1）中国社会科学院院长王伟光教授的《利益论》。

（2）中国社会科学院副院长、著名经济学家蔡昉教授的《破解中国经济发展之谜》，出版以后，国外的学术反响非常好，引证和下载率很高。

（3）中国社会科学院副院长、著名社会学家李培林教授主编的《中国社会巨变和治理》。

（4）中国社会科学院政治学所所长房宁教授的《民主的中国经验》。

（5）中国社会科学院城市与环境研究所所长潘家华教授的《中国的环境治理与生态建设》，这本书反响很好。

（6）人权问题研究专家刘海年教授的《新中国人权保障发展六十年》。

（7）《中国民族的生活方式》，作者瞿明安，从人文的层面反映我们中华民族的生活方式。

（8）《理解中国政治——关键词的方法》，作者是清华大学景跃进教授、张小劲教授和浙江大学余逊达教授。

我们有 35 本书已经获得中华外译的支持，接下来我们会进一步把这项工作做好，推荐更多优秀的、讲述中国故事、讲述中国文化、反映中国历史、展现中国改革开放成就的学术著作，加入到中华学术外译项目中来。

我们希望通过这个项目，在中华学术"走出去"、讲述中国故事、发出中国声音、扩大中国学术的话语权方面，发挥我们作为国家级专业学术出版社的生力军作用！

重视对智库成果的出版与传播*

今天，我们齐聚中国国际展览中心，隆重举办中国社会科学论坛。作为本届中国社会科学论坛的承办方之一，我代表中国社会科学出版社，向出席智库成果出版和传播论坛的各级领导、各位同人和媒体朋友们，表示衷心的感谢和热烈的欢迎！

作为国内出版界首家快速推出智库成果出版的单位，中国社会科学出版社实现了新形势下出版形态的大胆创新和积极尝试，推出了"国家智库报告"等"中社智库"系列产品，是面向时代和中国现代化建设实际，符合加强智库成果传播与应用转化的客观需要的重要举措。

中国社会科学出版社调整机构，抽调专门人员，在重大项目出版中心基础上设立了中国社会科学出版社智库成果出版中心，围绕"积蕴智库思想，传播智库成果"的智库产品出版理念，积极响应中央加强中国特色新型智库建设的工作大局，针对智库成果时效性强的特点，以极短的出版周期，快速推出以"国家智库报告""地方智库报告""智库丛书""年度报告"四大系列旗舰产品的"中社智库"品牌，产生了积极的国内外影响。一会儿我们将举行《中国工业经济运行夏季报告（2016）》英文版的签约仪式。

"中社智库"尤其是里面的"国家智库报告"系列，倡导一趟高铁、一趟飞机就能读完，契合当今读者快节奏精阅读的行为习惯，

* 2016 年 8 月 25 日，在北京国际书展"中国社会科学论坛（2016）·智库成果的出版与传播"上的发言。

2016 年 8 月 25 日，中国社会科学论坛（2016）·智库成果的出版与传播专家合影

同时其规范的学术论证和大量的数据信息形成的"深度传播"，与各类媒体特别是新媒体"广度传播"交相辉映，受到智库专家的认可和媒体、读者的欢迎。

在智库已经融入国家决策的开放性平台、成为中国政策决策体制一部分的时代背景下，将人文社会科学的研究成果进行现实转化，创新性思维是根本。中国社会科学出版社将继续服务中国特色新型智库建设工作大局，精准把握智库专家的需求，遵循智库知识生产的规律，进一步完善智库系列图书的评审机制，深耕智库出版，将"中社智库"这一出版品牌打造成中国智库成果出版的高地，使之不仅成为中国社会科学出版社的重要品牌，也成为中国社会科学院新型智库建设的一项重要内容和成果，成为中国社科院及其他国家高端智库成果的重要发布平台，成为智库建设的一个重要抓手。充分发挥智库在国家治理和全球治理当中的影响公众舆论、影响公共外交的作用。而智库成果的传播，就能起到影响公众、引导公众、引导舆论的作用。这就是智库成果公开出版的重大意义。

再次感谢张江①副院长在百忙中拨冗出席本次会议，并做主旨发言。感谢各位领导、各位专家，感谢国外的合作伙伴，感谢参与报道的媒体朋友。谢谢大家！

①　张江，时任中国社会科学院副院长。

深圳改革创新实践的思想结晶[*]

非常高兴参加 2016 年《深圳改革创新丛书》《深圳学派建设丛书》新书发布和座谈会。首先我代表出版方对两套丛书的成功出版与发布表示衷心祝贺。对丛书的组织方深圳市社会科学院表示祝贺。在深圳市委宣传部领导下，深圳社科院做了大量组织协调、整稿、审稿工作。在大家的努力下，今天两套丛书得以发

布。其次，要对作者们表示祝贺。我看作者许多是我们一线领导干部，深圳这一点特别值得赞许。就是我们领导干部带头重视理论研究，学习总结提炼深圳的改革创新经验，并撰写专著，我认为非常好。所以要对作者表示敬意和祝贺。

这两套丛书的出版离不开深圳市委、市政府大力支持。深圳走在改革

* 2016 年 9 月 1 日，在"《深圳改革创新丛书》《深圳学派建设丛书》新书发布会"上的发言。

开放的最前沿，是一个非常有特色的城市，要加强对深圳改革创新的研究，在实践探索当中不断进行理论创新，从这样的视野、这样的高度完成了这两套丛书。深圳一直走在中国改革开放最前沿，造就了深圳的经济奇迹，创造了许多新的经验。现在深圳对文化、对学术、对理论非常重视。经济繁荣发展，同时也迎来了文化的兴盛，这是必然的，这是我们进一步发展的需要，并且可以更好地推动深圳发展。深圳社科院的重视，也充分显示了深圳社会各界对文化的重视。深圳社科院、社科联作为两套丛书的组织者，在书稿征集、审定方面做了大量工作，专门组织专家对书稿进行认真负责的评审工作，确保了两套丛书的学术质量。

《深圳改革创新丛书》出版发行对于进一步启动改革创新思维、汇聚改革视野、凝聚改革共识起到积极作用。在新型城市化、基层社区治理、街道建设、社会文明、文化发展等方面的经验，对全国创新改革实践具有良好启示和示范作用。"深圳学派"这个概念乍一听，令人疑惑有没有深圳学派？但是我想这是一个期待，这是一个要求，而且是能做到的。习近平总书记讲我们伟大的改革时代一定有相应伟大的理论，深圳的改革创新实践一定有其相应的理论，应该将它总结提炼出来。我看了看书，质量都是非常好的。这套书已经推出第三辑了，展示了深圳学术文化发展成果，也是深圳学派建设过程当中不断积累的阶段性成果。我们搞理论研究的一定要接地气。深圳是改革开放实践地，1978 年党的十一届三中全会开辟中国特色社会主义道路，改革开放从深圳这个地方破土，邓小平讲"杀出一条血路"，首先深圳是一个重要的地方探索。中国特色社会主义道路的开辟，深圳承担着一个探索者、实践者、创新者的角色。现在依旧还是这样一个角色。深圳经济发展在经济新常态下，经济发展活力不减，尤其创新动力不减，这是我们经济发展新常态一个亮点。只有在改革创新当中才能保持生机和活力，深圳当然起到这样的作用。所以加强对深圳改革开放实践经验的研究，并进行提炼、总结，具有全局意义。对于增强中国特色社会主义道路自信、理论自信、制度自信、文化自信具有十分重要的意义。深圳在这些改革创新方面的实践不是盲目的，它是有理论思考，有设计、有文化底蕴的。所以我们这两套丛书起到了积淀文化底蕴和构筑文化自信的作用。所以，我认为从学术角度来看，这两套丛书应该认认真真做好，它们的出版具有很重要的意义。这两套丛书我们要把它宣传好、推广好，首先在广东、深圳各个方面还是要加强宣传、推广工作，争取发挥它们更大的学术价值。

中国社会科学出版社是中国社会科学院下属的出版机构，是全国哲学社会科学出版重镇，也是全国马克思主义、中国特色社会主义理论研究出版重镇，现在也是"引进来"和文化"走出去"的学术交流重镇，最近北京国际图书博览会上我们与诸多的世界知名出版机构签订了很多协议。现在社科出版社在中国学术"走出去"当中发挥了重要作用，我们推出的《理解中国》丛书，是国务院新闻办重要的外宣产品，同时智库出版方面推出一系列产品，包括"国家智库报告"，瞄准中央定下来的 25 家首批国家高端智库试点单位的研究成果，还有"地方智库报告""智库丛书""年度报告"，这些都产生了重要影响。我们出版社还有一个数字要报告一下，社科出版社海外馆藏影响力连续三年名列前茅，第一年第一名，第二、第三年第二名。世界各国收藏我们的图书，去年是 1800 多种。应该说覆盖面还是比较宽的，我们的学科排名，在我们这里出版的著作为其他学者所引用下载，学术影响力在全国也是比较领先的。我们也愿意为宣传深圳的改革开放经验、创新实践，尽我们绵薄之力，推广好、宣传好，希望进一步加强合作，把这项工作做好。

推动智库成果的现实转化[*]

金秋十月，山明水秀，天朗气清，我很高兴能够来到美丽的泉城济南，参加此次由济南社会科学院承办的"全国城市社科院第二十六次院长联席会议暨全国城市智库联盟第二届年会"。

习近平总书记在全国哲学社会科学工作座谈会上的重要讲话中指出，要加强国内外智库交流，推动海外中国学研究。2015年1月，中共中央办公厅、国务院办公厅印发了《关于加强中国特色新型智库建设的意见》（以下简称《意见》）。习近平总书记的重要讲话以及中央这个文件中所提到的要求，实际上是为智库建设指明了方向，提出了新的要求。如何将人文社会科学的研究成果进行现实转化？如何通过智库转型服务当下社会经济发展？在我看来，将智库成果以公开出版物的形式进行展示和传播，创新出版产品形态，打造智库报告品牌，服务新型智库建设，对于智库成果的推广与转化，不失为一条好的可以尝试的路径。因此，在《意见》印发后，中国社会科学出版社顺势而为，抓住机遇，在重大项目出版中心基础上，抽调专门人员，研究、策划、出版、推广智库图书系列，着力塑造"国家智库报告"品牌，让智库系列图书产品应运而生。截至目前，我们的智库建设所取得的成绩主要体现在三个方面：

一是"中社智库"的创立。2016年，我们成立了"中社智库"，并将其分为四大出版系列，即"国家智库报告""地方智库报告"

---

* 2016年10月27日，在"全国城市社科院第二十六次院长联席会议暨全国城市智库联盟第二届年会"上的发言。

"智库丛书""年度报告"。其中，"国家智库报告"出版包括社科院各级智库成果和其他国家级智库成果，出书品种又细分为经济、国家治理、文化社会、国际问题等；"地方智库报告"主要出版地方社科院和地方政府研究部门有关区域性的、地区政策的，对中央决策具有重要借鉴意义的智库成果；"智库丛书"侧重出版基础性、思想性、战略性强的基础理论研究成果；"年度报告"由一系列权威研究报告组成，对年度有关中国与世界的经济、社会、文化、国际形势、行业等各个领域以及各区域的发展现状和态势进行分析并提出对策。这四大出版系列为智库丰富的研究成果明确了出版方向，创建了规范，畅通了发表渠道，对增强智库的学术影响力、社会影响力和国际影响力具有重要作用，也充分体现了出版这一形态对学术研究、智库研究的促进作用。截至 2016 年 10 月，我们共推出了"国家智库报告"近 80 种，"地方智库报告" 8 种，"智库丛书" 12 种以及"年度报告" 8 种。许多报告引起广泛关注，有业内人士评价说，中国社会科学出版社已经成为国内系统、密集、公开出版智库成果的重要机构。

二是加强智库之间的交流与合作。我们先后与社科院近 30 家研究所签订了框架协议，分别与中共中央党校、国务院发展研究中心、中国人民大学国家战略发展研究院、北京大学、复旦大学、南京大学等院外高端智库以及地方智库共计 40 余家单位建立了密切联系与合作关系。并在此基础上，汇聚有影响力的智库产品和有影响力的专家学者，在我们社出版他们最新的研究成果，这也同时极大地提升了智库专家和我们社的知名度和美誉度，实现了双赢。

三是扩大智库成果的传播力和影响力。做学术出版，关键是做影响力，出好书。以往的智库研究的呈现方式比较传统而且单一，主要产品就是内部参考报告，供内部决策用。而以公开出版的形式展示智库成果，则更能充分发挥智库研究在诸如影响公众、公共外交等方面的舆论引导作用，扩大智库成果的影响力。因此，我们积极探索智库成果的纸电同步出版。在图书出版的基础上，我们还尝试通过互联网传播智库成果，目前正在开发"国家智库成果网络发布平台"和"国家智库成果专题数据库"。同时，我们还与百度文库、亚马逊等网络平台开展合作，建立智库成果专题发布频道，利用这些平台数以亿计的用户群，扩大智库成果的传播力和影响力。

智库出版是一种出版产品形态的创新，虽然在这个领域，我们出版社走在了前列，但也面临着一些需要攻克的难关：一是如何迅速捕捉到有影响力的智库产品和有影响力的专家学者，让他们的研究成果在我们这儿出版。二是智库成果出版后怎么样做推广和营销。

面对哲学社会科学发展的新形势，今后，我们将继续学习贯彻习近平总书记在全国哲学社会科学工作座谈会上的重要讲话精神，继续在智库系列图书出版领域做专、做精，凝聚一批好的智库专家、好的作者，深耕智库出版，树好智库品牌。进一步加大智库出版成果的宣传推广力度，努力扩大成果的国内外影响力，完善智库图书系列的评审机制，多举办高层次研讨会和论坛，发挥智库图书在国际智库交流和对外学术宣传的作用，推出更多一流的智库产品，引导国际话语权，使我们成为中国社会科学院及其他中央高端智库成果的重要发布平台，成为智库建设的一个重要抓手。

以上是我对我们社智库建设方面的简单介绍，希望与在座各位加强智库建设方面的交流与合作，也感谢各位对中国社会科学出版社工作的大力支持。

以智库成果促进
中国—中东欧国家合作[*]

2016 年 12 月 15 日，在中国—中东欧国家智库研讨会暨
中国—中东欧国家人文交流年闭幕式上为新书揭幕

　　值此中国和中东欧国家智库研讨会暨中国和中东欧国家人文交流年闭幕式会议举行之际，在这个隆重的场合，能够介绍由我社出版的反映中国—中东欧合作交流的五本新书，我感到十分高兴。

　　众所周知，近年来，中国—中东欧合作取得了丰富成果，特别

　　* 2016 年 12 月 15 日，在"中国—中东欧国家智库研讨会暨中国—中东欧国家人文交流年闭幕式"上的发言。

是双方在经贸领域的合作逐渐发展与深化。中国—中东欧双方本着深化务实合作、实现互利共赢所取得的成果以及继续深化合作将面临的挑战已经引发了世人的关注，同时给学者们提供了很好的研究课题，中国和中东欧各国的政府和人民也期待看到答案。今天发布的这五本书既是中国学者对中国—中东欧合作研究取得的研究成果的一部分，应该说也是中国学者交出的一份优质答卷。

在这五本书中，有三本是由中国社会科学院欧洲研究所学者编撰的英文著作，分别是黄平所长、刘作奎研究员主编的 *China-CEEC Cooperation and the "Belt and Road Initiative"*（《中国—中东欧国家合作和一带一路倡议》）、*Stakeholders in China-CEEC Cooperation*（《中国—中东欧国家合作的利益攸关者》）以及刘作奎研究员撰写的 *Europe and the "Belt and Road Initiative": Responses and Risks*（《欧洲和一带一路倡议：回应与风险》），这三本书既是中国—中东欧国家智库研究系列丛书，又属于我社"中社智库"系列的"智库丛书"。另外两本中文著作分别是欧洲所陈新研究员、杨成玉助理研究员撰写的《中国—中东欧经贸合作进展报告（2016）》和刘作奎研究员、鞠维伟助理研究员等人撰写的《中国与捷克的战略伙伴关系：现状、前景、问题及对策》，这两本书属于我社"中社智库"系列的"国家智库报告"。

翻阅这五本书我们看到，欧洲所的学者们对 2012 年中国—中东欧合作启动以来双方在政治、经济、人文交流、"一带一路"合作等多方面取得的积极进展和丰硕成果进行了全面的研究，专著资料数据翔实丰富权威新鲜，立论准确富有深度。

中东欧国家是"一带一路"沿线最为重要的地区之一，近些年，中国和中东欧国家的合作也日益加深。在"一带一路"倡议推出之前，中国已经在 2002 年同中东欧国家建立了"16＋1"合作机制。在这项倡议下，在政治、经济、文化和其他方面，中国在和中东欧合作上取得了重大的成果，也有效地促进了"一带一路"倡议在中东欧的推进。

China-CEEC Cooperation and the "Belt and Road Initiative" 一书展示了中东欧国家的学者是如何看待"一带一路"和"16＋1"合作以及目前的多边合作和挑战。中东欧地区对各方的利益方是一个高度开放的地区。主要有三个主要的利益相关方：机构性的利益相关方（如欧盟）、主要国家（如美国、俄罗斯、欧盟国家、土耳其、韩国和日本）及非政府利益相关方（如非政府组织、区域性组织等）。Stakeholders in China-CEEC Cooperation 分析这些利益相关方在中东欧地区的现状可以帮助中国发展与中东欧国家的合作关系。中国在中东欧地区推行的"一带一路"倡议也影响其他利益相关方，本书展示了中东欧国家的学者是如何看待各方的利益相关方在中东欧地区的影响以及"一带一路"和"16＋1"合作本身的影响和对其他利益相关方的影响，为未来推进"一带一路"倡议过程中如何处理与其他利益相关方的关系提供了理论基础。Europe and the "Belt and Road Initiative"：Responses and Risks 分为四个部分：第一，中东欧国家和欧盟机构对"一带一路"倡议的回应，

《中国与捷克的战略伙伴关系：现状、前景、问题及对策》
刘作奎 鞠维伟 Richard Q. Turcsanyi Tereza De Castro 著

《中国—中东欧经贸合作进展报告（2016）》
陈新 杨成玉 著

其回应具有两面性。第二，欧洲精英对"一带一路"倡议看法问卷调查，这是国内外首次就中欧在"一带一路"倡议背景下展开合作的专题性、权威性调查活动。第三，"一带一路"在欧洲布局和建设的风险评估，即"丝绸之路经济带"和"中欧陆海快线"在国内和国外分别面临的风险。第四，针对"一带一路"倡议在欧洲建设的政策建议，包括加强内外统筹协调、做好顶层设计、鼓励开展第三方合作等。

《中国—中东欧经贸合作进展报告（2016）》一书，通过中东欧营商环境指数和中国—中东欧双边合作指数两项研究成果，全面、客观、科学地衡量中东欧各国营商环境水平以及中国—中东欧各国双边合作水平。基于对中东欧国家营商环境的评估，可以做到有针对性地开展经贸合作。量化中国—中东欧双边合作水平，有助于科学衡量中国—中东欧双边合作程度，动态监测双边合作进展并结合评价结果有针对性地为"16＋1"合作提供对策建议。两种指数基于共同标准进行量化表达，相互比较并共同检测中东欧国家自身营商环境的动态变化、双边合作的动态变化以及两者之间的动态关联，以达到根据中东欧国家营商环境提供优化双边合作对策建议的目的。本书的创新之处在于运用可视化的形式，使用坐标体系并基于坐标体系进行分析，一目了然地展示中国—中东欧经贸合作所取得的进展。这种方法是对中东欧国家营商环境以及中国—中东欧双边合作动态关系研究的创新。

此次发布的图书是中国社会科学院欧洲研究所创新工程项目"欧洲经济竞争力"的研究成果，该项目得到了中国社会科学院国家高端智库建设项目和外交部中国—中东欧国家关系研究基金项目的资助，参与的作者都是相关研究领域的权威专家，我们期待并相信他们的著作会受到社会的欢迎和好评，也期待着和社科院欧洲所以及与会的各位专家学者开展更多合作。希望能够以此次盛会为契机，进一步深化拓展与国内外智库机构及高校的交流合作。

有效探索"双效"统一发展之路[*]

2015 年 9 月，中办、国办《关于推动国有文化企业把社会效益放在首位、实现社会效益和经济效益相统一的指导意见》下发之后，得到了广大出版人的普遍拥护，但仍有一些出版人感到对统一"两个效益"缺乏办法。为此，本报记者特别采访了中国社会科学出版社社长兼总编辑赵剑英，就该社如何很好地实现"两个效益"的协调发展进行了深入探讨。

用哲学思维阐释社会效益

《中国新闻出版广电报》：我们注意到，您不但是中国社会科学出版社的社长兼总编辑，同时还是中国社会科学院的哲学教授、博导。今天，在谈论社会效益的时候，我们很好奇，作为一位哲学教授，您是怎样理解出版社的社会效益的？

赵剑英：出版是人类文明传承与创新的重要载体，承载学术思想的图书是文化影响力中最具基础性和深远意义的因素。好的思想、好的作品可以润泽心灵，提高人文素质，可以传播真善美，鞭笞假恶丑，可以弘扬主旋律，传播正能量，增强人民群众对中国特色社会主义的认同感和民族凝聚力。

作为中国社会科学院优秀学术成果的重要窗口、全国哲学社会

---

* 2016 年 1 月 5 日，接受《中国新闻出版广电报》记者李婧璇、王坤宁的专访。

科学出版重镇和中外优秀学术文化的重要交流平台，中国社会科学出版社有义务也有责任，以图书出版的方式向党和政府进行科学决策提供智库思想支持，向海外传播中国声音，向广大民众传递时代精神，向国内外学者提供思想素材，以出版人的方式推动民族复兴，助力中国梦圆。

精品书赢得国内外影响力

《中国新闻出版广电报》：作为一家国家级的社科类出版社，中国社会科学出版社的社会效益有哪些具体体现？

赵剑英：2015 年 5 月，"《理解中国》丛书新书发布暨研讨会"在纽约举行。作为此次美国书展的重要活动之一，国家新闻出版广电总局副局长吴尚之出席了相关活动。2015 年 8 月，"《中国历史学30 年》（英文版）首发式暨座谈会"在济南举行，吸引了国际历史科学大会前主席于尔根·科卡、芝加哥大学彭慕兰教授等著名学者的参加。

我社出版的《日本侵华细菌战》《抗日战争时期中国对外关系》入选中宣部、国家新闻出版广电总局"百种经典抗战图书"。《侵华日军常德细菌战罪行录》丛书（4 种）入选"纪念中国人民抗日战争暨世界反法西斯战争胜利 70 周年重点选题目录"。《理解中国》丛书、《包尔汉传》入选国家新闻出版广电总局"2015 年主题出版重点出版物选题"。

2015 年，我社新推出了智库图书，其中，《习近平的国家治理现代化思想——中国文明基体论的延续》一书的"文明基体论"思想引起中央领导的关注。有关部门领导和许多专家学者对智库图书的出版表示祝贺，并表示未来可以进行合作。

学术影响力和国际影响力均名列前茅。南京大学"中文学术图书引文索引"对 11 个学科图书的统计显示，我社有 9 个学科在排名中位列前三，3 个学科排名第一。"中国图书世界馆藏影响力调查报告"显示，2014 年，在人文社科出版方面，我社入藏图书排名全国第一。教育部第七届高等学校科学研究优秀成果奖（人文社会科学）拟获奖成果名单中，我社获奖总量 45 项，全国排名第二。在以上三大权威发布中，我社综合学术影响力均名列前茅。

以持续创新引领学术出版

《中国新闻出版广电报》：从您刚才的介绍中我们看到，中国社会科学出版社的成绩斐然，那么这些良好的社会效益究竟是如何取得的呢？

赵剑英：创新首先是管理机制的创新。我们按学科成立了专业出版中心，编辑人员也按各自专业做了相应调整。为确保编辑水平，我们还邀请中国社会科学院学部委员蔡昉等一流专家为编辑做报告。另外，在考核机制中，我们将注重社会效益的选题占比，从 40% 提高到 50%，对于具有良好社会效益的图书编辑则给予重奖。

其次是选题创新。2015 年，我社进行了深入的选题研发，组织出版了多个系列主题图书。这种选题研发和主题出版，使学术出版不仅发挥了传播功能，而且发挥了重要的学术引领功能。

2015 年，我们新推出了《中国人的宗教信仰》等三部《理解中国》丛书重要著作。为纪念新疆维吾尔自治区成立 60 周年、西藏自治区成立 50 周年，我社组织策划了《包尔汉传》、《西藏稳定发展》丛书等主题图书；为纪念抗战胜利 70 周年，我社出版了《侵华日军常德细菌战罪行录》丛书（4 种）、《抗战时期的中国文艺》等主题图书；为响应国家"一带一路"倡议，我们又策划了"丝绸之路历史文化研究"丛书。

再次是出版形态创新。我社 2015 年推出了智库图书系列，这一系列包括三个层次：一是"国家智库报告"。2015 年以来，我们出版了中国社会科学院王国刚、董裕平教授所著的《"十三五"时期的中国金融体系改革建议》，中国人民大学聂辉华、仝志辉教授所著的《创新纪检监察体制，遏制"一把手"腐败》等报告，就金融经济、国家治理等重大问题建言献策。二是"地方智库报告"。我们先后出版了《内蒙古草原碳储量及其增汇潜力分析》《绿色发展之路——来自盐城的实践探索》等"地方智库报告"。三是"智库丛书"。我社出版了中国人民大学杨光斌教授所著的《中国民主：轨迹与走向（1978—2020）》等"智库丛书"。

此外，出版形态创新还包括我们的"中国社会科学年鉴"系列，这是我国第一个社会科学年鉴体系，2013 年由中国社会科学院启动。到 2015 年，该系列已基本覆盖 19 个一级学科和部分二、三级学科。

最后是出版业态创新。2015 年，我社又获得中央文资办 1200 万元"文化产业发展专项资金"，正在研发的数字产品项目包括：门户网站改造项目、中国近代影像资料库项目、中国社会科学院学者文库项目、中国哲学社会科学学术年鉴数据库、马克思主义理论专题知识库。

这些项目在过去一年都取得了长足的进步，以年鉴数据库建设为例，2015 年，《中国辽夏金研究年鉴·2013》开始编制主题索引，对全书 2300 个主题词进行标注，标志着年鉴数字化建设迈出了坚实的一步。未来，利用年鉴庞大的数据库及云计算技术，我们可以为用户提供更快速、更精准的信息服务。

2015 年，我社大力推进 ERP 系统等数字转型工作，在图书宣传中，我们除了与传统媒体联合发布外，还通过微博、微信、手机等社交媒体平台进行宣传。此外，我们还依托新媒体，把信息发送到销售等环节，我社"精准营销"之路日渐成熟。

精品也会带来良好经济效益

《中国新闻出版广电报》：有人认为，出版社的"两个效益"不好统一，您对此有什么看法？中国社会科学出版社在实现良好社会效益的同时，如何顾及经济效益呢？

赵剑英：对于学术出版社来讲，我认为有了好选题就有了打造精品的基础，而精品也会带来良好的经济效益。举一个例子，我们的《理解中国》丛书，其初衷是为了向海外介绍一个真实立体的中国，这套丛书在海内外取得了很大的成功之后，反过来又得到了更多的关注。最近，作为回购项目，国新办又要订购一大批《理解中国》丛书，向国外市场发行。这说明"两个效益"完全可以协调统一。

2015 年，我社坚持实施专业化、精品化、数字化、国际化和大众化的发展战略。在长期的出版实践中，我们感悟到，作为一家学术出版社，应当坚持这样的发展逻辑，即做专、做精，精品多了就有了做强的保证，做强之后就可以在时机成熟时做大。

论规模，目前比我社大的"老大哥"有很多，但我社通过抓精品、编精品、销精品，走上了一条质量与速度兼具的发展之路。2014 年，在社科类图书出版单位总体经济规模排名中，我社名列第九。2015 年，我社的生产规模、产值利润、职工收入都在稳步增长。

未来 5 年，我们将认真贯彻《关于推动国有文化企业把社会效益放在首位、实现社会效益和经济效益相统一的指导意见》，紧紧依托中国社会科学院等科研机构，在学术质量和学术影响力上发力，提高主题图书的人文内涵和精品意识，继续发挥学术出版的学术引领作用，在出版的国际化和中国学术"走出去"方面发挥更大作用。

我们也将探索跨地区、跨媒体、跨所有制经营的混合经营之路，并以数字化、市场化和大众化的"三化一体"数字商业模式，探索社科出版的数字阅读之路。同时，通过"互联网＋"，最大限度地发挥学术出版的学术价值和普及价值。

"中社智库"构筑中国智库成果出版高地[*]

——访中国社会科学出版社社长赵剑英

近年来,智库建设屡被中央领导人提及,越来越凸显其受到的重视。智库,作为国家软实力的重要组成部分,在推进社会主义现代化进程中发挥着不可忽视的作用和力量,推进智库建设亦成为推进国家治理体系和治理能力现代化的重要内容。

将智库成果以公开出版物的形式进行展示和传播,对于智库成果的推广与转化,可谓是另辟蹊径。作为智库系列图书产品的首创者和领跑者,中国社会科学出版社近年来所取得的成绩为业界所瞩目。"智库系列图书产品,是对出版形态的一种创新和尝试。我们是顺势而为,抓住机遇,让智库系列图书产品应运而生。"在接受《中国新闻出版广电报》记者专访时,中国社会科学出版社社长赵剑英如是说道。"做学术出版,关键是做影响力,出好书",是赵剑英始终如一的坚持和追求。

创新性思维是根本

"身为一名出版人,最重要最根本的就是要有创新性思维。"赵剑英结合自己近十年的出版实践感慨地对记者说道,"这种创

---

* 《中国新闻出版广电报》2016 年 8 月 10 日,该报记者李婧璇撰稿。

新，包括选题和产品的创新、业态的创新、管理的创新等，而其中最根本的仍是选题和产品的创新。"回归到自己学术出版的本行和主业，如何进行选题和产品的创新，"就是要关注思想前沿、学术前沿，要关注时代与中国发展的问题"。赵剑英向记者道出自己的思考。

如何将创新落到实处、从口号转化为行动？"这就要求我们出版人要嗅觉灵敏，能够捕捉学术动态前沿的变化、趋向和发展；要永远不停止地进行深刻的思考，这样才能出思想、出创意。"谈及自己于此方面的思考和体会时，赵剑英如数家珍。

他是这么想的，更是这么做的。如何以人文社会科学服务社会发展，如何充分发挥中国社会科学出版社所积累的专家资源和积聚的品牌优势，赵剑英一直在思考并探索着。机遇总是留给有准备的人，随着中央《关于加强中国特色新型智库建设的意见》的发布，其中提出"重点建设一批具有较大影响和国际影响力的高端智库，重视专业化智库建设"。赵剑英凭借自己积累的出版经验和观察，敏锐地意识到机会来了。

"中央这个文件中所提到的要求，实际上是对智库建设指明了方向，提出了新的要求。对我们出版社而言，则是一个新的机遇。"赵剑英敏锐地感觉到，这个文件将对中国社会科学出版社及其学术出版产生重要影响，"中央《关于加强中国特色新型智库建设的意见》和社科院党组关于建设具有国际影响力的世界知名智库的战略部署和一系列智库建设举措的实施，让我们认识到这对我们的出版工作提出了新的任务和要求"。

"如何将人文社会科学的研究成果进行现实转化，如何通过智库转型服务当下社会经济发展，在我看来，创新出版产品形态，打造智库报告品牌，出版智库系列图书，服务新型智库建设，不失为一条好的可以尝试的路径。"在赵剑英看来，以往的智库研究其呈现方式传统且单一，"主要产品就是内部参考报告，供内部决策用。而以公开出版的形式展示智库成果，更能充分发挥智库研究在诸如影响公众、公共外交等方面的舆论引导作用，扩大智库成果的影响力"。

四大系列构建智库出版

在赵剑英"创新出版产品形态，服务新型智库建设"理念的积极倡导下，中国社会科学出版社快速响应，大胆创新，推出了智库图书系列，并产生了积极的国内外影响。

《习近平的国家治理现代化思想》中"文明基体论"的观点受到了中央领导的高度关注；《基本解决执行难评估报告——以深圳市中级人民法院为样本》得到有关中央领导同志的批示；《中国海外投资国家风险评级报告》《中国对外投资季度报告》等成为中国企业海外投资的指南，其成果引起有关国家驻华机构重视并专门来拜访有关智库单位，寻求沟通。

"在过去的一年中，我们与中国社会科学院内近30家研究所签订了框架协议，与中国人民大学、北京大学、复旦大学、南京大学等高端智库以及地方智库共40多家单位建立了联系；我们推出了56种'国家智库报告'，5种'地方智库报告'，15种'智库丛书'及一系列的'年度报告'"。赵剑英向记者介绍该社自成立智库成果出版中心以来所取得的成绩，"我们抽调专门人员，研究、策划、出版、推广智库图书系列，着力塑造'中社智库'品牌"。

截至目前，智库成果出版中心已推出"国家智库报告""地方智库报告""智库丛书""年度报告"四大系列。其中，"国家智库报告"出版包括中国社科院各级智库成果和其他中央认定的国家级智库的成果，出书品种又细分为经济金融、国家治理、国际问题等，如《中国海外投资国家风险评级报告》《新常态下中国宏观经济政策框架的重构》等；"地方智库报告"主要出版地方社科院和地方政府研究部门有关区域性的、地区政策的，对中央决策具有重要借鉴意义的智库成果，如《绿色发展之路：来自盐城的探索实践》等；

"智库丛书"侧重出版基础性、思想性、战略性强的基础理论研究成果，如《美国行为的根源》《中国与主要经济体发展道路比较研究》等；"年度报告"由一系列权威研究报告组成，对年度有关中国与世界的经济、社会、文化、国际形势、行业等各个领域以及各区域的发展现状和态势进行分析和预测，如《中国社会发展年度报告》《中国农村发展报告》等。"这四大出版系列为智库丰富的研究成果明确了出版方向，创建了规范，畅通了发表渠道，对增强智库的学术影响力、社会影响力和国际影响力具有重要的作用。充分体现了出版这一形态对学术研究、智库研究的促进作用。"

深耕智库出版树好品牌

"出版快、发布密、内容精而丰富、影响大。"谈到智库系列图书的特点时，赵剑英如是概括道，"智库报告一般时效性强，为了寻求并扩大其社会影响力，我们设置了专门的'绿色通道'，一般的报告仅需要40天即可出书"。同时，针对重要的智库报告都要举行发布会，充分利用图书的深度传播与各类媒体特别是新型媒体广度传播相结合的特点，形成强大的舆论宣传效果，如《基本解决执行难评估报告——以深圳市中级人民法院为样本》被1000多家媒体报道，引起最高人民法院院长周强同志注意并被其写入全国高级人民法院院长工作会议的报告中。

智库报告系列图书这一创新出版形态不仅有市场需求，更获得了众多专家学者的支持，他们很多都表示愿意成为该系列图书的作者。赵剑英有次专门拜访著名国际问题专家王缉思，与其约书，得到的答复是"你们约我书稿，我不知道啥时候能写出来"。心有不甘的赵剑英立即向王缉思介绍起智库系列图书这一新的出版形态，"之前略显为难的他，顿时被我的介绍深深吸引，当即就跟我说，我可以提供一本5万—10万字的有关外交问题报告。从被动到主动……"赵剑英对记者回忆当时的情形，"此外像黄平、张宇燕等知名智库专家、学者都对智库产品给予了充分的肯定"。在赵剑英看来，这表明"国家智库报告"等系列出版形态符合智库专家的需求，符合智库知识生产的规律。看一个产品是否具有持续且持久的生命力，"既要看市场，也要看产出方，双方都有需求的产品才是真正的好产品"。

智库报告并没有满足于传统的纸质出版形式，还积极探索智库成果的纸电同步出版。"在图书出版的基础上，我们还在尝试通过互联网传播智库成果，目前正在开发'国家智库成果网络发布平台'和'国家智库成果专题数据库'。"赵剑英向记者介绍，他们还与百度文库、亚马逊等网络平台开展合作，"建立智库成果专题发布频道，利用这些平台数以亿计的用户群，扩大智库成果的传播力和影响力"。

"未来，我们力图在智库系列图书出版领域深耕，要做得专、做得精、做得有影响力，我们要打造'中社智库'这一响当当的品牌，凝聚一批好的智库专家、好的作者。"对于智库系列图书的未来，赵剑英如是构想，"进一步完善智库图书系列的评审机制，推出更多一流的智库产品；将'中社智库'这一出版品牌打造成我国智库成果出版的高地，使之不仅成为中国社会科学出版社的重要品牌，也成为中国社会科学院新型智库建设的一项重要内容和成果；加大智库出版成果的宣传推广力度，努力扩大成果的国内外影响力，在发布常态化的同时，要举办高层次研讨会和论坛，发挥智库图书在国际智库交流和对外学术宣传中的作用，引导国际话语权；加强管理，理顺机制，使之成为中国社会科学院及其他中央高端智库成果的重要发布平台，成为智库建设的一个重要抓手"。

赵剑英：在学术出版道路上
辛勤耕耘，收获理想[*]

作为中国社会科学院（简称"社科院"）的下属出版社，中国社会科学出版社一直怀揣着"做专做精做强学术出版，创建国内外一流名社"的抱负，38 年来，与改革开放同行，历经了市场经济、转企改制、新技术革命等一系列历史变迁的千锤百炼。

中国社会科学出版社位于槐树掩映的鼓楼西大街

---

* 《出版商务周报》2016 年 8 月 28 日，该报记者周贺撰稿。

　　中国社会科学出版社社长兼总编辑赵剑英，是一位学者出身的出版人，是社科院研究生院哲学系教授、博士生导师，是"全国新闻出版行业领军人才"，曾入选"国家百千万人才工程专家""国家中青年突出贡献专家""文化名家暨'四个一批'人才工程"等。

　　1982年，赵剑英进入中国人民大学哲学系先后攻读学士学位和硕士学位，22岁时，他就在重要学术期刊《国家哲学动态》发表了论文《试论定量思维方式在科学思维认识中的作用》；25岁时，他的论文《试析实践活动运行机制》受到国家级哲学理论刊物《哲学研究》的青睐，加了一页多编者按后作为当期首篇文章刊发，这篇论文还获得了1992年"中国社会科学院第一届青年优秀成果"论文类一等奖。此后的20多年时间里，赵剑英一直醉心于哲学研究和学术期刊的编辑工作，曾任中国社会科学杂志社副总编辑，并在在职期间获得了哲学博士学位。2007年，赵剑英进入社科社担任总编辑，开始了从学者到出版人的转型。赵剑英说："如果没有'咬定青山不放松'的精神，是做不了出版的。"2008—2009年，他在主持策划《中国哲学社会科学30年丛书》和《中国哲学社会科学学科发展报告》两大出版系列时，曾遇到很多困难，经费不足、观念不合等，但他都咬牙坚持了下来，丝毫不肯松懈。

　　2011年，赵剑英任社科社社长，喜欢思考、善于策划的他致力于将自己的思考化为实践、推动变革，他关注学术前沿，关心时代和中国的发展，开始逐渐从更高的角度、更宽阔的视野去审视社科社的发展和学术出版领域，以及整个出版业。

　　回顾社科社的历史，令赵剑英引以为豪的是对主题出版的引领和对学术出版的坚守。这种引领和坚守经历了一段颇为曲折艰难的岁月，如今终于迎来了欣欣向荣。据国家新闻出版广电总局最新公布的《2015年新闻出版产业分析报告》显示，在全国180家社科类图书出版单位总体经济规模综合评价中，社科社跃身前十，排名第九。

引领主题出版

近年来，主题出版受到相当程度的重视，各大人民出版社、中央部委出版社都在此领域发力。对社科社而言，其主题出版物具有很强的学术性和思想性，致力于以学术研究服务于党和国家大政方针的制定和政策措施的推行。据赵剑英介绍，社科社的主题出版都是与全国著名的马克思主义理论、中国特色社会主义研究专家合作，以保证其思想含量和学理性。历年来，中宣部、国家新闻出版广电总局的"主题出版重点出版物选题"评选中，社科社都有图书入选。

经过多年励精图治，社科社发挥党和国家意识形态主流阵地和全国马克思主义理论成果重要窗口作用更加显现，马克思主义理论创新成果和大众化新成果不断涌出，比如，社科社策划出版了《马克思主义经典作家专题摘编》《马克思主义专题研究文丛》《马克思主义理论学科前沿研究报告》《马克思主义学术文丛》等图书；围绕党的十八大精神和习近平总书记系列重要讲话，赵剑英积极策划了《理解中国》丛书、《中国制度研究》丛书；大型出版工程《习近平治国理政思想研究》丛书也已立项启动，在高质量主题出版物的策划出版上发挥了引领作用。

坚持"双效"统一

近两年，出版业市场竞争日趋激烈，经济效益和社会效益的统一问题再次得到行业的普遍重视。在学术出版领域，"双效"统一问题显得尤为重要，赵剑英说："就学术出版而言，首先要把出精品佳作、出好书、出经典作为始终不渝的最高追求，舍此，出版社无以立足，也没有存在的价值。出版社价值不能仅仅以它创造多少经济效益来衡量，衡量它的价值始终是它出版了哪些好书，图书的社会效益始终高于经济效益。"

基于这种认识，社科社更加明确定位，坚持走哲学社会科学专业出版的发展道路；坚持社会效益与经济效益、数量增长与品牌提升、个人利益与长远利益相统一的发展理念；坚持专业化、精品化、数字化、国际化和大众化的发展战略；坚持服务作者读者、提升品牌、开拓市场、创新业态的发展路径；坚持立足社科院，面向中外学术界的发展视野；坚持国内一流权威、世界知名的学术出版强社的发展目标。从这几年的发展实践来看，这"六个坚持"是遵循学术出版发展规律和符合社科社发展实际的。

同时，在赵剑英的推动下，社科社采取了一系列措施，深入推进专业化和精品化战略。第一，按照学科调整编辑部机构设置，成立八大专业出版中心以及大众分社、数字出版中心、年鉴分社，旨在夯实专业化基础。第二，加大对社会效益的考核力度，加强对专业选题、重点优秀选题的指标考核；加大对优秀选题和获奖图书的奖励力度，设立社科社优秀图书奖等。第三，启动重点学科学术影响力建设计划，要求各出版中心继续在专业化的基础上推进精品化，培育自己的优势学科和特色产品；以培育王牌学科和优势产品作为抓手，提升各出版中心和出版社整体的品牌吸引力和学界认可度。第四，坚持立足社科院，面向中外学术界，加强与学者的联系，绘制清晰的全国学术科研地图，深入、全面、重点地挖掘全国学术出版资源。第五，梳理既往出版的品牌书和好书，做好版权维护工作。第六，进一步完善并实施学术出版规范，做到与国际学术出版规范接轨。第七，不断提高图书质量，提升图书的编辑、校对、封面设计、装帧、印刷水平。

社科社始终视品牌为第一资源。赵剑英说，学术出版社的特点决定了社科社的增长必须是有质量、有内涵的增长，牺牲质量、没有社会效益和学术影响力的增长毫无意义，最终会毁掉品牌。多年来，社科社在学术出版领域的品牌影响力逐渐增强，《中华人民共和国国家历史地图集》等四种图书获得第三届中国出版政府奖，在教育部人文社会科学优秀成果奖和其他多种专项学术奖中也多有斩获。2012—2014 年，社科社承担全国社科规划办《国家哲学社会科学成果文库》和"国家社科基金后期资助项目"并连续三年排名第一。在"中文学术图书引文索引"数据库中，社科社有9个学科在图书数量上位居前三甲，占全部11个学科的82%。

做中国学术"走出去"的主力军

"中国图书世界馆藏影响力调查报告"一直是国内学术出版衡量国际影响力的主要指标，该报告显示：2013年，社科社入藏图书品种为1078种，位列第一；2014年，社科社入藏图书品种比2013年净增加236种，达到1314种，增长率为22%；2015年，社科社入藏图书1812种，增长率为37.9%。

赵剑英认为，策划和出版更多的学术精品是增强国际学术影响力的根本。近年来，在争取做国内最好的学术出版社的同时，社科社把"办国际知名出版社"放在更加突出的位置，把推出众多反映中国历史文化、讲述中国故事的外文精品作为中国文化、中国学术"走出去"的重点。2012年，社科社成立了国际合作出版部，先后与剑桥大学出版社、罗德里奇出版集团等8个国家的20多家出版机构建立了长期战略合作关系；并对美国、俄罗斯等国的出版机构、科研机构和图书馆进行业务访问，积极筹备、参加大型国际书展活动十余次。围绕学术出版"走出去"，社科社还举办了"中国社会科学论坛暨国际学术出版论坛""青年汉学家研修班交流座谈会"等多场国际交流活动。谈到这些访问和交流活动的意义，赵剑英说："通过这些活动，我们与国外的出版机构、研究机构、图书馆间拓展了业务，加深了合作。通过走访交流，我们能够深入了解国外出版社的经营模式和发展现状，能够更准确地把握国外学术界的研究动向，从而更好地推广我们的图书和品牌。"

围绕改革开放、中国道路、中国发展和中国当前改革问题，社科社组织策划了一批有助于海外读者了解研究当代中国政治、经济、社会、文化等方面的研究性著作。如《理解中国》丛书，

《理解中国》丛书由赵剑英社长策划

2014 年该丛书推出以来，迄今丛书中文版已出版 12 种，2015—2016 年均获得国家出版基金主题出版项目资助。其中《破解中国经济发展之谜》入选"第一财经 2014 年度图书"和 2015 年中宣部优秀通俗理论读物；《破解中国经济发展之谜》《中国社会巨变和治理》《中国的民主道路》《中国的环境治理与生态建设》等多种图书分获中华学术外译项目和社科院创新工程的资助；《中国的民主道路》等图书中标外宣出版项目，作为外宣产品发挥重要作用；《破解中国经济发展之谜》在电子书销量方面的成绩也值得一提，迄今移动手机阅读用户数达 149 万，该书的英文电子版在施普林格数据库上线半年点击量为 2880 次①。该丛书的英文、韩文、日文、西班牙语、阿拉伯语、俄语版将陆续出版。

《理解中国》丛书作为多视角系统阐述中国道路、讲述中国改革发展故事的学术精品丛书曾多次亮相国际书展"中国主宾国"活动。在纽约书展、新德里书展和伦敦书展上，社科社以《理解中国》丛书为载体，邀请中外学者进行中国问题研究的相关研讨，

---

① 国外学术类电子书的点击一般是 1600 次/年。

活动在国际学术界产生了较大影响。赵剑英坦言，社科社的"走出去"工作起步不算早，但签约数量增长快，学术层次高。2012—2016年，社科社与国外出版社签约129个合作项目。社科社的多项"走出去"签约项目都获得了出版资助，近两年获得中华学术外译项目、"经典中国国际出版工程"、"丝路书香工程"、中国图书对外推广计划、国新办外宣招标和回购项目及社科院创新工程的资助等共106项。

在2016年伦敦国际书展上对《理解中国》丛书进行发布与介绍

创新出版形态服务新型智库建设

2015年1月，中共中央办公厅、国务院办公厅印发《关于加强中国特色新型智库建设的意见》（以下简称"《意见》"），《意见》指出，中国特色新型智库是党和政府科学民主依法决策的重要支撑，是国家治理体系和治理能力现代化的重要内容，是国家软实力的重要组成部分。

这与赵剑英为社科社未来发展设定的主要方向不谋而合，早在2014年11月，赵剑英就萌生了建立智库产品线的想法。《意见》印发后，赵剑英敏锐地意识到，这是人文社会科学学术出版的发展机遇。社科社马上在重大项目出版中心基础上，抽调专门人员，研究、策划、出版、推广智库图书系列，着力塑造"国家智库报告"品牌。2015 年 3 月，社科社的第一本"国家智库报告"——《中国高校透明度指数报告》出炉。此后，社科社与社科院近 30 家研究所签订了框架协议，与中国人民大学、北京大学、复旦大学、南京大学等高端智库以及地方智库共 40 多家单位建立了联系与合作。

2016 年，社科社成立了"中社智库"，并将其分为四大出版系列——"国家智库报告""地方智库报告""智库丛书""年度报告"。其中，"国家智库报告"出版包括社科院各级智库成果和其他国家级智库成果，出书品种又细分为经济、国家治理、文化社会、国际问题等，如《中国海外投资国家风险评级报告》《新常态下中国宏观经济政策框架的重构》等；"地方智库报告"主要出版地方社科院和地方政府研究部门有关区域性的、地区政策的，对中央决策具有重要借鉴意义的智库成果，如《绿色发展之路——来自盐城的实践探索》等；"智库丛书"侧重出版基础性、思想性、战略性强的基础理论研究成果，如《美国行为的根源》《中国新常态宏观经济：机制变异与理论创新》等；"年度报告"由一系列权威研究报告组成，对年度有关中国与世界的经济、社会、文化、国际形势、行业等各个领域以及各区域的发展现状和态势进行分析并提出对策，如《中国社会发展年度报告》《中国农村发展报告》等。"这四大出版系列为智库丰富的研究成果明确了出版方向，创建了规范，畅通了发表渠道，对增强智库的学术影响力、社会影响力和国际影响力具有重要作用，充分体现了出版这一形态对学术研究、智库研究的促进作用。"赵剑英说。

截至目前①，社科社共推出了 56 种"国家智库报告"，5 种"地

---

① 此时应为 2016 年 8 月。

方智库报告"，15 种"智库丛书"及一系列"年度报告"。许多报告引起广泛关注，极大地提升了智库专家和社科社的知名度和美誉度。业内人士评价说，社科社已成为国内系统、密集、公开出版智库成果的重要机构。

中社智库：中国高端智库成果发布平台

采访中，赵剑英特别提到了《中国海外投资国家风险评级报告》，这份智库报告产生了国际影响。"某国因被报告评为投资风险比较高的国家之一，该国驻华大使馆专门派人过来沟通。"

为了更好地树立智库成果发布平台的形象，社科社划拨专门资金用于智库成果出版和发布宣传。2015 年组织智库成果发布会 30 余次，凡是重要的智库报告都要举行发布会，以便图书的深度传播与各类媒体，特别是新型媒体的广度传播相结合，形成强大的舆论宣传效果。除了资金保障，社科社对智库成果出版还给予了制度支持，赵剑英说："智库报告一般时效性强、发布密、内容精而丰富、影响大。为此，我们设置了专门的'绿色通道'，一般的报告 40 天内出书。"

与此同时，社科社也在积极探索智库成果的纸电同步出版。"在图书出版的基础上，我们还在尝试通过互联网传播智库成果，目前正在开发'国家智库成果网络发布平台'和'国家智库成果专题数据库'。"赵剑英介绍，社科社还与百度文库、亚马逊等网络平台开展合作，"建立智库成果专题发布频道，利用这些平台数以亿计的用户群，扩大智库成果的传播力和影响力"。

智库出版在赵剑英看来是一种出版产品形态的创新，虽然在这个领域，社科社走在了前列，但也面临着一些需要攻克的难关，"第一是如何迅速捕捉到有影响力的智库产品和有影响力的专家学者，让他们的研究成果在我们这儿出版。第二是智库成果出版后怎么样做推广和营销。"接下来，社科社将进一步完善智库图书系列的评审机制，推出更多一流的智库产品；加大智库出版成果的宣传推广力度，努力扩大成果的国内外影响力，在发布常态化的同时，举办高层次研讨会和论坛；还要发挥智库图书在国际智库交流和对外学术宣传的作用，引导国际话语权。

管理创新激发生机与活力

2016 年，是赵剑英主持社科社工作的第六个年头。六年来，他大力推进管理体制机制改革。以坚持专业出版特色为导向，根据学科重新调整和划分了编辑部机构设置与出版方向，先后成立了马克思主义理论出版中心、历史与考古出版中心、哲学宗教与社会学出版中心、文学艺术与新闻传播出版中心、经济与管理出版中心、政治与法律出版中心、国际问题出版中心、重大项目出版中心八大专业出版中心及数字出版中心、大众分社、年鉴分社，并重新组建了营销中心、物流部、国际合作出版部等，加强管理，积极发挥新成立部门应担负的职能。

深化管理机制改革，完善编辑岗位责任制。科学设置新的编辑部考核方案，突出专业选题、重大重点选题、社科院重点选题等社会效益指标，加大政策倾斜力度，以调控编辑的选题策划方向，调整和优化图书结构；将出版导向、理想目标具体化为政策制度，化为员工个人的价值追求；坚持学术出版本位，走有质量、无水分的科学发展之路，使其成为全社上下的自觉，成为员工个人的行为规范。赵剑英说："每个员工不能涸泽而渔，只顾自己的利益而不顾社里的长远发展；同时社里不能只要求员工吃苦奉献，也要强化每个员工的利益驱动。"

深化薪酬体系改革。岗位、薪酬体系改革是一项关系出版社长远发展的根本性和基础性工作，赵剑英说："要通过改革释放巨大的发展能量。"社科社在对自身情况进行充分摸底，在对同类出版社和国有企业的先进经验进行充分调研的基础上，保持已有管理机制优势，形成了关于机构、岗位、薪酬、绩效改革的新方案。新方案秉承着稳定收入、提高收入和开辟（晋升）通道的指导思想，按照量的考核、质的考核和利润指标考核三个方面稳步推进，贯彻多劳多得、优劳优得的分配原则，实现企业员工从身份制向岗位制的转变，做到员工能力最大化、个人利益最大化和出版社利益最大化的三者统一。这项制度的改革得到了全体员工的拥护，激发了出版社的活力和生机。

赵剑英还特别重视加强干部队伍和人才队伍建设，按照能上能下、看劳动、看岗位、看贡献的用人导向，大胆提拔年轻干部，把一些素质好、有发展潜力的人才选聘到管理岗位上，推动中层干部轮岗。如今，社科社的人才队伍逐渐年轻化，40岁以下的员工成为主体；还引进了一批博士以上学历或海归编辑人才和营销岗位的优秀人才，人才队伍结构更趋合理。

结语：近十年的出版生涯，让赵剑英有许多感悟，但最核心的两个词是"创新"和"联动"。他说:"创新既包括选题策划和产品的创新,也包括体制机制和营销的创新,更多的是发展理念的创新。"同时,出版工作具有整体性,是一个环环相扣的过程。创新解决发展的动力问题,联动解决发展的效率问题。赵剑英希望进行一场由传统出版社向现代出版社"脱胎换骨"转变的悄然革命。

2017

中国制度：中华民族伟大复兴的根本制度保障[*]

改革开放近40年来，中国经济社会飞速发展，中国特色社会主义取得了巨大成功，这一成功被称为"中国模式""中国奇迹""中国道路"，既受到世界的普遍赞誉，也不断受到一些质疑甚至歪曲攻击。但是，那些赞誉更多的是基于中国经济发展的成功，而没有深入分析、理解和认同成功背后的制度因素。这不仅仅是因为他们对中国制度的认识不足，更是因为他们执守所谓现代性的"西方中心论"模式。但长期以来，我们自身对中国特色社会主义制度也缺乏自觉的认识和自信的底气。其实，近40年持续快速的增长及所取得的巨大成就，绝不是偶然的，而是有其内在的历史必然性的。中国的成功自有其成功之道，这个成功之道就是"中国理论"和"中国制度"。可以说，中国改革发展的成就最根本的也体现在制度进步与完善上。习近平总书记在庆祝中国共产党成立95周年大会上的讲话中指出："我们要坚信，中国特色社会主义制度是当代中国发展进

* 这是作者为《中国制度研究》丛书撰写的出版前言。

步的根本制度保障，是具有鲜明中国特色、明显制度优势、强大自我完善能力的先进制度。"①

在中国革命和社会主义现代化的实践中，在迈向中华民族伟大复兴的漫漫征途中，中国共产党领导中国人民经过艰难曲折的探索形成了中国特色社会主义道路、理论体系和制度，中国特色社会主义道路是现代化的实现途径，中国特色社会主义理论体系是行动指南，中国特色社会主义制度是根本保障，三者统一于中国特色社会主义伟大实践。中国特色社会主义理论体系最终要体现在实践层面，落实到制度建设上。中国特色社会主义实践成果和经验都需要制度规范来保障和巩固。改革开放和中国特色社会主义的可持续发展，必须要建立系统完备规范科学的中国特色社会主义制度体系。

当代中国制度体系是历史地形成的。制度自信源于其深厚的历史文化传统和实践基础，以及由此形成的自身特色。独特的基本国情、独特的历史命运和独特的文化传统铸就了中国自己特有的制度。这种深厚的历史文化传统突出地表现在两点：一是天下胸襟，以海纳百川的气度不断包容融合吸收不同民族的文化因素，致使自身民族文化不断有新的活力注入。二是家国情怀，追求团结统一，反对分裂，有超强的爱国主义和民族凝聚力的传统基因。这些历史文化传统深刻地影响着当今中国制度体系。近代以来中国人民在追求民族独立、国家富强、人民幸福过程中艰辛探索，走出了一条具有中国特色的革命、建设和以改革开放为动力的发展道路，逐步形成了一整套政治经济文化社会等制度体系。习近平总书记精辟指出：中国特色社会主义这条道路"是在改革开放30多年的伟大实践中走出来的，是在中华人民共和国成立60多年的持续探索中走出来的，是在对近代以来170多年中华民族发展历程

---

① 习近平：《在庆祝中国共产党成立95周年大会上的讲话》，人民出版社2016年版，第13页。

的深刻总结中走出来的，是在对中华民族5000多年悠久文明的传承中走出来的"，"具有深厚的历史渊源和广泛的现实基础"。①习近平总书记这一论述十分清晰深刻地阐明了中国制度的历史渊源和实践基础。

当代中国制度体系是在实践中不断发展完善的。以毛泽东同志为核心的党的第一代中央领导集体带领全党全国各族人民完成了新民主主义革命，进行了社会主义改造，确立了社会主义基本制度，成功实现了中国历史上最深刻最伟大的社会变革，为当代中国一切发展进步奠定了根本政治前提和制度基础。以邓小平同志为核心的党的第二代中央领导集体带领全党全国各族人民深刻总结我国社会主义建设正反两方面经验，从我国还处于并长期处于社会主义初级阶段的国情出发，做出把党和国家工作中心转移到经济建设上来、实行改革开放的历史性决策，以新的实践推动中国制度的发展和完善。邓小平同志对构建中国特色制度体系建设高度关注，他在1992年就提出了制度建设的目标："恐怕再有三十年的时间，我们才会在各方面形成一整套更加成熟、更加定型的制度。在这个制度下的方针、政策，也将更加定型化。"②

近40年来，在"一个中心、两个基本点"基本路线的指引下，在改革开放的伟大实践中，我们逐步确立了公有制为主体、多种所有制经济共同发展的基本经济制度和分配制度；建立了符合社会主义市场经济要求的中国特色社会主义法律体系；进一步完善了人民代表大会制度的根本政治制度，中国共产党领导的多党合作和政治协商制度、民族区域自治制度以及基层群众自治制度等基本政治制度；逐步建立了在这些基本制度基础上的经济体制、政治体制、文化体制、社会体制等各项具体制度，还有中国共产党全国代表大会制度、民主集中制、领导干部任期制、选人用人制度、党内监督制

---

① 《习近平总书记系列重要讲话读本》，学习出版社、人民出版社2016年版，第10页。
② 《邓小平文选》第3卷，人民出版社1993年版，第372页。

度等党内法规制度，以上这些因素相互联系、相互协同形成一整套系统的当代中国制度体系。

党的十八大以来，以习近平同志为核心的党中央不断推进实践创新、理论创新和制度创新。党的十八届三中全会特别提出要全面深化改革，完善和发展中国特色社会主义制度，推进国家治理体系和治理能力现代化。这表明我们把制度建设提高到国家治理能力和治理体系现代化的重要层面。比如，积极探索长期执政条件下自我监督的有效途径，深化国家监察体制改革，成立国家监察委员会，制定和完善国家监察法，构建党统一领导的反腐败工作体制，推出《中国共产党党内监督条例》，把全面从严治党与全面深化改革、全面依法治国有机结合起来，增强中国共产党自我净化、自我完善、自我革新、自我提高能力。在加强对权力监督的制度设计上取得了重大进步，依规治党和依法治国相结合成为我国治理体系的一个极为重要的特色。

当代中国的制度自信不是虚妄的自以为是，而是建立在近40年改革开放的巨大成就基础上的，是被长时间实践检验证明了的。同时，与西方国家的制度相比，中国制度正日益显示出独特的优势和强大的生命力。特别是2008年国际金融危机以来，西方发达资本主义国家面临经济萎靡、恐怖主义、难民问题相互交织等难题，发展举步维艰、危机四起，新自由主义在实践中四处碰壁，当今世界正处于前所未有的大变革大动荡的时代。资本主义政治制度和社会治理遇到空前危机，受到广泛质疑，而中国特色社会主义作为一种新的制度体系对西方资本主义制度构成显示出诸多优越性，越来越引起有识之士和世界人民的重视。中国特色社会主义制度优越性正蓬勃展现。对此，习近平总书记作了系统全面的概括："这样一套制度安排，能够有效保证人民享有更加广泛、更加充实的权利和自由，保证人民广泛参加国家治理和社会治理；能够有效调节国家政治关系，发展充满活力的政党关系、民族关系、宗教关系、阶层关系、海内外同胞关系，增强民族凝聚力，形成安定团结的政治局面；能够集中力量办大事，有效促进社会生产力解放和发展，促进现代化建设各项事业，促进人民生活质量和水平不断提高；能够有效维护国家独立自主，有力维护国家主权、安全、发展利益，维护中国人民和中华民族的福祉。"①

　　系统完备科学规范的中国制度体系的建立和运行是中国特色社会主义的最大成就，是我们自信的底气所在，也是中华民族伟大复兴的根本标志。制度建设及其完善非一日之功，我们既要以时不我待的精神去推动制度体系的现代化。同时，制度居于社会系统中的上层建筑层面，制度建设必须遵循生产力与生产关系、经济基础与上层建筑决定与反作用的基本规律。当前党和国家的宏观制度向中观制度和微观制度的延伸和细化也才刚刚开始，各种制度和体制之间的相互协同配套还存在很多不足。完善和发展中国特色社会主义制度，必须对中国特色社会主义道路上一系列重大问题进行攻坚克难和深入研究。为此，中国社会科学出版社组织国内著名学者编写的这套《中国制度研究》丛书，旨在对中国特色社会主义制度的历史渊源、实践基础、基本内容、内在逻辑、特点和优势以及未来的发展目标、步骤等有关重大问题进行深入研究与探讨。这样的工作，有助于我们明确建设系统完备规范科学的中国制度体系的着力点，以进一步增强我们的制度自信。

　　期待这套丛书成为国内外读者了解中国、理解中国制度的入门书。

---

① 习近平：《在庆祝全国人民代表大会成立 60 周年大会上的讲话》，人民出版社 2014 年版，第 18、19 页。

贯彻落实全国出版工作会议精神
推动我社近期工作[*]

刚才传达的刘奇葆①同志在全国出版工作会议上的讲话，大家要认真学习贯彻。我社近几年取得的成绩，是与刘奇葆同志的讲话精神相吻合的，我们提出的"三个统一"发展理念、"六个坚持"发展定位、"五化"发展战略都是符合刘奇葆同志讲话精神的。具体表现在，我社近几年进行了机构改革，2011年成立马克思主义理论出版中心；2012年成立编译中心（国际合作与出版部）；2012年成立数字出版中心，专门推进融合发展；2014年成立重大项目出版中心，突出社会效益，牵头完成主题出版图书、重点原创图书的工作；2014年成立年鉴分社；2016年成立智库成果出版中心，创新产品形态，加强了我社专业化建设。另外，加大编辑考核的社会效益指标；按照"双效"统一的原则，进行工资体系结构改革；更加重视营销工作和经济效益，深化考核，加大发行力度。我社在某些方面的工作一直走在行业前列，如以社会效益为指标进行考核，根据出版形势的发展，设置新机构，发挥新功能，打造新的出版形态，"走出去"工作，等等。正因为做出了成绩，我社的影响力越来越大，才会快速加入出版"走出去"的国家队、明年才能够承办"走出去"领域的国家级会议。这都是因为我们的办社理念正确、思路正确、

* 2017年在8月22日，在全体编辑及营销人员会议上，就贯彻落实全国出版工作会议精神、推动近期工作的讲话。

① 刘奇葆，时任中央政治局委员，中央书记处书记，中央宣传部部长。

战略正确。但是，我们也同样存在刘奇葆同志讲话当中指出的各种问题，如改革还不够深化，数量与质量的矛盾还比较突出。

当前要切实贯彻落实全国出版工作会议精神及年中工作会议精神，补短板，强弱项，整体提升、增强我社综合竞争力。

一　加强对出版中心和编辑的绩效考核

1. 加强专业化、精品化建设，加强学科建设

我社的竞争力和影响力在于学术出版，在于是否真正不断推出有影响力的学术著作。这是出版社发展的根本问题，是生命力问题，是内容建设、资源建设的根本所在。各出版中心要加强学科建设，要有明确的出版方向，制订细化到人的学科建设计划。目前，我们的考核还不够细，各部门负责人不够重视，编辑还缺乏自觉组织选题策划的意识和思路，这种状况必须改变。今年，要加大对出版中心学科建设方面的考核力度，负责人要切实负起责来，深入研判本部门要重点打造的学科领域，做好本部门人员配备，对本部门的编辑要提出要求；每个编辑都要积极与负责人沟通确定学科方向，至今仍无明确学科方向、随便跨界做书的编辑，就调整到编务、校对等岗位，或者离职。

2. 加大对策划重大选题的考核力度

今年要下大力气加强对各出版中心重大选题的考核。分管社领导要切实加强对重大选题考核的把关，最后由社长审核。在重大选题的判断上要取得共识，不能滥竽充数。我社现在一些管理制度贯彻不下去的问题在于社领导班子决心不够大，奖惩实施不够到位，只有增量奖励，没有体现惩戒措施，这不是应有的科学管理。

3. 进一步完善图书提成考核办法

我社的图书提成办法在增加我社出书品种等方面发挥了作用，但也存在一些弊端，如重量不重质、重经济利益轻社会效益，要进一步完善，并与社会效益考核挂钩。比如，个别编辑出书数量很大，精品

很少，但却占用了出版社大量的出版要素资源，对出版社的品牌贡献很小，甚至损害了出版社的长远利益，这就可酌情减扣提成比例。总之，改革的方向是优化图书结构，引导大家多做专业和精品图书，这是出版社发展的百年大计，我们要真正做到专业和权威，让学者在这里出书能够感觉到荣耀。口碑好了，影响力大了，愿意到我社来出书的人会越来越多，经济效益也自然差不了。因此，所有编辑都要践行"三个统一"理念，不能因为个人眼前利益，损害出版社品牌和长远利益，否则个人利益也得不到保障。

二　要有整体感、责任感、团队感，树立品牌意识

出版属于党领导的意识形态阵地，我们每位员工都是其中的一分子，我社有的编辑还缺乏这种政治意识、团队意识、整体意识和品牌意识，认为只要完成自己的出版任务就行了，对出版社在重点抓的工作和品牌建设漠不关心，甚至冷嘲热讽。这种意识和作风是要不得的。大家一定要树立政治意识，树立出版社品牌意识，要意识到自己是出版社的一员，改变"我干活我挣钱"的片面认识，要通过自己的努力做对出版社有贡献的人、贡献更大的人。有重要的选题要向社领导汇报，切忌个人行事，要树立品牌参与意识，要支持、参与社内重要品牌图书建设。社内的品牌丛书是开放的，编辑、复审、终审、分管领导都要有添砖加瓦的意识，众人拾柴火焰高，才能够使我们的品牌影响力越做越大。

三　推进融合发展力度，加强数字产品研发及销售力度

现在，国内外图书馆采购图书中纸质图书的比重不断下降，而数字产品的比重不断上升。数字出版中心要加快电子书、数据库等数字产品的策划、研发和建设进程。真正做到融合发展，建立"大销售"的概念，建立数字出版中心和营销中心的联动机制，一定要做到纸电销售同步。要继续完善网站建设。

四　加大海外馆配力度

今年，我社海外馆藏图书上升到第 1 位，但竞争压力很大，大家要有危机意识。我们要巩固现有成果，继续扩大优势，加强海外馆配。要积极建立海外馆配网络，挖掘客户潜力，加强人员配备，设立专门海外馆配岗。

五　加强分社建设

在各地建设分社或研究机构是为了更好地挖掘当地出版资源，同时扩大品牌影响力。我社现已建立中原分社，成立文化传播公司，并成功举办了第一次论坛活动。下一步，将打造"中社智库研究院"的品牌，积极调动政府资源、企业资源和社会资源，充分利用博士后科研工作站的人才资源，对当地现实问题进行研究，把出版与研究很好地结合起来。在条件成熟的地区成立分支机构。

六　加强队伍建设和业务培训

要继续引进优秀编辑人才，提升策划、编审能力。人事部门要会同总编室加强业务培训，要把培训工作放在重要位置，对编辑、印制等多种岗位开发出少而精的系列培训课程，不断提升新老员工的业务能力，创建学习型出版社。

七　加强日常考核力度

首先，加强书名的审查。我在查看样书的过程中发现，许多书名，包括正书名、副书名都很专，有的一看就是课题的名称，编辑概不做必要的文字处理就原样采用。建议人力资源部会同总编室检查去年下半年以来书名超过 20 字的图书。可以不公示，但要反馈给编辑并作适当的经济处罚。

其次，加强图书质量考核和检查。责编、出版中心负责人、总编室要对去年下半年以来的图书进行排查，对不合格图书按规定进行整改和处罚。质检部要提高图书质检标准，严格把关。

最后，加强纪律建设。人力资源部要加强对会议纪律和工作纪律的管理。要把纪律情况以及以上讲到的各种工作表现及绩效与职称评审、岗位晋升、年度评优等挂钩，绩效工资也要体现出来。

在实践与理论的双重探索中
推进理论创新 *

——读《思语迹——李铁映自选集》

《思语迹——李铁映自选集》精选了二十多年间（1984—2008年）李铁映同志的讲话、论文六十余篇。这些文章是李铁映同志在不同时期的代表性文章，反映了他在不同的工作岗位上，对中国的改革、经济、教育、文化、中国特色社会主义理论、哲学社会科学等多领域进行理论探索的思想历程，反映了20世纪80年代以来中国改革发展波澜壮阔的历史进程，反映了中国理论、中国道路在实践中不断丰富、完善的过程。

李铁映同志20世纪50年代留学布拉格，习物理。回国后从事半导体、集成电路研究二十年。80年代初进入公务员队伍，从事党政工作。无论是实践，还是理论探索，他都善于从哲学的角度去思考问题、分析问题、解决问题，具有强烈的哲学思维能力。如《决策研究》一文，联系古今中外的经验教训，探讨和分析了决策研究

---

* 原载《哲学动态》2017年第9期。

的意义、决策的过程及其机制、决策科学的发展等问题，并说明了如何做出正确的决策，以及加快决策科学化是时代发展要求。文章的观点，现在读来依然具有启发意义。我在上大学时就注意到这篇文章，当时就深深为其精深的思考所吸引，但不知是谁写的。对此，我记忆犹新。再如《关于县级综合改革》，是李铁映同志任辽宁省委书记兼海城县委书记时的讲话，其中对改革的内在含义、首要任务和核心问题、机构改革、文化教育改革、人事制度改革等攸关改革实施的重大问题进行了梳理，在此基础上形成了海城县人民政府《关于二十项改革的决定》。又如《论二十二个关系》，是李铁映同志任电子工业部部长时期，针对部分机关干部对电子工业的发展与改革存在的一些思想认识问题进行的一次哲学思考。对当时存在的问题，概括为快与慢、公平与不公平、实与虚等二十二个关系，提纲挈领、简明扼要，对于统一思想，做好电子工业部的改革工作，起到了重要的作用。可以说，20 世纪 80 年代，是我国改革开放大潮涌动、高歌猛进的时代，李铁映同志作为一名政治家，审时度势，深刻洞察时代的变迁，对工作中遇到的问题进行哲学思考，廓清了思想的迷雾，对改革起到了极大的推动作用。

李铁映同志这种审时度势、高瞻远瞩、善于思考和进行理论创新的素养，也体现在之后 1988—1993 年担任国务委员兼国家教育委员会主任，以及 1993—1998 年担任国务委员兼国家经济体制改革委员会主任的时期。他是改革的亲历者、参与者，一方面积极推进改革的进程，同时又不断地总结经验，进行理论思考、理论提炼及理论创新。他主持了教育体制、社会保障体制、经济体制等领域的改革，这些工作都是开创性的、引领性的。他对中国的教育改革、社会保障制度建设、社会主义市场经济等重大时代问题都进行了系统的研究。李铁映同志是一位改革的实践者、施工员。

李铁映同志进行理论创新的思维方法除了哲学思维之外，主要还有历史思维和比较思维。在如何理解中国特色社会主义的伟大实践这个问题上，他往往从历史尤其是近代史的角度，将其放在历史的进程中去把握。比较思维方法的运用，集中体现在他对社会主义与资本主义，尤其将中国特色社会主义与当代资本主义政治、经济、文化等方面相比较，在中西比较中来展示中国特色社会主义的独特性、优越性和强大的生命力。

我们仔细研读《思语迹——李铁映自选集》，就会看到李铁映同志思考的广度和深度，尤其需要指出的是，其思考始终以建设中国特色社会主义、中华民族伟大复兴为根本旨归，让人叹为观止。他对社会主义政治经济学、哲学社会科学的重要地位、马克思主义中国化、价值和价值观问题、社会主义民主政治等问题，都从理论上进行了深刻的思考和概括。因篇幅所限，我们简略论之。

第一，对社会主义政治经济学的精彩诠释。

20 世纪 90 年代后期，李铁映同志集中研究了邓小平经济思想。他提出，邓小平经济思想是当代中国的社会主义政治经济学，并对中国特色的社会主义政治经济学的基本内涵进行了梳理。他认为，邓小平同志关于"什么是社会主义"的论述是邓小平经济思想的理论基石，关于社会主义市场经济的论述则是其经济思想的主干和核心，在此基础上形成了关于社会主义初级阶段、坚持公有制为主体、对外开放、"三个有利于"等系统的经济思想。

1992 年党的十四大提出建立社会主义市场经济体制，理解这一理论对进一步推动改革具有十分重要的意义。李铁映同志多次就如何建立社会主义市场经济这一改革的核心问题展开论述。《市场经济法律体系》《市场经济是法制经济》《关于社会主义市场经济理论》这三篇文章都是李铁映同志对社会主义市场经济的思考。他提出，能否建立完备的社会主义市场经济法律体系框架，关系到社会主义市场经济体制能否顺利建立和顺利运行。建立和完善社会主义市场经济体系，应与经济体制改革的特色相适应，在为改革近期需要做好服务的同时，又要为改革的中期和远期目标服务，根据我国生产力、生产关系、社会关系发展变化的趋势，采用专门的科学方法和手段，科学地揭示生产关系、社会关系的发展变化与法律调整的相互关系，正确预见法律的近期、中期和远期的变化趋势及其社会效果。他还从法的阶级性、改革过程中的立法、制度创新、国际经验、法制统一、严格执法等多方位探讨了建立社会主义市场经济法律体系中的问题。这些观点是非常有远见的。

难能可贵的是李铁映同志在繁忙的工作之余对理论探索的勇气和学术热情。《关于劳动价值论的读书笔记》是他对社会主义政治经济学深刻思考的典范。该文将对《资本论》的研读与我国的改革开放和社会主义市场经济的发展相结合，体现了理论指导实践的马克思主义哲学的基本原理。文章认为，马克思主义劳动价值论是经受了实践检验的科学理论，马克思揭示了劳动是价值的实体，是创造价值的唯一源泉，并以劳动价值理论为基础，创立了剩余价值学说，揭示了资本主义生产方式的基本矛盾，而我们今天讨论劳动价值论"首先应当突出的是劳动、劳动者""尊重劳动、劳动者，根本目的在于解放劳动、劳动者，在于解放和发展生产力""中国现代化的过程，就是劳动积累的过程，就是劳动、劳动者解放的过程，就是劳动者素质和劳动效率不断提高的过程"。文章强调"劳动所得神圣不可侵犯"，应"充分保护劳动权""充分保护劳动所得权""充分保护劳动者对劳动所得的支配权"，而且"改变劳动者与生产资料分离的状态，消除无产者的'无产'状态，是无产阶级及其政党的追求和历史使命，是劳动解放的标志与象征"①。

《关于劳动价值论的读书笔记》从劳动创造价值、劳动是价值的唯一源泉这一理论基点出发，从生产要素、剩余价值和净增价值、资本三个方面，在理论上深刻揭示了社会主义市场经济与资本主义

---

① 《关于劳动价值论的读书笔记》，《思语迹——李铁映自选集》（下册），中国社会科学出版社 2017 年版，第 693 页。

市场经济的本质区别。《关于劳动价值论的读书笔记》定稿发表于 2003 年 5 月，即党的十六大召开后不久。党的十六大报告首次确立了劳动、资本、技术和管理等生产要素按贡献参与分配的原则，是我国分配制度改革的重大突破。既然按劳分配是社会主义的分配原则，那么又如何理解生产要素参与分配？生产要素参与分配是否意味着剥削？这些问题成为当时学术界、理论界争论的热点。首先，《关于劳动价值论的读书笔记》认为，不能将生产要素参与分配等同于西方经济学的生产要素分配论，后者是将劳动力等同于物，等同于一般生产要素，并将其排斥于剩余价值的分配之外。在商品经济条件下，生产要素参与分配是必然的、自然的形态。按劳分配和非劳动要素参与分配相结合的分配制度，在我国社会主义初级阶段，就是按劳分配为主和非劳动要素参与分配相结合的原则。其次，文章认为，在社会主义理论体系中，不宜再沿用"剩余价值"这个范畴，来指称社会主义社会的剩余劳动所创造的价值，可以用"净增加值"这一范畴来表示。最后，在社会主义市场经济条件下，"资本"这个范畴是必不可少的、必须用的，但其内涵有所发展，应该发扬其有利于生产要素的优化配置，有利于解放和发展生产力的一面，促进社会主义市场经济的发展，促进社会财富的不断增加，同时要限制其消极的、影响解放和发展生产力的一面。

显然，李铁映同志娴熟运用马克思主义政治经济学的观点，结合社会主义市场经济的实践，从理论上解决了当时社会主义市场经济发展中面临的理论难题，对我国社会主义经济实践做出了富有创造性的理论诠释和提升。

第二，高度重视哲学社会科学，积极推进马克思主义中国化。

李铁映同志非常重视哲学社会科学，尤其是在任中国社会科学院院长期间（1998—2003 年），多次从国家和民族生存的发展战略高度，对哲学社会科学的重要性进行了深刻阐释。他在《社会科学与自然科学交叉融合》一文中说："一个国家的综合国力，是由科技、经济和军事等方面的'硬实力',与国家的政治、理论、文化和社会管理等方面的'软实力'紧密结合形成的。……它(社会科学)与自然科学紧密配合,在增强综合国力的竞争中共同发挥作用。"①在《哲学是一把圣火》中,他说,"哲学是中华民族全面振兴的灵魂","哲学是推动中国社会变革和发展的理论先导","哲学家的思想解放,要同国家、民族、人民的前途命运结合起来"。无疑,这些论述是对哲学社会科学最高的礼赞,也体现了李铁映同志对国家、民族发展关切的拳拳之心。

发展哲学社会科学,首要的是要坚持和发展马克思主义。"马克思主义,是哲学社会科学迄今为止所取得的最高成就"②,"丰富和发展马克思主义,是中国共产党及其领导下的哲学社会科学工作者,在新世纪所面临的最重要的理论任务"③。之所以强调发展马克思主义哲学,是因为"从根本上说,马克思主义在中国的发展,关系到党和国家的前途命运,关系到中华民族的前途命运"④。这些论述非常的透彻,切中问题的要害,体现了他言简意赅的文风。

李铁映同志认为,中国特色社会主义发展道路是实践和理论的双重探索,探索的目的是发展,发展既是实践的发展,又是理论的发展。20世纪的中国历史,就是马克思主义指导下中国人民的解放和发展史,就是马克思主义中国化的历史;马克思主义中国化,是党80年的宝贵经验,已经成为中国模式、中国自己的道路。今天中国人需要的哲学,就是"为中国民族的全面振兴提供精神力量的哲学,就是解放中国人民的思想、凝聚中国人民的精神、激励中国人

---

① 《社会科学与自然科学交叉融合》,《思语迹——李铁映自选集》(下册),中国社会科学出版社2017年版,第399页。

② 《关于社会科学的几个问题》,《思语迹——李铁映自选集》(下册),中国社会科学出版社2017年版,第553页。

③ 《关于社会科学的几个问题》,《思语迹——李铁映自选集》(下册),中国社会科学出版社2017年版,第563页。

④ 《开创马克思主义的新境界》,《思语迹——李铁映自选集》(下册),中国社会科学出版社2017年版,第498—499页。

民走向未来的哲学"①，需要"中国特色、中国风格、中国气派的哲学"，这就要继续推进马克思主义的中国化，从而为中华民族的伟大复兴提供精神力量。

李铁映同志认为，推进马克思主义中国化，就要克服教条主义，既要反对"东教条"，也要反对"西教条"。"东教条"，就是把马克思主义教条化，"西教条"，就是"西化"，照抄照搬西方的理论、制度、模式。李铁映同志在任中国社会科学院院长期间，提出了"思想有自由，研究无禁区，宣传有纪律，行为守法律"的命题，以此作为贯彻"双百"方针的具体化。他号召中国的社会科学工作者要从实际出发，以研究有中国特色社会主义为首要任务，适应形势发展的要求，为中华民族的全面振兴服务。

以上这些思想观点是十分精辟的。之所以精辟，是因为这些思想观点具有深刻的历史内涵。这些思想观点为我们党正确有效地领导哲学社会科学事业乃至整个思想理论战线提供了重要的认识，积累了丰富的经验。

第三，提出尊重文化的多样性，构建中华民族价值观。

在全球化浪潮中，不同文明和文化之间存在差异，李铁映同志提出应在"尊重文明和文化多样性的前提下，建立起融洽的沟通渠道和平等对话关系"，"求同存异，异中见同，交融互补，共同提高，才是不同文明共存共荣、共同发展的重要条件"。② 不同的文明之间应进行思想的对话，只有对话，才"可以增进了解，扩大共识，共同进步"③。李铁映同志对待文化的态度，体现了其对思想和文化的充分理解，也是其政治智慧的反映。

---

① 《哲学的解放和解放的哲学》，《思语迹——李铁映自选集》（下册），中国社会科学出版社 2017 年版，第 745 页。

② 参见《人类文化生态的多样性》，《思语迹——李铁映自选集》（下册），中国社会科学出版社 2017 年版，第 425—426 页。

③ 参见《思想的对话》，《思语迹——李铁映自选集》（下册），中国社会科学出版社 2017 年版，第 609—614 页。

在不同文化的对话中，对中华文明又有着充分的自信。在《千年文明论》中，李铁映同志对中华文明深情赞美，充满了文化自信，他说："中华民族传统文化中这种能兼始博、有容乃大的品格，是一笔重要的精神财富，对于提高人类生存竞争和知识创新的境界，具有重要的价值"①。同时，又要用理性的态度去看待我们的传统文化。李铁映同志明确地将其概括为：反对文化虚无主义和反对文化复古主义。这充分反映了李铁映同志思考问题时的历史维度和现实维度。

李铁映同志特别重视价值观研究，较早地提出了反对西方话语体系。在《哲学社会科学——在国防大学的讲演》一文中，他提出反对西方"制度霸权""话语霸权"，就要深化对社会主义和资本主义的认识，不断丰富和发展马克思主义。在《关于价值观念体系》一文中，他说："要总结我们的历史文化传统，研究当代面临的各种问题，构建一套话语系统，来阐述我们的价值理论。要建设有利于改革、有利于发展、有利于国家兴旺发达的价值观念体系，建设反映有中国特色社会主义事业发展要求的价值观念体系，建设有益于中华民族面向 21 世纪全面振兴的、具有时代特征的价值观念体系。"② 李铁映同志有关话语体系建设的论述，在今天依然闪耀着智慧的光芒。因为，时至今日，话语体系建设的重要性更加凸显，正如习近平总书记在《在哲学社会科学工作座谈会上的讲话》中所号召的，要加快构建中国特色哲学社会科学学术体系、学科体系、话语体系和教材体系。

第四，对中国特色社会主义政治制度进行了系统而深刻的思考。

中国共产党带领全国人民建设中国特色社会主义的过程中，形成了中国特色的社会主义政治制度。李铁映同志身处改革开放大潮

---

① 《千年文明论》，《思语迹——李铁映自选集》（下册），中国社会科学出版社 2017 年版，第 443 页。

② 《关于价值观念体系》，《思语迹——李铁映自选集》（上册），中国社会科学出版社 2017 年版，第 359 页。

之中，以理论探索和创新的勇气，对我国的社会主义政治制度进行了系统而深刻的思考，提出了一些很有价值的见解。

政治制度的核心问题是国体和政体及二者的关系。李铁映同志在《国体和政体问题》一文中，对马克思主义发展的历史以及我国近代史上对国体和政体的理解进行了梳理，指出是中国共产党第一次系统地阐述了国体和政体问题，国体是国家的性质，政体是国体的实现形式。在此基础上说明，我国的政治体制改革是政体层面的改革，不能照搬西方的政治制度模式，其目的是完善人民当家作主的实现形式。这种理论上的说明，对正确认识我国政治体制改革具有重要意义。

从国体而言，我国是人民民主专政的社会主义国家，所以民主政治是政治制度中重要的组成部分，是实现社会主义现代化和中华民族全面振兴的最重要的政治保证和制度保证。李铁映同志在《关于民主理论的几个问题——〈论民主〉一书的绪论》一文中，从古希腊民主谈起，追溯了中西方民主概念的演变，谈及西方资产阶级革命时期的民主概念，在此基础上，对马克思主义的民主观进行了详细阐释和评论。他对民主这一范畴的理解继承了前人研究的成果，是全面的、多维的。同时，他又强调了民主的目的性和工具性的关系，资本主义民主和社会主义民主有本质的不同，但作为政治形式和工具，都可以为自己的目的服务；强调不能抽象地谈论民主，民主总是具体的、历史的。他重视探索社会主义民主的实现形式，因为社会主义民主的实现形式问题解决不好，社会主义民主本质所具有的优越性就不可能充分地发挥出来，社会主义政治制度的优越性也不可能充分体现出来。因此，探索社会主义民主的实现形式是逐步完善社会主义民主，加强社会主义政治制度建设极其重要的内容。他说，我们必须运用马克思列宁主义、毛泽东思想和邓小平理论的思想武器，依托中华民族五千年的优秀传统文化，对西方文化价值观念和资产阶级民主政治进行及时的科学的分析和判断。社会主义民主政治建设应以维护中国人民的根本利益为归宿，应保持独立自主性，不能为西方文化价值观念所左右。李铁映同志综合运用哲学思维、历史思维、比较思维三种思维方式，对社会主义民主政治的内涵、历史及现实进行梳理，有利于廓清在这个问题上的思想迷雾。

　　一方面要坚持人民民主专政的社会主义这一国体不变，同时要完善实现这一国体的政体，都离不开中国共产党的领导。党的十八大以来，"中国共产党的领导是中国特色社会主义的最本质特征"这一命题日渐为人熟知和认可。李铁映同志在《伟大的实践　成功的经验——纪念中国共产党第十一届三中全会召开 20 周年》一文中说："在过去的 20 年中，在中国共产党的领导下，中国人民依靠自己的聪明才智，取得了世界一些发达国家几十年甚至上百年才能取得的巨大成就。"① 正是基于对历史和现实的深刻把握和理解，李铁映同志对中国共产党之于中国特色社会主义的作用有非常深刻的体悟，他说："中国共产党是领导和团结全国各族人民，建设有中国特色社会主义伟大事业的核心力量。解决中国的所有问题，关键在于党。"② 关于加强党的建设，他鲜明地提出："治国必先治党，治党务必从严。从严治党，是保持党的先进性和纯洁性、增强党的凝聚力和战斗力的保证。反对腐败是关系党和国家生死存亡的严重政治斗争。"③今天我们读到这些论述，不能不为当时作者所具有的深刻见解所折服。

　　通读《思语迹》（上下册），我们可以发现，1998 年以后，李铁映同志着重于思考和研究重大理论问题，特别是总结中国共产党领导和推进的中国特色社会主义的实践经验，提炼中国理论。他率先

---

　　① 《伟大的实践　成功的经验——纪念中国共产党第十一届三中全会召开 20 周年》，《思语迹——李铁映自选集》（上册），中国社会科学出版社 2017 年版，第 246 页。

　　② 《关于发展科学社会主义》，《思语迹——李铁映自选集》（上册），中国社会科学出版社 2017 年版，第 351 页。

　　③ 《关于发展科学社会主义》，《思语迹——李铁映自选集》（上册），中国社会科学出版社 2017 年版，第 351 页。

研究并系统地梳理了社会主义市场经济、社会主义民主政治、马克思主义中国化等攸关改革和发展的重大问题，对宏观把握中国特色社会主义理论具有重要意义。

他既具有学者深刻的理论见识，又具有政治家开阔的视野和实践品格；他善于运用哲学思维、历史思维以及比较思维来分析问题、解决问题；他紧扣中国共产党领导的中国特色社会主义实践和实现中华民族伟大复兴的主题，具有强烈的民族自主意识、时代意识、问题意识，所论新见迭出，引人入胜。李铁映同志是中国改革开放伟大历史进程的亲历者，他与时俱进，始终保持思考的头脑、不断反思，坚持理论和实践的双重探索。他将本书命名为《思语迹》，反映的是他几十年来呕心沥血，不断探赜索隐、钩深致远所取得的宝贵思想成果。李铁映同志自 20 世纪 80 年代以来历任多个重要部门主官，并作为党和国家重要领导人，他的实践和理论的双重探索成果已汇聚到中国共产党发展 21 世纪马克思主义的创新洪流之中。

传承弘扬中华优秀传统文化[*]

今天在此举行《中华文化简明读本》的发布会，汝信先生、李德顺教授、葛荣晋老师等著名的哲学家齐聚一堂，我们对各位专家学者出席本次发布会，表示热烈的欢迎和衷心的感谢！

这本书是两年前约的，干春松①教授用了差不多一年多的时间写作、修改，应该说出版得是比较快、比较顺利的。今年1月，中共中央办公厅、国务院办公厅印发《关于实施中华优秀传统文化传承发展工程的意见》（以下简称《意见》），《意见》指出，实施中华优秀传统文化传承发展工程，是建设社会主义文化强国的重大战略任务，对于传承中华文脉、全面提升人民群众文化素养、维护国家文化安全、增强国家文化软实力、推进国家治理体系和治理能力现代化，具有重要意义。这就越发显示出写作和出版《中华文化简明读本》的重要价值。在此我们对干教授《中华文化简明读本》一书的出版发行表示祝贺。同时，我们

---

* 2017年2月23日，在《中华文化简明读本》新书发布会上的发言。

① 干春松，北京大学哲学系教授，儒学研究院副院长。

也非常感谢他如期完成这样的写作任务。

中华文化博大精深，需要我们传承和弘扬。然而随着现代化进程、全球化进程的加快，语言的变化、社会的变迁等因素，使得我们与传统文化渐行渐远。把握中华优秀传统文化的精髓，确实是一项重大的课题。从我们国家来讲，在全球化和中华民族伟大复兴的进程当中，传承和弘扬中华优秀传统文化具有非常重要的意义。在这当中，五千多年文明历史，其文化的精髓是什么，怎么去把握它？我们总说"取其精华，去其糟粕"，什么是精华，这是重大的课题，也是我们文化学者应该思考和探索的问题。基于这样的思考，站在时代的高度，撰写能反映中国历史文化特点、精髓等诸多方面的著作，对国内外的读者认识中国、理解中国必将大有裨益。

干春松先生的这本新作，我跟他约的是20多万字的内容来说明五千多年文明的精华，这是非常艰巨的任务。撰写这样一本书，需要具备相当深的中华优秀传统文化学术功力，同时要在相当高的站位对中华优秀传统文化进行重新把握，梳理中华优秀传统文化的脉络和内涵，并较系统地展示出来。在现代化进程当中，尤其是全球化进程当中，我们希望通过这本书能够让中国的普通百姓，包括国外读者对中华文明有所把握，有所认识，有所理解。这本书的定位就是这样的。要写好这本书确实是有难度的。关于中华文化的著作目前市面上是比较多的。冯友兰先生已经写过一本《中国哲学简史》。2008年奥运会召开前，北京大学叶朗、朱良志二位先生撰写的《中华文化读本》（多语言版本），抓住中国文化中一些最有特色的内容和亮点（如四大发明、建筑、绘画、饮食、功夫、围棋），力求讲出中国文化的精神，讲出中国文化的内在意味，讲出中国文化的核心价值。当然，同样是写中华文化，写法是不一样的。干教授是从四个层面：一是器物的层面，二是思想的层面，三是制度的层面，四是艺术与审美的方面，总体地把握中华文化。干教授从事儒学研究，对中华文化的整体把握非常到位，且文字表达简洁明了，通俗易懂。

今天在这里召开发布会，对干春松先生这本新书的出版，我们表示热烈祝贺，同时也希望各位大家对他的书进行研究和点评。中央关于弘扬传统文化的决定，是具有战略意义的。我们出版这本书恰是响应了中央的决定。我个人认为这是一本好书，希望各位媒体朋友大力支持，把这本书宣传好。希望《中华文化简明读本》真正地成为大众读本，在弘扬中华优秀传统文化中发挥重要作用。

讲好中国故事　传播中国声音[*]

　　"中华学术外译"项目是落实我国"走出去"战略的一项具体举措，通过输出国内的优秀图书，向国外展示当代中国优秀的学术及科研成果，增进国外对当代中国和中国哲学社会科学的了解，推动中外学术交流与对话，在增强中国学术的国际影响力和国际话语权的同时，有力地提升了我国文化软实力。

　　中国社会科学出版社从"中华学术外译"项目成立至今，一直积极参与申报工作，努力推动图书的外文翻译工作，取得了良好的成绩，近年来中标率在全国学术出版社中一直名列前茅。我们首先要感谢中宣部社科规划办、对外推广局、中国社会科学院科研局、国际合作局对我社工作的支持、鼓励和肯定，还要感谢作者、译者、编辑和负责版权的同志们。打造一流的图书需要一流的团队，希望我们出版社能够同在座的各位专家学者一起，推荐更多更好的选题，推介更多优秀的中国社科类图书，推动中国图书"走出去"事业进一步发展。

　　中国社会科学出版社积极响应国家关于文化"走出去"的号召，于2012年成立国际合作与出版部以来，大力开展学术出版"走出去"工作。5年多来，已与包括英国罗德里奇学术出版社（Routledge）、德国施普林格出版集团（Springer）、英国麦克米伦出版社（Macmillan）、英国剑桥大学出版社（CUP）、美国纽约大学出版社（NYUP）、新加

---

　　* 2017年6月6日，在中国社会科学出版社举办的"学术图书'走出去'海外影响力推广研讨会"上的发言。

2017 年 6 月 6 日，学术图书"走出去"海外影响力推广研讨会专家合影

坡世界科技出版公司、日本白帝社、西班牙大众出版社、埃及大学出版社、韩国景仁文化社等知名出版社或专业出版社建立版权贸易和图书合作出版关系。与国外出版社签约共 129 项，获得出版翻译资助共 106 项。"走出去"合作图书包括英文、阿拉伯文、西文、韩文和日文等多个文种，并获得多项国家级翻译资助项目。在推动中华文化"走出去"方面，中国社会科学出版社具体做了以下五个方面的工作。

一　积极策划和推动学术精品图书"走出去"

推动中国学术"走出去"，最终目的是让国外更好地了解中国，为我国发展和中华民族伟大复兴服务。因此，要增强中华文化海外影响力，就要紧紧围绕中国改革开放、中国道路、中国发展和中国当前重大改革问题，组织策划一批国外读者感兴趣的，有助于他们了解当代中国的政治、经济、社会、文化、生态、社会创新等方面的研究性著作，更大发挥哲学社会科学图书在建构国家形象中的作用。

1. 策划出版《理解中国》丛书，向世界展示真实、立体、全面的中国

《理解中国》丛书由本人组织策划、社科院和国内著名高校的一流学者撰写，旨在从学术的角度系统阐释中国道路、中国理论、中国制度的基本内涵，研究和回答中国改革开放和中国特色社会主义的重大问题。力图做到学理性、思想性与通俗性相结合，将政治话语转化为学术话语并尽力转化为大众话语，呈现给国内外读者一个真实、丰富、立体的"中国形象"。

经过改革开放三十多年的发展，中国成功地走出了一条适合自己发展的现代化道路，这就是中国特色社会主义道路，与此同时也形成了一整套中国特色社会主义政治、法律、经济、文化等制度。这些制度越来越显示出它的有效性和生命力。中国的崛起和中国发展的奇迹令世人瞩目，已成为国内外很多研究机构和学者关注与研究的对象，当代中国研究成为国际学术界一个持续升温的研究领域。

《理解中国》丛书的出版，对于国外学术界和广大读者更好地了解中国、理解中国，彰显中国文化软实力、增强中外交流和合作，具有重要意义。继与施普林格出版集团合作推出英文版后，我们又与西班牙大众出版社、韩国景仁文化社、埃及大学出版社签署了合作出版西文版、韩文版和阿拉伯文版的合作协议，目前正在积极组织翻译工作。

2. 策划《中国制度研究》丛书、《简明中国》丛书

在成功策划出版《理解中国》丛书之后，我们又陆续推出了《中国制度研究》丛书、《简明中国》丛书等。这是对《理解中国》丛书侧重反映当代中国变化发展的深化。其中，《中国制度研究》丛书是目前中国学术界和出版界唯一一套系统梳理和研究中国制度的丛书，侧重对当代中国发生历史巨变的原因和中国成功的制度优势的分析探讨。每册字数约20万字，目前已出版3本，分别是《中国法律制度》《中国基本经济制度》《中国基本分配制度》。陆续还将

推出《中国政治制度》《中国协商民主制度》《全国人民代表大会制度》等。

《简明中国》丛书是反映中华优秀传统文化经典的读物，旨在帮助国外读者了解"历史的中国"和"文化的中国"，进而有助于他们了解当代中国人的思维方式和价值观。每卷约20万字，由权威专家撰写，首批包括《简明中国历史读本》《简明中国文学史读本》《简明中国宗教史读本》等。

3. 打造"中社智库"品牌

按照中国社会科学院正在建设具有国际影响力的世界知名智库设计，并完善我社出版成果的配置，中国社会科学出版社创新出版形态，按层级推出了"国家智库报告""地方智库报告""智库丛书""年度报告"四大系列。

"国家智库报告"以社会热点问题或焦点问题为切入点，在关注时效性的同时，更趋向于从深度和广度上对问题进行再挖掘，出版包括中国社会科学院各级智库成果和其他中央认定的国家级智库的成果。该报告字数一般为10万—15万字，融时效性、前沿性、对策性为一体，每月数次召开发布会，邀请知名的智库专家出席，形成了图书的深度传播与各类媒体特别是新型媒体广度传播相结合的宣传模式，具有强大舆论宣传效果，社会影响力较大。"地方智库报告"主要出版地方社科院和地方政府研究部门的区域性问题、对中央具有重要借鉴意义的智库成果。"智库丛书"主要出版基础性、思想性、战略性强的基础理论研究成果。"年度报告"由一系列权威报告组成，对年度有关中国与世界的经济、社会、文化、国际形势、行业发展等各领域及各区域的发展现状和态势进行分析和预测。这四大出版系列为智库丰富的研究成果明确了出版方向，畅通了发表渠道，对增强智库的学术影响力、社会影响力和国际影响力具有重要作用。

"国家智库报告"系列出版以来，引起研究者、媒体和其他智库的广泛关注。例如最近蓝迪国际智库出版的系列报告，各大媒体均有报道，目前已发行 5000 多册；《中国司法公开新媒体应用研究报告》已发行 8000 册；深圳中级人民法院的《基本解决执行难评估报告》已发行 5000 册；《中国海外投资国家风险评级报告（2015）》《中国对外投资季度报告》等成为中国企业海外投资的指南，并引起众多评级国家的高度关注；《习近平的国家治理现代化思想——中国文明基体论的延续》中"文明基体论"的观点受到了中央领导的高度关注，被国内外媒体大量报道。

目前已有《中国法院信息化第三方评估报告》英文、俄文版等 7 种智库报告被翻译成外文。在刚刚结束的第 23 届北京国际图书博览会上，我社还与施普林格出版集团签约了《中国工业经济运行夏季报告（2016）》英文版。今年 6 月，最高人民法院院长周强带着《中国法院信息化第三方评估报告》（英文、俄文版）出访欧洲，向世界展示中国法院信息化成效，让世界各国各地区更好地了解中国法院信息化发展取得的成效，分享中国法院信息化的实践经验。今年 7 月底在北京举行的 T20 会议上，我社多品种的英文版智库产品也受到来自各国参会代表的欢迎。

4. 策划《当代中国学术思想史》系列图书，构建中国哲学社会科学话语体系

为系统梳理中华人民共和国成立以来学术思想史的脉络与关键问题，我社策划了《当代中国学术思想史》丛书，内容涵盖当代中国哲学社会科学主要学科，集中反映了当代中国学术的成长发展史。这套丛书对我国哲学社会科学学术研究具有重要的引领作用，具有极高的文献价值和一定的学术示范意义。

5. 策划《习近平总书记系列重要讲话精神和治国理政新理念新思想新战略学习丛书》①

党的十八大以来的实践、探索和创新，为我们的改革、发展各

---

① 2019 年 4 月正式出版时定名为《习近平新时代中国特色社会主义思想学习丛书》。

项工作创造了新的经验，党的十九大也即将召开，未来 2020 年，乃至 2050 年的一系列战略部署，也都需要在研究、总结经验的基础上制定。我社策划的《习近平总书记系列重要讲话精神和治国理政新理念新思想新战略学习丛书》主要以党的十八大以来习近平总书记的讲话、政治活动为研究对象，旨在从学术的角度，对习近平新时代中国特色社会主义思想进行系统梳理与学习，并在此基础上对其进行学理阐释，总结其内涵的思想框架，归纳其理论特色，分析其具体内涵，探讨其内在脉络，为党员干部、理论工作者及全社会学习研究习近平总书记治国理政的新理念、新思想、新战略提供参考，从而为统一全民族共识，为推动马克思主义的中国化、时代化、大众化发挥作用。

丛书拟按照学科专业和研究内容不同设 12 个研究专题，各研究专题的负责人基本上为中国社会科学院院所两级领导和专家，课题组成员以中国社会科学院专家为主。各研究专题因所运用的学科理论不同而相区别，运用到的学科理论主要有哲学、政治学、文学、社会学、经济学、历史学、法学、国际关系学、农业农村问题等；同时各研究专题又内在地统一在研究、阐释习近平新时代中国特色社会主义思想这一主题上。

6. 策划《中国社会科学院学部委员专题文集》丛书

《中国社会科学院学部委员专题文集》是中国社会科学院学部主席团主持编辑的学术论著汇集，作者均为院学部委员、荣誉学部委员，内容集中反映他们在相关学科、专业方向中的专题性研究成果。文集英文版与罗德里奇学术出版社（Routledge）合作，以 "China Perspective" 为丛书名，目前已出版两卷。英文版的推出，有利于在海外传播和推广中国当代优秀学者的观点，更好地在国际舞台发声。

7. 策划 "一带一路" 研究丛书

在刚刚结束的 "一带一路" 国际合作高峰论坛上，由蔡昉副院长担任主编的"一带一路"研究丛书中英文版《海上丝绸之路调研报告》《"丝绸之路经济带"与哈萨克斯坦"光明之路"新经济政策对接合作的问题与前景》《"一带一路"面临的国际风险与合作空间拓展——以斯里兰卡为例》《"一带一路"建设中的港口与港口城市》《21 世纪海上丝绸之路与全球海洋支点对接研究——中国福建、印度尼西亚调研报告》《"一带一路"合作空间拓展：中拉整体合作新视角》《"一带一路"视野下亚非经济圈的构建与发展》和《"一带一路"视野下中国在印度洋四大经济走廊的发展》等在会议期间展示，引起广泛关注和良好反响；在"上海论坛 2017"上，很多外国专家纷纷购买"一带一路"研究丛书。

学术图书"走出去"海外影响力推广研讨会现场

二　加强与国外出版界、学术界的交流与合作，加大对外推广传播力度

近几年，我们加大了与国外出版界、学术界交流与合作的力度。先后接待来自英、美、法、德、荷、日等 8 个国家的 20 多家出版机构来访十多次，包括剑桥大学出版社、罗德里奇出版集团等，并与

他们建立了长期战略合作关系；对美国、俄罗斯、英国、南非、北欧、东欧等国出版机构、科研机构和图书馆进行业务访问，积极筹备并参加包括法兰克福书展、美国书展和伦敦书展在内的大型国际书展活动。我们还与俄罗斯远东所、莫斯科国立大学出版社以及俄罗斯出版协会、南非科学院等建立了出版与学术合作。

1. 围绕学术出版"走出去"举办多场国际交流活动

我社承办了"中国社会科学论坛（2014）暨首届国际学术出版论坛""中国社会科学论坛（2016）·智库成果的出版与传播"，众多国外著名出版机构派集团重要领导参加，CIGI、OECD 等国际知名智库和机构代表与中国出版机构、学者共同探讨中国学术"走出去"以及学术海外影响力传播的路径。论坛在北京国际图书博览会期间成功举办，受到国内外出版界、学术界和媒体的关注，成为国际书展的一大亮点。

2015 年 5 月 28 日，美国图书博览会期间，我们在纽约成功举办了"告诉世界一个真实的中国——《理解中国》丛书新书发布暨研讨会"。国家新闻出版广电总局副局长吴尚之到会并致辞。他在致辞中对《理解中国》丛书给予了很高的评价，他说："《理解中国》丛书是外国朋友了解中国的入门书，它是中外文化交流的一个重要桥梁，是世界人民认识当代中国的一个重要载体。"他要求《理解中国》丛书不仅要推出英文版，还要推出其他多语种版本。

在 2016 年印度新德里世界书展上，我社主办的"中印文化交流与碰撞"座谈会，受到了广大媒体和读者朋友的持续关注。2016 年伦敦书展上，我社举办了主题为"'十三五'规划下的中国改革发展"的《理解中国》丛书发布暨学术研讨会。会上，中外学者表示，该丛书通过多角度阐释中国的历史与现实，有助于满足国外对于中国研究的需求，增进世界对中国政治、经济、社会制度、发展道路、发展理念以及历史文化的理解。

在刚刚结束的北京国际图书博览上，我社举行了《理解中国》

丛书之《中国的价值观》中文版发布暨英文版签约仪式，与施普林格出版集团签署了《中国的价值观》一书的英文版合作协议。中共中央政治局常委、中央书记处书记刘云山，中共中央政治局委员、中央书记处书记、中宣部部长刘奇葆等参观了展览，并到我社展台前考察，对我社这几年学术"走出去"取得的成绩给予了肯定。

2. 搭建中外学术交流平台

我们曾举办三届青年汉学家研修班交流座谈会，邀请二十多位来华研修的青年汉学家与我社的编辑们进行交流，汉学家们对国际化的学术出版规范、我社学术资源的推广等提出了很多好的建议。座谈会后，汉学家参观了我们出版社的精品图书室，甚至很多汉学家当场就要购买图书。

通过这些活动，我们与国外的出版机构、研究机构、图书馆间拓展了业务，加深了合作；通过走访，我们更深入地了解了国外出版社的经营模式、发展现状；通过赠送最新中外文书目，我们能够更准确地把握国外学术界的研究动向，了解国外学者和读者感兴趣的中国议题，同时很好地推广了我们的图书和品牌。

3. 提升图书海外馆藏影响力，加强海外传播效果

我们发现国外读者，特别是国外的图书馆，对我社出版的学术著作很感兴趣，而且在第一时间购买我们的新书。比如《中华人民共和国国家历史地图集》一书，我们刚刚出版两个月，哈佛燕京社东亚图书馆就已经收藏了，令我们很惊讶。我们意识到加强对外营销推广非常重要。现在，我们定期编制我社学术精品图书的中英文书目，寄送到世界十多个国家和地区高等院校和科研机构的图书馆以及公共图书馆，让他们及时了解我们出版的图书。

我们还积极向华文地区和世界各地孔子学院以及各图书馆东亚馆（东方馆）推介我社出版的学术精品图书，积极扩大在华文地区的影响力。"中国图书世界馆藏影响力调查报告"一直是国内学术出版衡量国际影响力的主要指标，该报告显示：2013 年，中国社会科

学出版社入藏图书品种为 1078 种，位列第一；2014 年，中国社会科学出版社入藏图书品种比 2013 年净增加 236 种，达到 1314 种，增长率为 22%；2015 年，中国社会科学出版社入藏图书 1812 种，增长率为 37.9%。

三　加强对中文图书的外文翻译和"走出去"工作

2012 年以来，我社加大"走出去"步伐，与国外出版社签订合作出版合同数快速增长，同时我们还力争与国际知名出版社、专业学术出版社合作，将我们与其签约的图书列入他们的重点图书行列，进入其主流发行渠道。如《中国哲学社会科学学科发展报告》丛书、《理解中国》丛书、《中国社会科学院学部委员专题文集》丛书都列入了博睿出版集团、施普林格出版集团、罗德里奇学术出版社的重点推广图书，此外，我社《宋辽西夏金社会生活史》一书还入选剑桥大学出版社《剑桥中国文库》，这些都标志着高端学术图书"走出去"取得了实效。日文版《简明中国历史读本》《简明中国历史知识手册》出版后，将由该国主流渠道东贩日贩发行，这对日本读者正确了解中国历史具有十分重要的现实意义。

我们还积极申报出版翻译资助，成绩喜人，"中华学术外译"项目、"经典中国"项目、"丝路书香"项目、"中国图书对外推广计划"都有重点图书入选，如《破解中国经济发展之谜》《中国的民主道路》《当代中国哲学研究（1949—2009）》《孔子与 20 世纪中国》《全球化视野下的中国研究》《20 世纪的中国民族问题》等；院创新工程外译项目更有多个项目受到资助，如经济类的《中国国家资产负债表》《社会转型与中国经验》，《中国社会科学院学部委员专题文集》丛书的《宏观调控、经济发展与深化改革》《减贫与包容：发展经济学研究》等，有利于将我院学者著作推向海外。此外，我社《中国的民主道路》还成功中标国务院新闻办公室"2014 年外宣产品"项目；《理解中国》丛书（外文版）也已被列入国家外宣产品回购项目，作为重要外宣产品向海外赠阅。

我社自 2012 年参加"中华学术外译"项目以来，共有 34 个项目中选，已出版图书 12 种。2016 年，我社在北京国际书展上举办"中华学术外译"项目成果发布会，也取得了良好的反响。对于"中华学术外译"工作的进一步开展，我社提出：一是继续开展选题的征集工作，将优秀的学术成果吸纳入"中华学术外译"的选题指导目录中，国外出版机构可每年或每两年更新一次。二是支持新改革的《国家社会科学基金项目资金管理办法》及新的拨款比例。

四　注重专业队伍人才建设

人才引进和专业人员综合素质的培养提高是做好"走出去"工作的关键。近年来，我们积极引进和培养业务拓展与交流人才、翻译人才、产品研究与开发人才以及国际市场营销人才、版权维护人才。同时，创新人才管理制度，为引进人才、留住人才、培养人才提供有力的制度保障。

我们建立了北京外国语大学、北京第二外国语大学、浙江师范大学等多个翻译基地，与青年汉学家、海外华人学者等建立了广泛联系，建立了一支稳定的翻译和外文审校专家队伍。我们还努力聘任国外著名的学者及相关领域的专家，充分发挥他们在国际交流、扩大全球视野、协助版权推荐以及审读翻译等方面的作用。

五　"走出去"本土化尝试

随着"走出去"战略的实施，向国外输出版权已经不再是"走出去"的主要方式，"把分社开到海外去"逐渐成为中国出版业的一股潮流，实力成长起来的国内出版企业把目光投向海外，在国际市场上争得一席之地。以此为契机，我社积极筹划建立国际尖端出版基地、聚集资源的国际布局思路，启动出版本土化的拉美地区推广计划。

　　经过前期近一年时间的调研，2016 年 11 月，在由中国社会科学院和智利安德列斯·贝洛大学联合举办的"中国—智利经济社会发展高端研讨会"会议期间举行了中国社会科学出版社智利分社的成立揭牌仪式并发布了《理解中国》丛书首部西班牙文图书《中国的民主道路》。中国社会科学出版社智利分社的建立是我社图书"走出去"的一次本土化探索，也是《理解中国》丛书首次走进拉美。

　　法国分社的建立是中国社会科学出版社在中国学术"走出去"方面的又一重要步骤。中国社会科学出版社法国分社以 CASS 中国研究中心为依托，凭借中国社会科学出版社强大的学术出版能力和法国波尔多政治学院在欧洲的学术地位及影响力，挑选当地知名学术出版机构建立稳定、高水平和机制化的长期合作关系，推选优秀的学术出版成果在法国翻译出版，增强我国在欧洲主要国家和国际社会的学术影响力，并让海外读者及时、准确、全面、连续地了解当代中国政治、经济、社会、文化等领域的发展与走势。

　　中国社会科学出版社法国分社的成立将为两国开展学术和智库交流搭建起新的平台，成为集中国文化传播、海外中国问题研究以及海外出版本土化于一体的当代中国研究及产品发布基地。

　　我们将以此为基础，策划出版更多精品图书，通过开展更多形式多样化的国际学术活动将当代中国优秀图书推介到海外，做好传播推广工作，进一步扩大中国图书的影响力，讲述中国故事，传播中国声音，向世界呈现一个真实、立体、全面的中国。

强强联合　深化合作[*]

2017 年 8 月 23 日，在施普林格·自然集团成立 175 周年庆典上致辞

　　值此施普林格·自然集团成立 175 周年之际，我谨代表中国社会科学出版社表示祝贺。施普林格·自然集团（Springer Nature）致力于出版可靠和有深度的科研成果，支持拓展新的知识领域，并促进思想和信息的全球交流，由此推动科研探索。作为一家学术出版

---

　* 2017 年 8 月 23 日，在"施普林格·自然集团成立 175 周年庆典"上的致辞。

商，施普林格·自然集团旗下汇聚了一系列深得信赖的品牌，包括
施普林格、自然科研、BMC、帕尔格雷夫·麦克米伦和《科学美国
人》，以及众多备受尊敬和专业的附属品牌。作为施普林格·自然集
团在中国的重要合作伙伴之一，我们深感荣幸，中国社会科学出版
社是以出版人文社会科学学术著作为主的国家级出版社，出版人文
社会科学学术精品，联系和团结了一大批国内一流学者、作者队伍，
在哲学社会科学、文化界享有很高的声誉。

　　中国社会科学出版社和施普林格·自然集团的出版合作已有多年，
现有三十多个合作项目，如《理解中国》丛书、《中国制度研究》丛
书、《当代中国经济报告》系列和《社会发展经验》丛书等。其中
《理解中国》丛书曾多次在美国书展、伦敦书展、2016 年我们参加的
印度书展等国内外场合举办新书发布会和新书研讨会。贵社纽约办公
室主任威廉先生、裴米娅女士都曾多次出席新书发布活动。《理解中
国》丛书英文版图书发布会暨学术研讨会还获得国家新闻出版广电总
局 2015 年美国书展优秀活动奖；《中国社会巨变和治理》还获得 2015
年度输出版优秀图书奖；《破解中国经济发展之谜》《中国社会巨变和
治理》《中国的民主道路》及《中国经济改革的大逻辑》获得 2016 年
度"图书版权输出奖励计划"重点奖励。《理解中国》丛书英文版在
Springer Book Metrix 的章节下载量远高于同类学术书的平均下载量。
更被哈佛大学、耶鲁大学、康奈尔大学等多达 37 所北美知名大学图书
馆收入馆藏。目前《理解中国》丛书英文版图书出版 9 种，《社会发展
经验》丛书 2 种，《当代中国经济报告》系列 2 种，相信合作的图书凭
借施普林格·自然集团和中国社会科学出版社的学术影响力将会在学
界产生广泛影响。

　　展望未来与施普林格·自然集团的合作，希望继续做好《理解
中国》丛书英文版出版及推广工作，《理解中国》丛书是开放性丛
书，目前已有 14 种中文版图书面世，陆续还有新的题目加入其中。
中国社会科学出版社与施普林格·自然集团最近合作的《中国制度

研究》丛书，相信也会在国际上引起关注。

　　我们希望今后与施普林格·自然集团在出版领域进行深度合作，强强联合，共同策划，在全球传播推广哲学社会科学的优秀研究成果。

　　再次祝贺施普林格·自然集团175岁生日快乐！

更好地向世界展示"哲学
社会科学中的中国"*

欢迎大家来参加我们中国社会科学出版社"走出去"重点项目推介暨北京招待会。近几年来，我社积极响应国家"走出去"战略，在相关领导部门大力支持和出版社各位同人的积极努力下，我社"走出去"工作稳步发展，"走出去"图书出版已粗具规模。

2017 年 8 月 23 日，"哲学社会科学中的中国"多语种成果发布会专家合影

一 "走出去"出版成果展示"学术中的中国"

从产品内容上看，以《理解中国》丛书为支点，我社逐渐形成

---

* 2017 年 8 月 23 日，在北京国际书展"'哲学社会科学中的中国'多语种成果发布会"上的致辞。

了《理解中国》（*China Insights*）、《中国社会科学院学部委员专题文集》（*China Perspective*）、《当代中国学术思想史》（*China Academic History*）、《中国制度研究》、"中社智库"、"一带一路"图书等与国外合作的系列品牌图书，并已经树立起了产业和品牌效应，产生了很大的社会效益。其中《理解中国》丛书旨在全面系统地阐释中国道路、中国理论和中国制度的基本内涵，既有对中国道路、中国理论和中国制度总的梳理和介绍，又有从政治制度、经济体制、社会保障、农村问题、古代文明和文学艺术等方面对当今中国发展的客观描述与阐释，有助于国外读者理性认识中国道路，以及相关的制度政策。这套丛书由我社组织策划，由我院和国内著名高校的一流专家学者撰写。英文版已与施普林格出版集团合作出版，韩文、日文、西文、阿文也在翻译和编辑出版中。

《当代中国学术思想史》是中国社会科学出版社自主策划的占领学术制高点的一个品牌书系。它以丰富翔实的文献和实证材料为基础，以客观公允的分析评论和创新视野展现当代中国学术的历史与脉动。目前，《中国历史学30年（1978—2008）》一书英文版已与美国 MCM Prime 出版社合作出版，《当代中国哲学研究（1949—2009）》《当代中国宗教学研究（1949—2009）》《当代中国法学研究》《当代中国近代史研究》英文版分别与荷兰博睿学术出版社、英国罗德里奇学术出版社合作在翻译和编辑出版中。

《中国社会科学院学部委员专题文集》是中国社会科学院学部主席团主持编辑的学术论著集，作者均为中国社会科学院学部委员、荣誉学部委员，内容集中反映学部委员、荣誉学部委员在相关学科、专业方向中的专题性研究成果。这套文集汇集了中国顶尖学者的学术成果，也是从一个侧面展示这些学者治学之道的重要举措。目前，《中国社会科学院学部委员专题文集》英文版已与罗德里奇学术出版社合作出版6本，还有4本正在翻译和编辑出版中。

此外，我社还有如"简明系列"这样既有学术价值，又贴近读者大众的系列图书，包括《简明中国历史读本》《简明世界历史读本》《中华文化简明读本》等，有助于读者全面了解中国文化特色和历史发展道路，探寻中国文化之根。

我社"走出去"图书的另一大特色是主题突出，由我社组织编写的《中国制度研究》丛书旨在深入探讨研究中国特色社会主义制度，对明确建设系统完备、科学规范的中国制度体系的着力点，进一步增强我们的制度自信有着重要意义。此外，我社正在筹划出版《习近平总书记系列重要讲话精神和治国理政新理念新思想新战略学习丛书》，这套丛书是国家社科基金"十八大以来党中央治国理政新理念新思想新战略研究专项工程"的研究成果，全面呈现了对当代中国马克思主义、对中国特色社会主义理论体系的丰富和发展。

目前，我社已经同近 30 家国际出版机构建立了积极合作，出版了近 80 种外文图书，并已实现包括英文、阿拉伯文、西文、葡文、韩文和日文等多语种的出版。中国社会科学出版社期待同世界分享中国顶尖学者的学术成果，通过"高精尖"学术产品的"走出去"，在世界范围内分享和传播中国文化的品质与精髓。

二 国际书展搭台，中外学者对话，"讲述中国故事"

近几年，我们加大了与国外出版界、学术界交流与合作的力度，与剑桥大学出版社、施普林格·自然集团、罗德里奇学术出版社等建立了长期战略合作关系；积极筹备并参加包括北京国际图书博览会、法兰克福书展、美国书展和伦敦书展在内的大型国际书展活动，以书展为媒介，建立起国际交流的平台，通过高端学术对话，传播中国声音，讲述中国故事。在 2015 年 5 月的美国书展上，中国作为主宾国，举办了一系列大型活动，"《理解中国》丛书发布及研讨会"是其中最重要的学术研讨活动。研讨会围绕"中国经济体制改革的大逻辑与中国经济新常态"和"中国的环境治理与生态建设"展开了深入探讨与交流。国家新闻出版广电总局副局长吴尚之一行出席研讨会并指出，《理解中国》丛书是外国朋友了解中国的入门书，它是中外文化交流的一个重要桥梁，是世界人民认识当代中国的一个重要载体，对于增强中国国际学术话语权具有重要意义。

在 2016 年 4 月第 45 届伦敦书展上，我们成功举办了主题为"'十三五'规划下的中国改革发展"的《理解中国》丛书发布暨学术研讨会。发布暨研讨会邀请了相关学术领域的知名中外学者，就中国的政治、经济、社会改革等问题展开探讨与交流，认为中国基于自身特有的历史文化背景，走出了具有中国特色的社会主义道路，其现代化发展道路具有科学性及合理性。参加该研讨会的国外学者有英国伦敦大学亚非学院中国研究院教授艾诗（Robert Ash）、英国肯特大学荣休哲学教授肖恩·赛耶斯（Sean Sayers）和英国学者、伦敦政治经济学院亚洲研究中心主任阿塔尔·侯赛因（Attar Hussain）教授等。论坛上，我同肖恩教授进行了对话，对马克思主义研究进行了讨论。

书展之外，我们还多次参加在美国举办的亚洲年会，与多个北美大学出版社的亚洲研究编辑、东亚图书馆馆长建立联系；与俄罗斯远东所、莫斯科国立大学出版社以及俄罗斯出版协会建立合作，还与南非科学院建立了出版与学术合作。

我社还充分挖掘社科院学术资源，举办研讨会和国际论坛，我社承办了"中国社会科学论坛（2014）暨首届国际学术出版论坛""中国社会科学论坛（2016）·智库成果的出版与传播"，与国外学者共同探讨中国学术"走出去"以及学术海外影响力传播的路径。我们还曾举办三届青年汉学家研修班交流座谈会，邀请二十多位来华研修的青年汉学家与我社的编辑们进行交流，汉学家们对国际化的学术出版规范、我社学术资源的推广等提出了很多好的建议。

三 积极筹建海外分支，出版本土化初探

随着"走出去"战略的实施，向国外输出版权已经不再是"走

出去"的唯一方式，"把分社开到海外去"逐渐成为中国出版业的一股潮流，中国社会科学出版社抓住这个契机，启动了"出版本土化"的拉美地区推广计划。中国社会科学出版社项目团队历时一年，对拉美地区的图书市场、高校图书馆、孔子学院以及华人社团进行了调研，了解到在拉美地区的图书市场潜力巨大，并于2016年11月在智利圣地亚哥举行了中国社会科学出版社智利分社的成立揭牌仪式并发布了《理解中国》丛书首部西班牙文图书《中国的民主道路》。中国社会科学出版社智利分社的建立是我社图书"走出去"的一次本土化探索，这也是《理解中国》丛书首次走进拉美。

　　法国分社的建立则是中国社会科学出版社在中国学术"走出去"方面的又一重要步骤。中国社会科学出版社法国分社以中国社会科学院中国研究中心为依托，凭借中国社会科学出版社强大的学术出版能力和法国波尔多政治学院在欧洲的学术地位及影响力，挑选当地知名学术出版机构建立稳定、高水平和机制化的长期合作关系，推选优秀的学术出版成果在法国翻译出版，增强我国在欧洲主要国家和国际社会的学术影响力，并让海外读者及时、准确、全面、连续地了解当代中国政治、经济、社会、文化等领域的发展与走势。中国社会科学出版社法国分社的成立将为两国开展学术和智库交流搭建起新的平台，将中国社会科学出版社发展成为集中国文化传播、海外中国问题研究以及海外出版本土化于一体的当代中国研究及产品发布基地。

　　作为中国最具海外影响力的出版社之一，中国社会科学出版社具备实现图书"走出去"的国际视野和雄厚实力。在这里，要感谢所有对中国社会科学出版社图书"走出去"事业给予支持、帮助和配合的朋友们，包括上级主管单位、作者、译者、国外合作伙伴以及我社的各位同人。我们希望同各界继续共同努力，让中国文化、中国学术、中国好书真正"走出去"，传播好中国声音，讲好中国故事，与世界人民共享文化与科学成果。

在中国社会科学出版社与剑桥大学出版社合作 25 周年庆典暨"剑桥史"系列图书续约仪式上的致辞*

非常高兴大家来出席中国社会科学出版社与剑桥大学出版社合作 25 周年庆典暨"剑桥史"系列图书续约仪式。在过去的 25 年里，中国社会科学出版社与剑桥大学出版社从最初的《剑桥中国史》中文版权的单一合作，已经走向多学科、多角度、多方位的合作。

中国社会科学出版社创立于 1978 年，明年就是四十周年，是中国社会科学院最早成立的出版社，从成立之初就秉承"服务学界、学术为本"的原则，几十年来出版了一大批优秀的学术著作，积极推动了改革开放以来中国学术的发展，不仅积累了深厚的学术资源，也塑造了自身的学术品牌，成为当今中国知名的人文社会科学出版机构。剑桥大学出版社是历史悠久的学术出版社，依托剑桥大学的学术资源，是世界知名的学术出版社，尤其在历史学领域为全球学术界贡献颇多。

我们跟剑桥大学出版社的合作从最初的《剑桥中国史》系列，发展到《新编剑桥世界近代史》《剑桥古代史》《新编剑桥中世纪史》《剑桥基督教史》《剑桥哲学史》等大部头的翻译工程，学科覆盖已经从中国史、世界史扩展到宗教学和哲学。这些图书规模大、作者覆盖面广、学术影响深，不仅代表了西方学术界的最新研究成

* 2017 年 8 月 23 日。

果，也具有很高的学术水平。《剑桥中国史》和《新编剑桥世界近代史》翻译成中文版以后，对中国学术界产生了深远的影响，受到了广大历史学爱好者和其他读者的喜爱。《剑桥古代史》和《新编剑桥中世纪史》不是一般的翻译项目，还立项为国家社科基金重大招标课题和中国社会科学院的重大课题。译者都是中国专业素养和外语都非常优秀的一流专家队伍，确保了"剑桥史"系列图书的翻译质量，为中文版成为相关学术领域的知名之作打下了良好的基础。

2017 年 8 月 23 日，中国社会科学出版社与剑桥大学出版社合作 25 周年庆典暨"剑桥史"系列图书续约仪式，前排左一为剑桥大学出版社学术出版全球总监 Mandy Hill

目前《剑桥中国史》中的《剑桥中国先秦史》、《剑桥中国宋代史》（上卷）和《剑桥中国清代前中期史》（上、下卷）正在翻译和编辑。《新编剑桥世界近代史》已出版的卷册正在改版，新翻译的第五卷正在编辑，两套书今年年底将陆续推出新书。《剑桥古代史》和《新编剑桥中世纪史》中文版正在进行专家审稿等几项工作，预计今年年底开始陆续出版。《剑桥基督教史》和《剑桥哲学史》的翻译也在顺利推进。这套"剑桥史"系列是我们中国读者非常期待的图书，相信这些书中文版的出版一定会引起很大的关注，受到读者的喜爱。中国社会科学出版社是中国社会科学院直属的出版机构，近几年来，我们在学术"走出去"方面做出了很大的努力，策划了《理解中国》、《中国制度研究》、"中社智库"等系列品牌图书，还有《当代中国学术思想史》等，这些图书为展现哲学社会科学的中国做出了重要的探索和努力。

"2017 中国图书海外馆藏影响力研究报告"显示，中国社会科学出版社在全国 562 家出版社中名列第一，前两年我们都是第二名，2013 年第一期时我们也是第一，所以基本上是在数一数二的位置，表明了中国社会科学出版社的图书是受到海外读者关注的，是受到海外图书馆青睐的。

同时在"走出去"方面，中国社会科学出版社还成立了智利分社、法国分社，我们可能还要在英语地区成立一家分社，所以我们"走出去"的步伐还要继续推动。中国社会科学出版社跟剑桥大学出版社已经合作了 25 年，我们在合作当中相互信任，也结下了很好的友谊，希望我们的合作继续深化，把剑桥大学出版社现有的这些项目中文版做好、做出影响。同时也希望剑桥大学对中国社会科学出版社出版的图书多加关注，"剑桥中国文库"已经翻译出版了我们的英文版《宋辽西夏金社会生活史》，我希望有更多的中国图书能够为剑桥大学出版社翻译、出版，希望我们双方的合作取得新的成果。最后感谢我们的首席专家武寅[1]副院长，她对我们"剑桥史"系列图书的翻译贡献非常大，著名世界史专家、北京师范大学教授郭小凌、中国社会科学院世界历史研究所研究员于沛对我们这个翻译工程做出了非常大的贡献，还有中国社会科学院的历史研究所、世界历史研究所，我们许多译者都是来自

---

[1] 武寅，中国社会科学院原副院长，研究员。

这两个研究所的专家学者。

中国社会科学出版社对剑桥大学的合作抱有很大的诚意，我们对"剑桥史"系列图书在人力、财力各方面倾注很多，我们的合作不光是真诚的，而且是付诸行动的，希望我们的合作能够继续拓展。

在中国社会科学出版社与
三联书店（香港）有限公司战略
合作框架协议签约仪式上的致辞*

今天我非常高兴，也非常荣幸能与各位相聚在美丽的香江，出席并和在座的各位一起见证中国社会科学出版社与三联书店（香港）有限公司战略合作签约仪式。我谨代表中国社会科学出版社向出席活动的各位领导和嘉宾表示热烈的欢迎和衷心的感谢！

2017 年 12 月 6 日，中国社会科学出版社与三联书店（香港）有限公司签约合作仪式

---

* 2017 年 12 月 6 日。

中国社会科学出版社成立于1978年，是由中国社会科学院创办并主管，以出版人文社会科学学术著作为主的国家级出版机构。1993年荣获中共中央宣传部和国家新闻出版总署授予的全国优秀出版社称号。中国社会科学出版社作为展示中国社会科学院优秀成果的重要窗口、中国人文社会科学优秀成果重要出版中心，一直坚持走哲学社会科学专业出版道路，并致力于把中国优秀的学术成果推向世界。

三联书店（香港）有限公司是由三间著名书店——生活书店、读书出版社和新知书店，于1948年在香港合并组成，1988年正式注册成立有限公司。三联书店（香港）由最初主要从事内地版图书发行业务，发展到今天已成为一家包括出版、零售、展览、文化旅游和出版信息等多种业务的文化出版机构。三联书店（香港）一直致力于优化选题和发掘题材，出版了大量原创性题材图书和引进欧美及内地版权的优质图书，深受广大读者的好评。

近年来，中国社会科学出版社和三联书店（香港）有限公司加强了合作，领导层间有密切的联系。今年9月，我们访问了三联书店（香港）有限公司，与三联书店（香港）有限公司总经理李家驹先生、总编辑侯明女士进行了业务会谈，对双方深度合作出版进行了研讨，交换了看法。我们双方一致认为：基于双方有相似的出版范围，三联书店（香港）有限公司可以利用他们的销售渠道、专业推广平台积极推广介绍中国社会科学出版社的优秀学术专著和系列丛书，中国社会科学出版社将优先向三联书店（香港）有限公司推荐本社的优秀图书和项目，包括已经出版的和即将出版的图书。中国社会科学出版社和三联书店（香港）有限公司将在纸质图书和电子书等领域展开广泛的合作。

在选题策划方面，中国社会科学出版社与三联书店（香港）有限公司将在学术资源和作者资源方面进行共享。中国社会科学出版社作为中国社会科学院属出版机构，联系了一大批学养深厚、具有国际影响力的知名学者。中国社会科学出版社愿与三联书店（香港）有限公司共同挖掘内地以及香港地区的学术资源，共同策划出版一系列具有深远影响力的学术著作。

此次即将签约的《中华文化简明读本》《简明中国历史知识手册》和《中国历史年表》都是中国社会科学出版社与学界知名学者约稿撰写而完成的。其中，《中华文化简明读本》一书以中西文明互鉴为大背景，从中华文明的起源、演变，中国历史上的制度、思想、价值，以及艺术与审美等方面，简明又系统地阐释了中华文化的主要内容，是我们理解中国的历史发展、文明特征、智慧形态的门径，对于弘扬中国精神、增强文化自信具有重要意义。本书作者干春松是北京大学哲学系教授、北京大学儒学研究院副院长、博士生导师，在儒家思想研究和近现代思想文化研究领域颇有建树。

《简明中国历史知识手册》以中华民族发展史的知识体系为框架，收录了中国历史名词、中国历史大事记、夏商周纪年表、历代年号纪元表等相关基本历史知识，为读者提供一本简明扼要、通俗易懂的中国历史知识手册。《中国历史年表》一书则以图表形式表现了中国历史的发展脉络，内容上以科技思想文化为主，凸显了中华文明的演进，同时兼顾趣味性，适合广大读者阅读。这两本书由中国社会科学院历史研究所编写组编写，编写组由卜宪群所长领衔，共十余人组成，可谓大腕云集。卜宪群所长是中国社会科学院历史研究所学术委员会主任，中国社会科学院大学教授、博士生导师。享受国务院政府特殊津贴专家。兼任国务院学位委员会历史学科评议组成员、中国地方志指导小组成员、中国史学会副会长、中国秦汉史研究会会长、国际儒学联合会理事等。卜所长还曾任5卷本《中国通史》以及百集纪录片《中国通史》的总撰稿等，发表论文百余篇，是中国史学研究界的翘楚。

这几本图书既是我社的精品图书，也是我们精挑细选出来的适合香港地区读者的好书。这三本书以通俗易懂的语言介绍、阐释了中华文化及中华民族发展史，兼具知识性与趣味性，将有利于香港地区的学生和广大读者进一步了解中华民族的文明与历史，从而增强对祖国历史文化的认同感。我们相信这些图书将成为香港地区的读者们进一步了解内地的窗口，也将成为促进两地青年和学者们进一步交流的桥梁和纽带。

我们还一致同意今后将在学术出版领域加强紧密合作和信息交流，特别是在《理解中国》丛书及历史系列图书、电子书等方面的合作。同时要不断开拓新的合作领域和合作模式，共同开发和宣传合作项目，在香港和内地组织学术互访和交流。

相信与三联书店（香港）有限公司的出版战略合作将具有深远的意义。此次双方签署战略合作协议，意在整合两地资源和渠道优势，发挥各自在出版及文化领域上的影响力，推动双方实现版权贸易、出版等领域的多方位合作，更好地服务广大读者。双方"强强联手"，搭建更高层次的出版发展平台，不仅有利于双方更好地拓展出版空间，创造更高的学术价值，取得取长补短、放大彼此优势的协同效应，更是在香港与内地的出版之间搭起桥梁，积极促动两地在文化领域的深入合作，在落实党的十九大关于增强香港、澳门同胞的国家意识和爱国意识，增强其对祖国历史文化的认同等精神方面，将会发挥双方的优势，共同做出贡献。

全面展现当代中国哲学社会科学
发展的辉煌历程[*]

——从五套图书谈起

伴随改革开放的伟大历程，当代中国哲学社会科学经历了近40年的快速发展，作为当代中国哲学社会科学的"国家队""主力军"，中国社会科学院也迎来了他的四十周岁华诞。中国社会科学出版社是中国社会科学院成立之初就设立的，作为传播中国社会科学院科研成果的重要窗口，出版了大量院优秀成果，其中很多成果尤其是以下5套图书见证了中国社会科学院的发展历程，也反映了当代中国哲学社会科学发展的辉煌历程，这5套书分别是《中国哲学社会科学发展历程回忆》《中国社会科学院学者文选》《中国社会科学院学部委员专题文集》《中国社会科学院学部委员学术自传》《当代中国学术思想史》，下面一一作简要介绍。

《中国哲学社会科学发展历程回忆》——再现创业之艰

这套书是由中国社会科学院老专家协会组织编写的回忆录式的文集，300多位老专家回顾了我院的发展历史和他们参与我院创建和发展的一些亲身经历。该套书共分为哲学宗教学卷、马克思主义卷、史学卷、文学卷、经济学卷、政法社会卷、国际卷和综合卷8卷，保留了很多关于中国社会科学院和中国哲学社会科学学界

* 《中国社会科学报》2017年5月19日。

发展历史的重要史料，包括有关哲学社会科学发展的重要决策、各个学科的创建和发展、人才队伍的培养、科研体制的变革、刊物出版的筹划、重要理论问题的争论等，是对当代中国哲学社会科学学科发展历程的全面回顾和总结。

该套书的作者——我院老专家都是中国哲学社会科学建设历史的见证者，他们的回忆生动地再现了当时艰苦创业的场景和历程。创办之初，办公设施、人才、科研资料等条件都比较差。"文化大革命"结束后，百废待兴，党和国家的发展决策又亟须哲学社会科学研究提供智力支持，有些研究所在很多条件不具备的情况下就十分仓促地创办并开展工作了。据詹武[1]回忆，农村经济研究所创办时，当时只有 7 个人。为了尽快把工作开展起来，他们采用开门办所的方式，联合社会上农经各界力量，召开一系列理论研讨会，搜集资料，展开农村经济问题的研究。当时，党的十一届三中全会召开，急需一篇宣传中央全面加强农业发展方针的文章，胡耀邦同志责成中国社会科学院的同志来写。詹武是在开会回京的火车上完成的，还没来得及推敲和修改就被有关同志要走报送胡耀邦同志了。建院之初，办公条件十分艰苦，招录的研究生的住宿问题都很难解决。比如，据赵凤岐[2]回忆，1978 年中国社会科学院辩证唯物主义专业建院后招收首批研究生，"这批研究生入学后，条件是相当艰苦的，三年搬了四次家，住过北京通州的'大店'。有的 8 个人一个房间，每人一张小桌和一盏油灯……"其实，1956 年，赵先生作为中国科

---

[1] 詹武（1921—2014 年），中国社会科学院农业经济研究所原所长，研究员。

[2] 赵凤岐（1930—2018 年），中国社会科学院荣誉学部委员，资深研究员。

学院哲学社会科学学部的第一批研究生时更苦，住宿条件更差。当时，宿舍楼实在挤不出床位了，他就住了"花窖"，所谓花窖就是在哲学所办公楼旁边不远种花的地方。白天花香扑鼻，晚上可就只剩下二氧化碳和湿气了。

老专家们是在十分艰苦的条件下创办中国社会科学院，跟随改革开放的步伐，奏响了中国哲学社会科学起步远航的号角。他们今天回忆起来，都说当时并没有觉得很苦，而是乐在其中了。在他们身上体现了无私无畏、披荆斩棘的乐观创业精神，忠于党和国家、始终服务人民、不辱使命的担当精神，他们以高尚的学人品格、扎实的学术修养和求真务实的治学态度，为我们树立了良好的学术传统。

《中国社会科学院学者文选》——浓缩
老一辈学术大师的学术精华

这套丛书汇聚了中国社会科学院老一辈学术大师如郭沫若、胡乔木、胡绳、范文澜、金岳霖、费孝通、钱锺书、吕叔湘、季羡林、刘国光等最具有代表性的学术成就。如《郭沫若集》收集了我国著名的诗人和作家、历史学家和古文字学家郭沫若同志有关历史学、古文字学和文艺理论、文艺批评的一些重要的、有代表性的学术论文48篇，分为上下两编。上编为历史学和古文字学，下编为文艺理论和文学批评。《胡乔木集》辑录了胡乔木同志关于党史研究、文字改革、文学艺术、新闻工作、重要政论5个部分的重要著述，包括《中国共产党的三十年》《再论无产阶级专政的历史经验》等著名篇章。这些著述体现了鲜明的政治性和严谨的学

术性的统一，既有学术价值，也有重要的文献价值。《胡绳集》将胡绳同志半个多世纪所发表的文章、论文及演讲和访谈等精选汇编，分上下篇共收录26篇文章。这些文章集中反映了胡绳同志就如何建设有中国特色的社会主义以及社会主义建设实践和理论中的诸多新问题提出的众多适合时代要求的新观点、新理论，突出地体现了他严谨的治学态度和基本的学术观点。《范文澜集》收入范老有关历史研究的论文17篇，其中包括《关于中国历史上的一些问题》《中国封建社会长期延续的原因》《中国近代史的分期问题》《辛亥革命：三条路线斗争的结果》《伟大的"五四"运动》《历史研究必须厚今薄古》《中国经学史的演变》等名篇。《费孝通集》收集了费老有代表性的论文20余篇，内容涵括江村研究、云南三村、乡镇企业、小城镇、珠江和长江三角洲、沿海和边区农村发展，经济水平由西向东阶梯性上升和现代化工业由东向西逐步延伸以及"全国一盘棋"等城乡研究的内容，反映了他对农民的温饱问题，人对资源的利用和分析问题，人与人共同生存问题，以及如何保证人类生存的生态格局和所有人类都能遂生乐业、发扬人生价值的生态秩序的深度思考。

中国社会科学院成立初期，汇聚了我国哲学社会科学领域众多学术大师，在我国哲学社会科学各个学科都非常具有代表性。该文选系列浓缩了中国社会科学院老一辈学术大师的学术精华，反映了中华人民共和国成立后中国社会科学院的辉煌历史和当代中国哲学社会科学早期取得的巨大成就。

《中国社会科学院学部委员专题文集》——展现新时期学术大家的创新成果

这套文集收集了中国社会科学院学部委员、荣誉学部委员在自己专业学科中取得的具有代表性的学术成果，涉及马克思主义理论、哲学、宗教学、文学、历史学、经济学、法学、民族学、国际研究等诸多学科，全面展现了改革开放后我国哲学社会科学各学科学术大家的创新成果。该丛书计划出版 190 卷，目前已出版 70 多卷。

中国社会科学院学部委员都是改革开放后我国哲学社会科学领域各个学科的学术大家和领军人物，如王伟光、黄宝生、陆学艺、叶秀山、张卓元、张海鹏、柳鸣九、李扬、李培林、蔡昉等，他们就自己关注的专业领域和问题，在长期的学术研究实践中提出了诸多创新性观点，对学科的发展贡献很大。如《哲林漫步》收录了王伟光同志长期从事马克思主义哲学和中国特色社会主义重大理论与现实问题的研究成果。《梵学论集》收录了黄宝生关于梵学研究的论文 29 篇，涉及他的主要研究领域和专题，涵盖印度古代文学研究，包括文学批评和文学理论研究；中印文学、文化比较，以及古代印度文学、佛学对中国影响研究；古代印度文学、佛经中译本的序言等，反映了他梵学研究的思想精华。《"知己"的学问》收集了叶秀山多年来关于西方哲学研究的论文 24 篇，包括《启蒙的精神与精神的启蒙》《哲学作为爱自由的学问》《欧洲哲学发展趋势与中国哲学的机遇》《论海德格尔如何推进康德之研究》等代表性文章，反映了他多年来研究西方哲学独特的思考。《中国经济转型论集》收集了张卓元关于经济发展与经济转型、转变经济增长和发展方式的途径与方法、深化改革完善社会主义市场经济体制三个方面共 60 篇文章，集中展现了他关于建立和完善中国特色社会主义市场经济方面

的理论思考和贡献。

我院学部委员学养深厚、成就卓著、贡献突出，他们不仅为我们留下了大量分量厚重的学术成果，而且他们在治学道路上钻研考证、孜孜以求、探索真理的学术历程和学术精神也是我国的宝贵财富。为此，与《中国社会科学院学部委员专题文集》相配套，我社又推出了《中国社会科学院学部委员学术自传》。

《中国社会科学院学部委员学术自传》——展现新时期中国学术大家的成长经历和治学方法

这套书共 5 卷 8 册，收集了近 140 位学部委员、荣誉学部委员撰写的学术自传，这套学术自传有约稿型，有访谈型，有随笔型，虽然在整体设计和文体方面看似不甚统一，但在内容上都展现了学者的学术成就、学术贡献和学术道路，以及学术追求和个人风采。

学术自传是学部委员对自己的学术道路的回顾与总结，其中凝聚了作者艰苦的学习成长过程和独特的治学态度、治学经验、治学方法、学术心得，以及对学术与人格、学术与利益、学术与功名等关系的人生思考，因而这套学术自传非常生动鲜活。比如在治学态度上，王伟光同志强调，做学问要坚定自己的信仰，他把"一以贯之"作为自己治学生涯中竭力追求的境界。他指出："仅仅把研究马克思主义作为职业、解决谋生问题，这不是正确的态度。要立志做马克思主义的秀才，要把马克思主义当作指南。"学部委员们早期求学生涯都比较苦，他们非常珍惜时光，勤奋治学，都把学术研究工作当作一生的事业和追求。柳鸣九用"我劳作故我在"来定义自己的存在状态和存在本质，在自己的书斋笔耕不辍，独自享受"坐冷板凳"的快乐。景天魁[①]把做学问当作一种修炼，他常说："其实做学问不一定需要多么聪明，只要做到严谨、严肃、严格、严守，心无旁骛，日积月累，总能做出好学问，乃至大学问的。"在治学方法上，陆学艺总结为"吃透两头"，植根于中国土壤。"吃透两头"，就是吃透上头的精神，吃透下头的实情。他特别重视做调查，反对写文章"洋话连篇""言必称英美"。李景源[②]认为，做学问"功夫在诗外"，哲学研究不能只关注自己的专业领域，他强调中西古今融合，史与论的结合。在对待名利上，汝信谈到，作为一名学者，首先要树立正确的价值观，"那就是要把科学真正当作科学来对待，不把科学当作博取名利的工具"。

这些心得都是我院学部委员们学术人生的体悟，后来的学人可以从中受到很多启迪和教育，对中国哲学社会科学薪火相传具有重要意义。

《当代中国学术思想史》——反映当代中国哲学社会科学学术思想历程

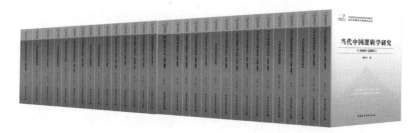

该丛书是我社自主策划的占领学术制高点的品牌书，是国内唯一系统完整地展现当代中国哲学社会科学学术发展史的大型丛书。该丛书对当代中国学术追根溯源，跨越中华人民共和国成立前后直

至当今学术发展，在搜集和分析了各学科大量文献资料的基础上，根据每一学科发展的内在逻辑，分析总结该学科每一发展阶段研究的主要问题、提出的重要学术思想、学术观点（其中包括重要概念范畴的提出、研究方法与路径的改变、学术话语的转变等），以及学者们针对某一问题展开的学术争鸣和中外学术之间的交流交融，从而形成了完整的当代中国学术思想演进的绚丽多彩的画卷，鲜明地呈现了中国自己的学科体系、学术体系、话语体系。因此，该丛书是构建中国特色、中国风格、中国气派的哲学社会科学的一项基础性工程。

该丛书由王伟光院长担纲编委会主任，中国社会科学出版社社长赵剑英策划，充分发挥中国社会科学院学科门类齐全，科研力量雄厚的人才优势，由中国社会科学院几十家研究所学科带头人和科研骨干，以及院外一大批各学科的著名专家学者参与撰写，反映了我院的整体科研实力，是我院在全国哲学社会科学发展中占领制高点、发挥领军作用的重要抓手。

该套丛书虽然是学术史，但无疑是学术精品。如张卓元主编的《当代中国经济学理论研究（1949—2009）》（后改名《新中国经济学史纲（1949—2011）》）获得第三届中国出版政府奖图书奖。又如马大正撰写的《当代中国边疆研究（1949—2014）》，是新时期我国第一部权威的边疆研究史著作。再如曾业英主编的《当代中国近代史研究（1949—2009）》，在《五十年来的中国近代史研究》一书基础上修订完善而成，共计近 100 万字，是一部较为系统地介绍中华人民共和国的近代史研究概况的著作，在学界广受好评，受到广大读者喜爱。

该套丛书目前已经与国外出版社签订"走出去"协议，对国外了解和研究中国学术的发展，增强中国学术的国际影响力意义重大。

以上 5 部大部头著作，反映了中国社会科学院的发展历史，展现了伴随中国改革开放实践发展和中国社会科学院不断成长壮大而涌现出来的学术大师、大家和优秀学者的学术成果精华，以及他们学习研究的历程和开展学术研究的心得，系统展现了当代中国哲学社会科学发展的历史进程和内在逻辑，从学术视角反映了中国道路的内在逻辑，对当今努力构建中国特色的哲学社会科学具有十分重要的理论价值。

深刻理解党的十九大报告的
"大历史观"*

党的十九大报告站在历史和时代的高度，贯穿实事求是的思想路线，系统总结了党的十八大以来党和国家事业发生的历史性变革，深刻回答了新时代坚持和发展中国特色社会主义的一系列重大理论和实践问题，做出中国特色社会主义进入新时代的重大判断，提出习近平新时代中国特色社会主义思想和基本方略，描绘了决胜全面建成小康社会、夺取新时代中国特色社会主义伟大胜利的宏伟蓝图，开启了全面建设社会主义现代化国家的新征程。报告立意高远、思想深刻、气势恢宏，具有很强的思想性、前瞻性、战略性、指导性，是一篇十分重要的马克思主义纲领性文献，蕴含了丰富的辩证唯物主义和历史唯物主义世界观方法论的智慧，闪耀着马克思主义哲学真理的光辉。其中，一个显著的特点就是以宏大开阔的"大历史观"把握新时代中国特色社会主义。

一 从"四个历史维度"把握新时代
中国特色社会主义的伟大意义

党的十九大报告不仅仅回顾了党的十八大以来五年的工作和历史性变革，而且以一种大的时间跨度来认识和把握中国当下的历史方位和未来发展目标。报告提出了"经过长期努力，中国特色社会

　　* 2017 年 11 月 12 日，在中国社会科学出版社党委理论中心组上的发言，后发表于《深圳特区报》2017 年 11 月 14 日第 B5 版。

主义进入了新时代,这是我国发展新的历史方位"①的重大政治判断及如何认识和把握中国特色社会主义新时代所处的历史方位和意义。报告首次精辟指出:"中国特色社会主义进入新时代,在中华人民共和国发展史上、中华民族发展史上具有重大意义,在世界社会主义发展史上、人类社会发展史上也具有重大意义。"②

这一论述体现了一种宏大的历史视野和时空格局,凸显了中国从近代受尽屈辱和长期的贫穷落后的境地到现在巍然崛起的艰辛历程,以及中国特色社会主义进入新时代对中华民族、世界社会主义运动,对于人类社会发展道路所具有的重大意义。它告诉人们,历史是延续的,从来没有割断,也不可能割断。中华民族的伟大复兴是一项历史的任务、历史的使命,这一任务和使命尚未彻底完成,我们现在所做的一切事情就是要"不忘初心,牢记使命",为实现中华民族伟大复兴的中国梦不懈奋斗。

同时,这样的论述表明,只有把中国特色社会主义置于中华人民共和国成立以来的历史、中华民族5000多年的文明史和世界社会主义500多年的发展史以至整个人类社会发展历史长河中进行审视,才能清晰准确地把握中国特色社会主义的历史方位,做出中国特色社会主义进入新时代的新判断。只有从"四个历史维度",才能更加客观、更加清晰地认识中国特色社会主义进入新时代所发生的历史性变革和伟大意义。因此,党的十九大报告首次提出从"四个历史维度"认识和把握新时代中国特色社会主义,呈现出一种巨大的历史感,它贯通了历史与现实、现实和未来。

二　探解"三大规律",开启三大历史转折

党的十九大报告指出,党的十八大以来我们党紧紧围绕"新时

---

① 习近平:《决胜全面建成小康社会　夺取新时代中国特色社会主义伟大胜利——在中国共产党第十九次全国代表大会上的报告》,人民出版社2017年版,第10页。

② 习近平:《决胜全面建成小康社会　夺取新时代中国特色社会主义伟大胜利——在中国共产党第十九次全国代表大会上的报告》,人民出版社2017年版,第10页。

代坚持和发展什么样的中国特色社会主义、怎样坚持和发展中国特色社会主义"这个重大时代课题，"坚持以马克思列宁主义、毛泽东思想、邓小平理论、'三个代表'重要思想、科学发展观为指导，坚持解放思想、实事求是、与时俱进、求真务实，坚持辩证唯物主义和历史唯物主义，紧密结合新的时代条件和实践要求，以全新的视野深化对共产党执政规律、社会主义建设规律、人类社会发展规律的认识，进行艰辛理论探索，取得重大理论创新成果，形成了新时代中国特色社会主义思想"①。习近平新时代中国特色社会主义思想是全党全国人民为实现中华民族伟大复兴而奋斗的行动指南，必须长期坚持并不断发展。

报告还指出："中国特色社会主义进入新时代，意味着近代以来久经磨难的中华民族迎来了从站起来、富起来到强起来的伟大飞跃，迎来了实现中华民族伟大复兴的光明前景；意味着科学社会主义在二十一世纪的中国焕发出强大生机活力，在世界上高高举起了中国特色社会主义伟大旗帜；意味着中国特色社会主义道路、理论、制度、文化不断发展，拓展了发展中国家走向现代化的途径，给世界上那些既希望加快发展又希望保持自身独立性的国家和民族提供了全新选择，为解决人类问题贡献了中国智慧和中国方案。"②

对"三大规律"探解所取得的一系列重大理论、制度和实践成果，以及"三个意味着"的论断，内涵极为丰富，意义极为重大，可以从以下三个方面做出理解。

第一个"意味着"，中国特色社会主义进入新时代宣示了中国由"大而不强"到"大而强"的历史转折。"强大"意味着自身机体的健康，这具体表现在，对内来讲，就是经济发展的高质量，政治、

---

①　习近平：《决胜全面建成小康社会　夺取新时代中国特色社会主义伟大胜利——在中国共产党第十九次全国代表大会上的报告》，人民出版社2017年版，第18—19页。

②　习近平：《决胜全面建成小康社会　夺取新时代中国特色社会主义伟大胜利——在中国共产党第十九次全国代表大会上的报告》，人民出版社2017年版，第10页。

文化、社会、生态治理制度的健全与科学，以及经济、政治、文化、社会、生态"五位一体"之间的协调、均衡发展。对外来讲，就是我国在世界经济体系和国际政治格局中，综合实力和国际地位以及所发挥的作用越来越突出，不再仅仅是有限的参与，而是在全球治理中发挥制定规则、引领全球发展的作用，成为在世界上有重要影响力和话语权，并担当责任的大国。

第二个"意味着"宣示了世界社会主义运动由低谷走向振兴的转折。新时代中国特色社会主义以不可辩驳的事实证明科学社会主义在21世纪的中国焕发出新的生机与活力，人类历史并未终结于西方资本主义文明。20世纪90年代，东欧剧变后，世界社会主义陷入低潮，共产党在许多国家失去执政地位。面临艰难的国际环境和复杂的国内环境，中国共产党成功探索出了长期执政的规律，成功探索出中国特色社会主义道路，在世界范围内举起了科学社会主义的大旗，赋予世界社会主义运动新的生命活力。中国共产党对世界社会主义运动做出了不可替代、不可磨灭的巨大贡献。

第三个"意味着"宣示了中国特色社会主义对于世界现代化道路和理论来讲，由边缘开始走向世界舞台的中央。中国特色社会主义向世界提供了实现现代化的中国方案，由曾经被视为"异类"的学说逐渐开始成为受到高度关注的"主流"理论，与资本主义制度文明形成鲜明对峙。

长期以来，西方一些资本主义国家重点质疑中国特色社会主义理论和道路。一是指责中国是非民主国家；二是指责非个人自由主义（权利）本位。但事实证明，对于我们这样一个世界上人口最多的多民族国家来说，为应对自身经历的深刻变革和与之相互掺杂在一起的很多全球性复杂问题，一个强有力的国家治理能力是维护中国稳定发展的保障，没有稳定的社会秩序和较快速度的增长，人民的社会经济权利保障是根本无从谈起的。当前，"五位一体"的总体布局、"四个全面"的战略布局和新发展理念，都将进一步完善中国的制度体系，更加关注人民群众的利益诉求，改善民生，促进人的自由和全面发展。中国经济社会持续近四十年高速、稳定发展表明，中国特色社会主义作为一种新制度文明形态已基本定型成熟，显示出蓬勃的生命力，从而为人类的发展和世界文明多样性贡献了中国方案和中国智慧。

三　中国共产党是引领中华民族伟大复兴的先锋与脊梁

习近平总书记指出，一个民族、一个国家，必须知道自己是谁，是从哪里来的，要到哪里去，想明白了、想对了，就要坚定不移朝着目标前进。党的十九大的主题是："不忘初心，牢记使命，高举中国特色社会主义伟大旗帜，决胜全面建成小康社会，夺取新时代中国特色社会主义伟大胜利，为实现中华民族伟大复兴的中国梦不懈奋斗。"① 那么，中国共产党的初心是什么呢？"就是为中国人民谋幸福，为中华民族谋复兴。"这些论述清楚地显示了习近平总书记善于运用历史思维进行治国理政的雄才大略。要深刻把握"初心"，就必须深切理解近代以来的中国社会的命运，以及中华民族抗击列强、艰辛追求民族复兴的苦难历程。

实现中华民族伟大复兴是近代以来中华民族最伟大的梦想。中华民族有 5000 多年的文明历史，创造了灿烂的中华文明，为人类做出了卓越贡献，成为世界上伟大的民族。中国曾经是世界上的经济强国，后来在世界工业革命如火如荼、人类社会发生深刻变革的时期，中国丧失了与世界同进步的历史机遇，落到了被动挨打的境地。尤其是鸦片战争之后，中华民族更是陷入积贫积弱、任人宰割的悲惨境地。由中国先进分子组成的中国共产党从马克思列宁主义的科学真理中看到了解决中国问题的出路。中国共产党义无反顾肩负起实现中华民族伟大复兴的历史使命。九十六年来，中国共产党团结

---

① 习近平：《决胜全面建成小康社会　夺取新时代中国特色社会主义伟大胜利——在中国共产党第十九次全国代表大会上的报告》，人民出版社 2017 年版，第 1 页。

带领人民进行了艰苦卓绝的斗争，谱写了气吞山河的壮丽史诗。

行百里者半九十。虽然我们比历史上任何时期都更接近中华民族伟大复兴的目标，但是，实现中华民族伟大复兴依然任重道远。为此，习近平总书记指出，中国共产党必须准备付出更为艰巨、更为艰苦的努力，要团结带领人民有效应对重大挑战、抵御重大风险、克服重大阻力、解决重大矛盾，必须进行具有许多新的历史特点的伟大斗争。

历史已经并将继续证明，没有中国共产党的领导，民族复兴必然是空想。为此，必须深入推进党的建设新的伟大工程，坚持和加强党的领导，使我们党始终成为时代先锋、民族脊梁，始终成为马克思主义执政党。

中国特色社会主义是改革开放以来党的全部理论和实践的主题，是党和人民历尽千辛万苦、付出巨大代价取得的根本成就。中国特色社会主义道路是实现社会主义现代化、创造人民美好生活的必由之路，我们必须坚持实干兴邦，始终坚持和发展中国特色社会主义。

正是在清醒把握鸦片战争以来中华民族振兴的历史逻辑的基础上，中国共产党才能不忘初心，开辟未来；不忘初心，牢记使命，向着中华民族伟大复兴的目标砥砺前行。

讲好中国故事[*]

——揭秘《理解中国》丛书为何受欢迎

近日，在中国社会科学出版社主办的一次学术图书"走出去"海外影响力推广研讨会上，该社出版的《理解中国》丛书再次引起国内外同行的讨论。

中国崛起的秘密何在？如何从学术角度认识与理解中国？在推动中国文化"走出去"的进程中，这些问题越来越成为外国学者所关注的焦点。针对此需求，由中国社会科学出版社策划出版的《理解中国》丛书，以"发挥学术优势，讲好中国故事"为追求，选取国内外读者关注的重大理论和实践问题，由各学科权威专家撰写，以深入浅出、通俗易懂的写作方式打造出一套学术著作精品，向国内外读者阐述中国的历史与现实。

说缘起——走出去"学术缺位"

为什么要策划这样一套丛书？作为该套丛书的主编、中国社会科学出版社社长兼总编辑赵剑英向《中国新闻出版广电报》记者阐述了自己的思考："近年来，'中国制度''中国模式'所创造出的'中国奇迹'为世界所瞩目。中国在其自身实践道路的发展进程中，

---

[*]《中国新闻出版广电报》2017 年 7 月 6 日，该报记者李婧璇撰稿。

成功地走出了一条中国特色社会主义现代化之路——中国特色社会主义道路。探究中国成功之谜，已经成为国际学术界进行当代中国研究的一个热点问题。作为出版人，我们有责任、有义务通过图书，向世界阐释中国道路选择的必然性和合理性。"

　　既是出版人，又是学者的赵剑英近年来在出席各种国际书展和学术交流活动时发现中国展出的学术理论读物偏少，关于如何看待中国崛起、如何认识与理解中国的相关深度学术著述则更少。因此，他希望通过策划《理解中国》这样一套丛书，能够集中中国学术界的智慧、推出权威的学术著述，向国内外读者介绍中国重大的理论和实践问题，从不同角度阐述中国的历史与现实。

　　在赵剑英看来，我们以更加宽容、友好的心态融入世界时，自己却没有被客观真实地理解。"《理解中国》丛书，正是将中国特色社会主义的成功之'道'总结出来，讲好中国故事，讲述中国经验，用好国际表达，告诉世界一个真实的中国、一个现实的中国、一个发展的中国。"

中国社会科学出版社学术图书"走出去"成果

　　人文社科学术图书是文化的重要载体和重要组成部分，是文化影响力中最具基础性和深远意义的因素，其在对外文化交往、推动中国文化"走出去"中，发挥着日益重要的作用。而"发挥学术优势，讲好中国故事"正是《理解中国》丛书的追求。"紧紧围绕中国改革开放、中国道路、中国发展和中国当前改革的问题，我们组织策划了一批国外读者感兴趣的，有助于国外读者了解研究当代中国的政治、经济、社会、文化等方面的研究性著作。"赵剑英表示，这样能够更好地发挥哲学社会科学图书的作用，对于增强中国国际学术话语权具有重要意义。

话实操——"三顾茅庐"邀名家

　　蔡昉、李培林、房宁、韩震、干春松……一批专家学者纷纷为《理解中国》丛书著书立作。《破解中国经济发展之谜》《中国社会巨变和治理》《中国的民主道路》《中国工业化的道路》《中国的价值观》《中华文化简明读本》……从学术的视角围绕中国道路、中国理论、中国制度进行梳理和阐述，向国内外读者呈现一个真实、丰富、立体的中国形象。"通过这些专家学者所著的图书向世人传递中国道路背后所依托的文化自信和自强。"赵剑英说。如何说服这些专家学者担纲主笔、著书立作，赵剑英也是颇费心力，很多作者都是他"三顾茅庐"应邀而作。

　　截至目前，《理解中国》丛书已达到14种，产生了广泛的社会影响。其中，《中国的法治道路》入选中央和国家机关"强素质　作表率"推荐阅读书目；《破解中国经济发展之谜》获得中宣部优秀通俗理论读物奖以及第六届中华优秀出版物（图书）奖。同时，丛书的销售情况良好，其中《破解中国经济发展之谜》仅仅移动手机阅读收入就达到了近20万元。

　　在"走出去"方面，《理解中国》丛书也不断开花结果。截至目前，英文版推出5种，韩文版推出3种，西班牙文版推出3种，阿拉伯文版推出 3 种，俄文版推出 3 种，日文版推出 1 种。其中，《破解中国经济发展之谜》在施普林格网站上线仅半年点击量就达到 2880 次，超过国外销量全年 1600 次的平均值。

之所以能取得这样的成功，在赵剑英看来，关键在于好的选题和对书稿的耐心打磨，"每本书从主题确立到作者选取，都是反复推敲商榷。全部书稿皆是匿名审稿，并将修改意见不断反馈给作者进行修改，直至最终定稿，基本都是历时 1 年左右"。为什么要如此倾注心力、不计成本？对此，赵剑英坚定地说："我们就是要将'理解中国'丛书打造成集主题出版、精品出版、对外出版、大众出版于一体的范本，让其成为讲述中国故事、阐述中国道路的重要文化载体。"

看效果——"理解丛书"变身"了解手册"

外国学者迫切想了解中国，中国学界渴望把声音传递出去，这就需要一架跨文化对话的坚实桥梁。《理解中国》丛书便承担起了这一职能。在美国书展、新德里书展和伦敦书展等一系列国际书展上，中国社会科学出版社以《理解中国》丛书为载体，邀请中外知名学者进行中国问题研究的相关研讨和交流活动。

"中国价值观、巨大变化、深入理解是《理解中国》丛书给我印象最深的 3 个词。"在今年伦敦书展举办的"大变革时代中国的价值观暨《理解中国》丛书新书发布暨学术交流会"上，英国考文垂大学当代中国研究组教授尼尔·伦维克如此感叹。

"我们需要全面地理解中国，不仅要了解其现在，还要了解其久远的历史。很多人只是从很短期的视角着手了解中国，因而很容易产生各种误解，应当了解中国的历史、文化、价值观乃至古代哲学。"英国伦敦大学亚非学院中国研究院教授罗伯特·艾诗认为，《理解中国》丛书以专家知识与有益视角帮助读者理解中国。

《理解中国》丛书为何在国外受欢迎？施普林格出版集团编辑总

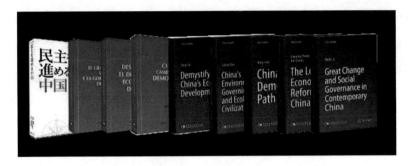

《理解中国》丛书外文版

监裴米娅认为,《理解中国》丛书促进了对当代中国社会的经济、政治、文化与宗教等方面的全面理解,更为全世界从事中国研究及相关领域的研究者提供了优质的资源。

"借助国际书展中国主宾国的对外文化交流平台以及其他对外文化交流活动,我们以书为媒,带着作者讲中国故事,展开中外学者交流对话,充分发挥这套丛书的政治价值、文化价值和学术价值。"在赵剑英看来,中国学术国际化既是中国文化"走出去"的重要部分,也是配合中国崛起不可或缺的部分,让《理解中国》丛书成为中外学者对话和沟通的桥梁,成为提升中国学术国际化的重要途径,为打造"学术上的中国"贡献出版人的力量。

作为学者的出版家*

"剑英，文章发表了！" 31 年后，赵剑英还清晰地记得，1986 年初春的那个清晨，是这句话叫醒了尚在睡梦中的他。

中国人民大学哲学系本科生赵剑英撰写的论文《试论定量思维方法在科学认识中的作用》刚刚在那年的《国内哲学动态》第 3 期发表。论文的指导教师汤群英一大早就爬到 5 楼的学生宿舍，告诉他这个好消息。

赵剑英是班上第一位公开发表论文的学生，而且一出手就是国家级刊物。此后，保送研究生，到《中国社会科学》杂志社做编辑，

---

* 《光明日报》2017 年 8 月 29 日，该报记者杜羽撰稿。

之后出任中国社会科学出版社社长兼总编辑，30多年来，无论角色如何变化，赵剑英都没有离开哲学。日前，《时代的哲学回声——赵剑英学术自选集》由人民出版社出版，书中收入的40多篇文章，不仅是他个人学术生涯的阶段性总结，而且记录了在时代大变革、社会大转型过程中，一名长期在编辑出版领域耕耘的理论工作者的思想轨迹。

知常达变，与时偕行

20世纪80年代初，自然科学技术的发展对人类社会的影响引起很多马克思主义哲学研究者的关注。赵剑英围绕这个领域进行了大量阅读和思考，凭着一股初生牛犊不怕虎的劲头，写出了《试论定量思维方法在科学认识中的作用》，对定量思维方法的内容、特点、客观依据和在科学认识活动中的作用进行考察，并提出了一个被时间应验了的观点：计算机方法正越来越成为定量思维方法的一种主要形式，在科学认识活动中发挥着重大的作用。

"俗话说，事非经过不知难。对于人文学者来说，丰富的人生阅历无疑有助于学术的成熟。但现在回头看看自己22岁时发表的处女作，我并没有'悔其少作'的感觉。"赵剑英说，作为一种普遍的思维方法，定量思维方法现在不仅体现在自然科学研究中，而且现在在经济学、社会学、政治学、史学等人文社会科学领域也得到了普遍应用，还有人运用统计学方法制作出了"唐诗排行榜"。

从实践问题到文化问题，从马克思主义哲学的当代发展到中国特色社会主义理论，赵剑英的学术视角一直在变换，但他始终怀揣着那颗初心，沿着把哲学原理与时代发展相结合的学术道路，不断探讨新问题、写出新思索。

伴随着社会主义市场经济体制的建立和发展，拜金主义、功利主义等思潮曾一度在社会上流行，"搞导弹的不如卖茶叶蛋的，拿手术刀的不如拿剃头刀的"，而人文学科尤其受到忽视。赵剑英撰写了

《人文科学的地位与价值》《在冲突和变迁中探寻新的价值世界》等系列文章，提出应重视人文学科和人文精神建设，在新的社会实践和时代条件下构建正确的价值观。世纪之交，赵剑英又将思考的目光转向对中国现代化的百年历程的回顾与反思，在发表学术文章的同时，他还主编了《世纪之交的中国文化》等文集，撰写了《复兴中国》等专著，通过历史的比较和现实的分析，思考中国文化的前途和命运。

在为《复兴中国》撰写的前言《从衰落走向复兴——中国现代化的百年追求与展望》中，赵剑英这样结尾："在即将迈进 21 世纪的前夜，我的耳中经常响起《黄河大合唱》那不屈不挠、气势磅礴的旋律。《黄河大合唱》是中华民族精神最为生动、形象的象征……在新的时代和历史条件下，它必将更有力地昭示和鼓励中国人民凝聚一切力量和智慧，朝着富强、民主、文明的现代化目标，在 21 世纪实现中华民族新的辉煌！"

赵剑英在文化研究领域也发表了不少有持续影响力的文章，比如《现代性与近代以来中国人的文化认同危机及重构》《文化认同危机与建构社会基本价值观的紧迫性》《论中国特色社会主义文化发展观》等论文的被引量和下载量都非常高，而且他的这些文章都洋溢着一种理性的激情。

"我在马克思主义哲学的天地里涵泳，如果说所思有所得的话，最关键的一点在于'知常达变'和'与时偕行'。'常'即自然、人类社会和思维发展的一般规律。'知常'才能'达变'。而只有与时偕行，才能跟上时代前进的步伐，为构建中国特色哲学社会科学贡献智慧。"无论是回忆往事，还是谈及当下的思考，都能感受到赵剑英那股既激昂又深沉的家国情怀。激昂是因为热爱，深沉则源自了解。

学术还原生活，生活砥砺学术

2015 年 8 月，中国社会科学出版社出版的《中国历史学 30 年》

英文版在第 22 届国际历史科学大会期间首发。这部集中展现新时期中国历史学研究历程的著作，受到与会各国历史学家的广泛关注。8 年前，赵剑英刚到中国社会科学出版社就任，就策划了《中国哲学社会科学 30 年》丛书，《中国历史学 30 年》正是其中的一种。

"这可能与我做哲学研究有关，会对学术发展的趋势有一个总体的把握。"赵剑英说，策划《中国哲学社会科学 30 年》丛书时，正值改革开放 30 周年，他认为，此时的中国哲学社会科学正处在一个承前启后、继往开来的关节点上，需要有一套丛书，以宏大的学术视野、深邃的历史反思去梳理这 30 年的学术脉络，诠释时代与学术、现实与理论、历史与逻辑的关系，帮助人们破译当代中国哲学社会科学的成长密码，找到当代中国哲学社会科学据以安身立命、薪火相传的精神家园。

十年来，赵剑英对于当代社会、当代学术的思考，不仅成就了他个人的论著，而且转化为像《中国哲学社会科学 30 年》丛书这样的众多系列学术图书。《当代中国学术思想史》丛书系统展现了当代中国哲学社会科学学术思想发展史，《理解中国》丛书向海内外读者阐释中国道路、中国理论、中国制度和中国文化，"中社智库"成为智库成果的重要发布平台……

"一家学术出版社如果丢掉了学术，就像安泰离开了大地，没有了安身立命的根基。学术出版只要基于对学术的不懈追求，就一定会'修成正果'；如果只追求短期经济利益，注定不会有长久的发展。"赵剑英认为，作为专业的学术出版社，坚持学术出版的定位是中国社会科学出版社必然的选择，"面对当代学术国际化、大众化、智库化、大数据化的发展趋势，我们也需要进行出版创新，比如'中社智库'每年与多家国家高端智库联合推出数十种智库报告，通过智库成果的传播，社会大众会更了解我们的出版品牌；再比如，《理解中国》丛书等反映国家意志的'主题图书'，并不是生硬地灌输，而是选择了一条学术精品大众化的道路，并且在'走出去'方面卓有成效，已经向海外多个国家输出了版权。"

　　出入于学术和出版之间，通过出版滋养学术，通过学术反哺出版，对赵剑英来说，"学术还原生活，生活砥砺学术"的理想从未改变。在他看来，有了哲学这把打开智慧之门的钥匙，学术与出版相得益彰其实并非难事。

2018

坚持守正创新，推动传统出版与数字出版融合发展[*]

一　要充分认识融合出版工作的重要性和紧迫性

党的十八大以来，习近平总书记关于数字中国、网络强国和媒体融合等关系国家战略的重大问题做出了一系列重要论述。习近平总书记在"5·17"重要讲话中也指出："要运用互联网和大数据技术，加强哲学社会科学图书文献、网络、数据库等基础设施和信息化建设。"① 这些论述立意高远，内涵丰富，是中国社会科学出版社开展融合出版工作的根本遵循。

"中国社会科学文库"网站

＊　2018 年，在中国社会科学出版社数字出版工作会上的讲话。

①　习近平：《在哲学社会科学工作座谈会上的讲话》，人民出版社 2016 年版，第 25 页。

最新的《中国互联网发展状况统计报告》显示，我国网民规模达 7.72 亿，普及率达到 55.8%，其中手机网民规模达 7.53 亿，网民中使用手机上网的人群占 97.5%。《第十五次全国国民阅读调查报告》指出，数字化阅读方式（网络在线阅读、手机阅读、电子阅读器阅读、Pad 阅读等）的接触率从 2008 年的 24.59% 增长到 2017 年的 73%。手机阅读和网络在线阅读是成年国民数字化阅读的主要方式。广大读者在内容的获取渠道、阅读方式以及所选择的产品形态等方面，正在发生巨大的变化。

随着互联网新技术的发展，学术科研的边界也在不断延展，人文社会科学与自然科学相互融合，研究范式与研究方法深度革新。科研人员越来越习惯使用数字文献和各种技术工具辅助科研工作，使学术生产的能力迅速提升、学术产品呈爆发趋势。科研人员通过查询专业数据库大大降低了学术内容生产的时间成本。

作为出版人，要敏锐捕捉到产业链条上的政策环境、技术趋势及用户需求的变化，要努力跟上新时代发展步伐，做时代的弄潮儿，充分认识融合出版工作的重要性和紧迫性。

融合出版是出版的未来和方向，直接关系到出版社是否能够可持续发展，是否有能力迎接机遇，应对挑战。在这一点认识上，希望全社同志能够统一思想，在巩固传统出版优势地位的同时，积极探索数字出版新模式。

二　要重点加强数字产品的研发工作

中国社会科学出版社专注学术出版，提出了"五化战略"，其中之一就是数字化战略。随着数字出版中心的成立，我们对数字化战略发展规划进行了整体部署，明确了以项目为抓手，在出版社优势内容资源的基础上，重点建设若干内容权威、技术领先、传播便捷的数字产品。

出版社近几年尝试开发了电子书、有声书、数据库等数字产品，实现了从 0 到 1 的突破。纸电同步率超过 95%，在业内保持领先地位。每年生产 2000 余种电子书，录制了《拉美西斯》系列有声书。《中国社会科学文库》《中国社会科学年鉴数据库》《中国近代影像资料库》三个数据库产品年初陆续上线运行销售。

加强数字产品的研发要注意几个方面。

第一，要加强电子书的传播力度。电子书是最基础、最成熟，也是受众最广的数字产品形态。针对学术类电子书市场销售一般的情况，一方面就是倒逼我们要多策划一些学术大众化的图书产品，另一方面还是要加大营销力度，让优质内容找到真正需要它的用户。要善于利用大平台的流量资源，通过各种新媒体促销活动，不断将用户引入出版社的私域流量池中。

第二，要提高有声书的录制数量。《第十五次全国国民阅读调查报告》显示，2017 年我国成年国民的听书率为 22.8%，14—17 周岁青少年的听书率最高，达 28.4%，这一规模有不断扩大的趋势。有声书在欧美发达国家也有相当高的普及率。所以我们要加速做好有声书的选题策划和内容录制工作，要保证一定的规模效应，一方面应以内容质量为第一考量，坚持做精品；另一方面要探索有声书的盈利模式，在保证社会效益的前提下，不断提升经济效益，为用户创造有价值的内容产品。

第三，要重点开发专业数据库产品。实践证明，专业出版单位实现数字化转型的最合适产品就是数据库。经过行业发展这些年的探索，我们认为这条路是跑得通的。中国社会科学出版社最大的优势就是这些年积累下来的 2 万余种图书的优质内容资源，这些资源覆盖了哲学社会科学的绝大多数学科，体现了中国哲学社会科学研究发展的最高水平。要深度挖掘这些优质存量资源，构建各学科知识体系和知识关联，在内容资源碎片化、结构化的基础上，利用知识体系实现内容资源的标引、管理、整合和展现，开发不同类型内容资源的数据库产品。

要从出版供给侧改革角度出发，坚持用户思维导向，提供专业化、便捷化的数据库产品与服务。要利用动态重组技术，根据用户需求，实现不同主题内容的重组与扩展。数据库产品是出版社实现从文献服务向知识服务转型的最好平台，数据库上线的第一天就是我们面向用户提供知识服务的第一天。以知识服务为目标，以数据库为平台，整合各类学术资源将成为学术出版融合发展的新模式。

三　要不断完善体制机制，保障融合出版工作顺利推进

如何推进传统出版与数字出版的融合发展对于传统出版社来说是一个新的课题，应从管理模式、内容资源、平台建设、技术应用、人才队伍等方面探索创新体制机制。

一是要树立全社上下一盘棋的融合观念。数字化战略是全社的发展战略，要认识到融合出版的大势所趋。融合出版不仅体现在技术方面，而且要从选题策划、内容生产到宣传销售等各个岗位实现全面融合，"全社一盘棋"协同实施融合发展工作，鼓励各岗位员工"触网""触电"，不断促进传统出版与数字出版从"相加"到"相融"。

二是做好信息化基础设施建设。信息化是融合出版的基础，要不断完善 ERP 系统，将数字出版业务纳入 ERP 系统统一管理；要搭建私有云出版信息平台，借助智能技术手段实现纸质出版与数字出版全系数字资源的统一存储、管理、利用和保护，保证数字资源的安全高效流转。通过对数字资源建设、资源管理、资源利用和质量控制四个维度的管控，大大提升了数字产品的质量。

三是做好版权管理工作，版权是所有出版工作的核心，在这方面我们是吃过亏的。要根据行业发展和业务需要，不断修订出版合同模板。尤其是涉及数字出版的新业态、新产品时，要经过慎重调研，借鉴同行的经验，在保护著作权人权益的基础上，为出版社争取更大权利。

四是加大融合出版的激励制度，制定《数据库销售管理办法》，

鼓励全员推广数据库产品。鼓励部门与部门之间、员工与员工之间开展以项目的形式，策划开发各种类型的数字产品，构建作者、编者、卖者的新型合作关系，创造新的利益增长点。

五是重视人才的培养。针对数字出版工作产品经理、技术研发、内容编辑、运营销售等特定岗位的设置，有针对性地引进特殊人才，特别是技术型人才，鼓励传统编辑部门引进复合型编辑人才，制定更加灵活、更具吸引力的人才激励制度。通过融合出版项目锻炼项目编辑团队、技术开发团队及运营团队，形成融合出版发展的核心竞争力与持续推动力。

面对融合发展的大趋势，我们应努力修炼内功，提升应对挑战的能力，坚持守正创新与高质量出版，不断促进哲学社会科学的数字化发展和社会化传播，推动人类进步。

不忘初心　勇于担当
继往开来　砥砺前行[*]

2018 年 6 月 12 日，在新时代哲学社会科学出版座谈会暨
中国社会科学出版社成立 40 周年大会上致敬作者

初夏的北京，万木葱茏，莲叶满池，映日荷花别样红。在这清爽宜人的美好时节，我们迎来了中国社会科学出版社建社 40 周年。

今天的社科学术报告厅大家云集、高朋满座，我们在这里抚今追昔，共同庆祝中国社会科学出版社成立 40 周年，共话新时代学术

出版发展之路与愿景，实在是一件令人高兴的事情。我首先代表中国社会科学出版社全体干部职工，对百忙之中莅临会议的各位领导、学界前辈、专家学者、业界同人和媒体朋友们表示热烈的欢迎和衷心的感谢！

中国社会科学出版社诞生于 1978 年 6 月 14 日，正值当代中国拨乱反正、解放思想、开启改革开放大潮的伟大历史转折时期。40 年来，中国共产党带领中国人民披荆斩棘、砥砺奋进，成功开辟了中国特色社会主义道路，书写了当代中国发展史、中华民族发展史以及人类文明发展史上的壮丽篇章。中国社会科学出版社无疑是这一辉煌历史中的幸运儿、弄潮儿，在这波澜壮阔、亘古未有的伟大历史进程中，我社参与并见证了当代中国的巨变与进步，参与并见证了当代中国哲学社会科学的繁荣与发展。40 年来，几代社科出版人艰苦创业、艰辛探索、薪火相传，自觉担负学术出版的使命，走出了一条社会效益和经济效益相统一的发展道路，积累了丰富而深刻的出版经验，取得了可喜的成绩。

40 年来，我们始终坚持正确的出版方向，在宣传马克思主义理论和中国特色社会主义研究成果方面，在弘扬主旋律，巩固以马克思主义为指导的社会主义意识形态上，在坚持社会主义先进文化的发展方向上出版了大量具有重要影响的力作，发挥了作为党和国家意识形态重要阵地的作用。

40 年来，我们始终坚持学术出版的基本定位，出版了大量学术和文化精品。我社出版的图书中既有郭沫若、胡乔木、范文澜、胡绳、金岳霖、费孝通、钱锺书、吕叔湘、季羡林、刘国光等老一辈学术大师最具代表性的学术成就；又有改革开放后我国哲学社会科学领域各学科的学术大家和领军人物的创新成果。出版了如《中华人民共和国国家历史地图集》《中国历史地名大辞典》《新中国经济学史纲（1949—2011）》《商代史》《摩诃婆罗多》《世界佛教通史》《马克思主义史学思想史》《中国经学思想史》《破解中国经济发展之谜》《马克思主义哲学形态的演变》《中国的和平发展道路》等一批获得中国出版政府奖、中华优秀出版物奖、中国好书奖等最高图书奖的精品力作。我们还出版了国内唯一系统完整地展现当代中国哲学社会科学学术思想发展史的大型丛书——《当代中国学术思想史》，这是一项构建中国特色哲学社会科学学术体系、话语体系的基础工程。

可以说，40年来，我社以2万余种图书见证并记录了时代风云和当代中国的伟大变革，在一定程度上展现了当代中国哲学社会科学发展的辉煌历程，无论是就数量，还是就学术影响力、社会影响力而言，我社均是最重要的出版社之一。我社形成了深厚的学术出版传统，树立起了响亮的学术出版品牌，目前已发展成为全国哲学社会科学学术出版重镇，为当代中国哲学社会科学的发展做出了重要贡献。

40年来，我们以开放的姿态积极开展与国外图书出版机构的交流与合作，引进了一大批国外优秀人文社科著作，同时积极推动中国学术、中国文化走向世界，展示当代中国发展的伟大成就。我社出版的第一本书《提高生产率》是美国唐纳德教授在卡内基·梅隆大学的演讲词的中译本，第一本"走出去"图书《中国概况》是1989年与英国培格曼出版公司合作出版的，这些反映了第一代社科出版人的开放视野。特别是党的十八大以来，我社与国外出版社签约"走出去"图书达276项，先后成立智利分社、法国分社，《理解中国》丛书的多语种出版成为中国学术"走出去"、讲述中国故事的一张靓丽名片，我社也逐渐成为中国学术"走出去"的一支生力军和主力军。

40年来，我们紧跟时代发展步伐，发时代之先声，为改革开放鼓与呼，出版了大量解放思想、推动社会主义市场经济发展、社会主义法治建设和文化建设等方面的优秀成果。2015年以来，我社主动服务党和国家新型智库建设，及时推出了"国家智库报告"等

"中社智库"系列图书，迅速树立起智库出版品牌。目前我社已成为国内第一家专业、系统、密集、公开出版智库成果的机构，成为国家高端智库成果的重要发布平台。

40年来，几代社科出版人艰苦奋斗、励精图治，从8万元起家，发展到现在年出书2000多种，利润和职工收入逐年增长，规模虽然不大，但发展质量较好，"双效俱佳"的现代文化企业。人员规模从几十人发展到现在200多人，形成了老中青相结合的专业编辑队伍、经营管理队伍和市场营销队伍。当前，我社干部职工目标坚定，思路清晰，团结一心，实干苦干，士气旺盛。可以说，中国社会科学出版社目前正处于历史上最好的发展时期，呈现出良好的发展势头。

赵剑英社长致辞

此时此刻，我们深怀感恩之心。我们感恩改革开放这个伟大时代；感恩历代社科出版人艰苦创业、辛勤奉献打下的基业；感恩中国社会科学院历届党组的正确领导和亲切关怀，特别是感恩胡乔木同志的远见卓识，提出创建中国社会科学出版社；感恩院属各职能局和直属机构、各研究所以及全国哲学社会科学界的大力支持；感恩中宣部、国家新闻出版署一直以来的关心与支持；感恩广大学者、读者的厚爱与信赖。在此，请允许我代表全社干部职工对他们致以崇高的敬意和衷心的感谢！

中国特色社会主义进入新时代对学术出版工作提出了新要求：构建中国特色哲学社会科学需要学术出版发挥更大的作用；新时代我国社会主要矛盾发生变化迫切需要我们提供更多广大人民群众喜闻乐见的优秀精神文化产品；新的信息技术的运用为知识成果的传播方式带来革命性的变化；等等。

四十不惑。历经 40 年的出版探索，身处伟大的新时代，我们深深感到，中国社会科学出版社的工作虽然取得了长足的进步，但与党中央、院党组的要求和广大作者、读者的期望相比，尚有很大差距，还存在不少短板和不足。我们要更加清醒地把握当前和未来的新形势，更加清醒地认识到自己所肩负的责任和使命，更加明白未来应走什么样的路。新时代做好学术出版工作，推动中国社会科学出版社续写新篇章，要重点做好以下工作。

一是始终坚持正确的政治方向，高举中国特色社会主义伟大旗帜，深入学习贯彻党的十九大精神和习近平新时代中国特色社会主义思想。紧紧围绕"坚持和发展中国特色社会主义"这一新时代主题，策划出版更多反映学习研究宣传习近平新时代中国特色社会主义思想的成果。要深入学习贯彻习近平总书记在全国哲学社会科学工作座谈会上的重要讲话精神，深入学习贯彻习近平总书记在纪念马克思诞辰 200 周年大会上的重要讲话精神，策划出版更多研究和阐释当代中国马克思主义、21 世纪马克思主义的理论成果。

二是要有强烈的文化担当与使命。这就是传文明薪火、发时代先声。当前，我们正处于决胜全面建成小康社会，向着社会主义现代化强国和实现中华民族伟大复兴的目标前进的征程中。我们哲学社会科学出版工作者要大力弘扬中华优秀传统文化成果，推动中华文化的创造性转化和创新性发展，使之与以社会主义核心价值观为灵魂的马克思主义意识形态相贯通、相融合，要积极策划出版更多面向坚持和发展中国特色社会主义为主攻方向的优秀研究成果。

三是发扬工匠精神，强化精品意识，推动学术出版由数量增长向质量效益提升转变。新时代坚持和发展中国特色社会主义这场伟大社会革命迫切需要加快构建中国特色哲学社会科学。构建中国特色哲学社会科学，学术出版大有可为。我们要积极调整产品结构，注重提高图书的学术质量和编校质量，努力提升单品种图书的社会效益和经济效益。

四是加强出版业态创新，大力推动出版的数字化转型升级。加快数字产品的开发和营销工作，探索长期稳定的盈利模式。完善数字出版效益激励机制，促进传统出版与数字出版的联动发展。

五是拓宽国际视野，向国际化出版强社迈进。要推出更多讲述中国故事、阐释中国方案和中国智慧的优秀作品，在营造更好的国际舆论环境，扩大中华文化国际话语权，提升中华文化软实力方面发挥更加重要的作用。充分发挥智利分社、法国分社的平台和桥梁作用，加强与国外知名出版机构合作，积极开拓海外市场。

六是重视人才队伍建设，打造一支政治素质优、学术素养高、凝聚力向心力战斗力强的老中青结合的编辑队伍、营销队伍和管理队伍；深化出版管理体制机制改革，确保中国社会科学出版社良性协调可持续发展。

回顾历史，我们深感欣喜。进入新时代，我们信心满怀。在改革开放和建社40周年的重要历史时刻，我们将在习近平新时代中国特色社会主义思想指引下，在院党组正确领导下，重整行装再出发，紧跟时代和行业发展步伐，自觉融入新时代社会主义文化强国建设和中华民族伟大复兴的历史洪流中去，不忘初心，勇于担当，继往开来，砥砺前行，为加快构建中国特色哲学社会科学，推动新时代中国学术出版事业的发展，为中华民族的伟大复兴做出我们更大的贡献！

附录　传文明薪火　发时代先声
——中国社会科学出版社 40 周年*

中国社会科学出版社 40 年来出版了大量马克思主义理论研究著作，成为我国有影响力的马克思主义理论出版阵地。

推动中国学术"走出去"是近年来中国社会科学出版社的工作重点之一，下图为各语种相关作品。

多语种图书

今年是改革开放 40 周年，也是中国社会科学出版社成立 40 周年。40 年来，这家与改革开放同步的出版机构不忘初心，为我国哲学社会科学的发展繁荣做出了自己的贡献。

为改革开放鼓与呼

"社会大变革的时代，一定是哲学社会科学大发展的时代。"改革开放 40 年来我国哲学社会科学百花齐放、百家争鸣的可喜景象证明了这个论断的真理性。作为一家学术出版机构，成立于 1978 年的中国社会科学出版社与改革开放同行，用 2 万余种图书见证并记录着时代风云与社会变革。40 年深耕细作，中国社会科学出版社已经成为马克思主义理论重要出版阵地、哲学社会科学出版重镇、中国

* 《人民日报》2018 年 6 月 7 日，该报记者张贺撰稿。

社会科学院及其他国家高端智库成果的发布平台、中国学术"走出去"的主力军。"传文明薪火、发时代先声，是我们的初心，也是我们的使命。"中国社会科学出版社社长赵剑英说。

1978年6月，随着中国社会科学院的成立，中国社会科学出版社应运而生。在改革开放的春风刚刚吹拂中华大地的时刻，这家初出茅庐的出版社集中出版了中国最负盛名的一批学术大师经由一段时间的沉寂而后厚积薄发的名作，如顾准《希腊城邦制度》、于光远《经济、社会发展战略》、钱锺书《石语》、季羡林《中印文化交流史》、费孝通《中国绅士》、张岱年《中国哲学大纲》、吕叔湘文集、顾颉刚文集……在那个历史转折期，这批作品成为无数知识分子和普通读者吸收新知、启迪思想的养料，动辄数十万册的销量造就了中国学术出版在新时期第一个繁荣期。"这批作者层次很高，奠定了我们社学术出版的基础，也奠定了我们社在全国出版界的学术地位。"赵剑英说。中华优秀文明成果在这个哲学社会科学专业传播平台上继往开来，续写新的篇章。

有趣的是，中国社会科学出版社出版的第一本书是《提高生产率》，这本定价0.2元的小书在1978年9月第一次发行时就达到了10万册。"从这些书的发行量里也不难看出，改革开放初期，中国人渴望了解世界、渴望发展生产力的迫切愿望。我们社的图书恰好满足了这样的时代要求。"中国社会科学出版社营销中心主任王斌说。

从那时起，用高质量的学术出版发时代先声就成为中国社会科学出版社的特色。肇始于1978年的真理标准大讨论在引起全社会高度关注的同时，也引起了中国社会科学出版社的高度重视，两卷本《实践是检验真理的唯一标准问题讨论集》收集整理了真理标准大讨论中的重要理论文章，为解放思想、改革开放鼓与呼。

20世纪90年代，在探索建立社会主义市场经济体系时，中国社会科学出版社出版了刘国光的《中国经济体制改革的模式研究》，深入探讨我国经济体制改革向纵深推进的理论支撑。进入新世纪，随着中国经济的飞速发展，中国道路、中国模式日益引起国际重视，中国社会科学出版社推出了蔡昉的《破解中国经济发展之谜》，引起国内外的广泛讨论。

马克思主义理论出版阵地

中国社会科学院是我国马克思主义理论研究的重要阵地，汇聚着一大批学有专攻的马克思主义理论研究者，这为中国社会科学出版社提供了得天独厚的出版资源。从建社初期的《马克思恩格斯早期哲学思想研究》《马克思恩格斯论艺术》，到后来的《马克思主义哲学形态的演变》《马克思主义中国化史》《马克思主义史学思想史》，一大批学术质量上乘的理论研究著作，在赢得诸如中国出版政府奖、中华优秀出版物奖的同时，也为普及和推广马克思主义做出了贡献。

马克思主义理论研究著作

擅长围绕时代主题出版图书是中国社会科学出版社的另一个"看家本领"。历时 10 年、汇聚 300 多位专家、总字数达 1900 万字的《当代中国学术思想史》丛书，被誉为"国内唯一系统完整地展现当代中国哲学社会科学学术发展史的大型丛书",“是构建中国特色、中国风格、中国气派的哲学社会科学的一项基础性工程”。其中一些著作是对学科创建具有创新性开拓意义，如马大正的《当代中国边疆研究（1949—2014）》，是新时期我国第一部从学术史的视角认识中国边疆研究的权威著作。

甲骨学、敦煌学、简帛学并称近世"三大显学"。中华人民共和国成立以来，随着考古和研究的深入，"三大显学"取得了举世瞩目的成就，"丛书"中的《新中国甲骨学六十年（1949—2009）》《当代中国简帛学研究（1949—2009）》《当代中国敦煌学研究》（即将出版）对于传统文史学科构建具有重要启发意义。"丛书"中的《当代中国经济学理论研究（1949—2009）》被誉为树立中国经济学话语权的大作，作者张卓元是历史的记录者，也是亲历者。他从20世纪50年代起，亲身经历了中国经济的探索过程。作者认真梳理了新中国成立以来，尤其是改革开放以来，经济学界许多艰辛论证、理论争鸣、思想碰撞。2012年由《当代中国经济学理论研究（1949—2009）》补充修订的《新中国经济学史纲（1949—2011）》获得第三届中国出版政府奖图书奖，成为中国经济学学术史上的经典。

推动中国学术走向世界

推动中国学术"走出去"、扩大中国学术出版的国际影响力，是中国社会科学出版社的另一项重点工作。近年来，围绕改革开放、中国道路、中国发展和中国当前改革问题，中国社会科学出版社组织策划了一批有助于海外读者了解研究当代中国政治、经济、社会、文化等方面的研究性著作。如《理解中国》丛书，2014年该丛书推出以来，中文版已出版15种。《破解中国经济发展之谜》《中国社会巨变和治理》《中国的民主道路》《中国的环境治理与生态建设》在海外引发强烈反响。其中，《破解中国经济发展之谜》英文电子版在施普林格数据库上线半年点击量为 2880 次（国外学术类电子书的点击量一般是 1600 次/年）。该丛书的英文、韩文、日文、西班牙语、阿拉伯语、俄语版已陆续出版。英国伦敦大学亚非学院中国研究院教授艾诗表示，西方学术界对中国的关注不仅仅停留在经济层面，而且正在慢慢扩展至更多领域，《理解中国》丛书以专家知识与有益视角帮助海外读者理解中国。

《中国制度研究》丛书已出版有《中国政治制度》《中国法律制度》《中国基本经济制度》《中国基本分配制度》《中国基本社会保险制度》等。赵剑英说："这套丛书旨在对中国特色社会主义制度的历史渊源、实践基础、基本内容、内在逻辑、特点和优势以及未来发展方向等有关重大问题进行深入研究与探讨。从我对国外的了解看，迄今为止，国外很多人并不了解中国治理和制度体系。将中国制度体系梳理清楚，这不仅是学术界、理论界的重要任务，也是出版界的重要职责。"赵剑英认为，把"主题出版""精品出版"与"走出去"出版三者统一起来是一条成功的路子，"只有三者统一起来，才会更好地讲好中国故事"。

主题重大、质量上乘使中国社会科学出版社的图书在国内外赢得了高度赞誉。2017 年年底南京大学发布的"中文学术图书引文索引"显示，在全国 580 多家出版社中，在影响力评价涉及的 21 个学科中，中国社会科学出版社有 12 个学科位居前三强，综合学术影响力全国最高。另据中国图书海外馆藏影响力研究报告，中国社会科学出版社的图书入藏海外图书馆数量最多，近年达 1800 余种，海外影响力位居第一。

习近平总书记指出："当代中国正经历着我国历史上最为广泛而深刻的社会变革，也正在进行着人类历史上最为宏大而独特的实践创新。这种前无古人的伟大实践，必将给理论创造、学术繁荣提供强大动力和广阔空间。这是一个需要理论而且一定能够产生理论的时代，这是一个需要思想而且一定能够产生思想的时代。"① 展望未来，我国哲学社会科学出版前景光明。"今后我们将继续坚持专业化、精品化、数字化、国际化、大众化的战略，为繁荣发展中国哲学社会科学做出我们的贡献。"赵剑英说。

---

① 习近平：《在哲学社会科学工作座谈会上的讲话》，人民出版社 2016 年版，第 8 页。

坚持走高质量发展之路，
打造精品出版工程[*]

从大家的汇报中看出，2018年上半年大家工作都非常努力。上半年全国出版业发展呈下滑趋势，中国社会科学出版社的总体形势与全国出版业发展保持一致，但与去年同期相比，我社上半年出书品种数下降，平均印数增加，总码洋增加，这说明我社发展质量向好、图书的市场需求增加。大家上半年工作亮点很多，如先秦史、宋史、剑桥史、数据库销售等都在向前推进，我们在看到成绩的同时，也要看到当前严峻的出版形势，下半年要继续抓好以下几个方面的工作。

一 新形势新要求，严把图书政治关

当前，严把政治关被提到了出版工作史上前所未有的高度。在新的出版形势下，我社必须认识到自身存在的一些问题，思想上没有认识到新形势新要求，"三审三校"没有完全落实到位。新形势新要求，严把图书政治关要做到：一是加强"三审三校"责任追究，追究责任编辑和出版中心主任的责任。兼职编辑水平差，要追究责任编辑的责任，与岗位绩效挂钩。人力资源部要加强考核，总编室要出台相关管理规定。二是严格执行重大选题报备制度，不要心存侥幸，自己能策选的选题先策选，切实把好选题立项这一关。三是加强对编辑人员的培训。对党的十八大以来中央

---

* 2018年7月25日，在中国社会科学出版社年中工作会上的总结讲话。

关于出版工作的重大决策和部署进行梳理，并积极开展专题培训，加强编辑对敏感题材的敏锐度，切实提高警惕，把好选题关。对于水平差、表述不符合国家出版要求的稿子一律作退稿处理。四是加强重印书的政治把关。对于重印书，也要根据新形势新要求进行认真把关，不要把以前的经验当成惯性，要与时俱进。五是从制度建设入手，总编室和人力资源部负责完善相关制度，完善社会效益和经济效益考核指标，责任编辑、出版中心主任、分管领导各级把关人要切实负起责任，把好图书出版政治关。加强编辑出版工作中的政治纪律和政治规矩是这次开会中最重要的问题，我们要把这一条牢记于心，共同努力，时刻谨记出版无小事，无论是对内出版，还是对外出版，确保政治上不出错。

二　引领主题出版

继续重视主题出版，"咬定青山不放松"，不能懈怠。一是继续抓好《简明中国》《理解中国》《中国制度研究》等主题书系的出版工作。二是继续抓好中华人民共和国成立 70 周年、建党 100 周年、改革开放 40 周年等重要时间节点的选题策划工作，各出版中心要积极主动策划选题，如历史与考古出版中心和文学与艺术出版中心，可以策划革命文学选题图书。对于这些重要时间节点的选题，要有材料有观点，坚持史论结合，有文献，有时政资料，有时间维度，有理论观点。各出版中心主任要严格把关，总编室负责督办。

三　夯实专业出版基础，打造精品工程

一是各出版中心对照自身，加强人才配备，确保覆盖到全部主要学科。二是各出版中心对照自身，检查学科领域中有无著名学者、高端作者、重大选题、重大项目等有持续影响力的选题资源。三是加大对精品的奖励力度。"手中有粮，心中不慌"，一定数量的有质有量的精品是我社立足之本。下半年要继续抓好中国社会

科学院的重点产品，抓好院学者、各研究所 2019—2022 年重大工程项目阶段性成果的出版工作，要根据院里奖励标准对应提高社里奖励力度，引导大家多出精品。四是加强出版规范和管理制度的完善。对兼职编辑加强资格认定和培训，兼职编辑出了问题，要追究责任编辑的责任。五是对于外文书稿的把关，总编室要负责制定规章制度。

四　其他工作

一是加强对数据安全的管理。未来出版社最重要的就是数字资源，加强对平台授权的管理，授权要加强请示汇报，并适当控制授权力度。总编室要会同数字出版中心彻查"剑桥史"电子书盗版问题。

二是国际出版工作。下半年要继续拓展业务，做好外版书的出版工作。

三是推进物流工作。物流部要高度重视去库存工作，与财务部配合完成。

四是发行工作。上半年呈现单品种图书高质量发展的态势，下半年要抓住机遇，加大产品发现、梳理、推送、营销力度，加大海外馆配力度，加大数据库营销力度，积极开拓香港市场，营销中心可以与国际合作中心合作开展活动。下半年，社领导要亲自带队，开拓馆配、数据库销售市场。

五是宣传工作。上半年有声有色，反响比较好。下半年要继续加大宣传力度。

六是党的工作。下半年要推进出版社公司制改造、完善现代治理结构、加快党委换届选举，加强党支部建设。

七是党风廉政建设工作。下半年要加强政治纪律和财务纪律不动摇，把工作做在前面，抓好关键岗位的党风廉政建设责任落实。

八是保密工作。下半年要继续做好文件保密和网络安全工作。

九是大众分社和年鉴分社下半年要继续拓展业务。

做新时代智库出版的领跑者[*]

非常感谢大家在百忙之中参加"中社智库论坛2018：新时代　新挑战　新作为——加强中国特色新型智库建设"研讨会。这也是中国社会科学出版社建社40周年系列庆典之一。

党的十八大以来，中国特色新型智库建设一直是党和国家领导人高度关注的一项重要议题，习近平总书记多次就特色新型智库建设做出重要指示，在党的十九大报告中更是明确提出"加强中国特色新型智库建设"①。适应新时代、承接新使命和担当新作为，将是新时代赋予特色新型智库建设的神圣使命。

中国特色新型智库的发展，为出版行业提供了可供开拓的广阔空间。作为全国马克思主义理论重要出版阵地、全国哲学社会科学出版重镇、中国学术"走出去"的主力军所在地，中国社会科学出版社敏锐地抓住了这一发展机遇，顺应国家智库发展的潮流和趋势，开创了"中社智库"智库产品出版品牌，成为国内智库系列图书产品的首创者和领跑者，成为国内第一家系统、密集、快速发布高端智库成果的平台。

这次"中社智库论坛2018"召开的主要目的，正如我们的会议名称所表述——"新时代　新挑战　新作为"，即认真学习领会习近平新时代中国特色社会主义思想，围绕党的十九大报告提出的

---

* 2018年5月25日，在"中社智库论坛2018：新时代　新挑战　新作为——加强中国特色新型智库建设研讨会"上的发言。

① 习近平：《决胜全面建成小康社会　夺取新时代中国特色社会主义伟大胜利——在中国共产党第十九次全国代表大会上的报告》，人民出版社2017年版，第42页。

2018 年 5 月 25 日，中社智库论坛 2018：新时代　新挑战　新作为——
加强中国特色新型智库建设研讨会专家合影

中国发展的核心议题，即从现在到 2020 年，要坚决打好防范化解重
大风险、精准脱贫、污染防治三大攻坚战，使全面建成小康社会得
到人民认可、经得起历史检验。同时，应对日益增强的国际形势不
确定性，推动"一带一路"与人类命运共同体建设，为中国的发展
营造良好的国际环境，为全球治理体系改革贡献中国智慧与中国方
案也是中国共产党的一项长期使命。解决好这些国内发展与世界发
展中的重大问题，是新时代中国特色新型智库应有的新担当。基于
此，"中社智库"希望与在座各高端智库紧密合作，围绕这些问题推
出一大批高质量、具有实践指导意义的研究成果。

　　其实"中社智库"始终以中国发展的现实问题为核心，推动各
智库成果的出版。《基本解决执行难评估报告》等获得了国家机构领
导的批示，《中国海外投资国家风险评级报告》等构建了国际评价体
系的报告得到了外国政府的重视。一大批优秀的"智库丛书"及
"年度报告"相继问世，如《新常态·供给侧·结构性改革——一

个经济学家的思考和建议》《美国行为的根源》《跨越七大"陷阱"——关于中国发展的观点和我们的思考》《蓝迪国际智库报告》《中国农村发展报告》《中国城市竞争力报告》等。总之，自2015年3月第一本"国家智库报告"出版以来，"中社智库"共推出"国家智库报告"180余种，"地方智库报告"20余种，"年度报告"20余种，"智库丛书"60余种，在数量上已经形成了一定的规模，而且各类国家智库报告的价值也得到了政府部门、各界专家以及普通读者的认可。

应该说"中社智库"一改传统的被动出版，主动作为，积极推出了"中社智库'一带一路'"专题系列。更在2017年"一带一路"国际合作高峰论坛上，主动策划英文同步出版，因此中国社会科学出版社是唯一一家用中英文双语展示"一带一路"研究成果的出版社，9种中文、9种英文"国家智库报告"共计1000余册送达峰会现场，占全国送达峰会现场60种图书的近1/3。该套丛书被列为2017年中国社会科学院重大成果发布项目。

不仅如此，"中社智库"以书为桥，在促进"一带一路"沿线各国民心相通方面发挥了积极作用；系列图书承载的高质量智库研究成果在"一带一路"建设规划对接、政策协调、政策咨询研究上做出了有益贡献；在加强与外国政府、智库、机构的合作交流，释疑解惑、凝聚共识，促进思想认同、行动参与方面发挥了纽带作用。"中社智库"即将与罗德里奇学术出版社联合推出的《"一带一路"手册》中英文版，将成为"一带一路"的学术工具书、实务工具书。

对于国家高端智库建设来说，国际交流十分重要。在人类日益成为一个命运共同体的今天，世界从来没有如此关注中国、需要中国。目前，中国社会科学出版社已与罗德里奇、施普林格、麦克米伦、剑桥大学出版社等世界级出版社建立合作出版关系，与国外出版界、学术界交流合作的力度不断加强，《中国工业经济运行夏季报告》等"国家智库报告"、《世界之半：丝绸之路城市网》等"年度报告"已由德国施普林格出版集团推出英文版；英国帕斯国际出版社主动翻译出版"中社智库"英语季刊；《欧洲与"一带一路"倡议：回应与风险》等"国家智库报告"被塞尔维亚多所大学列为教材。中国的高端智库需要总结中国实践、提炼中国经验，用中国理论回答中国问题，用中国话语解读中国道路，更好地在国际上发出中国声音，让世界真正读懂中国，向世界提供中国思想、中国智慧。

"中社智库"今后将在以下几个方面进一步着力推进：

第一，依托丰富的学术出版与专家作者资源，联手相关领域的智库与专家策划智库出版产品，围绕抓好决胜全面建成小康社会三大攻坚战、为全球治理贡献中国智慧与中国方案等重大现实问题，推出具有政策影响力和社会影响力的精品智库成果，举办高层次研讨会与论坛，做高端智库成果的发布平台与交流集散地。

第二，在深度开发现有资源的基础上，搭建自身的智库平台，拓宽科研成果转化渠道。"中社智库"将通过中社智库研究院平台建设，通过升级与相关领域智库的合作模式，将自身纳入中国特色新型智库建设的总体框架中，组织人员承接相关研究任务，与其他智库建设主体增强协同联动。

第三，积极应对数字时代和大数据环境下媒介融合的新形势，促进智库产品数字化，做好"中社智库"数据库产品开发，满足智库产品出版形式多样化的需求。

第四，继续推动中国智库成果"走出去"，积极参与国际话语体系建设和公共外交建设，同海外智库、出版机构实现深度交流与合作，讲好中国学术故事。

今年是改革开放40周年，也是我社成立40周年，更是落实党的十九大精神的开局之年。中国社会科学出版社作为一家以出版人文社会科学学术著作为主的国家级出版社，1993年首批被中共中央宣传部和国家新闻出版总署授予全国优秀出版社称号，出版的众多图书先后获得国家图书奖、中国出版政府奖、中华优秀出版物奖等国家级奖项和其他各类专业奖项。

40 年筚路蓝缕。社科出版人与改革开放同行，传文明薪火，发时代先声；出学术精品，铸文化经典，共同铸就当代中国哲学社会科学的辉煌。

新时代新起点。社科出版人将勇立于潮头，坚持"双效"统一，立足专业出版，引领主题出版，服务智库建设，创新出版形态，做好中外人文学术交流的桥梁，推动出版社由传统学术出版社向国际知名学术传播和知识服务机构快速转型。

中国社会科学出版社将不驰于空想，不骛于虚声，一步一个脚印，踏踏实实干好工作，再创辉煌。

讲好"中国故事"，分享"中国经验"和"中国智慧"*

——国际出版界的一项重要课题

很高兴在夏末初秋的美丽季节，和中外出版界的同道及专家学者在此相聚，交流出版经验，共话合作发展。首先，我谨代表中国社会科学出版社，对百忙之中莅临今天会议的各位领导、各位来宾，特别是远道而来的外国专家以及出版界同人、媒体朋友们表示热烈的欢迎和衷心的感谢！

"中国图书对外推广计划"外国专家座谈会是中国对外文化交流的高端平台，受到海内外出版界人士的广泛关注。今年的外国专家座谈会，由中华人民共和国国务院新闻办公室和国家新闻出版署主办，中国社会科学出版社与兰培德国际学术出版集团、世哲出版集团共同承办，对此，我们深感荣幸。尤其是在中国改革开放40年这样一个时间节点，与各位一起交流研讨中国改革发展的经验与智慧，共话新时代国际学术出版的合作与发展，非常有意义。

今年座谈会的主题是"国际学术出版：分享中国改革发展的经验与智慧"。确定这样一个主题，既是要在2018年——中国改革开放40周年之际，对改革开放40年来中国社会所发生的深刻变化做历史性回顾，也是要以此为新的起点，通过国际学术出版的路径，加强对中国改革开放历史与经验的研究及其成果的国际传播。

---

* 2018年8月20日，在"2018年'中国图书对外推广计划'国外专家座谈会"上的发言。

　　1978 年，以党的十一届三中全会为标志，中国开启了改革开放的伟大历史征程。40 年来，从农村到城市，从试点到推广，从经济体制改革到全面深化改革，在中国共产党的领导下，中国历经从计划经济到商品经济再到市场经济的探索，从无到有构建了社会主义市场经济体系并不断进行完善，走出了一条中国社会主义现代化之路——中国特色社会主义道路。可以自豪地说，中国的改革开放使中国发生了翻天覆地的变化，也深刻地影响了世界。

　　改革开放以来，中国积极推进经济结构的转型升级，经济持续保持中高速增长，成为拉动世界经济增长的重要引擎。2017 年，中国经济增长对全球经济增长的贡献率已达到33.2%，位居世界第一。随着中国广大人民生活水平的不断提高，中国已成为全球增长最快、最具潜力的消费市场。而得益于中国巨大的工业和经济体量，以及城市化进程的飞速发展，中国不断增长的市场需求也为国内外企业提供了更多、更丰富的发展机遇。作为体量超过 10 万亿美元的世界第二大经济体，中国经济的稳健增长为世界经济注入了强大动力。

　　中国改革开放 40 年经验的一个重要启示就是：中国发展离不开世界，世界发展也需要中国。当今世界是一个互联互通的世界，解决人类共同面临的难题需要各国携手合作。正如习近平总书记所说，"没有哪个国家能够独自应对人类面临的各种挑战，也没有哪个国家能够退回到自我封闭的孤岛"①。当前，世界经济增长乏力，一些经济体甚至出现了经济倒退。世界面临的不稳定性、不确定性突出，人类面临许多共同挑战。近年来，中国更加积极主动地参与全球治理体系改革和建设，在经济全球化、社会安全、可持续发展、减贫扶贫、文明交流等方面，中国都提出了自己的理解并给出了应对之道。

　　中华民族历来追求和睦、爱好和平、倡导和谐，"亲仁善邻""协和万邦"，数千年文明史造就了独树一帜的"和"文化。习近平

---

　　① 习近平：《决胜全面建成小康社会　夺取新时代中国特色社会主义伟大胜利——在中国共产党第十九次全国代表大会上的报告》，人民出版社 2017 年版，第 58 页。

总书记提出的"一带一路"倡议和"构建人类命运共同体",就是对这些优秀传统文化的创造性转化和创新性运用,为变革和参与全球治理体系、构建全球公平正义的新秩序提供了中国智慧和中国方案。

这些智慧和方案对于扭转当前逆经济全球化思潮与贸易保护主义抬头的趋势,推动构建新型国际关系,助力全球治理体系新作为,由此形成更加合理、公正、公平的全球治理体系,将发挥十分重要的作用。

全球治理的中国方案是一套具有中国特色,同时又有世界意义的知识体系。这套知识体系是中国在长期探索解决自身发展问题以及世界面临的共同问题的基础上形成的,对不少国家的国家治理以及处理对外关系有借鉴价值。深入解读、研究中国智慧和中国方案,对世界的和平共处与发展具有重大意义和深远影响。

2018 年 8 月 20 日,在"中国图书对外推广计划"国外专家
座谈会上发言

当今，许多国家越来越关注中国在想什么、做什么，中国为什么能、中国共产党为什么能。国外读者希望了解更多的关于中国的历史、文化和现实的知识，增进对中国道路和中国制度的认识与理解。

学术是全球交流共通的语言。如何以学术讲好改革发展的中国故事，分享中国经验、中国智慧，始终是我们中国社会科学出版社重点关注的问题。近年来，我社积极策划了《理解中国》《中国制度研究》《简明中国》《当代中国学术思想史》以及"中社智库"等一系列品牌图书，希望通过学术出版，讲好中国故事、探讨中国制度、讲述中国经验、总结中国智慧，告诉世界一个真实的中国，让世界民众认识到，中国特色社会主义既是中国实现现代化的道路，也是人类文明发展的新模式。

我社推出的《理解中国》丛书，目前已出版 15 种中文版，包括《破解中国经济发展之谜》《中国社会巨变和治理》《中国经济改革的大逻辑》《中国的民主道路》《中国的环境治理与生态建设》《中国的和平发展道路》《中国何以稳定》等。其中多本已翻译成多语种版本在海外发行，包括英文、西班牙文、阿拉伯文、日文版。俄文、法文、韩文、泰文版也都在陆续出版中。这套丛书通过客观地梳理及介绍中国道路、理论和制度，把中国发展过程中一些重大问题，讲给了国外读者听，真正帮助他们了解和理解中国现实，实现了国内外文化上的有效沟通。

我社推出的另一套《中国制度研究》丛书，是目前中国学术界和出版界唯一一套系统梳理和研究中国制度的丛书，无论从学术角度来讲，还是从现实角度来讲，可以说都具有重要的意义。丛书已经出版有《中国政治制度》《中国法律制度》《中国基本经济制度》《中国基本分配制度》《中国基本社会保险制度》等，接下来还有更多图书推出。这套丛书旨在对中国特色社会主义制度的历史渊源、实践基础、基本内容、内在逻辑、特点和优势以及未来发展方向等有关重大问题进行深入研究与探讨。当今世界正处于前所未有的大变革大动荡的时代，中国制度正日益显示出独特优势和强大生命力。可以说，中国特色社会主义制度是"中国经验"最深刻的积淀，也是"中国智慧"最集中体现。

我社的另一套丛书——《简明中国》系列图书，则是《理解中国》丛书和《中国制度研究》丛书的继续深化与展开，包括《简明中国历史读本》《简明世界历史读本》《简明中国近代史读本》《简明中国宗教史读本》《中华文化简明读本》《简明中国文学史读本》等。这些图书有助于国外读者了解历史的中国、文化的中国，进而有助于他们了解当代中国人的思维方式和价值观。

实际上，从《理解中国》到《中国制度研究》，再到《简明中国》系列，我们开发的这三个丛书品牌是有内在逻辑的。《理解中国》丛书主要侧重于当代中国的变化，展示当代中国经济发展、政治治理、社会变迁、对外关系等方方面面；《中国制度研究》丛书则是从更深层次，即从经济、政治、社会、文化内在运行的机理上来展示中国；《简明中国》系列是从历史和文化层面展开，从更高的站位、更开阔的历史视野来介绍中国，在全球发展的背景下了解中国。实际上，不仅外国需要了解中国，我们国人也需要了解中国，我们为什么走现在这条道路？为什么当今中国人这么想问题、做事情？这需要了解我们的历史文化和近代以来中国社会发展的逻辑。所以把握这个逻辑也体现了我们学术出版的识见与特色。

中国社会科学出版社还是中国第一家系统、密集、快速发布中国高端智库成果的重要平台。2016 年，我社成立智库成果出版中心，倾力打造"中社智库"品牌。该品牌分为四大出版系列：国家智库报告、地方智库报告、智库丛书和年度报告。三年来，"中社智库"共推出"国家智库报告"180 余种，"地方智库报告"20 余种，"年度报告"20 余种，"智库丛书"60 余种，在资政建言、理论创新、舆论引导、社会服务、公共外交等方面发挥了积极作用。

此外，我们还出版了国内唯一系统展现当代中国哲学社会科学学术思想发展史的大型丛书——《当代中国学术思想史》，这是一项构建中国特色哲学社会科学学术体系、话语体系的基础工程。这套书历时 10 年，总计 1860 万字，共涉及 20 多个一级学科，部分二级学科和其他专题显学，构成了一部规模恢宏的当代中国哲学社会科学学术思想发展史。

其中，《当代中国哲学研究》一书的英文版已出版，其他如《当代中国法学研究》《当代中国宗教学研究》《当代中国近代史研究》等英文版也将陆续推出，便于国外读者了解当代中国的学术面貌。

另外，我们与罗德里奇学术出版社还合作出版了《中国视角》系列图书，目前已出版十卷。

这些图书系列已经成为我们"走出去"的主力产品、明星产品。近年来，中国社会科学出版社积极响应国家关于中国学术、文化"走出去"的战略号召，尤其注重学术出版的国际合作与国际化发展。目前，中国社会科学出版社已经与世界一流出版机构，像座谈会的联合承办方——兰培德国际学术出版集团和世哲出版集团、施普林格·自然集团、罗德里奇学术出版社、剑桥大学出版社、新加坡世界科技出版公司、日本白帝社、西班牙大众出版社、埃及大学出版社、拉美出版机构等知名学术出版机构，建立了版权贸易和图书合作出版的关系。近 5 年来，我们共向国外输出版权 300 多项，合作出版中文图书现在已经有近百种，我们现在已经发展为以多种形式、多种语种向世界推广中国学者的研究成果。这几年，我们已经将两百多位中国学者的成果推向世界舞台，并且都取得了相当不错的反响。去年，我社还获得"中国图书海外馆藏影响力出版 100 强"第一名。可以说，经过近几年的努力和发展，中国社会科学出版社已经成为中国学术"走出去"的一支重要力量。

40年来，中国社会科学出版社始终坚持学术出版的基本定位，与改革开放同行，传文明薪火，发时代先声。

孔子言，"四十不惑"。在改革开放40周年的重要历史时刻，我们将与国际学术出版同道进一步加强合作，立足学术，讲好发展的"中国故事"，与世界分享"中国经验""中国智慧""中国方案"，为推动国际出版合作与发展做出更大贡献！

"新时代中非友好合作智库报告"
助力新时代中非合作[*]

很高兴今天能够参加"构建中非命运共同体"学术研讨会暨"新时代中非友好合作智库报告"中英文版新书发布会。首先，我谨代表中国社会科学出版社对这套智库报告的出版和发布表示祝贺，也对丛书的主编单位中国社会科学院西亚非洲研究所、院国际合作局以及各位作者表示衷心祝贺！

2018 年中非合作论坛北京峰会上周刚刚成功召开，53 个非洲国家的领导人共聚北京，围绕"合作共赢，携手构建更加紧密的中非命运共同体"这一主题，凝聚合作共识，对接发展战略，再次唱响了中非合作共赢、共同发展主旋律。

今天发布的这套"新时代中非友好合作"系列中英文版"国家智库报告"已经顺利送达中非合作论坛北京峰会，并得到了成功展示，有力地服务了国家外交大局，充分彰显了中国社会科学院的学者做智库研究的实力。在此次峰会上展示出版成果的出版社仅有两家，那就是外文局和中国社会科学出版社。

这套智库报告的出版，是国际合作局、西亚非洲研究所和中国社会科学出版社三家单位密切合作的成果。该项目启动于今年 3 月，西亚非洲研究所的专家学者以他们对非洲问题的长期追踪和深厚的学术积淀，仅用了短短三四个月的时间就提交了每本 10 余万字的智

---

[*] 2018 年 9 月 10 日，在"'构建中非命运共同体'学术研讨会暨'新时代中非友好合作智库报告'中英文版新书发布会"上的致辞。

2018 年 9 月 10 日，在"构建中非命运共同体"学术研讨会暨
"新时代中非友好合作智库报告"中英文版新书发布会上为新书揭幕

库报告。而出版社在一个月内就完成了全部 18 种智库报告的编辑出版工作，特别是英文版的出版更是争分夺秒，最后一本英文报告从交稿到峰会送书截止时间仅余一周，编辑们收到书稿以后加班加点工作，很多人都是连夜奋战，保证了这套书能够顺利送达峰会，没有辜负专家们的辛勤研究。

应该说，当前中非关系正处于历史最好时期，非洲国家参与"一带一路"建设的热情不断升温；中非在联合国改革、气候变化、反恐等重大国际和地区问题上密切协调配合，共同维护中非及发展中国家的共同利益。而西方国家、西方媒体近年来不断抛出所谓"新殖民主义""掠夺非洲资源论"等一系列奇谈怪论，歪曲、抹黑中非合作。所以，现在比以往更加需要国内智库建言献策，解决问题，化解挑战，纠正国际舆论中不利于中非合作的声音，为新时代中非合作保驾护航，而这套"新时代中非友好合作智库报告"可以说不但意义重大，而且恰逢其时。

在刚刚结束的北京峰会上，习近平主席提出打造责任共担、合作共赢、幸福共享、文化共兴、安全共筑、和谐共生的中非命运共同体，从而使中非命运共同体的内涵更加丰富具体。以共建中非命运共同体为指引，习近平主席宣布了未来三年中国对非合作的"八大行动计划"，勾画了中非合作路线图，为智库研究指明了方向，希望西亚非洲研究所能进一步提供更好的智库研究成果。而中国社会科学出版社作为中国社会科学院重要的智库成果发布平台、中国智库成果出版高地，将与西亚非洲研究所等学术机构与高端智库加深交流与合作，努力立时代潮头，为繁荣中国学术，发展中国理论，传播中国思想，构建中国特色哲学社会科学学科体系、学术体系、话语体系做出新的贡献。

系统、客观、生动展现浙江改革开放四十年的历程、成效与经验[*]

今天非常高兴参加《浙江改革开放四十年研究系列》丛书发布会，首先，我谨代表中国社会科学院对本套丛书的出版和发布表示祝贺，同时也对丛书的主编单位浙江省社会科学界联合会以及各位作者表示衷心祝贺！

文化是一个国家、一个民族的灵魂。悠久深厚、意蕴丰富的浙江文化传统，既是宝贵财富，也是开拓未来的丰富资源和不竭动力。2005年，时任浙江省委书记的习近平同志亲自谋划实施浙江文化研

* 2018年11月21日，在"《浙江改革开放四十年研究系列》丛书发布会"上的发言。

2018 年 11 月 21 日，在《浙江改革开放四十年研究系列》发布会上为新书揭幕

究工程，并担任指导委员会主任。该工程的任务就是系统研究浙江文化的历史成就和当代发展，深入挖掘浙江文化底蕴、研究浙江现象、总结浙江经验、指导未来发展。经过 12 年的艰苦努力和不断积淀，涌现出了一大批优秀学术研究成果，工程重大项目《浙江改革开放四十年研究系列》丛书即是其中的代表之作。

浙江四十年来的成长和发展可以说是中国改革开放的时代缩影。浙江是改革开放的先行地。改革开放以来，浙江人民不断解放思想、改革创新，一步一个脚印，在许多领域先行先试，走出了一条富有浙江特色的改革开放道路，义乌经验、温州模式、杭州样板、新浙商故事，构成了中国改革最细腻的起笔。乘着改革开放的春风，千百万普通老百姓作为改革的主体，享受到了改革带来的丰硕成果。浙江居民人均可支配收入始终在全国名列前茅；自 1985 年以来，浙江农民人均收入一直位居各省区首位；1997 年，浙江在全国第一个消灭贫困县；2002 年，浙江在全国第一个消灭贫困乡镇。这一优异成绩的背后是在改革开放中形成和不断发展的市场机制，以及全民参与、兴旺繁荣的民营经济。

进入 21 世纪的浙江，实现了从资源小省向经济大省、人民生活基本温饱到全省实现总体小康的跨越。全省人均 GDP 已达到 2 万元人民币，逼近人均 3000 美元这一中等收入门槛，同时也要面对一般制造业瓶颈临近、粗放型生产环境压力开始显露的发展境遇，浙江的改革开放面临着一次大考。时任浙江省委书记的习近平同志精准研判浙江的八大优势，并提出了与之相应的八大举措，即"八八战略"。"八八战略"立足于浙江当时的实际情况，注重扬长避短、取长补短，高度重视发展的质量和效益，是一份为浙江经济社会发展量身打造的顶层设计方案，为浙江的改革开放迈上新台阶交出了一份优异答卷。以之为指引，浙江开始由"富起来"向"强起来"迈进，悄然开启了习近平新时代中国特色社会主义思想在一个省域范围内的先行探索。

在"八八战略"指引下，浙江经济社会发展取得了历史性成就。15 年间，浙江全省 GDP 和人均 GDP 增长均达到 4 倍以上，平均每 3 年跃上一个万亿级台阶，民营经济蓬勃发展，全国民营企业 500 强数量连续 19 年居全国第一，诞生了阿里巴巴等领先企业；15 年间，浙江一跃成为中国数字经济的重镇，构建了突破传统增长模式的新引擎，"三新"经济增加值占到了全省 GDP 的 24% 以上，经济增长率高达 37.1%，涌现出海康威视、中控等一大批全球知名数字经济龙头企业；此外，浙江城乡协调发展成效显著，城镇都市化、乡村花园化成为今日浙江的真实写照；作为"两山论"的发源地，在生态文明建设方面成绩斐然，"绿水青山就是金山银山"实践创新基地，国家生态文明建设示范市县、环保模范城市数量全国领先；基础设施现代化迅速推进，助力电商快速发展；文化大省建设多点开花，实现了社会效益和经济效益双丰收；各级政府持续推动效能革命，"四张清单一张网"、"最多跑一次"改革、"枫桥经验"的提升、"网格化管理、组团式服务"已成为足以表征中国社会治理创新的经验。

上面提到的这些成就，还只是浙江在改革开放四十年之际交出的成绩单中的一部分。

当前，中国正面临全面建成小康社会、由高速增长阶段迈入高质量发展阶段的历史任务。中国经济仍面临诸多挑战，经济发展的"不平衡、不协调、不可持续"问题仍然突出，中国能否以巨大的人口体量跨过中等收入阶段引发世界关注。在过去的 40 年里，浙江始终屹立在改革开放潮头，其典型经验因为所具有的创新性和系统性，能够为其他地区应对"成长烦恼"提供解决思路、思维方式；因为所具有的实践性和时代性，能够为新时代中国的国家战略和重大决策带来坚实支撑。概括、提炼浙江的典型经验，对当前推进全面深化改革具有重大的现实意义，这也是浙江省社科界学者理应肩负的责任与使命。

作为浙江文化研究工程的重要组成部分，浙江省社会科学界联合会组织精干力量，围绕法治建设、全面从严治党、创新发展、协调发展、生态文明建设、开放经济、共享发展、文化发展、产业转型升级、国有企业改革、村庄发展等浙江走在全国前列、积累了先行经验的领域，系统分析与提炼浙江改革开放的经验与成效，形成了《浙江改革开放四十年研究系列》丛书共 11 种，成果由中国社会科学出版社出版。

中国社会科学院是中国哲学社会科学研究的最高殿堂，也是国家级综合性的高端智库。中国社会科学出版社是国内历史悠久，学术出版底蕴深厚的国家级出版社，是马克思主义理论重要出版阵地、哲学社会科学出版重镇、中国学术"走出去"的主力军。2019 年是中国社会科学出版社建社四十周年。四十年来，中国社会科学出版社始终坚持正确的出版方向，在主题出版、国家智库成果出版、学术精品"走出去"、出版业态创新等方面都取得了十分突出的成绩。在学术精品"走出去"的过程中，中国社会科学出版社积极策划了几大知名系列品牌，如《理解中国》丛书、"中社智库"系列、《中国制度研究》丛书以及《当代中国学术思想史》丛书等，受到了国内外读者和出版界的广泛关注与好评。

今天发布的这套由中国社会科学出版社出版的《浙江改革开放四十年研究系列》丛书生动、全面、客观地阐释了浙江改革开放四十年的光辉历程和时代价值，展现了浙江开放包容的特点和锐意进取的格局。以"当代浙江建设中国特色社会主义的生动实践"为主题，立足重点深入实施"八八战略"以来，浙江"干在实处，走在前列"，经济社会快速发展的"浙江现象""浙江经验"，发掘和归纳了浙江的探索和实践对于新时代中国特色社会主义建设，乃至全球后发国家现代化具有普遍借鉴意义而又独特的经验启示。

在改革开放的"四十不惑"之年，总结浙江的探索和实践这样鲜活的中国经验、中国故事，并将其升华为中国智慧、中国方案，正是出版《浙江改革开放四十年研究系列》丛书的意义所在。

最后，再次祝贺《浙江改革开放四十年研究系列》丛书成功出版和发布。

以更多优秀智库成果助推
粤港澳大湾区建设[*]

  今年是改革开放 40 周年。正如习近平总书记所指出的，40 年改革开放，港澳同胞是见证者也是参与者，是受益者也是贡献者。港澳同胞同内地人民一样，都是国家改革开放伟大奇迹的创造者。国家改革开放的历程就是香港、澳门同内地优势互补、一起发展的历程，是港澳同胞和祖国人民同心协力、一起打拼的历程，也是香港、澳门日益融入国家发展大局、共享祖国繁荣富强伟大荣光的历程。经过 40 年改革开放，粤港澳大湾区经济发展水平、市场化程度和对外开放水平，均居全国前列。粤港澳大湾区建设不仅为珠江三角洲地区的发展注入了新活力，也为香港特别行政区和澳门特别行政区寻找发展新动力、开拓发展新空间、融入国家发展大局提供了新机遇，更是推进新一轮改革开放、实现高质量发展的重大机遇。

---

* 2018 年 12 月 6 日，在香港"崇学论坛：粤港澳大湾区合作的回顾与展望"研讨会上的发言。

　　粤港澳大湾区建设是习近平总书记亲自谋划、亲自部署、亲自推动的国家战略，是中央从国家发展全局和"两个建设好"的战略高度支持港澳与广东这一改革开放前沿阵地在共融中实现共建共享共赢的重大决策部署，为粤港澳三地突破发展瓶颈提供了极其难得的机遇。2015年3月，国家发展改革委、外交部、商务部经国务院授权发布的《推动共建丝绸之路经济带和21世纪海上丝绸之路的愿景与行动》首次提出要"深化与港澳台合作，打造粤港澳大湾区"。2016年3月，国家"十三五"规划明确提出支持港澳在泛珠三角区域合作中发挥重要作用，推动粤港澳大湾区和跨省区重大合作平台建设。2017年7月，国家发展改革委同粤港澳三地政府签署了《深化粤港澳合作　推进大湾区建设框架协议》。党的十九大报告指出："要支持香港、澳门融入国家发展大局，以粤港澳大湾区建设、粤港澳合作、泛珠三角区域合作等为重点，全面推进内地同香港、澳门互利合作。"① 2017年年底，中央经济工作会议将粤港澳大湾区建设列入2018年重点工作。2018年全国"两会"期间，习近平总书记在参加广东代表团审议时强调，要抓住建设粤港澳大湾区重大机遇，携手港澳加快推进相关工作，打造国际一流湾区和世界级城市群。"两会"《政府工作报告》首次将"粤港澳大湾区"纳入"区域协调发展战略"，提出要扎实推进区域协调发展战略，出台实施粤港澳大湾区发展规划纲要，全面推进内地同香港、澳门的互利合作。粤港澳大湾区从提出概念到规划落地，不过三年时间，目前粤港澳大湾区已初步显露世界一流超大城市群和国际自由贸易港雏形，未来将成为"一带一路"建设的巨型门户枢纽和世界级经济平台、国际科技创新中心，在中国经济发展和对外开放中的地位和功能将会得到进一步提升。在推动形成对外开放新格局的大背景下，加快推进粤港澳大湾区一体化进程已成为基本共识。无论从现实需求来看，还

---

　　① 习近平：《决胜全面建成小康社会　夺取新时代中国特色社会主义伟大胜利——在中国共产党第十九次全国代表大会上的报告》，人民出版社2017年版，第55—56页。

是从发展趋势看，都有必要采取更加开放的政策，加快粤港澳大湾区一体化进程，提升粤港澳大湾区的国际竞争力。

在改革开放的历史进程中，香港一直扮演着极为重要和不可取代的角色。40 年里香港抓住历史机遇，既促进了自身繁荣发展，又在国家改革开放进程中发挥了独特作用，做出了历史性贡献，成为国家对外开放的重要窗口。新时代改革开放再出发包括香港、需要香港，也必将进一步成就香港。粤港澳大湾区正是香港与内地互利合作的最前沿，是新时代香港融入国家发展大局的最佳着力点，是香港"一国两制"成功实践的新发展，更是香港保持长期繁荣稳定的新动力。

当今世界正面临百年未有之大变局：一方面，世界多极化、经济全球化正加速调整国际秩序和经济格局，各国都在推动变革创新、开拓新的发展空间，中国经济社会也正在向高质量发展阶段转型；另一方面，单边主义、保护主义、民粹主义抬头，全球贸易摩擦升级，正给世界带来更多风险与不确定性。在这样的背景下，中国更要改革不停顿，开放不止步，在更高起点、更高层次、更高目标上推进改革开放，习近平总书记视察广东时强调，要把粤港澳大湾区建设作为广东改革开放的大机遇、大文章，抓紧抓实办好。作为中国改革开放探索的前沿阵地，粤港澳大湾区唯有继续弘扬敢闯敢试、敢为人先的改革精神，才能在改革开放再出发中继续走在前列，为新时代的中国创造更多成功经验。

中国社会科学院是中国哲学社会科学研究的最高殿堂，也是国家级综合性的高端智库。中国社会科学出版社是国内历史悠久，学术出版底蕴深厚的国家级出版社，是哲学社会科学出版重镇。今年是中国社会科学出版社建社 40 周年。40 年来，中国社会科学出版社始终坚持正确的出版方向，在主题出版、国家智库成果出版、学术精品"走出去"、出版业态创新等方面都取得了十分突出的成绩。在学术精品"走出去"的过程中，中国社会科学出版社积极策划了几大知名系列品牌，如《理解中国》丛书、"中社智库"系列以及《当代中国学术思想史》丛书等，受到了国内外读者和出版界的广泛关注与好评。我们同中山大学粤港澳发展研究院合作的"粤港澳大湾区研究系列"目前也粗具雏形，得到相关研究领域学者的广泛关注。早在2014年，我们就合作推出了国内服务贸易"负面清单"领域的首部专著《粤港澳服务贸易自由化："负面清单"管理模式》。2016年我们又合作推出了国内首部服务贸易"负面清单"的政商手册《粤港澳合作：政商手册——服务贸易"负面清单"》。2018年出版《粤港澳大湾区可持续发展指数报告》《粤港澳服务贸易自由化"负面清单"升级版》《港澳青年内地创业：企业案例·创业者故事·政府政策》三部专著，5月由中山大学校方赠送给香港特首林郑月娥，并且在美国召开的研讨会上展示。此外，今年我们还推出了《粤港澳合作四十年》《未来之路：粤港澳大湾区发展研究》等聚焦粤港澳大湾区的历史发展、现实成就与未来前景的研究专著。中国社会科学出版社的粤港澳合作与大湾区建设出版成果无论是总体规模上，还是影响力上，都已经处在国内前沿，我们将会继续追踪国内外相关领域的优秀研究成果，同中山大学粤港澳发展研究院等知名高端智库紧密合作，为更好地推进粤港澳大湾区发展规划的实施提供最前沿的理论解释和政策建议。

分享中国智慧　丰富经济理论[*]

　　非常高兴参加今天《中国智慧》的新书发布会，首先，对本书的出版和发布表示祝贺，同时也对各位作者表示衷心祝贺！

　　今年是中国改革开放 40 周年。40 年改革开放取得了举世瞩目的伟大成就，使中国发生了翻天覆地的变化。习近平总书记指出，改革开放是决定当代中国命运的关键抉择，是党和人民事业大踏步赶上时代的重要法宝；是发展中国、发展社会主义、发展马克思主义的强大动力。凭借以开放促改革、促发展，40 年间，中国不仅在一次次严峻的考验面前显示了自信，显示了智慧，显示了能力，更在

积极探索中稳步走向中华民族的伟大复兴。从站起来、富起来到强起来，中国在短短 40 年内走过了许多发达国家两三百年所走的路，这是人类历史上前所未有的奇迹。

　　习近平总书记强调，要下大功夫总结和运用我国改革开放的成功经验。中国作为十数亿人口的大国，历经 40 年的改革开放，所实现的长达 40 年、年均高达 9.6% 的经济增长速度，是以往任何经济

---

　　* 2018 年 12 月 12 日，在"《中国智慧》新书发布会"上的发言。

体都未达到过的增长表现。把过去40年高速增长的必要条件和充分条件准确地揭示出来，阐明中国改革开放发展的自身特色，不仅对于推动进一步的改革开放，保持经济增长和收入水平提高的可持续性，具有重要的意义；而且中国作为最大的发展中国家，人口占世界总人口的比重近1/5，因此，中国经济发展成功的道路，必然会为人类社会发展提供经验借鉴，中国方案必然对其他发展中国家具有重要的启示意义。

随着中国特色社会主义进入新时代，中国日益走近世界舞台中央，中国与世界关系发生广泛而深刻变化，让世界正确认识发展变化的中国，具有重要而紧迫的战略意义。习近平总书记强调，要"讲好中国故事、传播好中国声音，向世界展现一个真实的中国、立体的中国、全面的中国"，① 我们要以习近平新时代中国特色社会主义思想为根本指引，从民族复兴大业、国家发展大局、世界发展大势高度，讲好中国共产党治国理政、中国人民奋斗圆梦、中国坚持和平发展合作共赢的故事，让世界读懂新时代中国。

《中国智慧》一书由中国社会科学院副院长、学部委员蔡昉主编，由中国社会科学院各院所杰出学者合力编写，立足于找准世界经济和发展中国家面临问题的根源，采用经济学的规范分析方法，丰富经济发展理论，以通俗易懂的语言分享中国智慧，将自身发展机遇与经验同世界各国分享。

中国社会科学出版社高度重视此书的出版工作，抽调多名骨干编辑和校对人员负责此书的编校工作，在印刷等各个环节严格把关，确保此书的质量。并加大保障力度，加强协调配合，确保了此书按期出版。

作为集体智慧的结晶，《中国智慧》一书生动、全面、客观地阐释了中国改革开放40年的光辉历程和时代价值，着眼于改革路径、

---

① 《在中国国际友好大会暨中国人民对外友好协会成立六十周年纪念活动上的讲话》，《人民日报》2014年5月16日。

对外开放、宏观经济、区域发展、"三农"政策、扶贫脱贫、产业发展、科技引领、生态文明、人力资源、社会保障、收入分配十二个关键问题，深入考察中国经济改革历程和逻辑，对成功的做法进行理论提炼，揭示其一般含义，将中国经验上升为中国智慧，无疑在发展经济学的层面上具有学术价值。正如本书指出，中国共产党领导的改革始终把人民群众作为改革和发展的主体，也是分享的主体和最大、最终极受益者。并且中国乐意将自身发展机遇同世界各国分享。通过"一带一路"等倡议，使各国特别是广大发展中国家搭上中国发展的便车。因此，我们将努力把此书推出英语等世界主要语种版本，让世界分享中国改革发展的独特经验与智慧。本书立意高远，表现出编写者强烈的时代意识和理论自觉。40年经验凝结成的中国智慧对于新时代中国特色社会主义建设，乃至全球后发国家现代化具有普遍借鉴意义和独特价值的经验启示。

中国道路的深圳样本[*]

很高兴今天能够参加"改革不停顿、开放不止步：《中国道路的深圳样本》丛书新书发布会"。首先，我谨代表中国社会科学出版社，对本套丛书的出版与发布表示祝贺，对丛书的组织者深圳市委宣传部、深圳市社会科学联合会和作者表示衷心的祝贺，对前来参会的各位领导、嘉宾、媒体朋友们表示感谢！

四十年前，党的十一届三中全会做出把党和国家工作中心转移到经济建设上来，实行改革开放的历史性决策，这是中国共产党和中国人民的一次伟大觉醒和自我革命，是一次伟大的历史转折。四十年改革不停顿、开放不止步，四十年众志成城，四十年砥砺奋进，四十年春风化雨，中国已成为世界第二大经济体，人民生活已从短缺走向充裕，从贫困走向小康，实现了从站起来、富起来到强起来的伟大飞跃。包括深圳在内的四十年沧桑巨变，证明了改革开放是党和人民大踏步赶上时代的重要法宝，是决定当代中国命运的关键一招，也是决定实现"两个一百年"奋斗目标、实现中华民族伟大复兴中国梦的关键一招。

---

* 2018 年 12 月 17 日，在"改革不停顿、开放不止步：《中国道路的深圳样本》丛书新书发布会"上的致辞。

　　说到改革开放，人们马上会联想到深圳。四十年来，它从一个荒远的边陲渔村，蝶变成一个超过 2000 万人口的国际大都会，仅以北京、上海一半的常住人口，创造了全国排名第三的国内生产总值。特别是党的十八大以来，深圳经济特区在习近平新时代中国特色社会主义思想指引下，深入贯彻"创新、协调、绿色、开放、共享"的新发展理念，推动高质量发展。仅以 2017 年为例，深圳每万人口发明专利拥有量近 90 件，为全国平均水平的 9.2 倍。深圳已成为全国科技创新中心、区域金融中心、商贸物流中心，在国际上的知名度和影响力也不断扩大，应该说创造了人类工业化、现代化、城市化历史上空前的奇迹。

　　深圳是中国改革开放先行先试的样本，创造了许多全国第一，"时间就是金钱，效率就是生命"，这些口号至今让人热血沸腾，深圳人就是这样以"深圳速度"创造了"深圳奇迹"，从"深圳加工"到"深圳制造"，再到"深圳创造"，被全世界公认为经济特区的头号成功典范。改革开放四十年来，深圳不辱使命，在建设中国特色社会主义伟大历史进程中谱写了勇立潮头、开拓进取的壮丽篇章，在体制改革中发挥了"试验田"作用，在对外开放中发挥了重要"窗口"作用，为全国改革开放和社会主义现代化建设做出了重大贡献。经过四十年的发展，深圳已成为富裕之城、幸福之城、活力之城、创新之城、宜居之城、魅力之城，大家都喜爱深圳。

　　改革开放改变了中国命运，影响了世界。前不久习近平总书记在视察广东时强调，在改革开放四十年之际，总结好改革开放经验和启示，不仅是对四十年艰辛探索和实践的最好庆祝，而且能为新时代推进中国特色社会主义伟大事业提供强大动力。深圳市委宣传部与深圳社科联联合组织编写了"中国道路的深圳样本"系列丛书，总结深圳改革开放四十年的经验；这不仅对于讲好改革开放的深圳故事、全方位宣传深圳有重要作用，而且为中国特色社会主义的发展提供了丰富的经验，具有重要意义。

历史和实践充分表明，深圳是践行中国特色社会主义道路的光辉典范，主要体现在以下四个方面。

一是印证了中国特色社会主义道路的正确性。四十年来，中国通过改革开放，实现了从计划经济向社会主义市场经济、传统社会主义向中国特色社会主义的成功转变，深圳始终是这两个转变过程的探路先锋。深圳用事实回答了我国改革开放初期遇到的"姓资""姓社"的疑问，证明了我国社会主义市场经济的成功。中国共产党的领导是中国特色社会主义最本质的特征，是中国特色社会主义制度的最大优势。深圳用铁一般的事实诠释了科学社会主义在21世纪的中国焕发出强大生机活力，它完美地证明了中国共产党领导的改革开放是成功的，中国共产党是有能力领导中国人民实现社会主义现代化的，彰显了中国特色社会主义的道路自信。

二是诠释了中国特色社会主义理论的科学性。深圳经济特区的设立体现了邓小平理论的智慧，它的每个发展阶段都离不开邓小平理论、"三个代表"重要思想、科学发展观和习近平新时代中国特色社会主义思想的指导。如党的十八大以后，习近平总书记于2012年12月视察深圳时，要求深圳勇于冲破思想观念的障碍，勇于突破利益固化的藩篱，既不走封闭僵化的老路，也不走改旗易帜的邪路，做到改革不停顿、开放不止步。习近平总书记提出了"三个定位、两个率先"，要求广东和深圳努力成为发展中国特色社会主义的排头兵、深化改革开放的先行地、探索科学发展的试验区、为率先全面建成小康社会，率先基本实现社会主义现代化而奋斗。2018年10月，习近平总书记再次视察深圳，要求深圳"朝着建设中国特色社会主义先行示范区的方向前行，努力创建社会主义现代化强国的城市范例"。理论来源于实践，又回到实践中接受实践的检验。深圳为中国特色社会主义理论的发展提供丰富的养料，同时，也自觉运用科学理论指导自身发展，让科学理论在这片改革开放的沃土上开花结果。深圳经济特区发展的巨大成就，彰显了中国特色社会主义理论的科学性和伟大力量，彰显了中国特色社会主义的理论自信。

三是体现了中国社会主义制度的优越性。改革开放四十年，中国社会主义市场经济的建立和发展需要改革传统计划经济体制下的一系列制度和体制，建立和完善符合社会主义市场经济规律的、促进解放和发展生产力的一系列制度和体制。深圳在土地使用权拍卖制度、商事登记制度、特区立法等方面做出诸多有益探索，为相关制度体制的改革和完善提供了丰富的经验，特别是为中国社会主义基本经济制度、经济体制，法律制度、法律体系的不断完善做出了重要贡献。深圳经济特区是中国"举国体制"的产物，是中国共产党和全国人民"集中精力办大事"取得的成果，体现了中国社会主义制度的巨大优势，彰显了中国特色社会主义的制度自信。

四是彰显了中国特色社会主义文化的先进性。中国特色社会主义文化植根于中国特色社会主义的伟大实践，也就是改革开放的伟大实践，可以说，改革开放的精神是中国特色社会主义文化的鲜明特征，而改革开放的精神就是改革创新精神和开放包容精神。这两点在深圳经济特区生动地表现为敢闯敢试、先行先试的精神和"来了就是深圳人"的开放包容态度。深圳塑造了以莲花山公园邓小平雕塑、深圳十大观念、深圳读书月等"深圳十大文化名片"为代表的一系列城市文化品牌。可以说，深圳独特的文化，体现了中华优秀传统文化的深厚底蕴，体现了革命文化和社会主义先进文化的独特魅力，彰显了中国特色社会主义的文化自信。

深圳用事实向世界展示了中国特色社会主义的勃勃生机和光明前景，论证了改革开放是坚持和发展中国特色社会主义的必由之路的正确性，诠释了中国特色社会主义优越性。深圳经济特区的成功经验也越来越为国际社会所重视，越来越成为国外特区建设的有益参考，深圳吸引越来越多的政要和专家前来"取经"，学习办经济特区的经验。同时，众多研究中国特色社会主义的海外人士也纷纷来到深圳这块"试验田"，寻求中国特色社会主义成功的密码，可以说，只有将这块"试验田"研究透了，才能深刻理解中国特色社会主义蕴含的"中国智慧"。

深圳经济特区是中国改革开放的一个符号，是中国改革开放成功的重要标志。深圳这套纪念改革开放四十周年的丛书，是中国社会科学出版社《纪念改革开放四十周年》丛书的重要组成部分，与浙江、广东有关改革开放丛书一同列入《来自改革前沿的研究》系列，中国社会科学出版社高度重视丛书的出版工作：抽调多名优秀编辑和校对人员负责丛书的编校工作，针对图书的内容与形式，积极与深圳社科联沟通，并专门召集本项目的骨干人员，充分讨论并重新拟订丛书名与每本书的书名，报深圳市委宣传部审核，以期丛书以最佳的形态呈现在各位嘉宾与读者面前。

还需向大家报告的是，关于改革开放的经验总结也受到国外的关注，今年很多来访的国外出版机构都询问了有关中国改革开放四十年主题的出版情况，我们下一步一定做好丛书的宣传推广工作，发挥出丛书的最大价值。

今年也是中国社会科学出版社建社四十年。四十年来，中国社会科学出版社始终坚持正确的出版方向，在主题出版、智库成果出版、学术精品"走出去"、出版业态创新等方面都取得了十分突出的成绩。我们的《理解中国》丛书，上周五刚在南山区的人才公园发布了最新的一本由房宁所长撰写的《治理南山：深圳经验的南山样本》，丛书多语种签约59种，出版21种。今年3月，在美国亚洲研究和东亚图书馆年会期间，美国国会图书馆的东亚馆将中国社会科学出版社27本《理解中国》丛书的中外文版纳入美国国会图书馆重点藏书目录，成为中国学术、中国文化"走出去"，讲好中国故事的一张靓丽名片。

"中社智库"系列中的"国家智库报告"，继2017年"一带一路"国际合作高峰论坛成功将"国家智库报告""一带一路"系列中英文版各18种（峰会总共送书60种）送峰会后，2018年与中国社会科学院西亚非洲研究所合作推出"国家智库报告"中非合作系列，成功送书到中非合作论坛北京峰会，并且是该峰会唯一送书的出版社，送书品种18种，峰会还有外文局送书15种，中国社会科学院的智库研究成果占了大头。2018年11月1日，改革开放与世界扶贫大会召开，中宣部黄坤明部长出席，习近平总书记发去贺信。中国社会科学出版社4本扶贫主题的中英文智库报告被选中送上论坛，并和《习近平谈治国理政》《摆脱贫困》等一起摆放在展台显眼位置展示。我们近期还推出了《"一带一路"手册》《中国智慧》《中国共产党人的战略思维》《粤港澳大湾区研究》丛书等重要著作，并于12月初在香港举办了粤港澳大湾区合作的回顾与展望研讨会。

我们可以自豪地说，四十年来，中国社会科学出版社传文明薪火，发时代先声，经过一代代社科出版人的接力奋斗，已站在时代和出版的前沿。深圳是广大理论工作者汲取理论创新灵感的沃土。今后我们会进一步做好深圳发展经验的研究和宣传工作，期待与深圳继续开展更广泛、深入、全面的合作。可以相信，在新时代，深圳一定能够不忘初心、牢记使命、不懈奋斗，在更高起点、更高层次、更高目标上将改革开放进行到底，在改革开放再出发的新征程中，继续发挥好"排头兵　试验田"作用，为建设社会主义现代化强国和实现中华民族伟大复兴做出新的更大的贡献。

附录　深圳经济特区：中国特色社会主义的光辉典范[*]

2018年12月18日，习近平总书记在庆祝改革开放40周年大会上的重要讲话中指出："40年的实践充分证明，党的十一届三中全会以来我们党团结带领全国各族人民开辟的中国特色社会主义道路、理论、制度、文化是完全正确的，形成的党的基本理论、基本路线、

---

[*] 作者赵剑英，发表于《中国社会科学报》2019年1月8日。

基本方略是完全正确的";"40 年的实践充分证明，改革开放是党和人民大踏步赶上时代的重要法宝，是坚持和发展中国特色社会主义的必由之路，是决定当代中国命运的关键一招，也是决定实现'两个一百年'奋斗目标、实现中华民族伟大复兴的关键一招"。

深圳经济特区是我国改革开放的窗口和桥头堡。改革开放以来，深圳经济特区作为中国改革开放的"重要窗口""排头兵"和"试验田"，经济社会持续高速发展，从边陲渔村发展为国际化大都市，成为全国经济中心城市、科技创新中心、区域金融中心、商贸物流中心，发展成就举世瞩目。特别是党的十八大以来，深圳经济特区在习近平新时代中国特色社会主义思想的指引下，深入贯彻"创新、协调、绿色、开放、共享"的新发展理念，推动高质量发展，取得优异成绩，继续走在全国前列。1984 年 1 月，邓小平同志第一次视察深圳，充分肯定深圳的发展成就，指出："深圳的发展和经验证明，我们建立经济特区的政策是正确的。"党的十八大后，习近平总书记国内考察的第一站就是深圳，他在这里庄严宣示：改革不停顿，开放不止步。他要求将改革开放继续推向前进，并发出改革开放再出发的号召。2018 年 10 月 24 日，改革开放 40 周年之际，习近平总书记再次来到深圳并强调，实践证明，我们走改革开放这条路是一条正确道路，只要锲而不舍、一以贯之、再接再厉，必然创造出新的更大奇迹。历史和实践充分表明，深圳是坚持中国特色社会主义道路、理论、制度和文化自信的光辉典范，集中体现在以下四个方面。

一是印证了中国特色社会主义道路的正确性。40 年来，中国通过改革开放，实现了计划经济向社会主义市场经济、传统社会主义向中国特色社会主义的成功转变，深圳始终是这两个转变过程的探路先锋。深圳用事实回答了我国改革开放关键阶段遇到的"姓资""姓社"的疑问，证明了我国社会主义市场经济的成功。中国共产党的领导是中国特色社会主义最本质的特征，是中国特色社会主义制度的最大优势。深圳用铁一般的事实诠释了科学社会主义在 21 世纪的中国焕发出强大生机活力，印证了中国共产党领导的正确性，彰显了中国特色社会主义的道路自信。

二是诠释了中国特色社会主义理论的科学性。深圳的发展离不开邓小平理论、"三个代表"重要思想、科学发展观和习近平新时代中国特色社会主义思想的指导。深圳为中国特色社会主义理论的发展提供丰富的养料，同时也自觉运用科学理论指导自身发展，让科学理论在这片改革开放的沃土上开花结果。可以说，深圳经济特区发展的巨大成就，彰显了中国特色社会主义理论的科学性和伟大力量，彰显了中国特色社会主义的理论自信。坚持解放和发展生产力，坚持共同富裕、人民幸福，坚持中国共产党的领导、加强党的建设等中国特色社会主义理论每一条具体内容，都化为深圳改革开放的生动实践并取得巨大成就。特别是党的十八大以来，深圳以习近平新时代中国特色社会主义思想为指导，统筹推进"五位一体"总体布局，协调推进"四个全面"战略布局，大力实施新发展理念，深化供给侧结构性改革，实施创新驱动战略，践行以人民为中心的发展思想，改革开放取得了新的巨大成就。

三是体现了我国社会主义制度的优越性。改革开放 40 年，中国社会主义市场经济的建立和发展需要改革传统计划经济体制下的一系列制度和体制，建立和完善符合社会主义市场经济规律的，促进解放和发展生产力的一系列制度和体制。深圳充分发挥市场在资源配置中的决定性作用，在土地使用权拍卖制度、商事登记制度、特区立法等方面作出诸多有益探索，为相关制度体制的改革和完善提供了丰富的经验，特别是为我国社会主义基本经济制度、分配制度、经济体制、法律制度、法律体系的不断完善做出了重要贡献。深圳经济特区是我国"举国体制"的产物，是中国共产党和全国人民"集中精力办大事"取得的成果，体现了我国社会主义制度的鲜明优势，彰显了中国特色社会主义的制度自信。

　　四是展现了中国特色社会主义文化的先进性。中国特色社会主义文化植根于中国特色社会主义的伟大实践，也就是改革开放的伟大实践。可以说，改革开放的精神是中国特色社会主义文化的鲜明特征，而改革开放的精神就是改革创新精神和开放包容精神。深圳精神和深圳观念特别是敢闯敢试、先行先试的精神和"来了就是深圳人"的开放包容态度，是对中国改革开放精神最生动的诠释。可以说，深圳独特的文化，展现了中华优秀传统文化的深厚底蕴，凸显了革命文化和社会主义先进文化的独特魅力，彰显了中国特色社会主义的文化自信。

　　深圳不仅是中国发展最好的经济特区，而且在世界经济特区中也是数一数二的。英国《经济学人》评价道："改革开放近40年，中国最引人瞩目的实践是经济特区。全世界超过4000个经济特区，头号成功典范莫过于'深圳奇迹'。"深圳用事实向世界展示了中国特色社会主义的勃勃生机和光明前景，论证了改革开放是坚持和发展中国特色社会主义的必由之路的正确性，诠释了中国特色社会主义的优越性。深圳经济特区的成功经验正越来越为国际社会所重视，越来越成为国外特区建设的有益参考，深圳吸引越来越多的政要和专家前来"取经"，学习办经济特区的经验。同时，众多研究中国特色社会主义的海外人士也纷纷来到深圳这块"试验田"，寻求中国特色社会主义成功的密码。可以说，理解了深圳这片改革开放的热土，就能深刻理解中国特色社会主义蕴含的中国智慧和中国力量。

　　改革开放40年再出发，中国特色社会主义这艘巨轮将朝着社会主义现代化国家的目标继续航行。深圳经济特区将继续扮演"先行者""尖兵"的角色，以习近平总书记考察广东、深圳时的重要讲话精神为根本遵循，在更高起点、更高层次、更高目标上推进改革开放，"朝着建设中国特色社会主义先行示范区的方向前行，努力创建社会主义现代化强国的城市范例"，续写中国特色社会主义光辉典范的美好篇章。

一是以粤港澳大湾区建设为契机，构建全面开放新格局。2018年10月，习近平总书记在视察深圳时指出，深圳要扎实推进前海建设，拿出更多务实创新的改革举措，探索更多可复制可推广的经验，深化深港合作，相互借助、相得益彰，在共建"一带一路"、推进粤港澳大湾区建设、高水平参与国际合作方面发挥更大作用。前海承担着自由贸易试验、粤港澳合作、创新驱动等15个国家战略定位，是"特区中的特区"，正成为带动深圳改革开放再出发的强劲引擎。构建"大前海"发展格局，大力拓展对外合作新通道，推动自贸片区加快建成高水平对外开放门户枢纽和粤港澳深度合作示范区。进一步加强深港合作，与香港共同推动河套地区开发，加快深港科技创新特别合作区建设。主动与澳门联手，开拓葡语国家市场。构建"一带一路"交流合作新载体，拓展与"一带一路"沿线国家和地区经贸合作，完善企业"走出去"服务体系。

二是以高质量发展为导向，深入推进创新驱动发展战略。坚定不移贯彻以人民为中心的发展思想，落实新发展理念，建设现代化经济体系。进一步全面深化改革，着力在营商环境、前海开发开放等领域推出一批标志性、引领性的改革举措，深入推进自贸区改革试点、深化商事制度改革、推进知识产权综合管理改革、创新人才公共服务、减轻企业负担、完善社会信用体系等。特别是着力在创新驱动发展方面取得更大突破，强化产业、研发、市场、资本、人才等全要素协同，实施综合创新生态优化计划，坚定不移建设更具国际竞争力的创新之都。深圳提出："到2020年，基本建成现代化国际化创新型城市，到2035年，建成可持续发展的全球创新之都，到本世纪中叶，成为竞争力影响力卓著的创新引领型全球城市。"深化供给侧结构性改革，打好防范化解重大风险攻坚战，逐步健全与供给侧结构性改革相适应的产业、投资、土地、财税、金融等制度供给和高质量的法治供给体系。深入推进深圳质量、深圳标准建设，全面提升产品、工程、服务、环境等各领域质量，打造更具时代引领性的深圳品牌，做强更具比较优势的深圳制造。持续开展发展成果惠民行动，出台政策鼓励更多社会资本参与教育、医疗、文化、养老等供给，努力为市民提供更多更优质的公共服务，率先构建全面共建共享共同富裕的民生发展格局。加快建设美丽深圳，打造更加和谐宜居的城市环境。推动城乡、区域、物质文明和精神文明协调发展。扎实推进"文化创新发展2020"，增强城市文化软实力。

三是坚持和加强党的领导，进一步完善现代化治理体系和治理能力。认真学习习近平新时代中国特色社会主义思想，特别是深刻领会习近平总书记考察广东时的重要讲话精神，牢固树立"四个意识"，坚定"四个自信"，坚决维护习近平总书记党中央的核心、全党的核心地位，坚决维护以习近平同志为核心的党中央权威和集中统一领导，充分发挥党的领导核心作用，确保特区新时代改革开放事业沿着正确的方向前进。严明政治纪律和政治规矩，落实新形势下党内政治生活若干准则，涵养风清气正的政治生态。继续推进作风建设，规范政商交往行为，加快构建亲清新型政商关系。深入推进"放管服"改革，进一步提高政府效率和依法行政水平，建设更高水平的法治政府。加强精细化管理，细化城市管理的法规规章、开展城中村环境综合治理、加强社会治理创新等，努力提升城市治理现代化水平，营造共建共治共享的社会治理格局。

四是以科学的世界观和方法论推动新时代改革开放。习近平总书记在考察广东时强调："要掌握辩证唯物主义和历史唯物主义的方法论，以改革开放的眼光看待改革开放，充分认识新形势下改革开放的时代性、体系性、全局性问题，在更高起点、更高层次、更高目标上推进改革开放。"① 他在庆祝改革开放40周年大会上又强调："必须坚持辩证唯物主义和历史唯物主义世界观和方法论，正确处理改革发展稳定关系。改革开放40年的实践启示我们：我国是一个大

---

① 《习近平在广东考察时强调　高举新时代改革开放旗帜　把改革开放不断推向深入》，《人民日报》2018年10月26日。

国，决不能在根本性问题上出现颠覆性错误。我们坚持加强党的领导和尊重人民首创精神相结合，坚持'摸着石头过河'和顶层设计相结合，坚持问题导向和目标导向相统一，坚持试点先行和全面推进相促进，既鼓励大胆试、大胆闯，又坚持实事求是、善作善成，确保了改革开放行稳致远。"[1] 马克思主义哲学是中国共产党的看家本领，要运用辩证唯物主义和历史唯物主义的方法论，在改革开放40年的基础上认识新时代改革开放，形成改革开放再出发的科学思想方法。既要不忘改革开放初心，总结改革开放40年成功经验，又要深刻把握新时代国际国内形势发生的广泛而深刻的变化，认清改革发展面临的新形势、新任务、新挑战。

---

① 习近平：《在庆祝改革开放40周年大会上的讲话》，人民出版社2018年版，第36页。

改革开放与中国历史学发展[*]

首先，我代表中国社会科学出版社，对出席今天新书发布会的高翔^①副院长和专家学者们表示热烈的欢迎！对《中国历史学40年（1978—2018）》一书的出版发布表示衷心的祝贺！对以张海鹏^②先生为首的作者团队表示诚挚的感谢！

这几天，全国各地有很多纪念改革开放的活动。习近平总书记上周在庆祝改革开放40周年大会上的重要讲话中，对改革开放的历史地位和意义做了高度的评价，他指出："改革开放是我们党的一次伟大觉醒，正是这个伟大觉醒孕育了我们党从理论到实践的伟大创造。改革开放是中国人民和中华民族发展史上一次伟大革命，正是这个伟大革命推动了中国特色社会主义事业的伟大飞跃！"^③ 对改革开放的伟大理论和实践进行系统的研究和总结是今后一个时期哲学社会科学研究的一个重大课题。为此，中国社会科学出版社自去年下半年开始，

---

* 2018年12月25日，在"《中国历史学40年（1978—2018）》新书发布会"上的致辞。

① 高翔，中国社会科学院副院长、党组副书记（正部长级）兼中国历史研究院院长、党委书记。

② 张海鹏，中国社会科学院学部委员，中国社会科学院近代史研究所所长。

③ 习近平：《在庆祝改革开放40周年大会上的讲话》，人民出版社2018年版，第4页。

2018 年 12 月 25 日，《中国历史学 40 年（1978—2018）》新书发布会专家合影

经过周密策划和科学论证，启动《纪念改革开放 40 周年》大型丛书的编辑出版工作。这套丛书分为"来自改革前沿的研究""学科发展报告系列""专题研究"系列三大系列，共 50 余本。执笔者均为各相关研究领域的著名专家学者。50 多本书，构成了一部富有特色的改革开放学术发展史，是我们中国社会科学出版社和中国社会科学院贯彻习近平总书记"5·17"重要讲话精神，构建中国特色、中国风格、中国气派的哲学社会科学的一项重要学术努力。由我院学部委员张海鹏先生领衔、知名学者共同撰写的《中国历史学 40 年（1978—2018）》就是这套丛书中非常重要的一本。

　　回顾中国历史学 40 年的发展历程，总结改革开放 40 年来历史学发展的成果与经验，对于深化我们对中国历史道路的认识，推动中国历史学的理论体系和话语体系的建设，增强与国际史学界的交流和对话，具有重要意义。10 年前，我社出版过《中国历史学 30 年》，后来翻译成英文，在 2015 年 8 月第 22 届国际历史科学大会期间召开出版发布会时，引起社会多方关注，反响很好。这次推出的

《中国历史学40年（1978—2018）》，在继承和延续《中国历史学30年》的基础上，完整地勾勒出中国历史学40年来发展变化的全景。该书科学地总结了40年来中国历史学所取得的成就，明确中国历史学研究中的不足和今后发展的方向，是从事中国历史研究和教学的必读参考书。相比《中国历史学30年》，全书新增加10篇，包括环境史及医疗史、灾害史、近代财政史、近代金融史、近代中外关系史以及近代史理论问题、唯物史观的研究等。这些内容总结了近10年中国历史学新领域的研究状况，体现了近10年历史学发展的新动向和新趋势。其中如环境史、医疗史等，起初为星星之火，经过10年发展已经具有一定的规模，一批年轻学者也成长为历史学研究的中坚力量。老中青学者薪火相传，让我们看到中国历史学的未来发展前景。

习近平总书记在致第22届国际历史科学大会的贺信中指出："历史研究是一切社会科学的基础，承担着'究天人之际，通古今之变'的使命。"① 我相信，《中国历史学40年（1978—2018）》就是这样一部承载了历史研究的使命的重要历史学著作。关于这本书的具体内容和相关话题的研讨，待会儿还有很多专家学者会发表更专业的讨论，这里我就不做更多的展开了。

进一步深化对改革开放这个大课题的研究，我们哲学社会科学工作者承担着义不容辞的特殊使命。配合中华人民共和国成立70周年，我社策划的明年主题出版的最重要项目之一，就是《当代中国学术思想史（1949—2019）》大型丛书的编辑出版工作。这套丛书将以马克思主义为指导，对新中国成立以来我国哲学社会科学各学科的历史发展、当前状况和前沿动向进行系统回顾、总结和反思，丛书共20多本，涉及十多个学科。同时，中国社会科学院党组部署的中国社会科学院《庆祝中华人民共和国成立70周年书系》，也确

---

① 《习近平第二十二届国际历史科学大会的贺信》，《人民日报》2015年8月24日。

定将由我社出版。这套书分国家发展建设史和哲学社会科学学术研究史两个序列，共25本。这两套大书，都有赖于在座的专家学者的大力支持，尤其是中国社会科学院各位所长们的大力支持！在此，我代表中国社会科学出版社，向大家表示衷心的感谢！

中国社会科学出版社多年来始终致力于原创学术出版，以为学术服务、为学者服务为己任，出版了一大批具有较大学术影响力、社会影响力和国际影响力的学术著作。在《CSSCI中文学术图书引文索引》报告2017年版中，我社综合被引排名在全国600多家出版社中名列第四，有9个学科在影响力排名中位居前三位；我社出版的《世界佛教通史》（14卷）2017年荣获第四届中国出版政府奖图书奖；今年4月，我社出版的《中国的和平发展道路》一书在第五届"中国好书"评选活动中获得2017年"中国好书奖"；今年8月在第二十五届北京国际图书博览会（BIBF）上发布的《2018年中国图书海外馆藏影响力研究报告》中，我社图书海外馆藏影响力，继去年之后，再次荣登全国各出版社榜首。借此机会，我代表中国社会科学出版社，对长期以来关心和支持我社事业发展的各位领导和专家学者，尤其是在座的各位领导和专家学者，表示衷心的感谢！

改革开放与中国经济学发展*

今天的座谈会，得到了张卓元[①]先生的大力支持，我代表社科出版社，首先向尊敬的张卓元先生表示衷心感谢！对各位专家能够拨冗莅临，表示衷心感谢！

我国的经济社会发展已经进入新时代。今年是我国历史上一个重要的年份，举国上下都在开展纪念改革开放 40 周年的活动，我们中国社会科学出版社，作为一家全国知名出版社，为了纪念改革开放 40 周年，总结我国改革开放以来哲学社会科学发展取得的巨大成绩，经过周密策划和精心论证，组织编辑出版了《纪念改革开放 40 周年》丛书。丛书分"学科发展报告系列""来自改革前沿的研究""专题研究"三大系列，共 50 余种，执笔者均为全国社科界各学科的学科带头人和著名学者。《中国经济学 40 年（1978—2018）》就是其中之一。

今年，我社召开了一系列纪念活动，比如研讨会或者座谈会，总结回顾我国哲学社会科学 40 年来的发展及取得的巨大成果。周二上午刚刚开完了《中国历史学 40 年（1978—2018）》座谈会，今天，我们召开

* 2018 年 12 月 28 日，在"《中国经济学 40 年（1978—2018）》新书发布会"上的致辞。

① 张卓元，中国社会科学院学部委员，经济研究所研究员。曾任中国社会科学院财贸经济研究所所长，工业经济研究所所长，经济研究所所长。

2018 年 12 月 28 日，与中国社会科学院副院长高培勇（左一）、
中国社会科学院学部委员张卓元先生（左二）交谈

"改革开放与中国经济学发展研讨会暨《中国经济学 40 年（1978—2018）》出版座谈会"，这也是我们 2018 年度工作计划中的一项重要内容。今天的座谈会，组织专家学者总结、回顾我国经济学的理论创新和发展情况，并发布由我国著名经济学家张卓元先生主持撰写的《中国经济学 40 年（1978—2018）》一书，这是一件很有意义的事情。

《中国经济学 40 年（1978—2018）》是为纪念改革开放 40 周年而作，由中国著名经济学家、党的重要文件撰稿人、改革开放的参与者、改革历史的见证人张卓元先生牵头，组织专家学者撰写。

《中国经济学 40 年（1978—2018）》一书，内容全面、系统，内涵丰富。全书对中国改革开放 40 年来中国经济理论探索和创新进行系统归纳，系统地回顾了改革开放以来中国经济理论的演进，涵盖了社会主义市场经济论、社会主义初级阶段理论、社会主义基本经济制度理论、企业理论、现代市场体系、价格改革、产业结构与产业组织、宏观经济管理理论、财税理论、金融理论、收入分配、经济发展观、"三农"问题、区域经济学、自然资源经济学、经济增长方式转变、对外开放、中国特色社会主义政治经济学。同时，梳理了在改革开放40年间各个重要时期的理论突破与创新，并展望了中国经济学的发展前景。

该书反映了改革开放40年中国经济理论逐步与国际接轨，国际规范经济研究的方法不断推动中国经济理论研究融入全球化的发展历程。总的来说，中国经济理论包括学术思维范式、概念体系、学科分工、方法论更新和政策逻辑全面转型，服务和支持了我国经济建设和经济学自身的发展。

40年来，在中国特色社会主义经济理论的探索、发展和创新的过程中，中国的经济研究工作者把握住了四个要领。一是坚持马克思主义基本原理，坚持正确的政治方向，以发展的、中国化的马克思主义指导经济理论研究；二是热情投入和紧密联系中国改革开放与社会主义现代化建设的伟大实践，立足国情，立足当代，围绕经济发展这一中心，服务大局，以深入研究重大现实问题为主攻方向，在新的探索中积极推进理论突破、实践和创新；三是结合中国国情，吸收和借鉴人类社会创造的一切文明成果，以及当今世界各国的一切反映现代社会化生产规律和市场经济运行规律的有用成果和方法；四是为世界提供新的道路选择和中国发展的智慧。

理论创新指导伟大实践。建设中国特色社会主义是一项前无古人的崭新事业，经济理论创新对实践具有重大先导作用。在市场经济、所有制关系、资源配置方式、宏观调控模式、分配关系和对外开放等方面，在这些经济理论创新的正确导向下，我国改革开放事业实现了渐进式的调整与变革。重大的经济理论创新推动了经济社会发展实现新的历史性跨越。

新时代呼唤经济理论创新。中国特色社会主义进入新时代，需要进行艰辛理论探索，为深化改革、科学发展提供理论指导。期待着经济学理论和实践取得新的创新与发展。

中国国家资产的权威研究和发布[*]

首先，我谨代表中国社会科学出版社，对《中国国家资产负债表2018》的出版与发布表示祝贺，对本书的作者团体，以李扬①副院长领衔的国家资产负债表研究中心（国家金融与发展实验室和中国社会科学院经济研究所）表示衷心的祝贺，对前来参会的各位领导、嘉宾、媒体朋友表示感谢！

今年是改革开放 40 年，中国经济社会发展取得了举世瞩目的成就，在充分肯定成就的同时，也要看到目前经济运行中存在的问题。习近平总书记在党的十九大报告中提出"要坚决打好防范化解重大风险、精准脱贫、污染防治"② 三大攻坚战；本月 19—21 日的 2018 年中央经济工作会议指出，目前中国"经济运行稳中有变、变中有忧，外部环境复杂严峻，经济面临下行压力"。面对复杂的局面，我

* 2018 年 12 月 26 日，在"《中国国家资产负债表 2018》新书发布暨高层研讨会"上的发言。

① 李扬，中国社会科学院原副院长，学部委员，现任国家金融与发展实验室理事长。

② 习近平：《决胜全面建成小康社会 夺取新时代中国特色社会主义伟大胜利——在中国共产党第十九次全国代表大会上的报告》，人民出版社 2017 年版，第 27—28 页。

们需要追索问题产生的根源，分析问题可能蔓延的风险，提出解决问题的措施，这就需要我们层层溯源，关注国家之资产、负债状况及其动态平衡关系。国家资产负债表依靠一系列处理数据的方法，用严谨、细致的理论框架，列出国家"家底"，并依托这一框架，揭示各经济主体主要经济活动之间的对应关系，勾勒出国家经济运行的机制。我们今天发布的这本书，其测算的 2000—2016 年中国国家资产负债表数据，不仅有助于我们准确把握国家经济的健康状况，也为政府部门制定政策提供了理论依据。我用四个词来概括这本书的特点：前沿性、权威性、创新性、及时性。

第一，前沿性。

李扬副院长在序言中具有前瞻性地提出"债务密集度"的上升问题。2008 年国际金融危机是一场债务危机，因此减少债务和降低杠杆率是走出危机的必要条件。然而，在一片言之凿凿的"减少债务"和"降杠杆"政策宣示中，全球债务规模和杠杆率仍在上升，的确是对十年全球宏观经济政策的讽刺。这也说明，用传统的经济学理论分析和常规政策已经无法解决目前的债务问题，需要新思路、新想法，甚至是创新理论，这既是我们遇到的挑战，也是我们进一步发展的机遇。面向未来，李扬副院长提出债务密集度上升所带来的影响将把我们引向何方的问题。他同时给出回答：数字化。在经济金融化的进程中，在提高债务密集度的同时，逐渐将一切都数字化了。在顶层设计上，运用互联网大数据、区块链、物联网等技术，用数字化的方式解决金融信息载体，能够更加有效地解决金融内生性问题等。反映在我们的日常生活中，大家现在使用现金支付应该比以往少了很多，支付宝、微信付款，网上购物就是一种"去纸币化"。

第二，权威性。

关于中国国家资产负债表的编制和研究，有多个学术团队进行研究，但侧重点各不相同，研究也不连贯；国家统计局今年完成了中国国家资产负债表的初步编制，但没有公开发布。由李扬副院长领衔的中国社会科学院的研究团队成立于 2011 年，是国内较早研究，并唯一坚持编制和发布中国国家资产负债表数据的团队，其提供的数据成为分析研判国家能力、财富构成与债务风险的权威依据。其团队主要研究成果在国内产生较大影响：李扬副院长等著的《中国主权资产负债表及其风险评估》获得首届孙冶方金融创新奖（2015），李扬副院长、张晓晶[1]研究员、常欣[2]研究员凭借对"中国国家资产负债表"的持续研究获得第五届中国软科学优秀成果奖（2015）。在国际上，其主要研究成果被国际货币基金组织、世界财富与收入数据库以及国际主流学术期刊所引用，成为该领域的权威。

第三，创新性。

"中国国家资产负债表"这个系列目前一共出版了三本，都是在我们中国社会科学出版社出版的，今天发布的《中国国家资产负债表 2018》是继 2013 年和 2015 年之后出版的第三本。相比之前的两本，本次编制的 2000—2016 年国家资产负债表在编制方法、数据跨度以及国际比较等方面都取得了重要进展。其一，本书编制的负债表以国民账户体系（SNA）为基本标准，并结合中国实际国情，对每一类资产和负债都采用四式记账原则，统一了各部门资产负债表，解决了之前部门负债表与国家资产负债表未能完全吻合的问题。其二，改进了金融部门资产负债表的编制方法。其三，将企业部门的剩余索取完全分配于居民、政府和国外部门。其四，在社会保障方面，本书专门估算了公职人员养老金的未来支出缺口以及折现后的负债。其五，对于土地资源，本书仅列了国有建设用地资产，未包括农地和林地。其六，将资产存量的变动进行分解，专门考虑价值重估对资产负债的影响。其七，强化了国际比较，选取日本、德国、英国和美国的国家资产负债表作为主要比照对象，从资产负债规模、

---

① 张晓晶，时任中国社会科学院经济研究所副所长，现任中国社会科学院金融研究所所长。
② 常欣，中国社会科学院经济研究所研究员。

增速、结构等方面进行考量，通过对比说明当前中国宏观经济的特点、优势和风险。其八，加强了与同行的沟通合作。

第四，及时性。

国家债务是牵一发而动全身的，分析一国债务情况最适当的工具就是该国的资产负债表。当前，中国经济下行压力加大，并向很多领域扩展，金融风险逐渐加大，地方政府债务危机显现，国际上贸易主义抬头、"黑天鹅"事件频发以及国际政治的不稳定又进一步影响中国经济。因此，需要全面、客观地了解、掌握目前中国整体的债务规模、杠杆率情况，为中央政府把控目前经济中的不确定因素，制定下一步的经济、金融发展规划提供重要的理论依据。本书及时填补了这方面的数据空白，将2000—2016年的中国"家底"和盘托出，并分三个时间段（2000—2008年、2008—2012年、2012—2016年）、四个时间节点（2000年、2008年、2012年和2016年）进行对比分析，通过数据分析客观地展现出中国综合国力、国家财富分布、财富收入、金融资产、融资情况、资产规模债务风险等现状，并就目前学界、政府、大众所关注的机关事业单位养老保险隐形债务等话题给出了一定的分析和看法。

我社高度重视本系列图书的出版发行和海外推广。在收到本书定稿后，抽调组织优秀编校团队，协调各项出版环节，在编校过程中多次与作者团队就书稿中的表述、数据反复核对，精益求精，封面采用凹压、烫红金的装帧设计，风格简洁、大气，这些工作都是在1个月的时间内高质量、高效率完成的，今天呈现给大家。

在"走出去"方面，"中国国家资产负债表"系列的前两本：《中国国家资产负债表2013——理论、方法与风险评估》和《中国国家资产负债表2015——杠杆调整与风险管理》的英文版已经由施普林格·自然集团于2017年出版，在海外受到了极大的关注，年均章节下载量累计达到5540次，远超过2000次的年均下载量，我们下一步也会积极推进本书的海内外发行、宣传、推广工作。

不忘初心，牢记使命，
在文化传承、积累和创新中发挥
共产党员的先锋模范作用[*]

今年是中国共产党成立 97 周年。历史的长河奔腾不息，奋斗的道路曲折艰辛。看清来时路，牢记为什么出发，才能把握方向、行稳致远。唯有矢志不移才能不断前行。97 载风雨兼程，为了实现国家富强、民族振兴、人民幸福，我们党带领人民不懈奋斗，从根本上改变了中国的前途命运，创造了彪炳史册的伟大奇迹。"天下将兴，其积必有源。"今天，我们比历史上任何时期都更接近中华民族伟大复兴的目标，比历史上任何时期都更有信心、有能力实现这个目标。习近平总书记在庆祝中国共产党成立 95 周年大会上指出："一切向前走，都不能忘记走过的路；走得再远、走到再光辉的未来，也不能忘记走过的过去，不能忘记为什么出发。面向未来，面对挑战，全党同志一定要不忘初心、继续前进。"① 面对实现"两个一百年"奋斗目标和中华民族伟大复兴中国梦的伟大的事业，面对具有许多新的历史特点的伟大斗争的新的"赶考"，只有不忘初心，牢记使命，继续前进，才能向历史、向人民交出新的更加优异的答卷。

---

* 2018 年 7 月 23 日，为中国社会科学出版社全体党员讲党课。

① 习近平：《在庆祝中国共产党成立 95 周年大会上的讲话》，人民出版社 2016 年版，第 8 页。

一 不忘初心，牢记使命

（一）中国共产党人的初心和使命

中国共产党人的初心和使命是什么？党的十九大报告中，习近平总书记开宗明义，强调了共产党人的初心和使命——"为中国人民谋幸福，为中华民族谋复兴"。大会的主题也明确："不忘初心，牢记使命，高举中国特色社会主义伟大旗帜，决胜全面建成小康社会，夺取新时代中国特色社会主义伟大胜利，为实现中华民族伟大复兴的中国梦不懈奋斗。"①

这个初心和使命是激励中国共产党人不断前进的根本动力。1921 年，在嘉兴南湖的红船上，中国共产党应运而生。中国共产党一经成立，就义无反顾肩负起实现中华民族伟大复兴的历史使命，就把坚持"人民利益高于一切"鲜明地写在自己的旗帜上，把全心全意为人民服务作为根本宗旨。

建党 97 年来，为了人民的幸福和民族的复兴，无论是弱小还是强大，无论是顺境还是逆境，我们党都初心不改、矢志不渝，团结带领人民进行了艰苦卓绝的斗争，攻克了一个又一个看似不可攻克的难关，创造了一个又一个彪炳史册的人间奇迹。

党的十八大以来，习近平总书记到基层考察调研 50 次、累计151 天，纵横中国版图。莲花山上谋改革，阜平山区访真贫，芦山灾区住板房，中关村里思创新……一串串坚实的脚印，彰显的是共产党人的初心，刻印的是共产党人的使命。

初心如磐，使命在肩。2017 年 10 月 25 日，再次当选中共中央总书记的习近平在同中外记者见面时说："我代表新一届中共中央领导成员，衷心感谢全党同志对我们的信任。我们一定恪尽职守、勤

---

① 习近平：《决胜全面建成小康社会 夺取新时代中国特色社会主义伟大胜利——在中国共产党第十九次全国代表大会上的报告》，人民出版社 2017 年版，第 1 页。

勉工作、不辱使命、不负重托。"① "我们要永葆蓬勃朝气，永远做人民公仆、时代先锋、民族脊梁。"② 在中国共产党梦想起航的浙江嘉兴南湖，习近平总书记告诫全党："只有不忘初心、牢记使命、永远奋斗，才能让中国共产党永远年轻。"③

不忘初心，方得始终。党的十九大以来，无论是现代化强国的新目标，还是社会主要矛盾的新变化，立足的无不是民族的福祉，回应的无不是人民的期盼。面对全面小康的决胜一程，面对现代化强国的百年目标，面对民族复兴的光明前景，唯有永远做人民公仆、时代先锋、民族脊梁，才能经得起各种风浪考验，成为更加坚强的领导核心；也只有不忘初心、牢记使命、永远奋斗，我们党才能在奋斗中不断成长、在进取中永葆活力。

（二）中国社会科学出版社的初心和使命

中国社会科学出版社的初心和使命：传文明薪火，发时代先声，为国家富强、民族复兴、人民幸福出好书、出精品。

今年是改革开放 40 周年，也是我社建社 40 周年。40 年来，我们紧跟时代发展步伐，发时代之先声，为改革开放鼓与呼，出版了大量解放思想、推动社会主义市场经济发展、社会主义法治建设和文化建设等方面的优秀成果。40 年深耕细作，中国社会科学出版社已经成为马克思主义理论重要出版阵地、哲学社会科学出版重镇、中国社会科学院及其他国家高端智库成果的发布平台、中国学术"走出去"的主力军。

当前，我们正处于决胜全面建成小康社会，向着社会主义现代化强国和实现中华民族伟大复兴的目标前进的征程中。我们哲学社会科学出版工作者要有强烈的文化担当与使命，传文明薪火，发时代先声，大力弘扬中华优秀传统文化成果，推动中华文化的创造性

① 《习近平谈治国理政》第 3 卷，外文出版社 2020 年版，第 65 页。
② 《习近平谈治国理政》第 3 卷，外文出版社 2020 年版，第 67 页。
③ 《习近平谈治国理政》第 3 卷，外文出版社 2020 年版，第 497 页。

转化和创新性发展，使之与社会主义核心价值观为灵魂的马克思主义意识形态相贯通、相融合，要积极策划出版更多面向坚持和发展中国特色社会主义为主攻方向的优秀研究成果，继续为国家富强、民族复兴、人民幸福出好书。出版对哲学社会科学学科建设有引领作用的精品力作，为推动哲学社会科学学科体系、学术体系、话语体系、教材体系建设，推动社会主义文化繁荣兴盛做出贡献。

二 发挥好党员的先锋模范作用

使命光荣，责任重大。作为一名共产党员，一定要牢记自己所肩负的神圣职责，一定要自觉带头发挥先锋模范作用，为党和国家事业发展，为我社的发展贡献自己的智慧和力量。

（一）何为党员的先锋模范作用

党章在党员必须履行的八项义务的第二项中规定：党员必须"贯彻执行党的基本路线和各项方针、政策，带头参加改革开放和社会主义现代化建设，带动群众为经济发展和社会进步艰苦奋斗，在生产、工作、学习和社会生活中起先锋模范作用"①。

习近平总书记在党的十九大报告中强调，党支部要担负好直接教育党员、管理党员、监督党员和组织群众、宣传群众、凝聚群众、服务群众的职责，引导广大党员发挥先锋模范作用。

新修订的党章对党员划定更高标准、提出更高要求，我们必须不忘初心、牢记使命，努力做无愧于新时代的合格共产党员。

（二）不忘初心，强化党员身份意识

习近平总书记强调，不论担任何种职务、从事何种工作，首先要明白自己是一名在党旗下宣过誓的共产党员，要用入党誓词约束自己。党员的身份意识是党员进行自我认知、开展实践工作的基本要求和重要基础，是全面从严治党的重要内容。新时代党的建设新

---

① 《中国共产党章程》，人民出版社 2017 年版，第 12 页。

的伟大工程，强化党员的身份意识是最基本、最基础的内容，每名党员都要牢记党员身份、不断强化身份认同，时刻以党员标准严格要求自己，自觉践行党员义务和责任。

组织上入党一生一次，思想上入党一生一世。早在延安整风期间，毛泽东同志就曾指出："有许多党员，在组织上入了党，思想上并没有完全入党，甚至完全没有入党。"① 对于党员干部来说，始终牢记"我是组织的人"，不断强化党的意识，才能真正做到始终忠诚于组织，永远与党同心同德。党员对"我与组织"有了清醒认识，党组织就必定坚强有力；党员牢记"我是组织的人"，干事创业也就拥有了坚强后盾。

"共产党员这个称号，是一个组织称号，在党组织里的人，就要过组织生活。"② 习近平总书记多次以普通党员身份参加所在党支部组织生活会，为广大党员培养党性观念树立了标杆、做出了示范。时刻牢记"我是组织的人"，自觉维护组织权威，坚决服从组织安排，主动接受组织监督，我们就能以奋斗不断锤炼党性修养，无愧于共产党员的光荣称号。

（三）立足岗位，发挥先锋模范作用

党员能否发挥真正的作用，是衡量党员是否合格的重要标准。我们每位党员都要牢记党员身份，永远跟党走，在实际工作中，立足本职，爱岗敬业，勇于担当，甘于奉献，充分发挥党员先锋模范作用。

1. 在维护政治纪律和政治规矩上发挥先锋模范作用

"欲知平直，则必准绳；欲知方圆，则必规矩。"习近平总书记指出："没有规矩不成其为政党，更不成其为马克思主义政党。"③ 我们党是靠革命理想和铁的纪律组织起来的马克思主义政党，纪律严明是

---

① 《毛泽东选集》第3卷，人民出版社1991年版，第875页。
② 《全面从严治党面对面——理论热点面对面·2017》，人民出版社2017年版，第114页。
③ 《深入开展"三严三实"专题教育》，人民出版社2015年版，第214页。

党的光荣传统和独特优势。我社党员要在维护政治纪律和政治规矩上发挥先锋模范作用,一是要始终坚持正确的政治方向和学术导向,提高政治责任感和政治鉴别力,把好学术出版的政治方向关。要旗帜鲜明地讲政治,牢固树立"四个意识",坚定"四个自信",在政治立场、政治方向、政治原则、政治道路上同以习近平同志为核心的党中央保持高度一致。二是要严格遵守保密纪律,维护国家安全和企业利益。党的保密纪律是党的政治纪律的重要内容,每一个党员身上都肩负着保守党的秘密的义务。随着经济全球化和信息化的快速推进,窃密与反窃密的斗争日趋激烈复杂,保密工作面临着前所未有的复杂严峻形势,广大党员一定要提高保密意识和保密常识,在我社的网络信息发布、计算机管理、文件流转、对外业务交往等方面,严格保守国家秘密和我社秘密,不该说的话不说,不该做的事不做,筑牢保密防线,坚决防止失窃密情况发生。

2. 在加强理论学习上发挥先锋模范作用

深入学习马克思主义基本理论和中国特色社会主义理论体系,特别是党的十九大精神和习近平新时代中国特色社会主义思想。紧紧围绕"坚持和发展中国特色社会主义"这一新时代主题,策划出版更多反映学习研究宣传近平新时代中国特色社会主义思想的成果。要深入学习贯彻习近平总书记在全国哲学社会科学工作座谈会上的重要讲话精神,深入学习贯彻习近平总书记在纪念马克思诞辰200周年大会上的重要讲话精神,策划出版更多研究和阐释当代中国马克思主义、21世纪马克思主义的理论成果。同时,努力学习适应社会主义市场经济要求和本职岗位需要的专业知识和技能,提高业务技能,扩展知识范围,在企业中做带头学习的模范,成为一个德才兼备的人。

3. 在加强图书质量、为人民出好书上发挥先锋模范作用

近几年,我社图书品种规模增长很快,但也带来了质量下降的隐患,出版社的长期可持续发展要靠质量,要警惕"劣币驱除良

币"，我社党员干部要发扬工匠精神，强化精品意识，推动学术出版由数量增长向质量效益提升转变。新时代坚持和发展中国特色社会主义这场伟大社会革命迫切需要加快构建中国特色哲学社会科学。构建中国特色哲学社会科学，学术出版大有可为。我们要积极调整产品结构，把主题出版做好、做出新意，牢牢稳固和提升出版质量，注重提高图书的学术质量和编校质量，努力提升单品种图书的社会效益和经济效益。

4. 在出版社的深化改革中发挥先锋模范作用

党的十九大报告指出，"我国经济已由高速增长阶段转向高质量发展阶段，正处在转变发展方式、优化经济结构、转换增长动力的攻关期"，"必须坚持质量第一、效益优先，以供给侧结构性改革为主线，推动经济发展质量变革、效率变革、动力变革"[①]。出版社也面临这样的转变。出版社要积极适应新时代对出版工作的新要求，转变发展方式，努力实现由规模数量向质量效益的升级。但是在由规模数量向质量效益转变的过程中，有的党员干部注重部门利益和个人利益，钱字当头，只追求数量，忽视图书的政治方向、学术质量和编校质量，对出版社品牌建设不感兴趣，甚至破坏了出版社的品牌形象；有的同志对现有的利益要求固化，对出版社的改革发展、坚持和加强社会效益考核的力度等有抵触情绪；有的同志不关心出版社转型升级，不主动、不努力，对社里的决策部署贯彻不力。希望广大党员要牢固树立党员意识，在国家的改革发展和出版社的改革发展中发挥先锋模范作用，要正确对待出版社整体利益与部门利益、个人利益的关系，胸怀发展大局，拥护改革、支持改革，积极投身于出版社的改革发展中，形成扎实推动改革的良好氛围，着力解决制约出版社发展的体制机制障碍和瓶颈问题。

---

① 习近平：《决胜全面建成小康社会　夺取新时代中国特色社会主义伟大胜利——在中国共产党第十九次全国代表大会上的报告》，人民出版社 2017 年版，第 30 页。

5. 在勇于创新上发挥先锋模范作用

创新是发展动力。要加强出版业态创新，锐意改革，开拓进取，大力推进传统出版与数字出版融合，加快发展数字出版、网络出版，更好地用先进技术传播先进文化。要策划创新选题，始终站在时代前沿，立足学术出版主业，与时俱进，推动学术出版与大众出版融合发展，带头进行产品创新，打造具有核心竞争力和社会影响力的学术出版品牌。

6. 在营造团结、和谐、健康、向上的企业文化氛围中发挥先锋模范作用

要友爱他人、团结协作，要和谐共事、相互体谅，以事业为重、以大局为重，把心思用在干事业上。不计较个人得失，正确处理与集体、团队和他人的关系。要勇于同歪风邪气、不良风气做斗争，始终保持共产党员本色，营造想干事、能干事、干成事的工作环境。

7. 在反对腐败、永葆清正廉洁上发挥先锋模范作用

要严格遵守中央八项规定精神，在生产经营活动中，自觉抵制"围猎"腐蚀，在与钱、财、物打交道时，要守住底线，不碰红线，带头树好廉洁自律的"风向标"，正确对待权力，正确对待利益，正确对待监督，洁身自好，防微杜渐，营造风清气正的出版环境。

在出版社，党员是中流砥柱。党员不能混同于群众，不能湮没于群众中，要在困难中挺身而出，在改革创新中发挥引领带头作用。发挥党员引领作用，我社就能立于不败之地。

在未来发展之路上，我们必须全面加强党的建设，把党建作为引领学术出版高质量发展的动力和保障。

论党的十九大报告蕴含的马克思主义哲学思想[*]

习近平总书记指出，学哲学、用哲学，是我们党的一个好传统。他要求党的各级领导干部特别是高级干部，要努力把马克思主义哲学作为自己的看家本领。历史表明，马克思主义哲学是中国共产党领导中国人民在革命、建设和改革进程中不断取得胜利的强大思想武器，是中国共产党制定重大路线、方针、政策的重要思想基础，这一点也鲜明地体现在党的十九大报告中。党的十九大报告之所以是一篇杰出的马克思主义纲领性文献，是因为它蕴含了丰富的辩证唯物主义和历史唯物主义世界观方法论智慧，闪耀着马克思主义哲学的光辉。

一 用历史唯物主义的大视野把握新时代中国特色社会主义

党的十九大报告立意高远，它是从中华人民共和国发展史、中华民族发展史、世界社会主义发展史和人类社会发展史四大历史维度来总结过去五年的工作，判断当今中国发展的历史方位，制定未来发展目标和发展方略的，体现了一种宏大的历史和时空视野。

报告从经济建设、全面深化改革、民主法治建设、思想文化建设、人民生活改善、生态文明建设、军队建设、港澳台工作、外交、全面从严治党 10 个方面总结了中国共产党过去五年的工作，五年来

---

* 本文为作者在中国社会科学出版社学习贯彻落实党的十九大精神培训班上的讲稿，主要内容发表于《哲学研究》2018 年第 4 期。

所取得的成就是全方位的、开创性的，解决了许多长期想解决而没有解决的难题，办成了许多过去想办而没有办成的大事，推动党和国家的事业发生历史性变革。可见，这五年不是普通的五年，它具有历史转折性，中国特色社会主义由此进入新时代，这是对我国发展的历史方位做出的新的判断，具有十分重大的意义。对此，党的十九大报告精辟指出："中国特色社会主义进入新时代，在中华人民共和国发展史上、中华民族发展史上具有重大意义，在世界社会主义发展史上、人类社会发展史上也具有重大意义。"①

　　这一伟大意义，党的十九大报告用三个"意味着"进行了阐释。报告指出："中国特色社会主义进入新时代，意味着近代以来久经磨难的中华民族迎来了从站起来、富起来到强起来的伟大飞跃，迎来了实现中华民族伟大复兴的光明前景；意味着科学社会主义在二十一世纪的中国焕发出强大生机活力，在世界上高高举起了中国特色社会主义伟大旗帜；意味着中国特色社会主义道路、理论、制度、文化不断发展，拓展了发展中国家走向现代化的途径，给世界上那些既希望加快发展又希望保持自身独立性的国家和民族提供了全新选择，为解决人类问题贡献了中国智慧和中国方案。"② 第一个"意味着"宣示了中华民族由"大而不强"到"由大而强"的历史转折。中国共产党领导中国人民经过长期的艰苦卓绝的斗争和努力，现在比历史上任何时期都接近中华民族伟大复兴。第二个"意味着"宣示了世界社会主义运动由低谷走向振兴的转折。20 世纪 90 年代，东欧剧变后，世界社会主义陷入低潮，中国特色社会主义的成功以不可辩驳的事实证明了科学社会主义在 21 世纪依然具有很强的生命力。第三个"意味着"宣示了中国特色社会主义在世界舞台上由边

---

　　① 习近平：《决胜全面建成小康社会　夺取新时代中国特色社会主义伟大胜利——在中国共产党第十九次全国代表大会上的报告》，人民出版社 2017 年版，第 12 页。

　　② 习近平：《决胜全面建成小康社会　夺取新时代中国特色社会主义伟大胜利——在中国共产党第十九次全国代表大会上的报告》，人民出版社 2017 年版，第 10 页。

缘开始走向中央的转折，它为世界现代化道路和理论提供了新的方案。三个"意味着"以新的视野深化了对共产党执政规律、社会主义建设规律、人类社会发展规律的认识。

党的十九大报告第二部分在回顾近代以来中华民族复兴的艰难历程中阐述中国共产党"为中国人民谋幸福，为中华民族谋复兴"的初心和使命，体现了一种鲜明的历史意识。从1840年鸦片战争到中华民族伟大复兴200年的历史进程在中华民族发展史上具有划时代意义，在这一从衰落走向复兴的历史进程中，中国共产党始终牢记实现中华民族伟大复兴这一历史使命，这种强烈的使命感和责任感表征着中国共产党对民族负责、对人民负责的态度，因此也具有十分厚重的历史感。

二　通篇贯穿实事求是思想路线，做出习近平新时代中国特色社会主义思想的新概括

实事求是就是要坚持从客观存在的事物和不断变化的实际出发，使主观符合客观，找出客观事物存在的规律，指导我们的实践。它强调主观认识要跟上客观实际的变化，主观要与客观相统一。报告指出："全党同志一定要登高望远、居安思危，勇于变革、勇于创新，永不僵化、永不停滞，团结带领全国各族人民决胜全面建成小康社会，奋力夺取新时代中国特色社会主义伟大胜利。"[①] 这些都强调了在中国特色社会主义伟大事业中不断解放思想，使思想跟上不断变化的实际的重要性。党的十九大报告通篇贯穿了这一认识路线，提出了许多新的重大判断和重要论断。如对我国发展新的历史方位做出准确判断即中国特色社会主义进入新时代；指出了当前我国社会主要矛盾的变化，由"人民日益增长的物质文化需要同落后的社会生产之间的矛盾"已经转化为"人民日益增长的美好生活需要和

① 习近平：《决胜全面建成小康社会　夺取新时代中国特色社会主义伟大胜利——在中国共产党第十九次全国代表大会上的报告》，人民出版社2017年版，第2页。

不平衡不充分的发展之间的矛盾"；对新时代中国特色社会主义的发展阶段做出了战略安排，把 1987 年 10 月党的十三大提出的"三步走"战略的第三步再分为基本实现现代化和全面建成社会主义现代化强国两个发展阶段；还有提出新的历史使命，对从严治党、建设伟大工程提出新要求；等等。更为重要的是，报告提出新时代中国特色社会主义思想，这是报告最为重要的理论创新成果。

实事求是坚持实践第一的观点，实践是理论的基础，理论来源于实践。实践是理论发展的动力，要在实践基础上不断推动理论创新，实现实践创新和理论创新的良性互动。长期以来，中国共产党根据新的实践不断丰富和发展马克思主义，用不断发展的马克思主义指导新的实践。报告强调："时代是思想之母，实践是理论之源。只要我们善于聆听时代声音，勇于坚持真理、修正错误，二十一世纪中国的马克思主义一定能够展现出更强大、更有说服力的真理力量！"[①] 报告还指出："实践没有止境，理论创新也没有止境。世界每时每刻都在发生变化，中国也每时每刻都在发生变化，我们必须在理论上跟上时代，不断认识规律，不断推进理论创新、实践创新、制度创新、文化创新以及其他各方面创新。"[②] 马克思主义具有开放性，它并不穷尽真理或结束真理，而是开辟了通向真理的道路。实践证明，只有始终保持与时俱进的理论品格，坚持马克思主义基本原理同当代中国具体实际相结合，不断推进马克思主义中国化、时代化、大众化，才能真正彰显马克思主义的巨大真理威力和强大生命力。

习近平总书记多次强调：因事而化、因时而进、因势而新，党的十九大报告从四大历史维度出发，根据党的十八大以来中国特色社会主义实践发展和时代发展的潮流，把党的十八大以来党的理论

---

① 习近平：《决胜全面建成小康社会 夺取新时代中国特色社会主义伟大胜利——在中国共产党第十九次全国代表大会上的报告》，人民出版社 2017 年版，第 26—27 页。

② 习近平：《决胜全面建成小康社会 夺取新时代中国特色社会主义伟大胜利——在中国共产党第十九次全国代表大会上的报告》，人民出版社 2017 年版，第 26 页。

创新成果概括为新时代中国特色社会主义思想。党的十九大报告指出，自党的十八大以来，我们党紧紧围绕"新时代坚持和发展什么样的中国特色社会主义、怎样坚持和发展中国特色社会主义"这个重大时代课题，"坚持以马克思列宁主义、毛泽东思想、邓小平理论、'三个代表'重要思想、科学发展观为指导，坚持解放思想、实事求是、与时俱进、求真务实，坚持辩证唯物主义和历史唯物主义，紧密结合新的时代条件和实践要求，以全新的视野深化对共产党执政规律、社会主义建设规律、人类社会发展规律的认识，进行艰辛理论探索，取得重大理论创新成果，形成了新时代中国特色社会主义思想。"① 习近平新时代中国特色社会主义思想是对马克思列宁主义、毛泽东思想、邓小平理论、"三个代表"重要思想、科学发展观的继承和发展，是马克思主义中国化最新成果，是当代中国马克思主义、21世纪中国的马克思主义，是全党全国人民为实现中华民族伟大复兴而奋斗的行动指南。

三　用社会基本矛盾基本原理准确把握中国社会主要矛盾的新变化

党的十九大报告准确把握了我国社会主要矛盾的新变化，它指出："中国特色社会主义进入新时代，我国社会主要矛盾已经转化为人民日益增长的美好生活需要和不平衡不充分的发展之间的矛盾。"② 对社会主要矛盾的新判断是准确把握我国历史方位，提出新的路线方针政策的理论依据，蕴含着丰富的历史唯物主义基本原理和方法论。

历史唯物主义认为，社会存在决定社会意识，正是我国社会发

---

① 习近平：《决胜全面建成小康社会　夺取新时代中国特色社会主义伟大胜利——在中国共产党第十九次全国代表大会上的报告》，人民出版社2017年版，第18—19页。

② 习近平：《决胜全面建成小康社会　夺取新时代中国特色社会主义伟大胜利——在中国共产党第十九次全国代表大会上的报告》，人民出版社2017年版，第11页。

展阶段的变化，推动了我们对社会主义矛盾认识的变化。生产力与生产关系之间的矛盾是社会发展的基本矛盾，这一矛盾运动的规律，是人类社会发展的基本规律。社会基本矛盾的变化决定着社会主要矛盾的变化。生产力是推动社会进步的最活跃、最革命的要素，在基本矛盾中居支配地位，起着决定作用，是基本矛盾的主要方面。因此，准确把握生产力的发展变化及其特点，才能准确把握社会主要矛盾及其变化。中国共产党在长期的建设和改革实践中，始终从我国的生产力状况出发。同时生产关系的变化对社会主要矛盾的变化也产生重要影响，生产资料所有制、分配关系、消费关系以及人们在生产过程中的相互关系的变化都会影响社会主要矛盾的变化。

回顾我们的历史，党的八大提出："我们国内的主要矛盾，已经是人民对于经济文化迅速发展的需要同当前经济文化不能满足人民需要的状况之间的矛盾。"[①] 首次对我国社会主要矛盾做出科学概括。1981 年，在《中国共产党中央委员会关于建国以来党的若干历史问题的决议》中，把社会主要矛盾表述为："在社会主义改造基本完成以后，我国所要解决的主要矛盾，是人民日益增长的物质文化需要同落后的社会生产之间的矛盾。"[②] 这一表述一直延续到党的十九大召开前。这一判断准确把握了我国生产力落后、人民群众的物质生活不富裕、文化水平比较低的特点。

但是，改革开放 40 年来，中国经济社会发展取得巨大成就，生产力的发展和人民的需求也发生了历史性变化。"人民日益增长的物质文化需要"和"落后的社会生产"的表述都已经不符合实际了。从生产力的角度看，我国社会生产力水平总体上显著提高，社会生产能力在很多方面进入世界前列，生产力发展的主要问题已经不是

[①]　中共中央党史研究室：《中国共产党历史大事记（1927 年 7 月—2011 年 6 月）》（第二卷）（1949—1978），人民出版社 2011 年版，第 83 页。

[②]　《中国共产党中央委员会关于建国以来党的若干历史问题的决议》，《三中全会以来重要文献选编》下，人民出版社 1982 年版，第 839 页。

"落后"而是"不平衡不充分"，具体表现为经济结构不平衡、区域发展不平衡、城乡发展不平衡、环境污染等问题；从人民的需求上说，人们的生活水平大幅提高，温饱问题已经解决，需求层次随之提高，不仅对物质文化生活提出了更高要求，而且在民主、法治、公平、正义、安全、环境等方面的要求日益增长。这是对当前我国分配关系上贫富差距拉大、消费关系上消费层次提高、人们在生产中的关系上矛盾加剧等生产关系新特点做出的科学判断。从生产力发展与人民的需要变化之间的关系上看，生产力发展的不平衡不充分制约了人民日益增长的美好生活需求。

社会主要矛盾的变化为发展路径和发展目标提出新要求，报告指出："我们要在继续推动发展的基础上，着力解决好发展不平衡不充分问题，大力提升发展质量和效益，更好满足人民在经济、政治、文化、社会、生态等方面日益增长的需要，更好推动人的全面发展、社会全面进步。"[①]"解决好发展不平衡不充分问题"需要党和国家做出新的政策安排，实际上要对生产关系做出再调整。满足人民美好生活需要一方面从生产力角度解决发展的不平衡不充分，另一方面也需要在生产关系上做出调整，处理好人们在生产中的所有制关系、分配关系、消费关系等。

当然，"变"与"不变"也是辩证统一的，我国社会主要矛盾的变化，并不意味着我国基本国情发生改变。报告明确指出两个"没有变"，一是我国仍处于并将长期处于社会主义初级阶段的基本国情没有变，二是我国是世界最大发展中国家的国际地位没有变。我国社会主要矛盾的变化并没有改变我国是发展中国家的性质，在中国特色社会主义的伟大事业中，这一主要矛盾的变化还只是量变，不是质变。

---

① 习近平：《决胜全面建成小康社会　夺取新时代中国特色社会主义伟大胜利——在中国共产党第十九次全国代表大会上的报告》，人民出版社 2017 年版，第 11—12 页。

四　运用批判的革命的辩证法推动全面
深化改革和党的自我革命

马克思认为："辩证法在对现存事物的肯定的理解中同时包含对现存事物的否定的理解，即对现存事物的必然灭亡的理解；辩证法对每一种既成的形式都是从不断的运动中，因而也是从它的暂时性方面去理解；辩证法不崇拜任何东西，按其本质来说，它是批判的革命的。"① 辩证的否定观是唯物辩证法的一个核心观点，辩证否定的实质是自我"扬弃"，即自己否定自己，自己发展自己。自我扬弃是事物发展的内在动力，也是最根本的动力。党的十九大报告对全面深化改革和中国共产党的自我革命的阐述，鲜明地体现了批判的革命的辩证法智慧。

改革是党的十一届三中全会以来贯穿中国经济和社会发展的一个主题。党的十八大以来，以习近平同志为核心的党中央做出全面深化改革的战略部署，党的十九大报告深刻阐述了全面深化改革思想，改革是贯穿整个报告的一个关键词。党的十八大以来，改革进入深水区，党对改革的认识也在进一步深化，党的十八届三中全会描绘了全面深化改革新蓝图，五年来中央全面深化改革领导小组召开了 38 次会议。"全面""深化"两个词赋予新时代的"改革"更加丰富的内涵，即向广度和深度拓展。

报告深刻揭示了改革对发展 21 世纪中国的马克思主义、发展新时代中国特色社会主义和实现中华民族伟大复兴的重大意义。改革是对原有计划经济体制下社会主义建设实践模式的反思和批判，中国改革开放实践活动从哲学上讲实际是一个自我批判、自我革新的历史进程，改革是推动中国特色社会主义事业最强大的内在动力和最显著的时代特征。正是在这个意义上讲，邓小平把

---

① 《马克思恩格斯选集》第 2 卷，人民出版社 1995 年版，第 112 页。

改革开放称为"中国的第二次革命"。党的十九大报告指出："我们党深刻认识到，实现中华民族伟大复兴，必须合乎时代潮流、顺应人民意愿，勇于改革开放，让党和人民事业始终充满奋勇前进的强大动力。"① 报告对"坚持全面深化改革"做出新宣示新阐释，预示着新时代中国将迎来史无前例的伟大实践和深刻变革。改革发展的成果要在全面深化改革中巩固，未来"新矛盾"的解决、"新征程"的开启需要全面深化改革这把利剑披荆斩棘，创造新动力，全面深化改革是满足人民日益增长的美好生活需要、解决发展不平衡不充分的问题的必由之路，是新时代中国特色社会主义坚持不变的方向。

伟大的社会革命是以中国共产党深刻的自我革命为前提的。新时代中国共产党自我革命的理论与实践，是批判的革命的辩证法的又一重要体现。习近平总书记在 2017 年 2 月 13 日召开的省部级主要领导干部学习贯彻党的十八届六中全会精神专题研讨班开班式上指出："勇于自我革命，是我们党最鲜明的品格，也是我们党最大的优势。……要兴党强党，就必须以勇于自我革命精神打造和锤炼自己。"② 党的十九大报告强调："勇于自我革命，从严管党治党，是我们党最鲜明的品格。"③ 把勇于自我革命表述为党的"最鲜明的品格"和"最大的优势"，表明自我革命已成为中国共产党党建理论的一个重要范畴，成为中国共产党自身建设和发展的一个基本的观点和方法。

中国共产党勇于自我革命的精神遵循了马克思主义批判的革命的辩证法，自我革命就是自我扬弃，就是勇于"坚持真理，修正错

① 习近平：《决胜全面建成小康社会　夺取新时代中国特色社会主义伟大胜利——在中国共产党第十九次全国代表大会上的报告》，人民出版社 2017 年版，第 14 页。

② 《以解决突出问题为突破口和主抓手推动党的十八届六中全会精神落到实处》，《人民日报》2017 年 2 月 14 日第 1 版。

③ 习近平：《决胜全面建成小康社会　夺取新时代中国特色社会主义伟大胜利——在中国共产党第十九次全国代表大会上的报告》，人民出版社 2017 年版，第 26 页。

误"，进行自我的革命性锻造。同时，勇于自我革命又弘扬了中华民族自省的文化传统，自省就是在自我解剖、自我否定过程中实现精神境界的提升、自我的进步。中国共产党的伟大不在于不犯错误，而在于从不讳疾忌医，敢于直面自身的问题，勇于自我革命，具有极强的自我修复能力。正如习近平总书记指出，"我们党为什么能够在现代中国各种政治力量的反复较量中脱颖而出？为什么能够始终走在时代前列、成为中国人民和中华民族的主心骨？根本原因在于我们党始终保持了自我革命精神，保持了承认并改正错误的勇气，一次次拿起手术刀来革除自身的病症，一次一次靠自己解决了自身问题"①。这种能力既是我们党区别于世界上其他政党的显著标志，也是我们党长盛不衰的重要原因所在，是中国共产党从自己的党情和我国国情出发寻求破解长期一党执政历史周期率困境的钥匙。

新时代中国共产党进行自我革命是由我们党所面临的复杂的执政环境和自身突出问题，如党的领导弱化、党的建设缺失、全面从严治党不力，党的观念淡薄、组织涣散、纪律松弛等所决定的，是由党所面临的执政考验、改革开放考验、市场经济考验、外部环境考验"四大考验"，以及党所面临的精神懈怠危险、能力不足危险、脱离群众危险、消极腐败危险"四大危险"所决定的。唯有不断进行自我革命，改进和提升党的执政能力，中国共产党才能够永远立于不败之地。新时代中国共产党推进自我革命亦是由其在建设社会主义现代化强国和中华民族伟大复兴的征程中的领导地位所决定的。党的十九大报告精辟地指出："党政军民学，东西南北中，党是领导一切的。"② 中国共产党的领导是中国特色社会主义最本质的特征，是中国特色社会主义制度的最大优势。坚持党的领导是当代中国的最高政治原则，是实现中华民族伟大复兴的关键所在，没有中国共

---

① 《十八大以来重要文献选编》（下），中央文献出版社 2018 年版，第 590 页。

② 习近平：《决胜全面建成小康社会　夺取新时代中国特色社会主义伟大胜利——在中国共产党第十九次全国代表大会上的报告》，人民出版社 2017 年版，第 20 页。

产党坚强有力的领导，中华民族将是一盘散沙。党的机体是否健康关系到中国特色社会主义伟大事业的成败，关系到带领人民群众完成中华民族伟大复兴的历史使命的成败。

党的十九大报告指出："打铁必须自身硬"，"只有以反腐败永远在路上的坚韧和执着，深化标本兼治，保证干部清正、政府清廉、政治清明，才能跳出历史周期率，确保党和国家长治久安"。① 这几句话既表明我们党在新时代以全面从严治党为载体的自我革命的坚定决心，也表明自我革命将是一个长期性常态化的过程。在治标方面，五年来，反腐败力度史无前例，腐败蔓延势头得到明显遏制，形成了反腐败斗争的压倒性态势并巩固发展。党的十九大报告指出："要坚持无禁区、全覆盖、零容忍，坚持重遏制、强高压、长震慑，坚持受贿行贿一起查，坚决防止党内形成利益集团。"② 五年来波澜壮阔的实践充分证明，把全面从严治党摆上战略布局英明正确，在实现伟大复兴的关键时刻，校正了党和国家事业前进的航向，使党经历了革命性锻造。五年来，党中央以"得罪千百人，不负十三亿"的使命担当，正风肃纪反腐，挽狂澜于既倒，逆转了多年形成的"四风"惯性。治本方面主要体现在从严治党制度建设上。五年来，中央共出台或修订近 80 部党内法规，超过现有中央党内法规的40%，全面从严治党逐步实现有规可循、有据可依。制度建设的关键是构建对执政党权力运行的有效监督的体制机制。党的十九大报告对完善监督体系和改革监督机制做出了进一步规划与设计，首先是对深化国家监察体制改革做出重大决策部署。报告指出："深化国家监察体制改革，将试点工作在全国推开，组建国家、省、市、县监察委员会，同党的纪律检查机关合署办公，实现对所有行使公权

---

① 习近平：《决胜全面建成小康社会　夺取新时代中国特色社会主义伟大胜利——在中国共产党第十九次全国代表大会上的报告》，人民出版社 2017 年版，第 67 页。

② 习近平：《决胜全面建成小康社会　夺取新时代中国特色社会主义伟大胜利——在中国共产党第十九次全国代表大会上的报告》，人民出版社 2017 年版，第 67 页。

力的公职人员监察全覆盖。制定国家监察法，依法赋予监察委员会职责权限和调查手段，用留置取代'两规'措施。"① 党的十九大报告还强调将党的自我监督与国家监督、人民监督相结合，构建完善的监督体系："构建党统一指挥、全面覆盖、权威高效的监督体系，把党内监督同国家机关监督、民主监督、司法监督、群众监督、舆论监督贯通起来，增强监督合力。"② 党的十九大的这些部署将对中国的政治体制和权力运行机制产生深刻的变革和极为深远的影响，特别是对一党执政条件下权力的科学有效的监督将迈出实质性和具有历史性意义的步伐。

五　以人民为中心的发展思想体现了马克思主义群众史观和价值观的统一

党的十九大报告共 203 次提到"人民"一词，把"坚持以人民为中心"作为新时代中国特色社会主义的基本方略之一，而且将其排在第二位，足见其重要性。报告指出："人民是历史的创造者，是决定党和国家前途命运的根本力量。必须坚持人民主体地位，坚持立党为公、执政为民，践行全心全意为人民服务的根本宗旨，把党的群众路线贯彻到治国理政全部活动之中，把人民对美好生活的向往作为奋斗目标，依靠人民创造历史伟业。"这一论述体现了鲜明的马克思主义群众史观，人民群众是历史的创造者，是推动历史进步的根本动力，是社会变革的决定性力量。群众路线和群众观点是马克思主义唯物史观的一个基本观点，要求我们相信群众、依靠群众，从群众中来，到群众中去。因此，坚持以人民为中心是对人类历史发展规律的遵循。另外，从价值观上讲，一切为了

---

① 习近平：《决胜全面建成小康社会　夺取新时代中国特色社会主义伟大胜利——在中国共产党第十九次全国代表大会上的报告》，人民出版社 2017 年版，第 67—68 页。

② 习近平：《决胜全面建成小康社会　夺取新时代中国特色社会主义伟大胜利——在中国共产党第十九次全国代表大会上的报告》，人民出版社 2017 年版，第 68 页。

人民，全心全意为人民服务是中国共产党的宗旨、立场和标准，以人民为中心是中国共产党的价值追求。报告指出："全党必须牢记，为什么人的问题，是检验一个政党、一个政权性质的试金石。"① "党的一切工作必须以最广大人民根本利益为最高标准。我们要坚持把人民群众的小事当作自己的大事，从人民群众关心的事情做起，从让人民群众满意的事情做起，带领人民不断创造美好生活！"② 因此，坚持以人民为中心体现了马克思主义历史观和价值观的统一。

以人民为中心的发展思想，最根本地体现在实现人的全面发展上。马克思、恩格斯把实现人的全面而自由的发展作为他们所构想的人类未来理想社会——共产主义社会的最根本特征。人民的全面自由发展是把握和解决新时代我国社会主要矛盾的主要依据和基础性考量。促进人的全面自由发展，就是要满足人民群众日益增长的美好生活需要，这是新时代的重要任务。

坚持以人民为中心的发展思想，首要的就是要坚持在发展中保障和改善民生，增进民生福祉。保证全体人民在共建共享发展中有更多获得感，不断促进人的全面发展、全体人民共同富裕。以人民为中心，最根本的就是要通过发展，保障人民在教育、健康、就业、住房、养老等方面的权利。党的十八大以来，一大批惠民举措落地实施，人民获得感显著增强。6000 多万贫困人口稳定脱贫，贫困发生率从 10.2% 下降到 4% 以下。教育的不平衡得到改善，中西部和农村教育明显加强。就业状况持续好转，城镇新增就业年均 1300 万人以上。城乡居民收入增速超过经济增速，中等收入群体持续扩大。覆盖城乡居民的社会保障体系基本建立，人民健康和医疗卫生水平

---

① 习近平：《决胜全面建成小康社会　夺取新时代中国特色社会主义伟大胜利——在中国共产党第十九次全国代表大会上的报告》，人民出版社 2017 年版，第 44—45 页。

② 习近平：《决胜全面建成小康社会　夺取新时代中国特色社会主义伟大胜利——在中国共产党第十九次全国代表大会上的报告》，人民出版社 2017 年版，第 50 页。

大幅提高，保障性住房建设稳步推进。

坚持以人民为中心，还要保障人民当家作主的政治权利，满足人民群众在民主、法治、公平、正义、安全、环境等各个方面日益增长的要求，要让人民更具获得感、幸福感和安全感。对此，党的十九大报告也做出了部署："健全民主制度，丰富民主形式，拓宽民主渠道，保证人民当家作主落实到国家政治生活和社会生活之中。"①

六　提出人与自然的生命共同体和构建人类命运共同体　鲜明彰显依存共生的哲学理念

党的十九大报告提出并阐明了建设人与自然的生命共同体和构建人类命运共同体的思想，体现了依存共生的哲学智慧。唯物辩证法认为，整个世界是一个普遍联系的有机整体，事物之间或事物内部各要素之间都存在普遍联系，这种联系就是相互作用、相互影响和相互制约。任何事物都处在既对立又统一的矛盾体中，事物之间以及事物的两个方面之间既相互依存、不可分割，又相互对立。中国哲学也主张"万物并育而不相害，道并行而不相悖"（《礼记·中庸》），"和实生物，同则不继"（《国语·郑语》）。由此可见，人与自然、人与人、民族与民族、国家与国家都是相互依存的，是依存共生的关系。

在人与自然方面，报告指出，必须清醒认识到"人与自然是生命共同体，人类必须尊重自然、顺应自然、保护自然"。党的十九大报告将"美丽"首次列为社会主义现代化强国建设的重要目标，表明了以习近平同志为核心的党中央建设美丽中国的决心和魄力。美丽的自然环境是人民群众美好生活需要中必不可少的，建设美丽中国既是对人与自然环境和谐共生规律的尊重，也是解决我国社会主要矛盾的应有之义。报告指出："我们要建设的现代化

_____

① 习近平：《决胜全面建成小康社会　夺取新时代中国特色社会主义伟大胜利——在中国共产党第十九次全国代表大会上的报告》，人民出版社 2017 年版，第 22 页。

是人与自然和谐共生的现代化，既要创造更多物质财富和精神财富以满足人民日益增长的美好生活需要，也要提供更多优质生态产品以满足人民日益增长的优美生态环境需要。必须坚持节约优先、保护优先、自然恢复为主的方针，形成节约资源和保护环境的空间格局、产业结构、生产方式、生活方式，还自然以宁静、和谐、美丽。"①

　　在处理国家与国家、民族与民族之间的关系问题上，习近平总书记提出坚持和平发展道路，推动构建人类命运共同体的理念。报告指出："构建人类命运共同体，建设持久和平、普遍安全、共同繁荣、开放包容、清洁美丽的世界。"②"中国将高举和平、发展、合作、共赢的旗帜，恪守维护世界和平、促进共同发展的外交政策宗旨，坚定不移在和平共处五项原则基础上发展同各国的友好合作，推动建设相互尊重、公平正义、合作共赢的新型国际关系。"③构建人类命运共同体理念是对西方所谓"普世价值"的超越，它秉持的是共商、共建、共享的全球治理观，倡导国际关系民主化，坚持国家不分大小、强弱、贫富一律平等，尊重各国人民自主选择发展道路的权利，尊重世界文明的多样性，不搞"双重标准"。它主张要顺应全球化潮流，而不是逆全球化，推动经济全球化朝着更加开放、包容、普惠、平等、共赢的方向发展，推动建设开放型世界经济。报告指出："中国积极发展全球伙伴关系，扩大同各国的利益交汇点，推进大国协调和合作，构建总体稳定、均衡发展的大国关系框架，按照亲诚惠容理念和与邻为善、以邻为伴周边外交方针深化同周边国家关系，秉持正确义利观和

---

① 习近平：《决胜全面建成小康社会　夺取新时代中国特色社会主义伟大胜利——在中国共产党第十九次全国代表大会上的报告》，人民出版社 2017 年版，第 50 页。
② 习近平：《决胜全面建成小康社会　夺取新时代中国特色社会主义伟大胜利——在中国共产党第十九次全国代表大会上的报告》，人民出版社 2017 年版，第 58—59 页。
③ 习近平：《决胜全面建成小康社会　夺取新时代中国特色社会主义伟大胜利——在中国共产党第十九次全国代表大会上的报告》，人民出版社 2017 年版，第 58 页。

真实亲诚理念加强同发展中国家团结合作。"[①] 报告用"亲诚惠容"和秉持正确义利观等中国传统文化的概念，非常简练地概括了构建新型国际关系的原则。

党的十九大报告是以习近平同志为核心的党中央自觉运用马克思主义哲学的基本原理和方法，分析国内外形势，把握时代重大问题，解决矛盾而形成的重大理论成果和政治成果。同时，报告在科学回答坚持和发展新时代中国特色社会主义一系列重大问题中蕴含着丰富的哲学思想，代表着马克思主义哲学中国化、时代化、大众化的最新成果，开辟了 21 世纪当代中国马克思主义哲学发展新境界，是指导中国共产党引领中国革命、建设和改革从胜利走向胜利的科学指南。

---

① 习近平：《决胜全面建成小康社会　夺取新时代中国特色社会主义伟大胜利——在中国共产党第十九次全国代表大会上的报告》，人民出版社 2017 年版，第 59—60 页。

不忘初心，与时俱进

——赵剑英和中国社会科学出版社走过的十年[*]

　　中国社会科学出版社坐落于北京鼓楼西大街，在这条充满人间烟火的双向单车道小街上，这家出版社虽然顶着国家级人文社会科学研究出版机构的光环，却低调得如同其院落的灰色，大众行人走过路过，皆是擦肩而过。但凡是关注哲学社会科学研究的读者与学人，便深知灰色院落的光环所在。这里是全国马克思主义理论重要出版阵地、全国哲学社会科学出版重镇、中国社会科学院及其他国家高端智库成果的发布平台，中国学术"走出去"的主力军所在地。

---

　　* 2018 年 4 月 8 日，接受百道网记者令嘉的采访。

今年是中国社会科学出版社成立四十周年，它的掌舵人赵剑英自 2007 年调任社里担任总编辑，2011 年出任社长，陪同出版社走过了社史的四分之一岁月。不久前，赵剑英的最新学术自选集《时代的哲学回声》由人民出版社出版，在该书中，他对实践范畴及其当代形态、马克思主义哲学形态的当代建构、现代性及文化认同、21 世纪以来中国特色社会主义理论的新发展等课题展开了讨论，与读者分享自己独到的观点与见解。

这位学者型社长，同时做着三件事，却做到了三不误。和所有的学者一样，他念兹在兹的是学术上的精进，与同行的交流切磋，对前沿思想的密切关注。与之相辅相成的是，学术上的精进，使他不仅能带好博士生，更将中国社会科学出版社带到四十年发展的辉煌处。

《光明日报》大半年前发表了一篇对他进行的专访文章，一开头便用鲜活的细节让读者捕捉了这位学者的赤子之心。"剑英，你的论文发表了。"31 年后，他仍然记得论文指导教师汤群英一大早爬到五楼的学生宿舍里，把他从睡梦中催醒的这句话。

于是，其后的岁月里，他在《中国社会科学》《哲学研究》《马克思主义研究》《人民日报》等报刊上发表论文和文章数十篇，代表作有《试析实践活动运行机制》《人文科学的地位和价值》《论人类实践形态的当代发展》《建构中国化马克思主义哲学新形态的再思考》《现代性与近代以来中国人的文化认同危机及重构》《中国道路的哲学观念》《党的自我革命开创权力监督的新路》等。

在百道网此次对赵剑英社长的深度专访中，我们也最终没有绕开学术与商业平衡的老话题，事实上，对于一家学术出版机构而言，在这二者中做好平衡，是出版业最永恒的话题，且因不同的出版人赋予它的独特人格，而常说常新。在我们与赵剑英社长长达一小时的专访中，沉醉于平衡木之间的趣谈而不觉时光流逝。而在这场采访中，我们获得一个关于"成"的答案，这个问题或许在他人之处有别种的回答。但赵剑英的答案为我们找到了洞开中国社会科学出版社发展的一把秘钥。

百道网：作为马克思主义哲学和中国特色社会主义理论研究的专家，您一直精于学术的耕耘；同时，您又是中国社会科学院研究生院哲学系教授、博士生导师，要带学生，尽导师之责；两者之外，您更是中国社会科学出版社的掌门人，要为全社员工之稻粱谋。这三者之间，您是如何协调、平衡，并做到在三方面都有所"成"的？

赵剑英：我到中国社会科学出版社工作有十多年了，这段时间应该说是我人生中的黄金年华，这一工作的"壮年期"奉献给了充满挑战而又有魅力的出版业。十年多说长不长，说短不短，但从出版阅历、出版经验和出版成就上，与业内资深出版人相比，我还是有距离的，很多同行比我做得好；与研究所里纯粹做学问的学者相比，我跟他们也不一样。我首先还是一个出版人，我要努力去了解出版行业的特点、出版的规律，努力把我们中国社会科学出版社的金字招牌做好做强，我有着非常清晰的使命感和责任感。

同时，在此过程中，我一直葆有学术的情怀，身处在学术前沿的思想场里面，就是愿意看书、写文章，没有放弃专业领域。一直关注学术前沿，关注国家和国际形势，从哲学的角度对上述问题进行思考。我喜欢思考，晚上走路散步也经常边走边想。我的学术情怀和喜欢思考、写作的习惯，也伴随了我在中国社会科学出版社的这么多年时光。所以，也许自己算得上是一个学者型的出版人。

在我看来，出版和学术这两个方面是相得益彰的，学术能够滋养出版，出版可以反哺学术。正是对当代社会、当代学术的思考，才能写出个人的论著，才能有一些好的选题策划。比如说出版社的选题策划，在业内能否站在前列，是其核心竞争力的重要因素。选题上要做到人无我有、人有我新、我奇，这些优势的形成不是凭空而来，是基于长期的积累、对学术关注思考的结果。

近年来我们的主题出版在业内还是比较有特色的，而且走出了

"主题出版""精品出版"与"走出去"出版三者统一的成功路子。比如《理解中国》《中国制度研究》丛书。

其中，《中国制度研究》丛书，已经出版有《中国政治制度》《中国法律制度》《中国基本经济制度》《中国基本分配制度》《中国基本社会保险制度》等，接下来还有更多图书推出。这套丛书旨在对中国特色社会主义制度的历史渊源、实践基础、基本内容、内在逻辑、特点和优势以及未来发展方向等有关重大问题进行深入研究与探讨。这样的工作，有助于我们明确建设系统、完备、科学、规范的中国制度体系的着力点，以彰显我们的制度自信。讲到道路、制度、民主这些东西，我认为，中国只能走一条在发挥国家治理优势的前提之下，推进民主、保障民生，努力实现人的自由全面发展的道路。从我这几年对国外的了解看，迄今为止，国外很多人并不了解中国治理和制度体系。其实国内出版界和学术界也没有把中国制度体系梳理清楚，这不仅是学术界、理论界的重要任务，也是出版界的重要职责。所以国务院新闻办称赞中国社会科学出版社抓的这些选题非常好。

百道网： 的确，做专业出版一定要以对学术发展趋势的准确把握为基础，社里《理解中国》丛书近几年运行下来，已经成为学术出版的经典案例。可否请您还原一下当时是怎么想到去策划这么一套选题的？

赵剑英： 2012 年，我带团参加了伦敦书展。在书展上我发现，中国展出的有水平的、适合国外读者阅读的学术理论读物偏少，关于如何看待中国崛起、如何认识与理解中国的相关深度学术著述则更少。因此，我当下就萌生了一个想法，就是希望能够集中国学术界的智慧、推出一套权威的学术著述，将中国特色社会主义的成功之"道"总结出来，让世界民众认识到，西方现代化模式并非人类历史进化的终点，中国特色社会主义亦是人类现代化的一条重要道路，是人类思想的宝贵财富。当代中国正在做什么？改革开放以来中国社会和中国人民生活发生了什么样的巨大变化？说实话，这是一个非常令人兴奋的想法。

党的十八大召开后，我马上根据党的十八大精神全力推动这件事，定位三个方面：第一，选题要好，丛书每个选题一定是国内外读者关注的重大问题；第二，作者要权威，一定是相关领域里有影响力的专家学者；第三，写作风格要通俗易懂。另外，我们严格审稿，不仅仅是社里的编辑审稿，还要请社外知名专家双向匿名审稿，根据社内外专家的审稿意见，作者再修改、打磨书稿。经过认真严谨的策划、组织和撰写工作，《理解中国》丛书才得以问世。

《理解中国》这一丛书品牌，现在出版了中文版 15 种，翻译成多语种版本在海外发行，包括英文、西班牙文、阿拉伯文、日文。俄文、法文、韩文、泰文也都在陆续出版中。这套丛书通过客观地梳理及介绍中国道路、理论和制度，把中国发展过程中一些重大问题，讲给了国外读者听，真正帮助他们了解和理解中国现实，实现了国内外文化上的有效沟通。所以说，中国社会科学出版社的这套丛书切中了当下国家的需求和学术出版的方向，才能被国家有关部门采购，向国外推广。

近几年，一直强调讲挖掘中国文化资源、讲好中国故事，包括国家大力推广中国文化"走出去"，都是为了更好地把一个真实、丰富、立体的中国展示给世界。这其中，我们认为任何一个有正义感和责任心的学术文化研究者都应该担当自己的职责。对于中国社会科学出版社而言，讲述中国经验，讲好中国故事，用好国际表达，就是我们作为专业学术出版社应该做的，也是基于我本人的学术情怀。从这里也能看到出版和学术其实是相得益彰、相互推动的。任何一家出版社掌门人的这种思考，这种思想取向，对自身的选题和出版方向都是有积极影响的。

百道网：《理解中国》丛书之后，中国社会科学出版社在向西方世界解读中国的选题上似乎一发不可收拾，且表现得后劲十足。可否请您从产品线的角度为我们打通系列精品力作不断推出的选题内在逻辑？

赵剑英：近年来，我们在专注哲学社会科学专业出版的基础上，大力实施精品化、国际化、数字化和大众化发展战略，推出了《理解中国》丛书、《中国制度研究》丛书、《简明中国》系列、"中社智库"系列、《当代中国学术思想史》大型丛书以及"剑桥史"系列的扩展等多个出版品牌。

其中《简明中国》系列，是《理解中国》《中国制度研究》丛书的继续深化与展开，也是我们"走出去"的新品牌，很多国外出版社愿意与我们签约。包括《简明中国历史读本》《简明世界历史读本》《简明中国宗教史读本》《简明中国近代史读本》，即将推出《简明中国文学史读本》《简明中国哲学史读本》等。这些图书就是为了弘扬中国优秀传统文化，让国外的读者了解历史的中国、文化的中国，进而有助于他们了解中国人的思维方式和价值观。

实际上，从《理解中国》到《中国制度研究》，再到《简明中国》系列，我们开发的这三个丛书品牌是相通的，即有着内在的逻辑。《理解中国》主要侧重于当代中国的变化，展示当代中国经济发展、政治治理、社会变迁、对外关系等方方面面；《中国制度研究》则是从更深层次，即从经济、政治、社会、文化内在运行的机理上来展示中国；《简明中国》系列是从历史和文化层面展开，从更高的站位、更开阔的历史视野来介绍中国，在全球发展的背景下了解中国。实际上，我们国人也需要了解中国，我们为什么走现在这条道路，为什么康有为式的"君主立宪"资本主义道路走不通？为什么当今中国人这么想问题、做事情？这需要了解我们的历史文化和近代以来中国社会发展的逻辑。所以把握这个逻辑也体现了我们学术出版的水平与特色。

这些图书系列不仅已经成为我们"走出去"主力产品，同时也是大众的主题读物。所以取得了很好的社会效益，包括"走出去"的影响力。近几年，已与包括英国罗德里奇（Routledge）、德国施普林格（Springer）、英国麦克米伦（Macmillan）、英国剑桥大学出版社（CUP）等知名出版社建立版权贸易和图书合作出版关系。与国外出版社签约共 303 项，获得出版翻译资助共 162 项。我们加大了与国外出版界、学术界交流与合作的力度。以书为媒介，进行中西学者的对话和研讨，社科出版社通过这些图书产品已然成为学术交流、文化交流、政治交流的重要平台。

百道网：从点到线，从线到面，社科出版社的确是走出了一条专业化学术出版道路，发挥了主旋律正能量作用，这些都属于社会效益，那么，经济效益方面，出版社的成绩如何呢？在发展中如何平衡经济效益和社会效益的关系？

赵剑英：我认为，我们近年来走出了一条专业出版学术出版的道路，坚持正确的政治方向，发挥主旋律正能量作用。除了主题出版，还出版了一大批学术精品，其中不少获"中国出版政府奖""中华优秀出版物奖""中国好书奖""全国通俗优秀理论读物奖"，出版社的学术影响力、社会影响力和国际影响力显著提升，创造了良好的社会效益。而出精品自然会带来良好的经济效益，经济效益和社会效益自然得以协调统一。近几年很多出版社都参与教材教辅出版，或做少儿出版，但是也许我这个人比较保守，在这十多年的实践中，我们坚持夯实哲学社会科学专业出版的发展道路，我认为这是立社之本；效益方面，坚持社会效益优先，与经济效益、数量增长、品牌提升相统一的发展战略；在员工成长方面，我们既坚持个人利益与出版社长远发展相统一的理念，同时又充分体现多劳多得、优劳多得的原则。

2017 年，我们出版社的出书规模、发货码洋、营业收入、利润率等主要经济指标都实现了平稳增长。同时，我们员工的收入和福利也保持增长。社科出版社几年前完成了薪酬体制改革，最大化地体现多劳多得和优劳多得，使得员工在个人利益最大化同时也实现了出版社利益的最大化。此外，出版社在国家政策允许的条件下尽量给职工创造更多福利，去年调整了工资发放结构，增强员工的获得感。也给职工建立了企业年金和大病医疗保险等，所以我们的队伍还是比较稳定的。

百道网： 在推进数字化转型升级与融合发展方面，社科出版社有什么创新举措？又有哪些能和我们分享的独特经验？

赵剑英： 近几年，社科出版社由原来的产品供应商开始向服务提供商转型，逐渐构建起了一套关于专业知识的全方位服务模式，开始步入融合发展的轨道。2017 年，我们的中国社会科学文库、中国社会科学年鉴数据库、中国近代影像资料库都实现了上线运行。同时，在第十一届新闻出版业互联网发展大会上，我们的年鉴数据库获得了"优秀知识资源"荣誉。"哲学社会科学学术年鉴资源中心与动态出版系统"项目，入选了新闻出版改革发展项目库与文化产业发展专项资金项目。

2018 年，我们要巩固扩大专业出版影响力，大力推进数字出版、融合发展，加大数据库销售和研创新产品力度，开拓新市场，挖掘新的利润增长点。在融合发展方面，我们社科出版社有着天然的内容资源优势。经过 40 年的发展，社科出版社积累了很多好书，尤其是历史、文学、哲学和宗教方面的好书，这类书又正是社会发展到现阶段很能满足大众精神需求和心灵滋养的图书。

从受众来看，普通大众就是我们知识服务的对象。现在人们的专业知识层次很高，但跳出专业之外，都需要再有其他大众化的知识普及。这里要注意大众的含义，当代社会的大众不是低层次的，它是指每个特定专业之外的人士。隔行如隔山，所以他们都是我们作为综合类专业出版社知识服务的对象。我们的潜在读者范围很广。

从产品逻辑来看，一方面，快节奏和高效率的知识服务，并不绝对意味着浅阅读，就是说没有思想深度和精神内涵。重要的是，我们接受知识的形态要改变，学习不了解的知识、接受精湛深刻的思想，不止需要一本书，而需要新技术创造新产品和新服务。也就是说，出版社要提供快节奏下的深阅读产品。哪家专业出版社做到了这一点，谁就实现了与时俱进，就能满足广大读者的阅读需求，谁就成功了，这就是创新。另一方面，融合发展的关键就在于知识产品的研发与设计，而知识服务的落脚点正在于"服务"二字，提升用户黏性拼的就是服务，更细、更贴心、更便捷的服务就会使得产品更有市场、更有吸引力和影响力。这是我对于出版与互联网深度融合的理解。

百道网： 在智库系列图书产品方面，社科出版社"中社智库"目前有何进展？

赵剑英： 近几年中央对加强中国特色新型智库建设的重视和战略部署，让我认识到这对我们的出版工作提出了新任务和新要求，我们敏感地意识到机会来了。于是我们顺势而为，开创了智库产品出版品牌，搭上了时代前进的列车。

现在，社科出版社"中社智库"这一重点品牌已经推出了"国家智库报告""地方智库报告""智库丛书""年度报告"四大系列。重点是国家智库报告，已出版 160 余种。与中国社会科学院 30 多家研究所和智库单位签订了合作协议，与北京大学、中国人民大学、复旦大学、武汉大学、中山大学和中国宏观经济研究院等多所国家高端智库以及地方智库共计 40 余家单位建立了合作关系，可以说已成为中国高端智库重要成果的发布地。

"中社智库"发布密度大，发布及时。我们对许多重点智库成果召开发布会，在第一时间把智库成果分享给媒体与社会，形成了图书的深度传播与各类媒体特别是新型媒体广度传播相结合，具有强大舆论宣传效果的传播模式。对智库机构、智库学者和我们出版社影响力的扩大起了很大作用。

2018 年，我们一方面将发扬人文出版传统的优势，同时又会以敏锐的目光打造国家智库报告。具体说来，要凝聚一批好的智库专家、好的作者，继续在智库系列图书主题出版领域深耕，把"中社智库"这一品牌做专、做精、做得响当当。"中社智库"让我们跟上了时代发展的步伐，与时代同行，使出版社及时发出时代声音。

百道网：您是搞哲学研究的学者，您如何看待出版社的"成"、个人的"成"？

赵剑英：从出版社成功的角度来讲，出版社首先要找到自身定位，明确自己的发展方向，以良好的运行机制和方法保证实现"两个效益"的同步，出版社就能往前发展。以学术出版为例，一家学术出版社如果丢掉了学术，就没有了安身立命的根基，只追求短期经济利益注定不会有长久的发展。所以说，出版社切忌见异思迁、没有明确目标的发展定位，今天干这个，明天干那个，所谓的多元化就可能走不远。

从个人角度而言，人生无所谓成败，也没有统一的成败标准，更不能以金钱多少、权力大小论成败。每个人都有自己的人生哲学，或者说自己的活法。在自己确定的世界里能做到安宁、淡定，心灵自足，我以为就是成功的人生。当然，这个世界是一个向善的世界。

但是，从社会意义上讲，人是社会关系的动物，人是需要社会交往的，在社会关系、社会实践中体现他的存在。工作是人的存在的动态展开。通过努力，用自己的智慧、思想，有益于、有助于他人，或对社会组织的改变、发展有所贡献；从大的方面讲，对文明的积累与创新，对社会的进步起到了作用，那么人生的价值就通过社会价值体现出来了。与此同时，这个人还能身心健康、愉悦地存在着，这就是我所理解的成功。

中国道路催生当代中国哲学形态[*]

中华人民共和国成立 70 年来，中国共产党领导中国人民经过坚持不懈的接续奋斗，实现了伟大的历史性变革，取得了辉煌的发展成就。这一伟大变革和成就用一句话概括就是"近代以来久经磨难的中华民族迎来了从站起来、富起来到强起来的伟大飞跃，迎来了实现中华民族伟大复兴的光明前景"。^① 这一伟大变革与成就充分证明了中国道路的正确性、中国理论的科学性和中国制度的优越性，彰显了中华文化的先进性，也体现出当代中国哲学的智慧和力量。

70 年来中国经济社会发展之所以取得如此大的成就，特别是改革开放以来我们所走出的中国特色社会主义道路之所以成功，不是偶然的，而是有其历史必然性和合理性的，它表明中国共产党带领中国人民一定做对了什么，从哲学上讲，我们一定是掌握了事物发展的"道"，"道"就是事物存在发展的内在逻辑和规律性。中国道路之所以取得如此辉煌的成就，必定有其内在规律，这

* 本文系作者为《中国道路的哲学形态》撰写的前言。《中国道路的哲学形态》为作者创办的"中国哲学家论坛"（首届）文集。

① 习近平：《决胜全面建成小康社会　夺取新时代中国特色社会主义伟大胜利——在中国共产党第十九次全国代表大会上的报告》，人民出版社 2017 年版，第 11 页。

个内在规律或逻辑的最高境界、最高层次或者说最基本的道理就是哲学。

哲学是时代精神的精华。马克思主义哲学更是揭示了自然、社会和人类思维的一般规律，是科学的世界观和方法论。中国共产党人一直非常重视马克思主义哲学对推动社会发展和历史进步的重要作用，习近平总书记多次强调，全党都要加强对马克思主义哲学的学习和运用，"努力把马克思主义哲学作为自己的看家本领"。[①] 70年来，哲学在中国共产党带领中国人民进行的革命、建设和改革的伟大实践中发挥着不可替代的作用，特别是在面临何去何从的重大历史抉择的关口，对于思想解放和理论创新、实践创新发挥着重要的引领作用，哲学本身也在应对时代之问中不断获得创新发展。在新时代，面对百年未有之大变局，面对全球化、信息化、多样化、多极化等时代特点和错综复杂的国际国内形势，在奔向民族复兴的征程上，我们哲学家的一个重要使命与任务就是要提炼并丰富中国道路的哲学形态，为民族伟大复兴提供哲学智慧和精神支撑与引领。

面对当代中国实践经验和当代中国哲学观念的变革，西方的理论是缺乏解释效应的，用中国理论阐释中国实践，立足中国实践升华中国理论，建构属于我们自己的、原创性的当代中国哲学形态和话语体系成为时代之必需，中华民族复兴之必需。这一问题在世纪之交就已提出，如德高望重的高清海先生[②]在2004年就提出："中华民族的未来发展需要有自己的哲学理论。"中国特色社会主义进入新时代，建构当代中国哲学形态更加紧迫，一方面，新时代中国特色社会主义的发展亟须哲学理论支撑，中华民族的复兴理应包含中华民族的文化复兴和哲学复兴；另一方面，中国特色哲学社会科学"三大体系"建设也迫切需要哲学这一反思理论的启发和滋养。构建当代中国哲学形态是当代中国哲学工作者的重大历史使命和艰巨任

---

① 《习近平总书记系列重要讲话读本（2016年版）》，人民出版社2016年版，第279页。

② 高清海（1930年1月—2004年10月），哲学家，吉林大学哲学社会科学资深教授。

务，需要中国的哲学家们做出不懈的努力。

当前，构建当代中国哲学形态的时机已经成熟，可以说，这是一个需要建构我们自己的哲学理论并能够建构我们自己的哲学理论的时代。从实践层面上看，经过40多年的持续快速发展，中国特色社会主义道路、理论、制度趋于成熟，中国特色社会主义道路自信、理论自信、制度自信和文化自信日益彰显，实现现代化的"中国方案"越来越受到世界各国特别是发展中国家的关注和认同，这些都为当代中国哲学形态的提出和构建奠定了坚实的现实基础。从理论层面来看，70年来的社会主义建设实践特别是改革开放40多年来中国哲学研究可以说已经完成了许多基础性研究工作，学术积累和准备工作已比较规范和厚实。具体表现在：一是回溯和重读马克思、恩格斯经典文本，厘清马克思主义哲学的基本原理和主要观点，深入把握其本真形态和精神实质。二是对中国传统哲学具有现代性的思想资源进行深掘，并开始加以创造性地转换。特别是在贯通马克思主义与中国优秀传统文化之间的关系上取得了重要的思想成果。三是充分地借鉴和吸收现代西方哲学的合理、优秀思想因素，对西方哲学的研究在很多方面已经跟上前沿。四是近十多年来中国哲学、西方哲学和马克思主义哲学之间一直进行着对话和交流讨论，探讨当代中国哲学形态的建构问题，形成了许多富有创见的思想资源。五是对全球化条件下的中国特色社会主义实践经验进行概括和总结，不断进行理论创新，形成了一系列丰富的理论成果，特别是党的十八大以来形成了习近平新时代中国特色社会主义思想，开辟了马克思主义哲学新境界，这一新思想推动了当代中国哲学的综合创新，为建立以马克思主义哲学为主导和灵魂的当代中国哲学新形态提供了指引。总之，无论在现实层面，还是在理论层面，构建当代中国哲学形态都已具备了很好的条件。

新时代构建当代中国哲学形态，要注重中国特色社会主义与西方资本主义之间的比较，从比较的视野发掘中国国家治理的哲学智慧。比如，与西方资本主义国家相比，中国具有强大的国家治理能力，能够集中精力办大事，这是我们的一大优势。但是我们在经济社会发展取得巨大成就的同时也存在一些不足，集中地表现为发展的不平衡性和不充分性，不能满足人民日益增长的美好生活需要和促进人的全面发展。正如党的十九大报告指出的："人民美好生活需要日益广泛，不仅对物质文化生活提出了更高要求，而且在民主、法治、公平、正义、安全、环境等方面的要求日益增长。"① 我们要在继续推动发展的基础上，着力解决好发展不平衡不充分问题，大力提升发展质量和效益，更好地满足人民在经济、政治、文化、社会、生态等方面日益增长的需要，更好地促进人的自由全面发展、社会全面进步。用哲学话语表达就是，我们要坚持马克思主义真理原则和价值原则相统一，把实事求是和人的自由全面发展的哲学观念贯穿到国家治理和经济社会发展中。

---

① 习近平：《决胜全面建成小康社会　夺取新时代中国特色社会主义伟大胜利——在中国共产党第十九次全国代表大会上的报告》，人民出版社 2017 年版，第 11 页。

在高质量发展上迈出新的步伐[*]

2019 年 1 月 15—16 日，中国社会科学出版社召开部门负责人述职会议，21 位部门负责人就 2018 年度本部门工作向社领导班子进行汇报，并对 2019 年工作进行了展望。本文为赵剑英社长在会上所做的总结讲话。

首先，我代表社领导班子感谢全体部门负责人在 2018 年的辛勤工作。2018 年，每位中层领导都在各自的岗位上做出了应有的贡献，今年出版社发展稳中有升，我们的业内口碑和品牌影响力进一步提升，推出了一系列有影响的重要成果；2018 年，党政工作不断加强，校对科、质检部、出版部生产保障有效，营销工作非常努力；社领导班子坚强有力，团结一致，中层干部和全体职工拼搏奋进，在正确的发展理念和制度指引下，出版社保持了好的发展状态。

其次，对出版社的发展要有清醒认识，我们仍然存在很多问题：精品图书出版少，许多图书没有影响力；社交办项目进展比较慢，执行力不够；数字出版工作管理有些粗放，请示汇报不够，有的产品存在隐性风险，发展的同时要有防范风险意识；营销工作没有得到根本的改变，图书出版较少采用主题化、丛书化、套书化的工作思路来加强市场销售；物流发货不够及时，管理水平有待提高，发现问题、解决问题意识比较薄弱；等等。这些问题带有一定的普遍

* 2019 年 1 月 16 日，在中国社会科学出版社 2018 年度部门负责人述职会议上的总结讲话。

性和持久性，但今后必须逐步解决。

我社 2019 年的工作思路可以概括为：以习近平新时代中国特色社会主义思想为指导，以改革创新为动力，深挖潜力、真抓实干、坚定信心，在高质量发展上迈出新的步伐，取得新的成绩。

从当前形势来看，我社面临以下七个方面的挑战：第一，国家对企业的管理更加规范化、常态化，中宣部社会效益指标非常具体，收入分配制度将迎来工资总额管理改革，双效益考核越来越严格。第二，党的十八大以来国家对主题图书的管理更为严格，出版的政治要求高，出现意识形态问题实行一票否决制。第三，严控书号，逐年减扣。第四，对图书质量要求更高。第五，从销售市场来看，纸质图书采购量减少，逐步让位于数据库，各高校图书馆的数据库经费逐步上升，新的业态如听书市场对传统纸质图书市场冲击愈烈。第六，各出版社都在求变求创新，竞争出现新态势，各种出版都要做得更有特色。第七，要去库存、降成本。

我们未来的日子里要应对这些挑战，危机与机遇并存。我们必须以最好的精神状态来应对挑战，化挑战为机遇，这是我对形势的判断。

2019 年出版社的工作重点主要有以下几方面。

第一，做好主题出版，做好迎接新中国成立 70 周年重点书目。

一是把研究、宣传和阐释习近平新时代中国特色社会主义思想作为首要政治任务，做好主题出版，迎接新中国成立 70 周年。以最高标准做好《习近平新时代中国特色社会主义思想学习丛书》（12卷）的出版和发行工作。二是认真做好谢伏瞻院长主编的中国社会科学院《庆祝中华人民共和国成立 70 周年书系》的出版工作。三是认真做好张江副院长主编的《新中国文学批评史》（9 卷）。四是做好《当代中国学术思想史》修订工作。五是做好《理解中国》《中国制度研究》《简明中国》等其他书系的出版工作。

第二，坚持把社会效益放在首位，坚持高质量发展，努力实现

"两个效益"的统一，这是我们工作的重中之重。

一是贯彻中宣部社会效益考核的文件精神，学习、领会、消化、吸收。二是调整图书结构。我社目前图书精品少，很多学科没有很好地覆盖。单本图书销售量大的少，需要增加图书单本销售量。目前书号控制严格，我们必须提高单本书效益。在破解这个问题上，我有几点思考：首先要把图书产品的源头做好，注重产品的策划、包装和研发。其次要对学术类选题进行改造，有市场意识地对一般学术类图书进行改造。深挖潜力可以从营销和发行两部分来着手。

2019年，是我社高质量发展的关键之年，我社将由数量扩张的粗放式发展道路向质量提升的内涵式发展道路转变。在这个问题上若没有突破，我们就会落后，全体干部职工必须清醒地认识到这一点。单本图书销售这一关必须要破，这是今年工作的重点，也是我社实现高质量发展无法回避、必须解决的问题，所以我们要有危机感和使命感。

第三，我们要坚持正确的工作导向和工作作风，重实干，比贡献；专心做事，团结协作。我们要改变观念，解放思想，任何对出版社发展有利的事情大家都应该支持，团结协作，抵制负能量。要加强党的建设，营造风清气正的工作氛围，树立想干事、能干事、干实事的风气。队伍建设是我们的核心竞争力，今年要加强领导班子建设，补充中层干部，培养年轻人。

出版社就是社科出版人自己的家。在此我动员各位，面对变化的形势，面对挑战，要挖掘潜力，各位部门负责人要勇于担当，主动作为，时刻保持竞争状态。工作要靠实干，不能停留在口头上。有的人工作怠慢被动，造成工作失误，严重损害了我社品牌。新的一年要加强这方面的考核，工作完成不好的可以调走，企业必须能上能下。希望大家为完成我社目标而努力奋斗，和社领导班子保持步调一致。希望2019年出版社在高质量发展的道路上迈出新的步伐。

创新引领发展[*]

——以中国社会科学出版社为例

　　我们此次召开的青年工作会议的主题是改革创新，推动我社高质量发展。今天，我想结合我社近几年的发展道路，来说明创新是我社发展的动力之源。2011—2018 年，不仅我们的营业收入增长了 4 倍，同时呈现出良好发展势头，社会效益与经济效益齐头并进，学术影响力、社会影响力以及综合实力和竞争力显著增强。这些成就的取得，依靠的就是不断改革创新。在创新引领发展上，中国社会科学出版社主要做了以下几个方面的工作。

2019 年 3 月 18 日，中国社会科学出版社召开青年工作会议

　　* 2019 年 3 月 18 日，在中国社会科学出版社青年工作会议上的讲话。

　　一是观念创新。观念创新融合在我社的发展思路与发展战略中。即"六个坚持"：一是坚持走哲学社会科学专业出版的发展道路；二是坚持"社会效益与经济效益、数量增长与品牌提升、个人利益与出版社长远发展相统一"的发展理念；三是坚持专业化、精品化、数字化、国际化和大众化的发展战略；四是坚持"服务作者读者，提升品牌，开拓市场，创新业态"的发展路径；五是坚持牢牢立足中国社会科学院，面向中外学术界的发展视野；六是坚持成为马克思主义理论出版主阵地、全国哲学社会科学出版重镇、国家高端智库成果的重要发布平台和中外学术交流的重要桥梁的发展目标。我社的"五化战略"也体现着观念创新，即"专业化战略"，坚持走哲学社会科学专业出版的发展道路。"精品化战略"，立足高端，多出具有社会影响力和学术影响力的精品。"数字化战略"，推动图书数字化融合发展。"国际化战略"，做好图书"走出去"和"引进来"工作。"大众化战略"，出版人文社会科学的普及性读物。

　　二是选题策划创新。主动策划出版了一系列精品力作。如策划出版《理解中国》丛书，在多个国家举行发布会，亮相国际书展，成为跨文化对话的桥梁。如策划出版"一带一路"研究系列，在"一带一路"国际合作高峰论坛上，我社是唯一一家如此大规模用中英文双语展示中国"一带一路"研究成果的出版社。另外，还策划出版了《当代中国学术思想史》丛书、《简明中国》系列、《中国制度研究》丛书、《中国智慧》等具有深远影响力的学术原创作品。

　　三是产品结构创新。形成了专业出版、主题出版、重点原创出版、数字出版、大众出版、国际出版齐头并进，融合发展的格局。

　　四是管理体制机制创新。我社认真贯彻中央关于深化文化体制改革进行机构调整，如2011年以后我们成立了马克思主义理论出版中心，使我社成为马克思主义理论重要出版窗口。重大项目出版中心做主题出版、原创学术出版和智库出版。国际合作部专门做"引进来"和"走出去"图书。大众分社专门做大众类图书。年鉴分社也粗具规模，正在进一步拓展。不断探索"两个效益"相统一的考核机制，社会效益考核上我们做得比较早，我们也采取了很多方法来提高编辑的经济效益。2014年我们进行了工资体系改革，逐步建立了从身份制到岗位制，多劳多得、优劳多得的薪酬体系。

青年是我社工作的主体，年轻同志一定要紧贴时代发展趋势和出版业发展趋势，面向未来进行深入思考：我们要创新什么？改革什么？为我社未来发展贡献力量。

不忘初心、牢记使命，坚持走社会效益与经济效益相统一的高质量发展之路[*]

今天，我为大家做"不忘初心、牢记使命，坚持走社会效益与经济效益相统一的高质量发展之路"专题党课报告，一方面，是将"不忘初心、牢记使命"主题教育与我社出版工作实际相结合，推动主题教育活动的开展；另一方面，也是回应大家对编辑部考核方案的关心，结合大家的思想状况，对我们面临的出版环境进行分析。

一 我社和出版行业现状

对于编辑部考核方案，我社高度重视，多次征求意见，对方案进行完善和改进。大家也提出了许多有建设性的意见建议。编辑部考核方案，如何最大限度地调动大家的积极性，推动我社的改革和发展，是我最近考虑的问题。出版工作越来越难干，压力越来越大，竞争也越来越激烈，我们作为出版社的管理者、带头人，确实要思考研究，怎样保持发展，一是稳住现在的发展势头，二是确保未来的可持续发展，保持我们的竞争力。

（一）新时代、新要求

新时代党中央对出版工作提出了新的要求。目前，我国正处于

---

* 2019 年 6 月 14 日，在中国社会科学出版社全体职工大会所做的党课报告。

由出版大国向出版强国转变的时期，图书出版也从数量规模型向质量效益型转变。党中央对出版工作高度重视，对图书政治导向要求越来越严，对图书质量要求越来越高。一是中央全面深化改革委员会第五次会议审议通过了《关于加强和改进出版工作的意见》，这是一个关于出版业发展的纲领性、指导性文件，为出版工作下一步发展指明了方向。二是中宣部印发了《图书出版单位社会效益评价考核试行办法》，将社会效益指标进行了量化，为图书出版单位划出了社会效益红线。三是人力资源和社会保障部自2015年起将我社纳入中央直属企业考核，经济考核主要考核年度总收入、净利润等指标。四是财政部和中宣部下发的《中央文化企业公司制改制工作实施方案》，要求国有文化企业完成公司制改制，建立现代企业制度。

大家在努力工作的同时，一定要认识到新时代出版工作的新要求、新环境和新变化。如果认识不到这一点，不改变观念，就不能适应新时代。如果别人适应了我们没适应，若干年后我们出版社就会落伍、被淘汰。客观上，时代和形势发生变化，我们一定要与时俱进，使主客观相统一。

（二）我社面临的问题

经过多年的发展，我社取得了一定的成就。自2011年我接任社长以来，利润和储备都有所增长。生产规模、总收入、利润、运行情况总体较好，社会影响力、品牌影响力和口碑都获得了扩大和提升，但我社的发展中也存在一些问题。

第一，精品图书相对较少。虽然我社每年出版图书2000种左右，但精品图书相对比较少。2018年，除"剑桥史系列"、《正义论》和《西方现代思想丛书》等常版书，以及重大项目出版中心推出的一系列主题图书和原创学术精品，大部分图书的发行量没有达到预期。

第二，市场类图书较少。虽然我社编辑工作量很大，也很努力，但是策划的市场类图书较少。我们的市场策划能力弱不是由于能力不行，而是由于我们长期以来的思维方式和思想观念，某种程度上，我们躺在既有优势上，不愿改革，惧怕改革。

第三，质量隐患比较大。必须达成这样的共识：一些学术质量差的、实在不能登中国社会科学出版社大雅之堂的图书坚决不能出版。

我们的全体编辑同志一定要守住中国社会科学出版社的金字招牌，绝对不能破坏我们的品牌。如果以后有质量很差的图书在我社出版，对责任编辑要提出批评教育，或采取相应的惩罚措施。

同时，质和量的关系是相对的，辩证统一的，必须保证图书出版的数量，同时在院校的问题上，要"英雄不问来路"，如果一般院校有质量高的书稿，就可以在我社出版。

二　发挥优势，坚定发展信心

（一）未来的不确定性因素

新时代新要求，未来市场不确定性很大。最近，中办国办印发《关于进一步弘扬科学家精神加强作风和学风建设的意见》，对科学研究知识生产提出新要求，科研著书立说反对挂名。同时，加强了对科学研究写作各个方面的约束，对科学研究知识生产上要求出精品，这样可能带来整体成果数量的减少，随之带来出版数量的减少。因此，大家要有危机感，深化改革，正是为我们自己的命运和未来而努力，我们要认清这样的形势，未雨绸缪，练好内功，提升我们的出版能力和企业竞争力，才能立于不败之地。

我社市场化改革发展有以下几个方向：一是做好主题出版，在这方面，我社已经走在前面，从近几年出版业和我社的实践看，主题出版的市场空间很大；二是加大市场类图书的开发；三是图书网络出版。在这方面，我们观念比较落后，许多编辑对数字出版总体上缺乏热情。

（二）坚持"双效统一"，做好主题出版

近年来，我社在探索社会效益与经济效益相统一上取得了显著的成绩。重大项目出版中心出版了一系列的品牌图书，这些品牌图书最大特点就是"四位一体"：首先是主题出版，以专业的学术视角和原创为特色，传播中国故事，同时也是精品出版、大众出版，在市场上反响很好。《理解中国》丛书、《中国共产党人的战略思维》、《四十不惑：中国改革开放发展经验分享》、《中国智慧》、《新大众哲学》等图书销量都很好。同时这些书又是"走出去"的主力产品，所以实现了主题出版、精品出版、大众出版、"走出去"出版四者有机统一。

比如《习近平新时代中国特色社会主义思想学习丛书》，这套书是"十三五"国家重点出版物，政治性很强，作者权威，撰写要求高。从2015年策划开始，过程艰辛。从组稿到出版，前后完成四次修订并送审。出版后得到了中央领导的认可。在宣传上，第一时间通过新闻联播等中央新闻媒体报道，《人民日报》、《光明日报》、新华社等中央权威媒体进行了重点报道。这套书作为主题出版图书，受到了广泛的社会关注，扩大了我社的影响力。配合"不忘初心、牢记使命"主题教育活动，通过党校、中心组学习等，实现了社会效益和市场价值双效统一。

《理解中国》丛书。已出版18种中文版，并已签约外文版59种，有11个语种，已出版21种。《理解中国》丛书也成功得到"中华学术外译项目""经典中国国际出版工程项目""丝路书香出版工程""中国图书对外推广计划"等各大国家重点外译项目的青睐，获得多种项目资助，而且每种图书还有可观的销量。同时作为"走出去"的品牌，好多学者以能够入选这套丛书为荣。我们出版社能够获得中宣部的"中国图书对外推广计划"特别贡献奖，主要是因为这套丛书的品牌影响力。央视三次报道《理解中国》丛书。《理解中国》丛书中的《中国的和平发展道路》入选了2017年"中国好书"，《破解中国经济发展之谜》入选了"中华优秀出版物""中宣部优秀通俗理论读物"。2018年3月，美国国会图书馆的东亚馆将我社27本《理解中国》丛书的中英文版纳入美国国会图书馆重点藏书目录。

《中国制度研究》丛书。是目前中国学术界和出版界唯一一套系统梳理和研究中国制度的丛书，我们要把它做好，肯定会有广泛的社会影响力。

《简明中国》系列。优秀的大众读物是市场需求的，能够做到双效统一。作为大众读物，《简明中国历史读本》销量很好，而且可以多语种出版。中国近代文学读本，哲学读本，社会反响也很好。这些书是在学术研究基础上，由学术大家撰写的普通读物，简明扼要，通俗易懂，兼具知识性和权威性。

"中社智库"。近几年来学术研究有四大趋势，一是国际化。在全球化、中国崛起、中国文化战略等因素的背景下，学术"走出去"是大势所趋。二是研究手段的大数据化。三是智库功能化。中央对学术研究的智库功能要求越来越高。比如，新成立的中国历史研究院不仅仅是学术需求，还有现实需求和外交需求。四是大众化。学术不能仅仅躲在象牙塔里，学术还要影响、引导、提升大众的素质与精神境界。我们要了解学术研究大众化趋势，与时代同行，才能策划、研发出好的产品。以智库产品为载体，我们要紧随时代发展，通过发布会吸引关注度，提升品牌效应。

"一带一路"研究系列。我社积极响应"一带一路"倡议，服务"一带一路"建设。"一带一路"丛书出版了近百种，在"一带一路"国际合作高峰论坛、中非合作论坛上送上了我社的近两千册中英文版图书，发出了我们的声音。与英国帕斯国际出版社合作策划了《一带一路》期刊，及时展示了我国"一带一路"研究的最新成果，与英国罗德里奇学术出版社联合出版了全球第一本《"一带一路"手册》。与剑桥大学联合举办《"一带一路"手册》英文版发布会，取得了良好的国际影响。

还有"年度发展报告""可持续发展报告"等，影响力都很大。这些图书亮相各大国际论坛，既支持了国家发展战略，也扩大了我社的影响力，与时代同行，发时代强音。

我们要多动脑筋，对图书进行二次策划，策划出更多社会效益与经济效益相统一的图书。这几年，重大项目出版中心运行的实践证明，"两个效益"的统一是可以做到的。

三 考核方案改革的要求和原则

这次编辑部改革，社领导高度重视，多次讨论研究，充分发扬民主，反复征求同志们的意见。下面，我个人有几个思考与大家交流。

（一）关于改革的目的

我们深化改革的目的，是要贯彻落实中央全面深化改革委员会下发的《关于加强和改进出版工作的意见》和中宣部、人社部指导文件的意见，坚持正确的出版导向，把社会效益放在首位，坚持社会效益与经济效益相统一，走高质量发展之路。要引导大家转变思维和生产方式，进行供给侧结构性改革，提升产品质量效益，提升单位"亩产量"，坚持以质量取胜，以质量谋效益。虽然需要创新和思考，但是能减少每天伏案劳作的辛苦。通过改革，增强我社的核心竞争力。

（二）改革的根本要求

改革必须贯彻中央和国家的要求。四大要求是方向，方向必须贯彻落实，如果不贯彻我们出版社就前进不了，没有未来。我们出版社也确实存在一些问题，但同时也考虑到大家确实辛苦。我们要找一个平衡点，让大家都能接受。大家要转变观念，适应新形势新要求，我们也会在方案的试行中对个别指标进行完善。

（三）改革的根本原则

一是坚持正确出版导向，一丝一毫不能偏。坚持正确出版导向，发挥主阵地、正能量作用。中国社会科学出版社作为有影响力的国家级出版社和中国社会科学院直属机构，一定要坚持这个根本。

二是坚持把社会效益放在首位。多出精品力作，在繁荣发展中国哲学社会科学，推动中国学术"走出去"，传播中国声音方面做出贡献。新时代我国社会的主要矛盾发生了变化，要紧紧围绕不断增强人民群众获得感、幸福感为目标，推出更多人民群众喜爱的大众读物，满足人民群众日益增长的精神文化需求。

三是坚持市场化改革方向。我们要考虑市场需求，对一般学术类图书做二次策划，提高单本图书销量。从市场角度看，做20本市场类图书要比做100本一般学术类图书创造的利润和回款收入高得多，而且编校风险和压力降低了很多。所以我们迫切需要解放思想、转变观念，进行市场化改革，提高市场策划能力，提升出版社的竞争力。

四是要进一步推动主题出版。要发挥我社的优势，凸显我社的特色，在主题图书市场上走在其他出版社前面。与人民出版社、学习出版社、党建读物出版社等相比，我社主题出版在资源上天然地没有优势，但是我们可以走自己的路，策划出版适合大学生、研究生和党政干部阅读的图书。党的十八大以来，党政机关都非常重视政治理论学习。在图书策划和产品营销方面，我们要紧跟形势。重大项目出版中心出版的一系列主题图书取得了"双效统一"，为我社品牌影响力的提升做出了很大贡献，其他七个出版中心是出版社的主体力量，要统一思想，达成共识，提高市场策划能力，重视产品研发，激发我社生产能力。

（四）坚持问题导向，设置指标体系

编辑部改革方案中设置的指标体系板块，总体上以问题为导向。入库率、成本归集、编校质量、成书，都是针对我社存在的问题提出的。设置这些指标，将这些指标转化为分值，是为了促进出版社高效运行，达到工作要求。这个方案有一年试行时间，如果个别指标设置不科学不合理，会充分听取大家意见，进行修订完善。但是方案的总体要求是不变的，必须认真贯彻落实，提升编校质量、书稿质量。

四 关于未来发展的几个着力点

坚持走高质量发展之路。按照党中央的部署和要求，变压力为动力，通过创新，转变观念，重视策划和营销。图书编辑从策划开始就要有营销观念，编辑和市场部门联合，只靠营销部门是做不好宣传的。我们的一般学术类图书虽然有项目资助，但是没有市场影响力，没有市场增长点。

未来存在不确定因素，想要掌握自己的命运就要未雨绸缪。一是牢牢坚持品牌立社的战略。作为权威的国家级出版社，要坚决贯彻落实走品牌战略，出更多精品力作，在学科内有影响力，在学科图书影响力评选中要进前列，这是出版社生存发展的根本之道。各出版中心可以对各个学科加大投入，挖掘优秀学者和中青年学者资源，像签约作家那样签约学者。稿费可以给高一点，畅销的话也可以给版税。二是坚持双效益相统一。三是市场化改革方向。推动市场策划是我们的共识，其他出版社都在大踏步前进，要提升自身能力。四是知识服务转型，办新型出版社。我社的电子书开发，不仅仅是电子书数据库，还有网络出版、多版权开发等。我们要转变传统的出版思维，勇于创新，开发听书、音频等付费产品。五是推动研究出版一体化。在这方面，我社有中社智库研究院和博士后工作站这样的研究机构，有专业编辑和课题经费。六是办编校公司，提升编校质量。七是创新开发文创产品、提供会议服务。鼓励年轻人利用科文、博雅公司，开发文创产品、提供会议服务。八是建设专业化队伍和经营人才。培养营销、宣传、发行、数字出版的复合型人才。九是深化管理体制创新。打破现有的体制机制格局，成立若干创新项目小组。对想做事能做事的人，给予大力支持。

今天与大家谈心交流，希望能够抛砖引玉，老同志和年轻同志都要未雨绸缪，认真考虑如何破解我社存在的这些问题。我社在管理、考核方面还是比较人性化的，在薪酬待遇方面，也处于行业中上水平。此外，还为员工们办理了企业年金和补充医疗保险。

出版社是大家的家园，出版社的改革需要大家的支持和拥护。我们作为利益共同体首先要取得共识，行动上才能步调一致，要有凝聚力和战斗力，有创新力和竞争力。

进入新时代，中国社会科学出版社要在习近平新时代中国特色社会主义思想指引下，不忘初心、牢记使命，传文明薪火，发时代先声，为加快构建中国特色哲学社会科学，推动新时代中国学术出版事业的发展，为中华民族的伟大复兴做出更大贡献。

以改革创新为动力　在高质量 发展道路上迈出新步伐*

我社工作近年来虽然取得了不菲的业绩，但离党中央和中国社会科学院党组的要求还有较大的差距，与业内优秀同行相比，也存在明显的不足。对于这些问题和不足，我社将以踏实的态度、改革的精神、创新的思路、有力的措施逐步加以解决或改进。

一　面临的主要困难和存在的风险点

第一，意识形态工作存在风险隐患。一是在选题把关环节方面存在问题隐患。我社出版的图书，学科领域宽，学科覆盖面广，民族、宗教、外交等领域的成果多，敏感问题集中，选题方面的风险较其他出版社显得比较突出。我社现有编辑100余人，每年申报2000余个选题，其中不乏急需处理的任务。由于工作量大、时间紧，对每一个选题的关注与思考有所欠缺，因此，存在未发现书稿中细小政治差错和隐蔽意识形态问题的可能。二是在书稿审读环节存在问题隐患。随着出书量不断加大，编辑的工作强度提高，虽有兼职编辑分担部分书稿的初审工作，但在复审和终审过程中，仍发现过少量政治问题存在。对于这种情况，复审和终审及时告知编辑、退改书稿；对把握不准的问题，请相关专家进行重新审读；对于涉

＊2019年7月5日，"不忘初心、牢记使命"主题教育期间，中国社会科学院赵奇秘书长来社调研时的汇报材料。

及送审备案范围的书稿，办理重大选题备案手续；对整体上存在严重政治问题、核心观点明显错误的书稿，不计经济损失，给予退稿。今年有个别选题出现这种情况，我们也做了相应处理。

第二，图书编校质量存在隐患。由于编辑力量不够充实，与我社目前的出书量相比缺口较大，不得不使用一定数量的兼职编辑，这些兼职编辑人员素质参差不齐，编校能力不足，一些编辑对兼职编辑管理、审核把关不严，虽然兼职编辑人员仅进行稿件初审，但仍存在较大质量隐患。去年，我社对兼职编辑的资质进行审核，淘汰一批不合格的兼职编辑。专业学术出版编辑对从业人员的学历、专业等都有较高要求，经济学、法学等热门学科入职成功率较低，应届毕业生落户指标较少，招聘难度较大；此外，出版社自2019年起实行工资总额管理，"增人不增资"政策如何执行尚不确定，对招聘工作造成了一定难度。审稿的能力、审稿队伍还要加强。

第三，创新能力不足。选题策划能力、宣传能力、营销能力均有待提高。一种内容多种产品形态的新业态策划生产能力没有突出。管理创新能力不高。不少编辑人员观念陈旧，习惯做一般学术类图书，图书策划能力不强或无心施展；依赖"做多"，编辑出版质量不理想；图书结构不合理，精品图书的占比太低；发行量较大的单品种图书太少。产品营销水平不高。对产品的梳理、整合、开发的工作重视不够，没有放到带动发行全局的战略位置，没有开发出成系列、大码洋的套书；销售上创新方法还不够多，馆配做得不透，公共图书馆没有开发，党政图书市场、直销大户没有深挖；数字产品的运营管理有待加强，持续稳定的盈利能力还没有形成。

第四，制度建设不够完善。从源头上预防和治理腐败的举措、办法还不多，权力监督制约的"笼子"扎得还不够紧。抓制度落实缺乏一以贯之、常抓不懈的工作韧劲，工作措施较为简单笼统，相关制度的可操作性和实效性有待加强。对有些出版环节，如印厂管理、项目招投标、库房管理等，制度监管和深入督查不够，存在隐患和风险。

第五，合作方面的风险。我社设计、印制、发行、营销等方面，合作伙伴较多，合作形式多样，合作规模有大有小，管理水平参差不齐，存在一定风险。

第六，人才队伍方面的问题。在信息的快速流动以及产业边界不断重构的融合发展时代，在出版产业链从内容到形式都被注入新的内涵的互联网时代，传统出版人才及其培养模式已经严重不适应出版业的发展，高素质复合型人才的缺乏，已经成为我社高质量发展的重要障碍。近几年我社高级职称编辑退休较多，年轻编辑学历高、人数多，总体来看，我社职称评审压力较大；数字编辑、校对、质检、美编等岗位缺乏职称评审或职业晋升通道，骨干人才、干部队伍和梯队建设面临较大的困难。班子建设亟待加强。

第七，攻坚克难勇气和担当精神不足，对出版社的改革存在畏难情绪。出版社转企改制以来，管理制度的改革推进比较缓慢，一定程度上限制了企业发展的活力。面对更加激烈的市场竞争和复杂多变的业内外局势，我们亟须建立符合现代企业发展需求的一整套管理体系。但是，长期以来形成的企业文化、思维方式和工作习惯等，使得有些人在改革创新方面，存在着求稳怕乱的顾虑，对出版社的改革发展、坚持和加强社会效益考核的力度等有畏难情绪和抵触情绪。

第八，在组织建设方面。一是党支部未能按期换届。本届党委成立时间为 2013 年 7 月，应换届时间为 2016 年 7 月。由于社领导班子人事变动、成立党委和纪委等事宜，党支部未能按期完成换届工作。二是个别党支部班子不健全，党支部书记空缺。2018 年年初，第四党支部书记退休后，党支部书记岗位一直空缺，由组织委员兼任支部书记工作。二是由于人事人员变动，个别党支部未能及时调整，党员人数较多，不利于管理和开展工作。

第九，在理论学习方面，将学习的成果转化为自身思想政治、理论水平的提高，转化为新的判断、把关的能力还不高。虽然能够坚持政治理论学习，对一些新指示新要求的学习比较及时，但由于业务工作繁忙，学习的系统性和深入性还不够，对中层以下党员同志的理论学习抓得不够紧，要求不够严。个别编辑人员的思想理论水平和政治鉴别能力不够强，政治把关能力有待进一步提高。

二　解决问题的思路和下一步工作举措

第一，进一步解放思想，深化改革。根据中央和中国社会科学院党组的要求，尽快完成公司制改制的任务，加快建立并完善符合学术文化特点的现代企业制度和管理制度。进一步完善社会效益考核和经济效益考核并重的绩效考核制度，对双效益方面做出突出贡献的部门和编辑，加强表彰和奖励力度，促进我社出版模式和产品结构的优化转型。

第二，全力做好主题出版，努力在业内保持领先地位。已有品牌要继续推出新品。精心谋划，合理布局，围绕全面建成小康社会、建党 100 周年等时间节点，重磅推出一批新的成果。

第三，加强原创学术图书和精品图书的策划和出版。新时代新要求，尽管我们做得还不错，但在策划上还要突出特色。以服务我院"三大体系"建设为中心，加强重点产品的策划和研发，加强学科覆盖，抓好重点单位、重点作者、重点课题，策划更多研究新时代重大理论和现实问题的选题，出版更多原创性、高质量、标志性的研究成果。

第四，进一步开拓智库出版。进一步扩大出书规模，加强产品研发和品牌宣传，努力推出更多高质量的智库报告和智库图书，努力解决智库成果的国际传播目前存在的问题。

第五，更加深入地推进国际出版。搞好国际传播，提高效果、质量、效率。做好重点图书的"走出去"工作，力争多语种出版。要加强外译资助项目申报，争取更多的外译资助。扩大与"一带一路"沿线国家出版机构的合作,重点在"丝路书香"项目上有突破。对已出版的外文图书积极推荐参加海外图书评奖,充分利用我社智利分社和法国分社的影响力,借助法兰克福书展等国际大型书展和学术活动平台,加强多语种版图书的推广和宣传,为作者的学术作品做好增值服务。

第六,大力推进融合发展。整合资源,用数字化手段加强数字产品开发,做好数字产品的策划、研发与传播。

第七,加强制度建设。制度是质量的保障。要进一步加强制度建设,提高编辑出版工作科学化规范化水平,确保图书编辑出版质量。加强版权管理,抓好老书新做工作,提高我社图书品牌效应。

第八,加强编辑队伍建设,加强复合型人才培养,加快建立一支高素质的编辑出版管理营销人才队伍。要着眼长远,加强社领导班子建设。要注重干部梯队建设,选配德才兼备、敢于担当、主动作为的干部,充实领导班子,形成崇尚实干、敢于担当、干事创业的浓厚氛围。更加重视对年轻干部的培养和提拔,充分发挥年轻干部的积极性。加强对编辑的培训力度。首先要做好政治把关能力培训,严格执行重大选题备案制度和敏感选题专家专项审读制度。积极组织编辑按时保质完成每年度继续教育,加强编辑业务能力培训,包括新编辑人员培训、兼职编辑培训等,定期开展专题培训,切实加强编辑人员审稿能力、策划能力和编辑能力。要加强复合型人才培养,建立一支既懂出版,又善于管理;既懂专业,又熟悉数字技术;既长于编辑出版,又善于营销推广;既了解国内,又善于学习国外的高素质复合型人才队伍。加强招聘力度。结合工资总额管理规定,把人员引进重点放在编辑队伍建设,拓展多渠道招聘,着力引进成熟的高层次出版人才和成熟编辑人才。考虑成立编校中心,规范文字加工工作,减少使用兼职编辑;加强兼职编辑队伍管理,严格把控兼职编辑人员队伍,加强对兼职编辑资质的审核。

第九,加强党的建设,推进党支部建设规范化,进行支部调整、换届工作。为便于开展工作，结合工作实际，对人数较多的支部进行调整；将党支部换届选举工作作为年度党建工作的重点内容抓实抓好，在2019年完成党支部换届工作。加强廉政风险防控，进一步制定、完善反腐倡廉相关制度。重点围绕"人、权、财"等方面进行制度完善，规范工作流程。建立健全权力运行各个领域的制度规定，完善科学决策机制，加强领导干部廉洁自律方面的制度建设，切实提高制度的系统性。要在完善制度的基础上，进一步提升制度执行力，将制度的贯彻执行放在更加突出的位置，坚持用制度管权、管事、管人。

三　对中国社会科学院工作的若干建议

根据中国社会科学院特点和发展中存在的问题，结合学术出版具体工作，对中国社会科学院工作提出如下意见和建议。

（一）进一步强化学术传播平台建设和学术传播工作

第一，更加重视学术期刊和图书出版工作，强化学术传播平台建设。

第二，加强对主题出版的支持力度。建议根据中央精神出台相应措施，如单设基金或加强资助力度，推动做强主题出版。

第三，加强对院创新工程成果的支持力度。目前创新工程成果出版费偏低。从经济效益上考虑刚够纸张成本。建议增加资助力度。

第四，争取重大选题备案送审的权限。研究成果涉及宗教、民族、边疆、党史、外交等重大选题，按出版纪律需送审、备案，院内出版社这类选题送审量大，周期很长，费用增加。我院这方面的专家多，力量强，建议院里向中宣部争取由院里聘请专家审核把关，然后报中宣部走简易备案程序。

（二）进一步加大学术"走出去"步伐，增强中国学术、中国理论的国际话语权

第一，注重学术交流和学术成果"走出去"相结合，全院通盘

考虑，整合资源，鼓励科研单位和学术传播单位加强协作，避免单打独斗，力求事半功倍的效果。

第二，加强对诠释和讲述中国特色社会主义故事的优秀成果"走出去"的支持力度，进一步增强中国学术、中国文化和中国故事的国际影响力和话语权。扶持和支持好中国社会科学出版社《理解中国》丛书、《中国制度研究》丛书、"一带一路"学术季刊（英文版，在英国出版）等图书产品的海外传播工作，在对外交流上予以支持。

（三）加强对干部的培养和管理

第一，一方面，落实全面从严治党，对干部要严格要求，同时也要关心、爱护干部，关心他们的思想、生活中面临的压力和困难，他们的身心健康，特别是对他们工作上遇到的困难要予以理解、支持。另一方面，职能部门要进一步贯彻落实中央"放管服"的精神，进一步转变工作作风，主动深入基层，加强调研，尽量多地为一线工作排忧解难。

第二，重视管理人才和经营人才的培养。我院人才济济，但经营人才严重缺乏，要重视对高素质经营人才的关心、培养与引进。

第三，理顺企业与事业单位的人才流动渠道，减少人为割裂，促进企事业单位人员交流，打造人才流动旋转门。

（四）尊重出版规律和企业特点，加强对企业的指导

第一，对企业和事业单位要分类指导。尊重出版规律和企业特点，支持和鼓励出版社自主经营、参与市场竞争，立足主业、多元发展。

第二，优化院属企业与院属单位的业务沟通。建议院属职能部门（内控管理部门）开放业务沟通窗口，方便企业反映经营中遇到的实际问题，增加业务沟通，提高彼此对业务办理的认知度，保证问题的办理和解决渠道顺畅。

第三，加强对企业财务管理的指导。院部机关、研究所和出版

企业是两个完全不同的运营体系，而试行的院属各项财务管理制度主要适用院属职能部门和科研院所，缺少以企业会计准则为标准的财务管理指导性资料，且院属职能部门安排的财务管理检查也多以院属制度为依据，可以考虑企业运营特点，由企业依据《企业财务制度》规范制定相关财务管理标准。

牢记年鉴出版工作的初心使命[*]

2019 年 7 月 8 日，赵剑英社长等社领导就"不忘初心、牢记使命"主题教育活动对年鉴分社进行专题调研。听取年鉴分社工作汇报，并就工作中存在的问题、困难及今后的重要着力点等进行摸底调研。会上，赵剑英社长对分社今后的工作重点做了部署。

年鉴分社要明确初心、使命，工作要为落实习近平总书记"5·17"重要讲话精神，服务学术做贡献。年鉴事业是繁荣哲学社会科学事业的一个重要组成部分，是"三大体系"建设的基础性工作。年鉴分社要从这样一个高度明确年鉴出版工作的价值，借主题教育之机把工作向前推动。

年鉴分社要坚持正确的出版导向，明确成立年鉴分社的两大战略目标，以实现经济效益与社会效益的统一。

第一，在扩大年鉴规模的基础上做大做强年鉴数据库。年鉴数据库是重要落脚点，"人无我有，人有我多"，量的扩张与质量提升要并重。这是年鉴分社重要的使命。

第二，积极发挥年鉴的学术评价功能，扩大年鉴的品牌影响力。具体来讲有以下三点：其一，深度介入，开发新年鉴。其二，要有成熟的年鉴体例规范，分社编辑要提高对年鉴的认识，不断学习年鉴相关知识，积极与编纂单位沟通，有问题及时向编纂单位反馈，

---

* 2019 年 7 月 8 日，在"不忘初心、牢记使命"主题教育调研活动中到年鉴分社调研时的讲话。

帮助编纂单位提高年鉴质量。其三，每部年鉴都尽量召开出版发布会，在此基础上，选几种年鉴挖掘评价功能。如《中国文学年鉴》《中国哲学年鉴》《中国管理学年鉴》等可以作为试点，召开评价发布会，邀请相关学科的知名专家参加，会上发布"年度十大优秀论文""优秀学科综述"等。今年9月，召集各个年鉴主编就如何充分发挥年鉴的评价功能召开咨询会。

第三，要继续扩大年鉴规模。扩大规模是重要目标，要使学术年鉴成为我社一大特色，成为一种学术现象。《历史学年鉴》《社会发展年鉴》《语言学年鉴》《政治学年鉴》《非洲研究年鉴》《法学年鉴》要继续拓展。要打开门做事情，多向各方寻求帮助。除中国社会科学院外，对其他高校的优势学科要熟悉。要积极交往，拓展视野。在此基础上，编辑的视野自然会开阔，成就感自然会凸显。

第四，要重视年鉴的质量，不断提高年鉴的学术质量与编校质量。年鉴之外，可以做一些好的连续出版物、年度报告，传统学术年鉴之外，一些新兴学科、行业的年度报告可以做；一些利润率高的地方年鉴也可以做。

第五，各位编辑要重视政治把关，坚持正确的政治导向。不忘初心，牢记使命。注重培养使命担当意识、竞争意识、质量意识，拼搏开拓，克服困难，推动年鉴工作发展。

对马克思主义哲学中国化的深刻把握[*]

杨春贵①先生是我们党著名的马克思主义哲学家、教育家，也是我非常尊敬的前辈。2018年我社出版了两本由他撰写、主编的著作：一本是《我与马克思主义哲学》；另一本是他和周维现②副校长主编的《中国共产党人的战略思维》。

《我与马克思主义哲学》这本书有四篇。第一篇为"历史大变动中的人生足迹和哲学生涯"，是杨春贵先生对自己已经走过的80年人生历程的回顾。第二篇是"记者访谈：说人生论哲学"，这些访谈从不同角度阐述了杨春贵先生对马克思主义哲学研究的主要成果和贡献。第三篇为"思想理论界的良师益友"，有的文章是杨春贵先生为友人新书所作的序，有的是书评，还有的是研讨会讲话等，很荣幸杨先生为我的著作《时代的哲学回声》一书所作的书评也收录在此。附录部分收录了学界对杨先生代表作的评价，这些著作有《中国哲学四

---

* 2019年1月6日，在"《我与马克思主义哲学》《中国共产党人的战略思维》出版座谈会"上的发言。

① 杨春贵，中央党校原副校长，教授。

② 周维现，时任中央党校中直机关分校常务副校长。

十年（1949—1989）》《哲学家毛泽东》等。

整本书读下来让人觉得杨先生可亲可敬，无愧于"马克思主义哲学家"这样的称呼，我有这样几点感受，与大家分享，也请杨先生指教。

第一，感情朴实、真挚，充满了乐观主义精神。"历史大变动中的人生足迹和哲学生涯"这一篇可以说是杨先生的自传。他从自己穷苦的孩提时期写起，讲述了自己历经岁月和生活的洗礼，无惧困难，保持乐观主义精神，成长为我党一名优秀的理论工作者和领导干部。加上配图，朴实的叙述，让人身临其境，很受鼓舞。

第二，厚重的历史感和强烈的现实感交相辉映，体现了杨春贵先生终生不渝的家国情怀。杨先生个人的成长历程，也是中国历史发生翻天覆地变化的几十年。杨先生出生于 20 世纪 30 年代，经历了抗日战争、人民解放战争、新中国成立。对于新旧社会之别，他有更深刻的体会。他是北京大学、中国人民大学的高才生，"文化大革命"时期从南开大学下放广西，一去就是 8 年，1978 年调到中央党校工作至今。但是我们发现，从

中学时期开始，无论身在何处，生活如何艰难，他始终保持着对社会发展的关注、保持着对理论研究的兴趣。比如，他在人大就读期间，于 1958 年 10 月到 1959 年 4 月和几位同学到海拔 3000 米的柴达木盆地创办《柴达木报》；再如，他在广西工作期间，组织农民和基层干部学习马克思主义哲学，编写教材。他用自己的行动践行了"哲学植根实践，实践才赋予哲学以生命，哲学与人民共命运"。

第三，杨春贵教授对马克思主义哲学的发展和传播做出了重要

贡献。杨春贵教授从事马克思主义哲学研究 60 余载，他对马克思主义哲学的发展和传播做出了重要贡献。杨春贵教授是中国人民大学培养的第一届（1959 年）研究生，当时的中国人民大学，有苏联专家讲学，集中了当时我党的理论大家和新秀。在中国人民大学学习的三年，奠定了他坚实的马克思主义理论基础。《我与马克思主义哲学》收录了他的论著目录，其中著作就有 64 种之多，文章 295 篇，讲稿 112 篇，可谓是著作等身。他对马克思主义哲学原理和哲学前沿的一些重大问题都有精深的研究，他主编的《马克思主义哲学简明教程》《中国哲学四十年（1949—1989）》在学术界、教育界产生了广泛而持久的影响。

2018 年 8 月，我社出版了杨春贵教授主编、周维现副校长担任副主编的《中国共产党人的战略思维》一书。

这本书的编写团队非常严谨、敬业。主编和副主编设计了全书的总体框架。在杨春贵教授的主持下，多次召开审稿会、统稿会，统一写作风格，统一规范用法，紧跟我们党理论创新的新步伐，不断打磨。杨老师身体力行、亲自执笔撰写了书稿中的部分章节。他们这种专业的精神，非常值得我们尊敬。

这本书的特点如下：第一，系统、全面。该书以 40 多万字的篇幅，对中国共产党 90 多年的战略思维进行了系统全面的阐释。

书稿以时间为主线，围绕中华民族的前途命运这一核心主题，分为三编：第一编"毛泽东的战略思维"；第二编"邓小平江泽民胡锦涛的战略思维"；第三编"习近平的战略思维"。在不同的历史时期，中国共产党人坚持以马克思列宁主义为指导，回答了"什么是中国革命、怎样进行革命""什么是社会主义、怎样建设社会主义""建设什么样的党、怎样建设党""实现什么样的发展、怎样发展""新时代坚持和发展什么样的中国特色社会主义、怎样坚持和发展中国特色社会主义"等重大问题。

对每一个历史时期战略思维的阐释，都抓住了最核心的部分，又不遗漏其他，非常全面。例如，毛泽东的战略思维集中体现在他关于中国革命战争战略战术的论述，书稿论述了毛泽东在抗日战争、解放战争时期的战略思想，但又不遗漏他探索社会主义建设道路过程中的贡献。对邓小平、江泽民、胡锦涛关于战略思维的贡献，都进行了系统和全面的阐述。

第三编论述了"习近平的战略思维"。这一编构思巧妙、精致。前三章从战略方向、战略目标、战略布局总的方面来阐释，第四章至第十章则分别从经济社会发展、全面深化改革、全面依法治国、国防和军队现代化、总体国家安全、中国特色大国外交、新时代党的建设这七个方面进行了更深刻、更全面的阐述。

第二，理论性强。通篇以马克思主义哲学为指导，对战略思维进行了深刻的哲学思考，说理透彻。认为我们应该增强战略思维的自觉性，提高战略思维能力，这对领导干部尤为重要。并且提出了提升战略思维能力的基本原则：把握重点、统筹兼顾、开阔视野、照应阶段、抓住机遇。

全书开头设有"绪论"，从哲学的角度，对战略思维这一范畴进行了理论上的解析和探讨。每一编的开头有"导论"，对该编的核心思想进行总括性的说明。

第三，表述准确、权威。首先是引用文献准确。每一处引文，课题组都确保是最经典、最能表达有关领导人思想的，并进行认真核对。我们出版社的同志也对引文进行了逐条核对。

其次是表述准确，字斟句酌。课题组认真领会马克思主义精神，领会党的历次文件精神，领会领导人讲话精神，反复斟酌，多次修改，规范全书的表述，并紧跟党中央新的文件精神，规范专业术语用法。

正是因为准确和规范，所以该书对中国共产党人的战略思维的研究具有权威性，值得党员干部认真学习，对于深刻理解党中央的决策部署，对于提高战略思维能力，意义重大。

构建中国政治民主话语体系[*]

首先我谨代表中国社会科学出版社对杨光斌教授①这部新著、力作出版表示热烈的祝贺，对中国人民大学国际关系学院"秩序理论"研讨会在我社举办表示欢迎，对前来参会的各位嘉宾和媒体朋友表示感谢。

今年"两会"期间，习近平总书记在看望参加全国政协十三届二次会议的文艺界、社科界委员时，希望广大哲学社会科学工作者更好地用中国理论解读中国实践，深刻反映 70 年来党和人民的奋斗实践，深刻解读新中国 70 年历史性变革中所蕴藏的内在逻辑，讲清楚历史性成就背后的中国特色社会主义道路、理论、制度、文化优势。这为哲学社会科学研究指明了方向。

邓小平同志也对中国特色社会主义制度体系建设高度关注，他 1992 年年初在武昌、深圳、珠海、上海等地的谈话要点中就提出了制度建设的目标："恐怕再有三十年的时间，我们才会在各方面形成一整套更加成熟、更加定型的制度。在这个制度下的方针、政策，也将更加定型化。"小平同志这一著名的论述非常有历史感和前瞻

---

  * 2019 年 3 月 27 日，在"《中国政治认识论》出版座谈会"上的发言。
  ① 杨光斌，中国人民大学国际关系学院院长。

性。党的十八大以来，以习近平同志为核心的党中央不断推进制度创新。党的十八届三中全会特别提出要全面深化改革，完善和发展中国特色社会主义制度，推进国家治理体系和治理能力现代化，形成系统完备、科学规范、运行有效的制度体系，使各方面的制度更加成熟更加定型。中国特色社会主义制度衍生出了强大的治理能力和伟大的治理成就。但流行的西方政治学理论并不能对此做出解释，由此，中国需要建构自主性的理论体系和话语体系，自己来做出回答。

哲学社会科学研究要立足中国特色社会主义伟大实践，提出具有自主性、独创性的理论观点。杨光斌教授的《中国政治认识论》立基于当代中国政治体系与政治过程，对中国政治进行了全景式、体系性研究。以反事实法证明中国道路的有效性，建构了一整套关于中国政治的民主话语体系，论证了中国民主是一种"可治理的民主"模式，从而更好地注解了"中国模式"，体现出深切的现实关怀。

《中国政治认识论》是杨光斌教授十年中国政治研究的集成性作品，开创性地提出"大十字视野"，从纵向的中国大历史和横向的世界政治的维度，历史地分析了中国政治制度选择的自然性和正当性，以及中国治理成就在世界政治中的比较优势。且破立结合，对西方自由主义民主的理论与实践问题逐一祛魅，推翻所谓"标准答案"，致力于寻求中国自己的答案，必将在中国政治学科体系和话语体系建设史上留下浓墨重彩的一笔。我们下一步也会积极推进本书的海内外发行、宣传、推广工作。目前正在和国外出版社接洽。

中国人民大学国际关系学院有60多年的学术传统和历史积淀，是具有国内领先地位和重大国际影响的政治学与国际关系学科的人才培养基地和学术研究中心。近年来，中国社会科学出版社和人大国关院进行了密切合作，推出了《比较政治与中国社会科学话语体系研究书系》《国家发展与战略丛书》《人大国发院智库丛书》《政治理论与中国政治学话语体系丛书》以及《比较政治评论》《中国政治学》《世界政治研究》等连续出版物，在学界与社会上引起了广泛的关注。我们期待今后能够继续同人大国关院密切合作，发布更多高水平的研究成果，也一定会把中国人民大学国际关系学院的丰硕成果宣传好、推广好。

发挥哲学社会科学出版优势
讲好中国故事　传播中国声音[*]

2019 年 5 月 7 日，在"中国图书对外推广计划"工作小组第十四次
工作会议上作交流发言

　　在中宣部国新办、国家新闻出版署的悉心指导下，在中国社会
科学院党组的领导下，中国社会科学出版社以习近平新时代中国特
色社会主义思想为指导，深入学习贯彻落实习近平总书记在全国哲

　　* 2019 年 5 月 7 日，在哈尔滨召开的"'中国图书对外推广计划'工作小组第十四次工作会
议"上的发言。

学社会科学工作座谈会上的重要讲话、在全国宣传思想工作会议上的重要讲话精神，紧紧围绕国家重大战略部署和对外工作的总体要求，积极响应国家"走出去"号召和"一带一路"倡议，大力推进国际合作，在讲好中国故事、传播中国声音方面取得了一些成绩，现将我社的一些做法和体会汇报如下。

一　做法

1. 策划出版《理解中国》等系列丛书，形成品牌效应，向世界展示真实、立体、全面的中国

近年来，我社精心策划出版了《理解中国》、《中国制度研究》、《简明中国》系列、《当代中国学术思想史》系列优秀品牌图书和高质量主题出版物。我社与 30 余家国际知名出版社建立版权贸易和图书合作出版关系，与国外出版社签约"走出去"483 项，语种涵盖英文、西班牙文、阿拉伯文、日文、俄文等十多种文字。其中，《理解中国》丛书已出版中文版 18 种，包括《破解中国经济发展之谜》《中国社会巨变和治理》《中国经济改革的大逻辑》《中国的民主道路》《中国的价值观》《中国的和平发展道路》《中国何以稳定》等。这套丛书通过客观地梳理及介绍中国道路、理论和制度，把中国发展过程中的一些重大问题，讲给国外读者听，真正帮助他们了解和理解中国现实，实现了国内外文化上的有效沟通，更为全世界从事中国研究及相关领域的研究者提供了优质资源。我社还利用国际书展举办《理解中国》丛书外文版新书发布和学术研讨会，邀请知名中外学者参加讨论。我社《理解中国》丛书已签约外文版 59 种，有 11 个语种，已出版 21 种，在海内外的影响力继续提升。

在成功策划出版《理解中国》丛书之后，我们又陆续推出了《中国制度研究》丛书、《简明中国》系列等。这是对《理解中国》丛书侧重反映当代中国变化发展的深化。其中，《中国制度研究》丛书是目前中国学术界和出版界唯一一套系统梳理和研究中国制度的丛书，

侧重对当代中国发生历史巨变的原因和中国成功的制度优势的分析探讨。而《简明中国》系列包括《简明中国历史读本》《简明中国近代史读本》《中华文化简明读本》等，则旨在帮助国外读者了解"历史的中国"和"文化的中国"，进而有助于他们了解当代中国人的思维方式和价值观。此外，我们还与剑桥大学出版社等国际知名学术出版社合作出版了《宋辽西夏金社会生活史》《中国近代社会生活史》《孔子与20世纪中国》等涵盖了历史、哲学、人文思想、传统文化等诸多领域的学术精品，在海内外产生了广泛影响力和认可度。

2. 打造"中社智库"品牌，向世界传播中国高端智库声音

我社是第一家系统、密集、快速发布中国高端智库成果的重要平台。2015年，我社响应中央加强高端智库建设的精神要求，成立智库成果出版中心，策划"中社智库"品牌，倾力打造"国家智库报告""年度报告""地方智库报告""智库丛书"，四年来共推出"国家智库报告"230余种，"地方智库报告"30余种，"年度报告"40余种，"智库丛书"近200种。我们认为，中国特色新型智库在咨政建言、理论创新、舆论引导、社会服务、公共外交等方面发挥了重要作用。

基于这样的认识，我社高度重视高端智库成果的对外翻译出版工作。目前，我社已有近百种智库报告被翻译成外文，频频亮相国际论坛。2017年5月在北京举行的"一带一路"国际合作高峰论坛和7月T20会议上，我社18种中英文版智库产品受到各国参会代表的欢迎。2018年9月的中非合作论坛北京峰会，我社又推出中英文"国家智库报告"18种；11月，我社将4本"精准扶贫"主题的中英文"智库报告"送上改革开放与中国扶贫国际论坛，取得了很好的反响。

3. 做好"一带一路"合作出版布局，服务"一带一路"建设

我社积极响应国家"一带一路"倡议，不断加强"一带一路"合作出版布局，致力于拓展与"一带一路"沿线国家和地区的合作，新增"一带一路"沿线出版合作伙伴十多家。策划出版了《"一带

一路"与改革开放》《"一带一路"和人民币国际化》《"一带一路"视野下亚非经济圈的构建与发展》《"一带一路"：新型全球化的新长征》等近 70 种"一带一路"研究系列图书，服务"一带一路"建设。2017 年 5 月，我社在"一带一路"国际合作高峰论坛现场展示了 1000 余册关于"一带一路"的图书。今年 4 月，在刚刚结束的第二届"一带一路"国际合作高峰论坛上，我社策划的由中英双方著名经济学家联袂主编，与罗德里奇学术出版社联合出版的全球第一本《"一带一路"手册》中英文版再次亮相，引发了与会嘉宾的关注。6 月，我社将与剑桥大学联合举办《"一带一路"手册》英文版的发布会暨中外学者座谈会。

随着"一带一路"研究成果的丰富，2017 年起，我社与英国帕斯国际出版社合作策划了《"一带一路"》期刊，每年出版 4 期，目前已出版 6 期。

4. 图书海外馆藏影响力成绩亮眼，海外馆藏影响力近两年蝉联第一

"中国图书海外馆藏影响力报告"一直是国内学术出版衡量国际影响力的主要指标。报告显示，2018 年我社海外入藏图书品种 654种，继 2017 年之后，再次位列全国 600 多家出版社首位，影响力蝉联第一。在"2018 中国图书海外馆藏影响力英文图书 10 强"排名中，我社位列第六。据统计，我社《理解中国》丛书之《中国人的宗教信仰》《中国的环境治理与生态建设》等书均跻身海外市场图书销售排行榜前列。此外，我社《理解中国》丛书中外文版 27 种还入选美国国会图书馆 2018 年重点馆藏目录。

5. 整合资源优势，探索推进中国学术"走出去"的多样形式

首先，利用大型国际书展，以"走出去"图书为基础，以作者为媒介，举办相关学术研讨会。我们多次邀请国内外知名学者参加国际书展主宾国活动，如英国学者马丁·雅克、彼得·诺兰，美国

学者彭慕兰、周锡瑞等，做好"走出去"图书发布和研讨会。中外学者围绕相关图书主题进行学术座谈，既宣传"走出去"产品，也是学者间的深入交流。

我社举办了 20 多场国际交流活动，如"中国社会科学论坛暨国际学术出版论坛""中国—智利经济社会发展高端研讨会"等。第 22 届国际历史科学大会上，我社举办《中国历史学 30 年》英文版出版座谈会，30 余位世界一流历史学家参加会议，对国际史学界增进中国历史和中国历史学的认识起到了很好的促进作用。我们还曾举办三届青年汉学家研修班交流座谈会，邀请 20 多位来华研修的青年汉学家与我社的编辑们进行交流。通过这些活动，我们既拓展了国际业

中国社会科学出版社获"中国图书对外推广计划"特别贡献奖

务，同时又很好地推广了我社的图书和品牌。

我社积极筹划，较早启动出版本土化的推广计划。2016 年 11 月，我社成立智利分社，重点推介《理解中国》丛书的西班牙文版。同时，发布了《理解中国》丛书首部西班牙文图书《中国的民主道路》。目前，我社共签约出版西文版图书 14 种。继智利分社以后，我们又成立了法国分社，致力于推选优秀图书在法国翻译出版。我社与法国波尔多大学出版社和波城大学出版社合作的《四十不惑：中国改革开放发展经验分享》《理解中国》丛书法文版目前已经翻译完成，即将出版。这两个分社的成立为中国与国外深入开展学术和智库交流搭建起新的平台，为双方学术对话提供资源支持和保障，

进一步促进学术成果快速落地、本土推广。

这些成绩的取得和中宣部、国家新闻出版署的领导是分不开的，我们的工作也得到了国内兄弟出版社的大力支持，在此表示衷心的感谢！结合我们在"走出去"工作的实践，谈几点体会。

二　体会

1. 以习近平新时代中国特色社会主义思想为指导，认真学习贯彻落实习近平总书记关于文化"走出去"的重要指示精神，敏锐把握国际关切话题，做好选题策划工作

我社认真学习习近平总书记关于中国文化"走出去"，讲好中国故事、传播中国声音、扩大中国国际话语权的系列重要论述，认真学习贯彻党的十八大以来《关于进一步加强和改进中华文化走出去工作的指导意见》《关于加快发展对外文化贸易的意见》《关于加强"一带一路"软力量建设的指导意见》等文件，提高政治站位，增强"走出去"工作的使命感和责任感。我们在工作中深切体会到，只有深刻领会、学懂弄通习近平新时代中国特色社会主义思想并贯彻到实际工作中，才能切实使"走出去"工作有更高的站位、广阔的视野以及选题的灵感。同时，要紧紧围绕中国改革发展中的重大理论与实践问题，密切关注国内外时事形势，善于把国际关切话题转化、提升为出版选题，从而加强"走出去"图书的针对性。

2. 领导班子高度重视，"走出去"工作由主要领导亲自抓

我社领导班子高度重视"走出去"工作，把"走出去"工作作为"一把手工程"来抓。社长亲自抓落实、策划"走出去"系列丛书并参加各大国际书展活动，多次主持召开"走出去"工作专题会，邀请学术界、翻译界和外宣专家来我社传经送宝，同时充分挖掘学术文化界资源并动员全社力量全力支持做好"走出去"工作。

3. 为"走出去"工作设立专门机构，注重人才建设

人才引进和专业人员综合素质的培养提高是做好"走出去"工

作的关键。我们先后设立重大项目出版中心和智库成果出版中心、国际合作与出版部，前者专门从事主题图书、"走出去"图书的策划、研发与出版，后者专门负责这些图书的对外推广。部门间紧密协作、联动，做好"走出去"项目的开发和落地，形成"走出去"图书产品的上下游生产线。如智库报告的外文版、《"一带一路"手册》的策划并在短时间内翻译、编辑出版，都是部门紧密配合协作的成果。

我们还积极引进和培养业务拓展与交流人才、产品研究与开发人才以及国际市场营销人才；聘任国外著名的学者及相关领域的专家，充分发挥他们在国际交流以及审读翻译等方面的作用。

4. 发挥哲学社会科学出版优势，将主题出版、精品出版、大众出版与"走出去"出版四者有机结合

将"走出去"图书做成学术精品，这是增强国际学术影响力的根本。我们认为，主题图书不应是意识形态的说教和宣传，应当是高质量的学术精品，应当是适合大众阅读的读物。近两年来，我们着力将主题出版、学术精品出版、大众出版与"走出去"紧密有机结合，坚持"高端"与"普及"有机结合，探索出了一条主题化、精品化、大众化、国际化相互联动的出版产品线。

拿《理解中国》丛书来说，因其选题好，作者强，又通俗易懂，在获得良好经济效益的同时，还获得了"中国好书奖""中华优秀出版物奖""中宣部优秀通俗理论读物奖"等。

三 今后的工作设想

1. 进一步深化主题出版，做好《习近平新时代中国特色社会主义思想学习丛书》的多语种推广工作

今后，我们将继续发挥我社哲学社会科学出版优势，做好主题出版的系列化、深度化工作。

近期，我社推出了《习近平新时代中国特色社会主义思想学习

丛书》。这套丛书共 12 本，约 300 万字，历时三年多，由近百位专家学者通力合作完成。丛书分 12 个专题对习近平新时代中国特色社会主义思想进行了跨学科、多视角、全领域的阐释，同时，对每一具体领域的研究也注重完整性和深入性。

我们已经将这套丛书的"走出去"作为一个工作重点，今年将启动丛书英文、韩文、印地文、孟加拉文和尼泊尔文的翻译出版工作，俄文版的合作也在顺利洽谈中。我们将以丛书的作者为基础，组织专家宣讲团在国内外宣讲习近平新时代中国特色社会主义思想。我们将通过国际书展、国际论坛、知名国际大学等多种渠道，全方位立体进行《习近平新时代中国特色社会主义思想学习丛书》多语种的推广发行，力求让更多的国际学者和读者了解马克思主义中国化的最新成果，共同分享中国智慧、中国经验。

2. 进一步做好系列主题图书出版，开展多样化学术活动

继续重点做好《理解中国》《中国制度研究》《简明中国》等系列图书的多语种出版，挖掘更多适合"走出去"的选题和项目，做亮品牌，做大影响，以此为基础开展中外学术对话研讨、走进对象国大学讲中国故事等形式多样的活动，推动更多主题图书"走出去"。

3. 进一步优化海外布局，增强出版海外落地实效

继续"走出去"图书出版本土化尝试，推动与"一带一路"沿线国家出版界的深度合作，策划并组织海内外学者撰写学术前沿专著，推出一批有影响力的学术力作；同时利用海外分社的平台，组织国内外学者开展学术交流，进一步提高我国学者在海外的影响力，提升国际话语权。

4. 进一步创新营销模式，实现学术出版从"走出去"到"走进去"的转变

想要真正扎根海外，仅仅"走出去"是不够的，还要真正"走进去"。我社将进一步创新海外营销模式，借助国际大型书展和国际学术平台、海外图书馆的资源，配合国际高端论坛展示销售我社图

书，加强多语种版图书的海外营销，使图书更快捷地到达目标读者手中。

5. 提高翻译质量，加强我社外语人才队伍建设

海外传播的效果要依托高水平的翻译，高质量的翻译是争取更多国外读者、真正发挥图书世界影响力的一个关键环节。我们将进一步加强与青年汉学家、海外华人学者间的联系，维护好翻译和外文审校专家队伍，充分发挥翻译出版基地的作用，引进更多资深外文审稿专家，进一步加强外宣、外译项目的政治质量把关。

中国特色社会主义进入新时代，中国文化"走出去"任重道远，中国社会科学出版社将在中宣部和中国社会科学院党组的领导和支持下，再接再厉，进一步发挥好中国学术"走出去"的主力军作用，为讲好中国故事、传播中国声音、提升中国国际话语权、增强国家文化软实力做出更多贡献！也希望能够与各家出版同行互学互鉴，携手推动中国文化和中国学术"走出去"再上台阶！

做好《习近平新时代中国特色社会主义思想学习丛书》出版宣传工作的体会[*]

经过三年多的深入学习、研究，由中国社会科学院领导和专家学者撰写、王伟光同志任名誉总主编、谢伏瞻院长任总主编的《习近平新时代中国特色社会主义思想学习丛书》（共 12 卷）前不久已由中国社会科学出版社出版发行。丛书分 12 个专题对习近平新时代中国特色社会主义思想的重大意义、主要观点、精神实质做出了体系性、科学性的阐释。这套丛书是目前对习近平新时代中国特色社会主义思想最为系统、较为深入的研究，是一项跨学科、多视角、全领域的研究成果，是中国社会科学院学习研究习近平新时代中国特色社会主义思想的重要成果，在一定程度上集中展示了我院的马克思主义研究能力和学术水平。

该丛书出版发行一个多月后，在全社会引起重大反响。4 月 8 日，新华社刊发通稿，中央电视台新闻联播作为要闻在第 2 条播出，《人民日报》（含人民网）、新华网、《求是》、《光明日报》（含光明网）等重要中央新闻媒体纷纷头条转发，其中，新华网、人民网都是带视频转发，全国第一时间进行转载转发的报刊网站达上千家，影响巨大，学习强国、求是网、新华社 APP 等平台转发后受到读者

———————————
　＊ 2019 年 5 月 16 日，在中国社会科学院召开"纪念习近平总书记在哲学社会科学工作座谈会重要讲话发表三周年座谈会"上的发言。

2019 年 5 月 16 日，中国社会科学院召开"纪念习近平总书记在哲学社会科学工作座谈会重要讲话发表三周年座谈会"

广泛关注。同时，该丛书发行态势也很好。该丛书对于推动全党全国人民学习习近平新时代中国特色社会主义思想往深里走、往实里走、往心里走将发挥十分重要的作用。

　　出版该丛书的过程也是我们对习近平新时代中国特色社会主义思想深入学习、深刻领悟、不断提高认识的过程，在此，我谈几点粗浅的体会。

一　加快构建中国特色哲学社会科学必须把学习研究阐释习近平新时代中国特色社会主义思想作为首要任务，策划出版《习近平新时代中国特色社会主义思想学习丛书》体现了院党组和我院学者、出版工作者强烈的使命担当意识

　　习近平新时代中国特色社会主义思想从理论和实践的结合上系统回答了新时代坚持和发展什么样的中国特色社会主义、怎样

坚持和发展中国特色社会主义这个重大时代课题，是马克思主义中国化的最新成果，是当代中国马克思主义、21世纪马克思主义，是党和国家必须长期坚持的根本指导思想，是引领中华民族伟大复兴的指路明灯。加快构建中国特色哲学社会科学，必须以马克思主义特别是马克思主义中国化的最新成果为指导，这就要求我们必须深入学习研究阐释习近平新时代中国特色社会主义思想，将其作为加快构建中国特色哲学社会科学的首要任务。《习近平新时代中国特色社会主义思想学习丛书》的策划出版，体现了我们强烈的使命担当意识。

学习习近平新时代中国特色社会主义思想，要坚持系统学、跟进学、联系实际学。党的十八大以来，我们高度重视学习习近平总书记系列重要讲话精神。早在2015年5月，中国社会科学出版社就主办了"21世纪中国的马克思主义——学习习近平总书记系列重要讲话精神专家座谈会"。这是全国首次举办有关这一主题的研讨会，反映了我们突出的理论敏锐性。作为一名马克思主义理论研究者和出版工作者，我非常注重对习近平总书记系列重要讲话精神的学习，几年来，我撰写了《对马克思主义全面而精辟的阐释——学习习近平总书记关于马克思主义的重要论述》《中国道路的哲学观念》《论党的十九大报告蕴含的马克思主义哲学思想》《深刻理解党的十九大报告的"大历史观"》《党的自我革命开创权力监督的新路》等一系列文章。正是对习近平新时代中国特色社会主义思想持续系统的学习研究，在院党组的坚强领导下，在谢伏瞻院长、王伟光同志、王京清副院长、蔡昉副院长等院领导的指导和大力支持下，我们策划出版了《习近平新时代中国特色社会主义思想学习丛书》，并始终把出版该丛书作为首要工作任务。

二　加快构建中国特色哲学社会科学必须善于把政治话语转化为学术话语和大众话语，《习近平新时代中国特色社会主义思想学习丛书》在这方面做出了有益尝试

当前，加快构建中国特色哲学社会科学，已经破题，正在推进。我认为，善于把政治话语转化为学术话语、大众话语是其中的关键环节。90多年来，中国共产党把马克思主义基本原理与中国革命、建设和改革实践相结合，不断推动马克思主义中国化，形成毛泽东思想、邓小平理论、"三个代表"重要思想、科学发展观和习近平新时代中国特色社会主义思想。改革开放以来，我们开辟了中国特色社会主义道路，形成了中国特色社会主义理论体系，确立了中国特色社会主义制度，发展了中国特色社会主义文化。然而，毋庸讳言，长期以来，作为政治话语的党的理论创新成果没有得到学术话语的有力支撑。

在我国学术界存在两种倾向，一是对党的创新理论成果进行粗浅的、简单的注解；二是认为党的创新理论成果属于意识形态，对其敬而远之，不关心，不进行研究。多年来，为什么中国道路、中国理论、中国制度、中国文化的内涵和它的科学性在国际上没有赢得其应有的影响力和话语权，引起这样那样的误解和曲解，这与我们哲学社会科学研究对党的创新理论成果和政治话语缺乏学理研究和阐释有很大关系。我们的哲学社会科学没有对党的理论创新成果和中国特色社会主义实践，包括我国的经济、政治、社会、文化、党的建设、外交等领域的改革发展举措和成果进行学理研究，没有很好地反映中国实践经验、体现中国特色，这就造成中国哲学社会科学水平不高，原创性不强。事实上，改革开放以来，我国哲学社会科学基本上被西方哲学社会科学的观点、方法和话语主宰。

因此，把政治话语转化为学术话语是加快构建中国特色哲学社会科学的关键一环，只有用中国理论阐释中国实践，用中国实践升华中国理论，善于用学术话语阐释政治话语，才能在构建中国特色哲学社会科学的指导思想、学科体系、学术体系、话语体系等方面体现中国特色、中国风格、中国气派。

加快构建中国特色哲学社会科学，还要把政治话语、学术话语转化为大众话语。我们知道，习近平总书记的话语平易近人、生动鲜活、深入浅出，往往一听就懂，而细细体味又有很深的道理，体现了党和国家领导人深远宏大的思想积淀，体现了"思想深"与"语言美"的完美结合、"语言魅力"与"人格魅力"的有机统一。我们的哲学社会科学研究要学习贯彻习近平总书记这种优良的学风文风，不能仅仅做象牙塔里的学问，也不能把政治话语演绎为抽象晦涩的学术话语，而要在大众化、通俗化上下功夫，把大道理讲透、把大本子讲薄、把大逻辑讲进人们日常生活工作中，要把抽象的理论讲得接地气，减小理论与群众之间的距离和温差。

《习近平新时代中国特色社会主义思想学习丛书》在把政治话语转化为学术话语和大众话语上做了有益尝试，努力体现习近平新时代中国特色社会主义思想的科学性，努力"把学问写进群众心坎里"，以利于其普及化、大众化。

三 加快构建中国特色哲学社会科学迫切需要增强哲学社会科学研究的方法论自觉

习近平总书记指出，当今世界处于百年未有之大变局，正在经历大发展大变革大调整；同时，中国特色社会主义进入新时代，我国社会主要矛盾发生深刻变化，在迎来前所未有的重大机遇的同时，也面临诸多风险和挑战。可以说，这一伟大的时代，为我国哲学社会科学提出了一系列全新的重大理论和现实问题，这些问题都呈现出系统性、关联性、综合性和复杂性的特征。对这些问题做出有说服力的科学解答，哲学社会科学迫切需要反思自己存在的问题与不足，实现方法论创新。

哲学社会科学研究方法的创新最根本的是要坚持马克思主义的立场、观点和方法。习近平总书记是坚持和运用辩证唯物主义和历史唯物主义世界观和方法论的典范，不仅多次强调要坚持和运用辩证唯物主义和历史唯物主义的世界观和方法论，还创造性地提出"五大思维"。加快构建中国特色哲学社会科学，我们一定要学好用好马克思主义哲学这个看家本领。要坚持运用矛盾的观点、联系的观点、发展的观点、整体的观点等辩证法，密切跟踪时代发展趋势，紧紧围绕我国社会主要矛盾的深刻变化，以我们正在做的事情为中心，把研究回答新时代重大理论和现实问题作为主攻方向，从当代中国伟大社会变革中挖掘新材料，发现新问题，提出新观点，构建有学理性的新理论。正如习近平总书记在"5·17"重要讲话中指出的："要坚持用联系的发展的眼光看问题，增强战略性、系统性思维，分清本质和现象、主流和支流，既看存在问题又看其发展趋势，既看局部又看全局，提出的观点、做出的结论要客观准确、经得起检验，在全面客观分析的基础上，努力揭示我国社会发展、人类社会发展的大逻辑大趋势。"[1] 为此，为适应时代发展和中国特色社会主义发展的需要，当前中国哲学社会科学必须要加强跨学科联合攻关研究，加强战略性研究和基础性研究，重视运用交叉学科和新兴学科的成果与方法。

此外，中国特色社会主义进入新时代，我们比历史上任何时候都接近中华民族伟大复兴的关键阶段，必将面临诸多风险和挑战，哲学社会科学研究必须要坚持以人民为中心的价值导向，不忘初心，站稳立场，为党和人民著书立说，紧紧围绕实现"两个一百年"奋

---

[1] 习近平：《在哲学社会科学工作座谈会上的讲话》，人民出版社2016年版，第14页。

斗目标、实现中华民族伟大复兴的中国梦，聚焦人民群众关注的热点和难点问题，为党和国家积极建言献策、贡献智慧。

四 加快构建中国特色哲学社会科学，学术出版 大有可为，可以发挥引领和推动作用

习近平总书记在"5·17"重要讲话中指出："构建中国特色哲学社会科学是一个系统工程，是一项极其繁重的任务，要加强顶层设计，统筹各方面力量协同推进。"① 在构建中国特色哲学社会科学这一系统工程中，学术出版不应当只是被动地出版现有的学术成果，而应主动作为，在选题策划、议题设置、项目组织协调、成果传播宣传等方面可以大有作为。《习近平新时代中国特色社会主义思想学习丛书》的出版充分体现了学术出版对学术研究的引领和推动作用。我社近年来策划的一系列大型丛书《当代中国学术思想史》系列、《理解中国》丛书、《中国制度研究》丛书都是学术界开创性的项目，对学术研究和在国内外讲述中国故事，提升中国学术国际话语权起到了重要的推动与引领作用。

首先，学术出版可以在敏锐把握时代重大问题的基础上策划具有重大学术价值的选题。2015 年年底，我们开始思考和策划"习近平总书记系列重要讲话精神和治国理政新理念新思想新战略学习丛书"的编写出版工作。2016 年 3 月，在院党组的高度重视和大力支持下，选题方向、写作班子基本搭建完毕。由于我们策划在先，准备工作充分，所以当上级有关部门征集"国家社会科学基金十八大以来党中央治国理政新理念新思想新战略研究专项工程项目"时，这个项目很顺利入选并获资助。专项工程共 13 个方向，本课题涉及除军事学科之外的 12 个研究方向，是专项工程项目中唯一跨学科、多视角、全领域的研究课题。

① 习近平：《在哲学社会科学工作座谈会上的讲话》，人民出版社 2016 年版，第 24 页。

其次，学术出版可以及时跟踪课题研究进度，协调推进学术研究。在三年多的时间里，我社作为项目责任单位，以高度的政治担当意识和责任意识，协助院党组和课题组专家认真、严谨地做好课题研究管理、项目运行等工作。项目工作办公室组织和参与了几十次理论研讨会、专家审稿会，多次报送中宣部审读，组织课题组按照专家和上级有关部门意见，反复修改。可以说，在该丛书策划、项目申报、课题管理、组稿、审稿、送审、出版等环节，我社成为联系 12 个课题组及上级各主管部门的桥梁，成为科研的推动者、组织者、协调者。

最后，学术出版在学术思想传播方面发挥重要作用。优秀的科研成果只有得到传播，才能发挥推动社会发展的作用，才能产生重大的社会影响，在这方面，出版社具有先天的优势。就《习近平新时代中国特色社会主义思想学习丛书》来讲，4 月 9 日，我们在京举办了出版座谈会，多家媒体对座谈会进行了报道，《中国社会科学报》刊发座谈会发言，并经学习强国、求是网、新华社 APP 等平台转发后受到读者广泛关注，取得了很好的宣传效果。我社微信公众号连续推出相关文章跟进，扩大宣传。4 月 16 日，《人民日报》发表谢伏瞻院长署名文章《哲学社会科学的定盘星与主心骨》，文章节选自他撰写的《习近平新时代中国特色社会主义思想学习丛书》"总序"，进一步扩大了丛书的影响力。此外，我们还进行了有针对性的营销宣传，在第一时间赴浙江、山东开展专项推广活动，浙江省将该丛书列入"2019年党委（党组）理论学习中心组学习推荐书目"，而山东省将在省内各级党校干部培训班教学中推广使用该丛书。近期，我们还将成立习近平新时代中国特色社会主义思想宣讲团，12 册书，每册一讲，在国内外展开宣讲活动，努力将习近平新时代中国特色社会主义思想这一当代中国的马克思主义、21 世纪马克思主义最新形态讲深讲透，讲生动讲鲜活，切实推动习近平新时代中国特色社会主义思想深入人心、落地生根。我们还将推动丛书"走出去"，开发多语种图书，在国外宣介习近平新时代中国特色社会主义思想。

中国社会科学出版社作为全国马克思主义理论研究和哲学社会科学成果的出版重镇，将继续深化对习近平新时代中国特色社会主义思想的学习和研究，并以习近平新时代中国特色社会主义思想为指导，坚持问题导向，回应时代要求，策划更多优秀选题，积极地推动当代中国马克思主义时代化、大众化、国际化，为构建中国特色哲学社会科学做出应有贡献！

世界格局中的"一带一路"*

很高兴参加《"一带一路"手册》新书发布会暨"一带一路"倡议研讨会，作为《"一带一路"手册》中文版的发起者和出版方，我代表中国社会科学出版社向本书英文版的出版发行表示衷心的祝贺！

这部手册由中国著名经济学家、中国社会科学院副院长蔡昉先生与英国剑桥大学彼得·诺兰教授联袂主编，集合了中国社会科学院等机构长期从事"一带一路"相关研究的知名学者，以学术界和知识界易于接受的"条目模式"为编撰

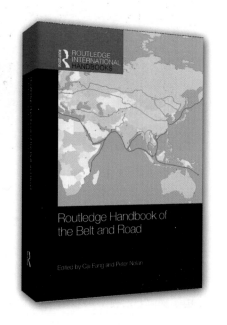

体例，内容涉及"一带一路"倡议的历史传承、产生与框架、"五路"、"五通"、六大经济走廊、中国特色大国外交理念、国际上相关行动计划等 11 个主要部分，涵盖近年来与"一带一路"有关的 117 个词条，是全球首部以"一带一路"倡议为主要内容的百科读本。这部手册全面、完整、系统地展现"一带一路"倡议本身及与之有关的概念和领域，是迄今为止"一带一路"理论和实践初步成

---

* 2019 年 6 月 17 日，在英国剑桥大学"《"一带一路"手册》新书发布会"上的致辞。

2019 年 6 月 17 日,《"一带一路"手册》新书发布会专家学者在剑桥大学合影

果的阶段性汇总。本手册中文版入选中国社会科学院创新工程 2018 年度重大科研成果;在今年 4 月刚刚结束的第二届"一带一路"国际合作高峰论坛现场展示,受到了与会各国来宾与媒体的高度关注,引起了强烈反响。今天,罗德里奇学术出版社正式在全球范围发行英文版,无疑有助于让英文世界的学者、政策决策者、专业人士更好地了解"一带一路"这一宏大倡议带来的机遇,从政治、经济、历史、人文等维度对"一带一路"进行全景式的分析和研究。

2013 年秋天,中国国家主席习近平在出访哈萨克斯坦和印度尼西亚时先后提出共建"丝绸之路经济带"和"21 世纪海上丝绸之路",即"一带一路"倡议。依托"一带一路"建设,中国参与和引领国际合作迈入新的历史阶段。2017 年 5 月和今年 4 月,第一届、第二届"一带一路"国际合作高峰论坛分别在北京成功召开。六年多来,"一带一路"倡议从概念到具体实践行动,政策沟通、设施联

通、贸易畅通、资金融通和民心相通日益深化，并走出了一条不断
向高质量发展转变之路。现在"一带一路"倡议得到了越来越多的
国家和国际组织的积极响应，受到国际社会广泛关注，影响力日益
扩大。

"一带一路"倡议之所以能够得到越来越多的参与方的响应，在
于它顺应了国际合作发展的新形势，并以互联互通、共同发展为应
对全球化挑战和全球性问题提供了新的平台。当今世界正处于大发
展大变革大调整时期，世界多极化、经济全球化、社会信息化、文
化多样化深入发展，全球治理体系和国际秩序变革加速推进，各国
相互联系和依存日益加深，国际力量对比更趋平衡，和平发展大势
不可逆转。同时，世界的不稳定性不确定性突出，经济增长动力不
足，多边主义面临挑战，全球治理任务繁重，大国战略竞争激烈。
正如中国国家领导人所指出的，"放眼世界，我们面对的是百年未有
之大变局"，在这样的背景下，中国提出"一带一路"倡议的目标
在于促进互利共赢，其出发点和落脚点是所有参与国家的共同繁荣，
共建"一带一路"顺应了全球治理体系变革的内在要求，彰显了同
舟共济、权责共担的命运共同体意识，为完善全球治理体系变革提
供了新思路新方案。可以说，"一带一路"倡议顺应了时代发展之
需、全球治理变革之要。

"一带一路"倡议源自中国，但是成果属于世界。"一带一路"
的理念、内容和实现途径所拥有的全球性意义，使其远远超出区域
合作的范畴，并成为塑造新型全球化的重要抓手。正如习近平主席
所指出的，"共建'一带一路'是开放的合作平台，秉持的是共商
共建共享的基本原则，没有地缘政治目的，不针对谁也不排除谁，
不会关起门来搞小圈子，不是有人说的这样那样的所谓'陷阱'，而
是中国同世界共享机遇、共谋发展的阳光大道"①。"一带一路"倡议

---

① 《习近平主席在出席亚太经合组织第二十六次领导人非正式会议时的讲话》，人民出版社
2018年版，第10页。

的提出为全球化深入发展和多边体制合作指明了方向，推动着经济全球化朝着更加开放、包容、普惠、平衡、共赢的方向发展，让不同国家、不同阶层、不同人群通过合作共享经济全球化带来的红利。以"一带一路"倡议为引领，高举合作共赢旗帜，积极参与推动全球治理体系变革，推动构建人类命运共同体，成为开放型世界经济的积极倡导者和坚定推动者，展现了中国智慧和大国担当。

赵剑英社长致辞

六年多来，共建"一带一路"已经取得重要进展和显著成效，当前和今后一个时期，"一带一路"建设正在从谋篇布局的"大写意"阶段转向精耕细作的"工笔画"阶段，逐步迈向高质量发展。实现"一带一路"向高质量发展转变，既需要在项目建设、市场开拓、金融保障、民生援助等环节上下功夫，形成更多可视化成果；也需要加强学术研究、理论支撑和话语体系建设，为共建"一带一路"行稳致远提供学理支撑。随着共建"一带一路"持续走深走实，"一带一路"研究同样也要转向"工笔画"阶段，力求研究的理论化、系统化、精细化与国际化。对中外"一带一路"研究者来说，从"一带一路"倡议的历史背景、时代内涵、基本概念、建设目标、重大意义、遵循原则等角度出发，探索"一带一路"的建设规律，深化全球互联互通、新型全球化、国际公共产品等研究，建立规范性的"一带一路"理论框架和学术体系恰逢其时。正是来自中外研究者的共同努力促成了今天这部手册的发布，我也相信在今后随着各方的持续推动，必然会为"一带一路"汇聚更为广泛的国际共识，让世界更加理解中国与"一带一路"，为推动构建新型国际关系与构建人类命运共同体贡献更多全球智慧和力量。

近年来，中国社会科学出版社精心策划出版了《理解中国》《中国制度研究》《简明中国》《当代中国学术思想史》系列优秀品牌图书和高质量主题出版物，形成品牌效应，向世界展示了一个真实、立体、全面的中国，在主题出版、国家智库成果出版、学术精品"走出去"、出版业态创新等方面都取得了十分突出的成绩。不久前我社自主策划的《习近平新时代中国特色社会主义思想学习丛书》，受到了各主流媒体的高度关注，在社会各界引起了强烈反响。《理解中国》丛书各语种 27 本被美国国会图书馆收藏。我社于2015 年 3 月创立了"中社智库"品牌，推出了包括"国家智库报告""地方智库报告""智库丛书"和"年度报告"在内的多种产品，在咨政建言、理论创新、舆论引导、社会服务、公共外交等方面发挥了积极作用。近年来，"中社智库"系列智库成果多次成功配合国家重大外事活动，在 2017 年首届"一带一路"国际合作高峰论坛、2018 年中非合作论坛北京峰会、2019 年第二届"一带一路"国际合作高峰论坛上，"中社智库"均由中宣部点名推荐，将中英文智库成果送上论坛展示，取得了良好的效果，在与会政界人士、各国媒体中引起热烈反响。现在，中国社会科学出版社已经成为中国公开出版高端智库成果的重要机构，尤其是在"一带一路"合作出版布局、策划"一带一路"系列研究图书等方面不断发力，取得了丰富成果，目前已策划出版近 70 种"一带一路"研究系列图书，2017 年起我社与英国帕斯国际出版社合作策划出版了《"一带一路"》期刊，每年出版 4 期，目前已出版 6 期。

罗德里奇学术出版社是我社十分重视的国外合作伙伴，我们也一贯将最优秀的出版成果推荐给罗德里奇，经过多年努力，双方合作卓有成效，其中"中国视角系列"（China Perspectives Series）已收录我社 11 种图书。我社与罗德里奇学术出版社合作六年多来，截至目前已签约图书 38 种，其中已经出版的有 11 种，即将出版 8 种，仅 2019 年上半年双方就已签订 19 种图书的合作出版协议。无论是合作规模、产品数量，还是合作形式，都大大超过国内其他同类出版社。

这是我们跟彼得·诺兰教授以及剑桥大学耶稣学院中国研究中心的首次合作，相信以此为契机，今后我们将进一步共同发挥学术引领作用，开展更广泛、更深入、更全面的合作，总结好"一带一路"成功实践经验与深层规律，出版更多优秀学术成果。

附录　《"一带一路"手册》新书发布会暨"一带一路"倡议研讨会在英国剑桥大学举行 *

北京时间 6 月 17 日，由中国社会科学出版社、中国社会科学院全球战略智库、剑桥大学耶稣学院中国中心，泰勒弗朗西斯集团共同主办的《"一带一路"手册》（*Handbook of the Belt and Road*）新书发布会暨"一带一路"倡议研讨会在英国剑桥大学耶稣学院成功举行。中国社会科学院副院长、学部委员蔡昉，剑桥大学中国中心主任、教授彼得·诺兰（Peter Nolan）出席大会并作主旨发言。中国社会科学出版社社长赵剑英、泰勒弗朗西斯集团全球图书业务总裁贝谨立（Jeremy North）分别代表中外出版方致辞。发布会由中国社会科学院全球战略智库常务副理事长王灵桂主持。

---

* 2019 年 6 月 20 日，原载新华社《读书》客户端。

《"一带一路"手册》新书发布会专家合影

会议期间，中国社会科学院副院长、学部委员蔡昉，剑桥大学中国中心主任、教授彼得·诺兰，中国社会科学出版社社长赵剑英，泰勒弗朗西斯集团全球图书业务总裁贝谨立，中国社会科学院全球战略智库常务副理事长王灵桂等共同为《"一带一路"手册》英文版一书揭幕。与会专家高度认可《"一带一路"手册》出版的意义和价值，赞赏"一带一路"倡议为推动国际经济社会发展及繁荣做出的贡献。

来自中国社会科学院、牛津大学、伦敦大学等多家学术机构的全球近50名专家学者从经济、历史、国际政治、区域合作、科学发展、风险管控、考古学等多个学科以及跨学科的角度展开对"一带一路"倡议的研究与讨论。

蔡昉做了题为"'一带一路'倡议的经济学"的主题演讲。蔡昉认为，由于冷战以及由此产生的世界经济体系的分隔，20世纪90年代之前的一轮所谓全球化的范围十分有限。在20世纪90年代以后，新兴经济体和众多从计划经济转型的国家实行开放政策，深度参与了新一轮经济全球化，才出现了全球范围的趋同现象，使世界经济格局发生了根本性的变化。中国正是这一轮经济全球化的积极参与者和获益者，在40年里对发达国家实现了奇迹般的经济赶超。

蔡昉指出，随着中国经济跨越刘易斯转折点，劳动力短缺在沿海地区更为突出，导致劳动密集型制造业最先失去比较优势。中西部地区恰好具备了迎接产业转移的条件，形成"国内版雁阵模型"。同时，中国擘画粤港澳大湾区建设和长三角一体化等区域发展布局，意在通过聚集规模经济保持制造业优势。随着劳动密集型产业最终在中国丧失比较优势，需要形成新的"国际版雁阵模型"，即部分制造业转移到劳动力丰富的周边国家和非洲等地区。"一带一路"建设以基础设施建设先行，进而带动产业转移，既契合"雁阵模型"这个一般发展轨迹，也为中国自身的梯度发展实践所证明。

彼得·诺兰从历史视野阐释了"一带一路"倡议的发展和重大意义。彼得·诺兰认为，深化中英学术合作恰逢其时，本次研讨会是深化学术友谊的良好开端，希望以此为契机，增进中西方的理解。彼得·诺兰表示，当下世界正面临"十字路口"，人类文明正面临"十字路口"，中西方增进交流理解与文明互鉴将对世界发展趋势产生关键影响。而"一带一路"倡议的研究不仅意义重大，并将持续激发西方学界针对"如何以多种形式参与'一带一路'倡议的发展""'一带一路'倡议将对中西方的政策产生何种影响"等问题进行更深层次的探讨。

赵剑英首先对《"一带一路"手册》英文版的出版发行表示祝贺，作为《"一带一路"手册》中文版的发起者和出版方，他介绍，由中国社会科学出版社和英国罗德里奇学术出版社共同策划的《"一带一路"手册》是全球首部以"一带一路"倡议为主要内容的百科读本。这部手册在第二届"一带一路"国际合作高峰论坛现场展示中获得热烈反响。内容涉及"一带一路"倡议的历史传承、产生与框架、"五路"、"五通"、六大经济走廊、中国特色大国外交理念、国际上相关行动计划等 11 个主要部分，涵盖近年来与"一带一路"有关的 117 个词条。这部手册全面、完整、系统地展现"一带一路"倡议本身及与之有关的概念和领域，是迄今为止"一带一路"理论和实践初步成果的阶段性汇总。为促进国际社会深刻理解"一带一路"伟大倡议提供了学术引导价值。探索"一带一路"的规律，建立规范型理论框架恰逢其时，英文版的出版必然会为"一带一路"汇聚广泛的国际共识，为构建人类命运共同体添砖加瓦。据赵剑英社长介绍，社科出版社在"一带一路"研究英文译介出版发行的基础上，未来还将增进西语、葡语、阿拉伯语、俄语等"一带一路"沿线语种译介出版，为"一带一路"行稳致远提供学理支撑。

贝谨立认为，国际社会面临变化与挑战，《"一带一路"手册》为西方国家理解中国经济发展、外交政策提供了窗口。《"一带一路"手册》的学习者将涵盖各领域专家学者、政策制定者、学生等，对于促进"一带一路"学科研究以及跨学科研究将产生重要意义。英国泰勒弗朗西斯集团致力于中国相关内容的出版，学术研究、文化传播、语言学习，已经出版中国相关图书 3000 余部，横跨人文社科以及科技、工程等领域。进入新时代，出版行业面临巨大变革，深化中英出版合作可以促进互利共赢。《"一带一路"手册》是一个里程碑，也是深化合作的契机。在西方，对于中国的理解仍旧不全面，《"一带一路"手册》是中西方学者对话与合作的典范之作，是传播知识，促进人心相通的典范之作。

中国社会科学院全球战略智库常务副理事长王灵桂指出，"一带一路"是增量概念，"一带一路"是在不改变现有框架的前提下，通过增量发展带动存量发展的新发展理念。"一带一路"六年来的实践证明了在解决发展问题方面，这条路目前讲是可行的，并将由"大写意"向"工笔画"发展，作为智库，未来将加强"一带一路"倡议学理性研究，例如在规则、标准以及项目评估等问题进行更加细致的钻研。"一带一路"有强烈的生命力，旺盛的感召力，"一带一路"必将继续造福世界，并将是给世界带来幸福，安宁和和平的国际公共产品。

牛津大学牛津全球与地区研究学院马修斯·麦克科特尼（Matthew McCartney）教授从巴基斯坦的视角探究了中巴经济走廊的比较优势，认为中国"一带一路"倡议蕴含长远发展理念，巴基斯坦将从这一经验分享中获益匪浅。

英国剑桥大学耶稣学院中国中心博士后研究助理泰亚布·萨法达（Tayyab Safdar）表示，"一带一路"是中国参与全球化的解决方案。中巴经济走廊是"一带一路"沿线唯一的双边经济走廊，意义重大。随着中巴友谊的不断巩固，中巴经济走廊将发挥更重要的作用，提振当地经济，促进当地产业发展，在经济发展的考量之外，中巴经济走廊合作还应考虑人文因素。未来还可以发展中巴经济走廊相关合作基金。

中国社会科学院世界经济与政治研究所研究员冯维江认为，"一带一路"倡议推进塑造经济全球化。

中国社会科学院亚太与全球战略研究院研究员许利平解析了"一带一路"倡议与发展赤字的关系，面对南北发展鸿沟，贫富差距，人与自然关系的不协调的发展赤字，可以通过推进"一带一路"建设，释放经济发展潜力，使大众共享发展红利，共同发展。

剑桥大学地球科学系前院长詹姆斯·杰克逊（James Jackson）教授解析了丝绸之路沿线地震的田野调查研究。为"一带一路"沿线自然风险防控提供了翔实的案例。杰克逊认为，通过知识的共享，人力资源培训，可以降低"一带一路"沿线自然风险，例如在知识传播的过程中通过漫画与科学数据的结合，促进人们理解接纳。

伦敦大学学院考古研究所讲师米利雅娜·拉迪沃耶维奇（Miljana Radivojevic）探讨了古代丝绸之路沿线的物质文化，提出丝绸之路也是青铜之路，更是文明互鉴之路，通过研究青铜等文物的历史发展，丝绸之路促进文化交流与传播、科技进步得到了印证。

剑桥大学亚洲与中东研究学院学者程思丽（Sally Church）追溯郑和下西洋的历史细节，探讨了海上丝绸之路的贸易发展。学术研究和理论支持将推动"一带一路"发展持续深化。

伦敦大学皇家霍洛威学院教授芮怀川表示，"一带一路"建设中，中国企业展现出了独特的优势，其一，低价格优势，其二，高度灵敏和快速反应以及提供从融资到建设和运营的一体化服务。而如何解决面临的各种挑战是未来研究的方向。

中国社会科学院世界经济与政治研究所研究员徐秀军表示，"一带一路"倡议落实到企业的层面，通过企业主导、政府推动、市场导向的第三方市场合作将开发中欧合作新机遇。

剑桥大学中国中心副主任、高级研究员张瑾博士，剑桥大学卡文迪什实验室西达尔特·萨克塞纳（Siddharth Saxena）博士，中国社会科学院亚太与全球战略研究院研究员钟飞腾，中国社会科学院亚太与全球战略研究院副研究员张中元，中国社会科学院国家全球战略智库研究员黄永光，剑桥大学亚洲与中东研究学院萨莉·丘奇（Sally Church）博士，中国社会科学院亚太与全球战略研究院助理研究员秦升等也参与了研讨。

与会各国学者对中国社会科学出版社在本次研讨会上展示的《"一带一路"年度发展报告》《"一带一路"城市可持续发展案例》《新时代中非友好合作：新成就、新机遇、新愿景》等一系列"中社智库"品牌下"一带一路"相关图书及研究成果反响热烈，展现了"一带一路"研究热度在海外日益增长。

《"一带一路"手册》：助力"一带一路"建设行稳致远[*]

"一带一路"倡议与出版使命

2013 年秋天，习近平主席在出访哈萨克斯坦和印度尼西亚时先后提出共建"丝绸之路经济带"和"21 世纪海上丝绸之路"，即"一带一路"倡议。依托"一带一路"建设，中国参与和引领国际合作迈入新的历史阶段。2017 年 5 月和今年 4 月，第一届、第二届"一带一路"国际合作高峰论坛分别在北京成功召开。六年多来，共建"一带一路"已经取得重要进展和显著成效，当前和今后一个时期，"一带一路"建设正在从谋篇布局的"大写意"阶段转向精耕细作的"工笔画"阶段，逐步迈向高质量发展。

要实现"一带一路"迈向高质量发展转变，不仅需要国家与企业着力于基础设施建设、市场的开拓与培育、融资体系建设等务实合作领域的合作，也需要"一带一路"相关研究者加强学术研究、理论支撑和话语体系建设，有效支持"一带一路"建设行稳致远。随着共建"一带一路"持续走深走实，"一带一路"研究同样也要转向"工笔画"阶段，力求"一带一路"研究提质升级，从"一带一路"倡议的历史背景、基本概念、建设目标、原则意义等角度出发，探索"一带一路"的建设规律，对人类命运共同体、全球治理、

---

* 2019 年 6 月 27 日，在西安召开的"中国出版协会'一带一路'出版工作座谈会"上的交流发言。

互联互通、新型全球化、国际公共产品等相关概念进行深入挖掘，建立规范性的"一带一路"理论框架和学术体系。对学术出版机构而言，如何在"一带一路"框架下调动出版资源、建立长效机制，通过主题出版和精品学术出版向世界讲述现实的中国故事，则成为一项迫切的使命。中国出版业是国家整体建设的一部分，助力"一带一路"建设在很大程度上也是出版机构尤其是学术出版机构的使命与责任。出版机构必须做到与时代脉搏同频共振，紧跟党和国家工作大局，追踪国际社会的热点与关切，从宏观上谋篇布局，这种使命意识与责任担当正是中国社会科学出版社推出《"一带一路"手册》的初衷。

全球首部《"一带一路"手册》的诞生

2017 年 5 月，在同罗德里奇学术出版社总编辑交流时，我们直观了解到手册（Handbook）形式是在西方国家非常受欢迎且具有权威意义的学术出版形式，彼时恰逢第一届"一带一路"国际合作高峰论坛，如何向世界全面阐述"一带一路"的发展与深刻意义是我社非常关注的问题。也正是在这样一个契机之下，我们萌生了与罗德里奇学术出版社策划一部《"一带一路"手册》的想法，并且积极推动中国社会科学院副院长、学部委员蔡昉研究员与剑桥大学耶稣学院中国研究中心主任彼得·诺兰教授这两位中外知名经济学家担任手册主编，中国社会科学院众多常年从事"一带一路"相关问题研究的研究人员参与了写作，最终使得全球首部以"一带一路"倡议为主要内容的百科读本在 2018 年 3 月正式面世。这部手册全面、完整、系统地展现"一带一路"倡议本身及与之有关的概念和领域，是迄今为止"一带一路"理论和实践初步成果的阶段性汇总，并被送上今年的第二届"一带一路"国际合作高峰论坛，引起了与会政界人士、各国媒体的热烈反响，中英文各 400 册在大会尚未开始前就被参会者全部取走。

2019 年 6 月，我们与罗德里奇学术出版社在剑桥大学正式推出了手册的英文版，引起了国内外媒体的强烈反响。罗德里奇学术出版社所属的泰勒弗朗西斯出版集团全球图书业务总裁贝谨立在英文版《"一带一路"手册》新书发布会暨"一带一路"倡议研讨会上表示，《"一带一路"手册》为西方国家理解中国经济发展、外交政策提供了窗口。《"一带一路"手册》的学习者将涵盖各领域专家学者、政策制定者、学生等，对于促进"一带一路"学科研究以及跨学科研究将产生重要意义。

为"一带一路"建设行稳致远提供学理支撑

当前世界发展面临百年未有之大变局，这是中国国家领导人对世界发展大势和中国自身发展做出的重大判断。当今世界正经历新一轮大发展大变革大调整，新一轮科技革命和产业革命的大规模快速发展深刻地重塑着世界的面貌，新兴国家日益走近世界舞台中央，世界多极化日益深入发展，国际力量对比朝着平衡的方向发展，全球治理体系的完善与变革面临新的机遇和挑战。"一带一路"倡议的创举，正是诞生于世界面临百年未有之大变局背景下。共建"一带一路"顺应了全球治理体系变革的内在要求，彰显了同舟共济、权责共担的命运共同体意识，为完善全球治理体系变革提供了新思路新方案。

发展是不确定时代世界各国共同的愿望，实现发展的道路并不唯一。在西方国家为发展中国家划定"金科玉律"的单一模式之外，"一带一路"倡议为寻找出路的世界各国，特别是发展中国家，提供了一条可供选择的通路，一条互联互通、共商共建、和平繁荣的发展之路。"一带一路"倡议是开放的，需要不断在实践中进行总结，从而增进国际社会对共建"一带一路"倡议的深入了解。

六年多来，"一带一路"建设取得了丰硕的成果，"一带一路"研究成果也日益丰富与成熟。在这样一个时间节点上，有必要对

"一带一路"建设所涉及的方方面面予以全面梳理，整合现有研究成果，助力"一带一路"建设行稳致远。《"一带一路"手册》是一部关于"一带一路"建设的指南读本与大百科全书，其内容空前丰富，覆盖了"一带一路"倡议的形成背景、历史传承、时代背景、核心概念、相关概念与具体案例，对"五路""五通""六大经济走廊"以及国际性行动计划同"一带一路"倡议的对接进行了系统的阐述，涉及 117 个词条，构筑了"一带一路"的完整知识谱系。

百年未有之大变局既给"一带一路"建设带来了现实机遇，也为推进"一带一路"建设带来了风险与挑战。我们面临的投资环境、大国竞争与合作形势以及话语权同国际舆论环境都是复杂的。化解这些风险与挑战既需要秉持共商共建的基本原则，保持与相关国家的密切交往和友好协商，通过多种沟通渠道和机制来耐心细致地做好增信释疑工作，更需要在复杂的国际环境中争取更多的话语权，讲好"一带一路"故事。而只有充分了解"一带一路"倡议的历史与现实、初衷与原则、基本知识与最新成果，才能打通整个话语体系，恰当解读"一带一路"倡议的话语内容。出版"走出去"是争取国际话语权的重要手段，因此我们同罗德里奇学术出版社着力推出了《"一带一路"手册》，将这部作品带给了英文世界。在《"一带一路"手册》英文译介出版发行的基础上，未来我们还将增进西语、阿拉伯语、俄语以及其他"一带一路"沿线语种译介出版，为"一带一路"建设提供学理支撑。

多年来，中国社会科学出版社积极响应"一带一路"倡议，根据国家发展重大战略部署积极谋篇布局，立足与坚持学术出版的基本定位，策划出版兼具社会效益与经济效益的多品种、多系列的"一带一路"主题学术图书 100 余种，内容覆盖"一带一路"理论研究、"一带一路"国别区域研究、"一带一路"专题领域研究以及"一带一路"与国内发展研究等方面。我们既有《"一带一路"手册》《"一带一路"年度发展报告》这样全方位、多角度解读阐释

"一带一路"倡议及其实践的厚重之作，又有《中国—中东欧国家合作与"一带一路"》《"一带一路"建设中深化中俄战略协作研究》《中国与白俄罗斯：在"一带一路"建设中相伴而行》《"一带一路"城市可持续发展案例研究》《"一带一路"建设中的港口与港口城市》《"一带一路"和人民币国际化》等对"一带一路"相关的区域国别合作以及专题领域合作进行"工笔画"研究的专精之作。这些图书也产生了广泛的学术影响、社会影响和国际影响。今后，中国社会科学出版社将继续推出更多"一带一路"建设学术研究、理论支撑、话语体系建设的精品力作，配合国家发展战略，着力服务"一带一路"建设，为构建人类命运共同体添砖加瓦。

推进以协调、合作、稳定
为基调的中美关系[*]

2019 年 8 月 5 日，"推进以协调、合作、稳定为基调的
中美关系"新书发布暨研讨会

当今世界发展正面临百年未有之大变局，这是以习近平同志为核心的党中央对世界发展大势和中国自身发展所做出的重大判断，也是我们认识和观察当下中美关系的大背景。自 1979 年中美两国正式建交，中美双边关系经历了 40 年的全面发展，在过去，经贸关系

---

　* 2019 年 8 月 5 日，在"'推进以协调、合作、稳定为基调的中美关系'新书发布暨研讨会"上的发言。

一直被视为中美两个大国关系的"压舱石"和"稳定器"。但从2018 年以来，美国采取单边主义措施，挑起中美经贸摩擦，特别是今年美方一再抛弃双方达成的合作协定，出尔反尔，毫无信用，悍然挑起有史以来最大规模的经贸摩擦，编造了一整套歪曲中美经贸关系真相乃至中国和平发展进程的政策逻辑。在这样的背景下，有效回应国际社会关切、讲好中国故事、减少疑虑误解、赢得话语权是中国学者所肩负的重要使命。中国学术界必须立足客观事实，澄清与驳斥以美国为首的一些西方国家在国际舆论场中对中国形象的歪曲和广泛渲染的错误认知，做到正本清源，向世界还原一个真实的中国形象。这正是今天我们同英国帕斯国际出版社合作出版《美国对华若干认知误区清源》《莫名恐惧》《中国十问》三本著作的基本初衷。

这三部作品以翔实的材料和数据从历史、政治、经济、贸易、文化等方面对中美关系进行了剖析，直面美国对中国的若干困惑和误解，尤其是美国国内的极端观点如"中国欺骗美国""中国谋求世界霸权""债务陷阱"等，以丰富的事实和严密的逻辑回答了这些质疑，正面驳斥了美国的反华论调，体现了新时代中国智库学者的责任担当。

作为一家专业学术出版社，中国社会科学出版社一直重视国家高端智库优质研究成果的出版传播，倾力打造了包括"国家智库报告""智库丛书""年度报告"与"地方智库报告"四个系列产品组成的"中社智库"品牌，在"一带一路"国际合作、中非友好合作、"中国—中东欧国家合作""精准扶贫"等领域配合国家主场外交和重大活动推出了一大批高水平的智库研究成果。我们也一向重视推动中国高端智库研究成果的国际传播，例如今年我们同罗德里奇学术出版社合作推出了《"一带一路"手册》英文版，同英国帕斯国际出版社合作策划的《"一带一路"》季刊也已推出 6 期，取得了相当不错的社会反响。有鉴于此，我们也时刻牢记作为国家级出版社的使命和担当，在重大问题上紧密配合党和国家发展的要求，着力通过国际出版合作推动中国学者及时对关于我国的不实指责做出正确回应，给予正面阐述，发出中国声音。

此次推出的这三部作品，由于其内容针对性较强，立场鲜明，一些传统的西方出版机构比较排斥这样的选题，对其宣传推广上可能面临的阻碍也疑虑重重，给我们开展国际合作带来了相当大的困难与挑战。但我们推动其"走出去"的决心丝毫没有动摇，为打开局面，我们转换了思维方式，通过深入挖掘文本，把解读中美冲突的内在原因、正本清源以促进中美关系健康发展等作为三本书的亮点持续进行推介。在遴选合作出版方的过程中，我们也充分考虑到此次出版工作的针对性与时效性，在梳理以往合作过的国际出版机构时，将出版效率作为重要的考量因素，最终与我们最重要的国外合作伙伴之一英国帕斯国际出版社达成了合作协议。

为了保障对外传播效果，我本人专门部署了书稿的出版工作，为其配备了最好的英文编校资源。5 月中旬我们接手英文书稿，在短短两个月的时间内与作者、译者反复沟通讨论，并与帕斯国际出版社配合，对每本书都进行了五次以上的校对，我们于 7 月中旬邀请外宣专家、外语专家进行了审稿，对书稿内容和语言进行双把关，力求优质高效地向世界准确呈现中国学者的观点、主张，展现大国自信和风范。

为更好地推动三本图书的海外推广，我社与英国剑桥大学耶稣学院联合举办《"一带一路"手册》英文版新书发布会暨"一带一路"倡议研讨会期间，我特意带队拜访了帕斯国际出版社，与保罗社长共同探讨、策划三本图书在海外的营销方案。除了通过全球销售网络进行全面推广、通过社交媒体平台向海外目标读者推介图书外，我们也将与之密切合作，利用伦敦书展和北京国际图书博览会等场合举行相应主题活动和学术讨论会，提升这些图书的国际影响力。我们相信通过高效的海外推广，这三部反映中国学者声音与观点的著作将会吸引国际学界的广泛关注，起到增信释疑的作用，为积极引导与塑造中美关系的健康发展做出贡献，为我国在复杂的国际环境中争取更多的话语权。

中国社会科学出版社将在中宣部和中国社会科学院党组的领导和支持下，再接再厉，勇于担当，进一步发挥好中国学术"走出去"的主力军作用，为讲好中国故事、传播中国声音、提升中国国际话语权、增强国家文化软实力做更多贡献！

最后，我谨代表中国社会科学出版社感谢王灵桂研究员、陈赟主任、王鸿刚所长和他们带领的写作团队，为这三部作品所付出的心血，相信这三部作品将为推进以协调、合作、稳定为基调的中美关系贡献重要力量。

以史为镜，把握当下[*]

习近平总书记高度重视历史的学习和研究、借鉴和运用，他将当代中国的重大理论和实践问题同历史文化紧密关联，形成了基于历史、服务现实、阐发未来的系统思考。2015 年 8 月，习近平总书记为在济南召开的第 22 届国际历史科学大会发来贺信，开宗明义地指出，历史研究是一切社会科学的基础，承担着"究天人之际，通古今之变"的使命。这是习近平总书记对历史学研究包括一切社会科学研究的一个重要论断。

2019 年 8 月 22 日，《习近平新时代治国理政的历史观》出版研讨会

---

* 2019 年 8 月 22 日，在"《习近平新时代治国理政的历史观》出版研讨会"上的致辞。

《习近平新时代治国理政的历史观》从宏观的历史视野、深厚的历史底蕴和鲜活的当下现实的视角，阐释了习近平总书记新时代治国理政的历史观的基本内容，梳理其框架结构，归纳其理论特色，探讨其内在脉络，总结其核心要义，对于我们深入理解和认识习近平总书记的历史观具有重要的理论意义和学术价值。

中华优秀传统文化是习近平总书记新时代治国理政的历史观的丰厚滋养；近现代以来的中国历史发展道路是习近平总书记新时代治国理政的历史观产生的重要基础；党史、国史与改革开放的历史是习近平总书记治国理政的历史观产生的当代源泉。

习近平总书记新时代治国理政的历史观深刻揭示了中国特色社会主义道路形成的历史背景；系统阐明了传承中华优秀传统文化的重大意义；指明了中华优秀传统文化在国家治理中的重要意义。

本书主编、中国历史研究院古代史研究所所长卜宪群研究员，不仅精通中国历史，而且多次为中央的集体学习授课。他所领导的课题组，不仅政治站位高，而且专业水准高，保证了《习近平新时代治国理政的历史观》的高质量撰写。课题组在本书出版过程中给予我社一如既往的大力支持，我们向卜所长，向课题组所有成员，表示诚挚的谢意！

这本书是《习近平新时代中国特色社会主义思想学习丛书》中的一本。接下来，我们要继续做好丛书的宣传工作、多语种推广工作，让国内外的读者更加全面而深入地了解习近平新时代中国特色社会主义思想，更加全面而准确地认识新时代的社会主义中国，让我们的思想和学术走向世界。

传播中国声音，构建中国特色社会主义政治经济学的话语权[*]

由中国社会科学出版社策划、中国社会科学院学者撰写的《习近平新时代中国特色社会主义思想学习丛书》（12卷，300多万字）已经于2019年4月正式出版，受到党中央及社会各界的广泛好评与高度关注。今天我们在这里举行该丛书的多语种签约翻译启动仪式，表明这一学习、研究、阐释习近平新时代中国特色社会主义思想的系列重要成果走向世界迈出重要一步。

改革开放以来中国特色社会主义不断取得重大成就，中华民族实现从站起来、富起来到强起来的历史性飞跃，中华民族的复兴同样也给世界的发展带来重大机遇。世界各国只有相互尊重、交流互鉴才能实现"和平共赢，才能实现各美其美、美人之美、美美与共，天下大同"。党的十八大以来的历史性变革标志着中国特色社会主义进入新时代，习近平新时代中国特色社会主义思想以全新的视野深

＊ 2019年8月22日，在"《习近平新时代中国特色社会主义思想学习丛书》多语种签约启动仪式暨《构建新时代中国特色社会主义政治经济学》发布会"上的致辞。

化了对共产党执政的规律、社会主义建设规律、人类社会发展规律的认识，不仅科学回答新时代中国向何处去的时代之问，还基于中国的实践和中华文化回答了世界向何处去的重大问题，提出了构建人类命运共同体理念，为维护世界和平与促进共同发展提供了中国思想、中国智慧、中国方案。

习近平新时代中国特色社会主义思想凝聚着世界和平与发展所需要的智慧，理应为世界人民所共享。讲好中国故事、传播好中国声音，向世界展示真实、立体、全面的中国，向世界读者讲好习近平总书记治国理政的故事，讲好习近平新时代中国特色社会主义思想无疑是讲好中国故事的重要组成部分。这是正在迈向世界舞台中央的中国渴望被世界理解的需要，也是世界各国顺应时代发展趋势，进一步了解和理解中国的迫切需要。

《习近平新时代中国特色社会主义思想学习丛书》具有学理性，注重研究性，涉及哲学、党的建设、经济、法治、外交、历史等12个学科，是一项跨学科、多视角、全领域学习、研究、阐释习近平新时代中国特色社会主义思想的成果，在一定程度上集中展示了中国学术界学习、研究、阐释习近平新时代中国特色社会主义思想的最新成果和研究水平，可以说这套丛书为国内外读者提供了系统了解、理解习近平新时代中国特色社会主义思想的重要参考。

今天我们还将发布《习近平新时代中国特色社会主义思想学习丛书》中的一本，也是中国当下研究习近平总书记关于中国特色社会主义政治经济学的重要论述的第一本著作，这本书名叫《构建新时代中国特色社会主义政治经济学》。该书由著名经济学家、中国社会科学院副院长、学部委员蔡昉教授和中国社会科学院经济研究所副所长、著名经济学家张晓晶先生共同撰写。中国特色社会主义政治经济学是习近平新时代中国特色社会主义思想的重要组成部分，该书系统梳理总结中国经济发展实践的规律性认识，分析了新时代中国经济运行的特点，初步构建了习近平总书记关于构建中国特色社会主义政治经济学的逻辑话语体系。

我们期待《构建新时代中国特色社会主义政治经济学》在翻译成多语种"走出去"之后，能为世界理解中国特色社会主义政治经济学，更深刻了解、理解七十年来中国社会主义建设经验与发展道路提供有益的帮助。

近年来中国社会科学出版社勇于担当，在发挥哲学社会科学出版优势、讲好中国故事、传播中国声音方面做出了显著的成绩，我社近几年来先后精心策划出版了《理解中国》丛书、《中国制度研究》丛书、《简明中国》系列、"中社智库"、《当代中国学术思想史》等一系列优秀图书品牌和高质量的主题出版物，形成了显著的品牌效应，向世界展示了一个真实、全面、立体的中国，在海内外产生广泛的影响力和认可度，今年 5 月 7 日召开的中国图书对外推广计划工作小组第 14 次会议，授予我社"走出去工作特别贡献奖"，这是对我社"走出去"工作莫大的鼓励和肯定。

习近平总书记在党的十九大报告中指出，"中国人民的梦想同各国人民的梦想息息相通"，要"始终做世界和平的建设者、全球发展的贡献者、国际秩序的维护者"。[①] 现在我们欣喜地看到《习近平新时代中国特色社会主义思想学习丛书》即将翻译为多种语言走向世界，供国外读者学习和研究。我们坚信习近平新时代中国特色社会主义思想将以其丰富的思想内涵、引人入胜的理论魅力，为世界和平与发展贡献来自中国的智慧。

---

① 习近平：《决胜全面建成小康社会　夺取新时代中国特色社会主义伟大胜利——在中国共产党第十九次全国代表大会上的报告》，人民出版社 2017 年版，第 25 页。

中国制造业高质量发展之路[*]

今天我们在这里举行《理解中国制造》新书发布会。作为出版方，首先要向本书的作者黄群慧①先生表示祝贺，同时也感谢他长期以来对于中国社会科学出版社的支持和信任。

习近平总书记在党的十九大报告中指出，"建设现代化经济体系，必须把发展经济的着力点放在实体经济上"，要"加快建设制造强国，加快发展先进制造业"②。制造业对于目前中国社会经济的发展至关重要。

今年是中华人民共和国成立70周年，改革开放也已经走过了40多年的路程，中国取得的成就举世瞩目。正如《理解中国制造》一书中所说的："虽然改革开放40年在历史长河中并不是很长的时间，但中国制造业却经历了'沧海桑田'般的巨变。"之所以能取得如此的成就，根本在于坚持中国共产党的领导，坚持中国特色社会主义道路。除此之外的成功经验，还

* 2019年8月23日，在"《理解中国制造》发布会"上的致辞。

① 黄群慧，中国社会科学院经济研究所所长、研究员。

② 习近平：《决胜全面建成小康社会　夺取新时代中国特色社会主义伟大胜利——在中国共产党第十九次全国代表大会上的报告》，人民出版社2017年版，第30页。

需要进行认真总结，为深入、持续地推进中国制造业的发展，经济社会的发展，提供智力支持。本书回顾了改革开放 40 年工业化的历史，总结了中国工业化的经验。

与此同时，我们也要清醒地认识到，大而不强是中国制造业的现状。习近平总书记在党的十九大报告中指出，中国的发展还面临不少的困难和挑战，"发展不平衡不充分的一些突出问题尚未解决，发展质量和效益还不高，创新能力不够强"①。这个问题，也集中体现在制造业领域。如何转变发展方式，加快建设制造强国，显著增强我国经济质量优势，是中国经济发展中的当务之急。《理解中国制造》一书针对中国制造业发展的现状，指出了存在的问题，面临的机遇与挑战，同时深入分析了诸如化解产能过剩、实现技术创新以及智能制造、绿色制造、服务型制造等问题，最后落脚于中国制造业如何走向高质量发展之路。

习近平总书记在党的十八届五中全会第二次会议上的讲话中指出，坚持创新发展、协调发展、绿色发展、开放发展、共享发展，是关系我国发展全局的一场深刻变革。《理解中国制造》提出了未来中国制造业发展的三个着力点：一是树立大质量观，积极推进中国制造的品质革命。二是树立创新生态系统观，不断提高制造业创新发展的能力。三是坚持深化开放，形成制造业全面开放新格局。这三点建议与习近平总书记提出的新发展理念是完全契合的，对于未来中国制造业的发展、政府相关部门政策的制定，都具有重要的参考价值。

《理解中国制造》不仅是面向中国读者的，同时也是面向世界读者的。众所周知，2018 年以来，中美经贸摩擦愈演愈烈，虽然几经谈判，但是见效甚微，美国政府对中国的"不友好"态度显而易见。中美之间产生经贸摩擦的原因有很多，其中很重要的一点是，中国

---

① 习近平：《决胜全面建成小康社会 夺取新时代中国特色社会主义伟大胜利——在中国共产党第十九次全国代表大会上的报告》，人民出版社 2017 年版，第 9 页。

制造业的崛起，对于作为世界制造业强国的美国来说形成了压力，于是美方想方设法限制中国的发展。很显然，美国对于中国的制造业发展有很大的偏见，如何让包括美国在内的西方国家理解中国制造的发展，理解中国经济、社会的发展，这是摆在学界面前的一个现实课题。《理解中国制造》回答了这一问题。书中分析了美国"对华301调查报告"的谬误之处，指出中美经贸摩擦的根本原因，在于美国对中国制造业快速发展的担忧。这一判断是恰当的。面对美方的无端指责，我们在坚持自己立场的同时，也要主动"发声"，让世界认识一个真实的、立体的中国。

就在上个月党中央召开的党外人士座谈会上，习近平总书记指出，当前，我国经济形势总体是好的，但经济发展面临的国际环境和国内条件在发生深刻而复杂的变化。他强调，各方面的专家和人士要"聚焦重点目标任务，发挥优势、献计出力"，同时也要"讲好中国故事，积极传播中国正能量"。本书聚焦作为实体经济核心的工业制造，同时立足中国、面向世界，发出中国制造自己的声音。我相信《理解中国制造》一书可以为中国制造业的发展，为世界正面理解中国，做出自己的贡献。

《理解中国制造》是我社重要品牌书系《理解中国》丛书中的一本。中国社会科学出版社作为国家级人文社会科学出版单位，历来重视为中国经济社会的发展提供智力支持，重视为向国家发展建言献策的专家学者提供平台，先后策划、出版了《习近平新时代中国特色社会主义思想学习丛书》、《理解中国》丛书、《中国制度研究》丛书、改革开放四十周年书系等。并创设"中社智库"品牌，用于发布"国家智库报告""地方智库报告"以及其他重要的智库成果。《理解中国制造》所属的《理解中国》丛书，其初心就在于"将中国特色社会主义的成功之'道'总结出来，讲好中国故事，讲述中国经验，用好国际表达，告诉世界一个真实的中国"。目前丛书已出版中文版20种，外文版已签约的有59种，翻译推广到国外出版的有21种，包括11个语种，在海内外的影响力持续提升。

　　希望在座的专家学者、媒体朋友以及读者们，持续关注我社的《理解中国》丛书，当然还有其他中国社会科学出版社品牌图书。最后，再次对黄群慧先生此书的出版表示祝贺，希望以后能加强合作，出版更多的学术精品图书。

让丰厚的文学资源更好地
滋养人民大众心灵[*]

非常感谢大家来参加我们中国社会科学出版社主办的活动，今天的国际书展，非常热闹，主题活动也非常多，大家来参加我们这个专业的学术出版社的活动，也说明了大家对于中国学术的关心和支持。

在这里我首先谈谈《简明中国文学史读本》这本书的缘起。今天我们在这里办北京国际图书博览会，很多国外的出版社都被吸引前来参加。这说明中国出版业的国际交流取得了可喜的进展，令我回想起 2012 年参加伦敦国际书展的情形。当时我们带了不少精品图书、精心设计了展位，结果参观者很少。我被那种场面深深刺激了，回国后就深入思考问题出在哪儿。我们认为适合外国读者的，不一定是他们最有兴趣的。而他们对于中国的发展、中国的制度、中国的想法不可能没有兴趣，关键是我们能不能换位思考，提供他们最感兴趣、最易于接受的读物。回国之后，我就着手策划、组织了《理解中国》丛书，选择中国社会科学院的顶级专家，讲述中国故

＊ 2019 年 8 月 23 日，在北京国际书展"'文学史研究的理论与实践'研讨会"上的发言。

事、传播中国话语，此后每年的北京国际图书博览会上，《理解中国》丛书都有新书推出，并和国外知名出版机构签订"走出去"的协议，可以说取得了不错的成效。

对待国外的市场如此，对待国内的市场也要考虑读者的感受。长期以来，我们中国社会科学出版社都是以学术出版作为安身立命的主业，所以在读者、在媒体的心目中，可以说一直以来都是"高大上"的形象，但是"高"有"高"的不利因素，容易变成"高冷"，"冷"的可能是市场，就是冷落了一般读者的心。我们的图书大多数是学科前沿的精品力作，由于现代学术的细致分工，"专著"越来越"专"了。一本书要花费作者很多的时间，说"十年磨一剑"并不为过，然后拿到出版社，我们的编辑、校对又要三审三校，细致打磨出来，封面设计也很精美，但是你把这些书放到王府井书店、西单图书大厦，销售情况却并不理想。就是最权威的专著，放到全中国也许不到10000人愿意打开，只有1000人愿意买下来带回家，最后可能只剩下100人真正能够读完、读懂。当然，这样的书有存在的必要性。但是对于出版社来说，如果你出的每本书都"曲高和寡"，路就会越走越窄。怎样才能改变这种局面，我也进行了深入的思考。2012年4月，我在出版社推行机制体制改革的时候就提出，我们不仅要加强"专业化"，还要加强"大众化"。专业化是立身之基，你出的书学术含量太低，没人看得上你。而大众化是发展之道，你不注意大众阅读的需求，也不会有良好的口碑。习近平总书记在党的十九大报告中指出，我国社会的主要矛盾已经转化为人民群众日益增长的美好生活需要和不平衡不充分的发展之间的矛盾。我听了之后深受触动，如果我们每家出版社都只做自己擅长的事情，那就会导致发展越来越不平衡，无法满足人民群众的多元化需求。我们稳居世界第二大经济体，人民群众的物质生活水平已经相当高了，相应地，他们对于精神文化的美好需求日益凸显，对于人文社会科学，也给予越来越多的关注。像中国的历史、中国的文学、中国的传统文化到底有哪些最重要的问题，我想中等以上文化程度的读者都有一定的兴趣，但是他去市场上选书，动不动就是几卷几册的大部头，翻开以后满眼都是难懂的术语，很难读下去。而我们中国社会科学出版社背靠着中国社会科学院这棵大树，作者队伍中有的是大专家、大学者，具备"举重若轻"的能力，所以我就策划了这套《简明中国》系列丛书，前期已经推出了《简明中国历史读本》《简明世界历史读本》《简明中国近代史读本》《中华文化简明读本》，都取得了不俗的市场反应。今天大家面前这本《简明中国文学史读本》正是延续这一思路的一部重点力作。

在策划这本书之前，我曾向中国社会科学院文学研究所刘跃进所长请教，这么多年来，我们中国文学研究界出过多少种文学史著作，刘跃进所长提供的答案令我十分意外，他说一百年来学界编写的文学史著作超过一千种。我接着问了下一个问题，这么多著作之中哪些是最受读者认可的，以及它们为什么最受欢迎。其实，我问这个问题也是隐含着一种"野心"，希望由我们出版社推出一种"更受认可""更受欢迎"的文学史读本。我想刘跃进所长肯定对这个问题有着非常深入的思考，他的真知灼见就凝聚在这本 60 万字的著作里。下面刘跃进所长还会对这本著作进行深入解读，下面我想就我个人，作为一个非文学专业的读者，谈谈读了这本书的几点体会。

这是一部权威的著作，由主编刘跃进所长带领的作者队伍，主要来自中国社会科学院文学研究所，还有来自北京大学、北京师范大学等高等院校的学者，都是各个分支学科的骨干，对于各自领域有着很深的理解，所以写起来能够做到"深入浅出"。什么地方必须写，什么地方可以不写，什么地方一笔带过，什么地方浓墨重彩，我想这些地方都经过主编和各位作者的悉心打磨，所以读起来明白晓畅。而且作为文学研究者，写出来的东西文笔非常流畅，使得读这样一本权威著作，并没有艰涩难懂的感觉。

这是一部以人为本的著作，正如刘跃进所长所言，在文学的时间与空间的坐标中，人是核心所在，所以本书将侧重点放在人身上，具体地说，就是在某个时代，中华民族面临着什么样的问题，人民群众有着什么样的心声，又是由哪些文学家作为人民的喉舌发出时代的最强音。像这本书中的李白和杜甫，年龄只差了 11 岁，似乎可以说是同一个时代的诗人，但是由于不同的生活经历，一个唱出了"天真豪放的盛唐之音"，另一个写下了"深沉博大"的"血泪哀歌"。这种分析虽然看似寥寥数语，实则包含着作者的深入思考，令人读来信服。

这是一部追求中国气派的著作，它反映了中国文学研究现代化的最新成果，从中不难寻绎出时代思想对于文学史认识的影响，发现作者尤其是主编构建中国特色文学史理论体系的努力。就我粗浅的了解，中华人民共和国成立初期，北大游国恩[①]等先生主编的《中国文学史》影响很大，改革开放以后，中国社会科学院文学研究所编的多卷本，北大袁行霈[②]先生主编的四卷本，复旦章培恒[③]、骆玉明[④]先生主编的三卷本《中国文学史》都有非常深远的影响，但是20 年过去，又有许多新的学术增长需要及时补充进去，特别是学界的指导思想也在与时俱进，这就需要在编写中更好地体现中国特色、中国风格、中国气派，我想《简明中国文学史读本》在某种程度上具有这方面的后发优势。

此外，本书跟之前的文学史著作相比，我想最大的优点也许正在于"简明"。我们一般看到的文学史著作起码是上下册，还有三卷本、四卷本甚至十卷本以上，而《简明中国文学史读本》将三千年的文学史凝结成七百页的文字，可谓"一卷在手，不须他求"。同

---

① 游国恩（1899 年—1978 年 6 月），楚辞研究专家、文学史家、北京大学一级教授。

② 袁行霈，中央文史研究馆原馆长，北京大学国学研究院院长。

③ 章培恒（1934 年 1 月—2011 年 6 月），复旦大学教授，复旦大学古籍整理研究所原所长。

④ 骆玉明，复旦大学中文系教授。

时，简约并不代表简单，对于名家、名作的分析又是透彻、到位的，可谓"错落有致，简而有法"。

我不做文学史的研究，但是了解我们中国古代有着丰富的文学资源，大量文学名著属于传统文化宝库当中的无价之宝。克罗齐说："一切历史都是当代史。"我想，文学史也不会例外。这就是我们中国社会科学院谢伏瞻院长一再强调的"为什么人做学问"的问题。文学史的研究应该为当代社会服务、为人民群众服务。文学史研究的理论开掘重任，必须由跃进所长这样的专业研究人员承担；而我们作为出版社，愿意在实践上下更多功夫，将作者和读者更紧密地联系在一起，让更多更好的文学史研究成果走向学校、图书馆以及一般读者的案头。让我们一起努力，做出实实在在的贡献，让丰厚的文学资源更好地为满足人民群众的精神文化需求发挥作用。

构建学术年鉴评价体系
扩大年鉴品牌影响力[*]

2019 年 11 月 15 日，加强学科建设：构建学术年鉴评价体系
研讨会暨首届年鉴主编论坛专家合影

今天我们十分高兴地与各位领导、年鉴主编及同人，共聚于首届年鉴主编论坛，共同围绕发挥年鉴在加快构建三大体系中的作用进行研讨，议发展、谋未来。我谨代表中国社会科学出版社，首先

---

* 2019 年 11 月 15 日，在"加强学科建设：构建学术年鉴评价体系研讨会暨首届年鉴主编论坛"上的发言。

感谢姜辉①同志、赵奇②同志拨冗出席会议，做了重要讲话，为下一步年鉴工作指明了方向。此外，要感谢马援③局长对年鉴工作的高度重视，年鉴工作是在科研局的指导下进行的，马援局长提到要提高年鉴在创新工程中的评分指标，是基于年鉴的重要性对发展年鉴推出的重要导向政策。同时，对百忙之中莅临会议的各位领导、主编、年鉴同人和媒体朋友，表示热烈欢迎和衷心感谢！

习近平总书记在"5·17"重要讲话中，对哲学社会科学工作者提出了明确要求：要不断推进学科体系、学术体系和话语体系建设和创新，打造具有中国特色和普遍意义的学科体系，构建成体系的学科理论和概念，加快构建中国特色哲学社会科学。为落实以习近平同志为核心的党中央对新时代哲学社会科学的要求，中国社会科学院党组做了许多开拓与创新，其中之一就是打造中国社会科学学术年鉴系列，占领学术制高点、提升学术话语权。

为贯彻院党组这一重要决策，中国社会科学出版社专门成立了年鉴分社，全力打造哲学社会科学领域的学术年鉴系列，服务"三大体系"建设。经过初期的艰苦努力，学术年鉴在出版规模和学术

　　①　姜辉，时任中国社会科学院党组成员、当代中国研究所所长兼马克思主义研究院院长，现任中国社会科学院副院长、当代中国研究所所长。

　　②　赵奇，中国社会科学院党组成员、秘书长。

　　③　马援，时任中国社会科学院科研局局长。

影响力方面取得了显著成绩。在规模上，目前已连续出版了30种学术年鉴，基本覆盖了哲学社会科学领域的一级学科，并积极向有影响力的二级学科拓展。除《世界经济年鉴》《中国考古学年鉴》《中国哲学年鉴》《中国文学年鉴》等老牌年鉴外，还有许多首创年鉴，如《中国社会科学院年鉴》《中国新闻传播学年鉴》《中国边疆学年鉴》《中国生态文明建设年鉴》等，并且，我们还与院外的学术机构及高校共同策划出版年鉴，如《中国艺术学年鉴》《中国宋史研究年鉴》《中国政府管理年鉴》《中国伦理学年鉴》等。在影响力方面，有多部年鉴先后获得"中国社会科学院创新工程优秀基础理论研究成果奖""全国地方志优秀成果（年鉴类）"特等奖、一等奖。为深入开发学术年鉴的应用价值，中国社会科学出版社推出的中国社会科学年鉴数据库获得第十一届新闻出版业互联网发展大会"优秀知识资源"荣誉。

学术年鉴取得的这些成绩，得益于各年鉴编纂单位、年鉴主编及编辑部同人的大力支持。编修年鉴不易，每部年鉴的顺利出版，既体现着年鉴编纂单位的学术责任担当，也凝聚着年鉴主编和编辑部同人的辛勤付出与汗水。我谨代表中国社会科学出版社，向各位年鉴主编和编辑部同人致以深深的谢意！

在取得成绩的同时，我们也看到，学术年鉴的价值空间潜力很大，尤其在学术评价方面，亟待深入挖掘。下面我谈几点认识，抛砖引玉。

第一，要充分彰显年鉴的学术评价功能。学术评价是构建新时代哲学社会科学的重要内容，近年来受到党和政府的高度重视。年鉴是学术信息的记录者和评价者，是学科评价的尺子，是鉴别学术良莠的权威公报，对于构建学术评价体系具有重要的参考作用。我们学术年鉴系列的出版发布既是学科注意力的集中，又是对学科影响力的建构，在学术评价中具有不可替代的作用。因此，我们年鉴界应积极开展年度优秀论文、年度人物、年度优秀活动评选；通过建立客观、有公信力的学术评价机制，彰显年鉴的学术评价功能；通过设立"专题评述""十大论文""十大著作""年度学人"等栏目，丰富学术评价的表现形式。从出版社来讲，也要通过举办年鉴发布会与评奖等多种方式，把年鉴打造成汇聚高端学术人气、链接学术网络的平台。可以说，能否凸显年鉴评价功能是决定学术年鉴事业成败的关键所在。

第二，要充分发挥年鉴的学科支撑作用。进一步深化学术年鉴在引导学科发展方向、建设学科分支体系、培育学科人才队伍等方面的基础性支撑作用。首先，在引领学科发展方面：通过推出高质量、高水平的综述性、评论性和展望性的文章，年鉴能对学科发展动向及趋势做出归纳，指引学科发展，占领学术制高点。其次，在建设学科分支体系方面：通过编纂一级学科、二级学科等分支年鉴，成熟学科能够积累学科知识、锻造话语体系、整合学术资源、强化学科优势；薄弱学科甚至"冷门""绝学"学科也能够做好文化传承。最后，在培育学科人才队伍方面：通过提供全面系统的学科发展资讯，绘制学科地图，年鉴成为培育学科人才必不可少的重要工具，为学者提供知识积累，为后人治学奠基，为队伍建设助力。

第三，要持续扩大年鉴品牌影响力。一是持续扩大年鉴规模。继续开拓《中国语言学年鉴》《中国法学年鉴》《中国政治学年鉴》《中国非洲研究年鉴》等有基础、有能力做的学科年鉴。同时，还要继续与院外其他科研机构或高校的优势学科加强交往、拓展视野、寻求合作。我们的目标是要把一级学科乃至二级学科的学术年鉴整合到一起，成为学术信息的集散地和高地，这也代表了中国人文社会科学学术信息的高地。我们要有这样既定的目标，不忘初心、牢记使命，一如既往地做好年鉴出版工作。今天两位院领导出席会议也是为了推动这项工作。

二是不断提升年鉴质量。年鉴的关键是内涵和学术质量，要办好年鉴，要提升它的学术质量和编校质量，要有一套大致相同的栏目、写作的规范与要求，这是苦练内功，非常重要。必须不断在年鉴的栏目内容设置和编撰质量上精益求精，在充分展现学科特色的基础上，不断提升稿件的学术质量和编撰质量，做到权威、严谨、规范，这是学术影响力最根本的基础。

三是不断加大营销推广力度。出版社要深入开发年鉴的使用价值，通过年鉴数据库建设，强化年鉴的知识服务功能，构建数字加实体的产品集群，拓展年鉴在学术界的知名度；同时，探索学术年鉴"走出去"，扩大年鉴在国外学界的影响力，使年鉴成为代表学术中的中国、反映中国学术进展的一个重要的依据。这方面我们跟国外也做了一些拓展，欧美 30 家著名大学的图书馆，他们对我们的年鉴很重视，对年鉴数据库也很重视。我们这方面做好，也对我们学术年鉴影响力、对学者、对学科各方面影响力的扩大有好处。

我这里也说一句，年鉴数据库的收入，合同当中也明确规定有一定比例会返给作者。随着年鉴越办越好，所里越来越重视，稿件写得好的，我们还要进一步提高稿费。因为年度学术综述是很重要的，是站在学科制高点上进行评价、点评、展望，这都是学术大家做的事。所以有些原创类的重点稿件，我们院里面、出版社都会支持，真正抱着对学术的敬畏，通过对学术发展质量的重视来体现我们出版社对年鉴的重视。

学术年鉴进入新时代，在加快构建哲学社会科学三大学科体系的进程中，也迎来很好的发展机遇，我社一定贯彻院党组的决定，配合各个年鉴编撰单位，把年鉴办得更好，以此推动新时代中国哲学社会科学的繁荣发展。

新中国七十年哲学社会科学
成果集中展示[*]

2019 年 11 月 29 日，《当代中国学术思想史》丛书出版座谈会暨编委会会议

今天，古老而又幽静的鼓楼西大街甲 158 号高朋满座，暖意浓浓，欢乐祥和。十分感谢各位领导和专家不顾严寒，起早赶到我们出版社，出席《当代中国学术思想史》丛书出版座谈会暨编委会会议，令我们十分高兴和感动！首先，请允许我代表中国社会科学出版社向出席会议的各位领导、专家和来宾表示热烈的欢迎和衷心的感谢！

---

* 2019 年 11 月 29 日，在"《当代中国学术思想史》丛书出版座谈会暨编委会会议"上的发言。

　　《当代中国学术思想史》丛书是中国社会科学出版社精心策划出版的 2019 年主题出版物和向中华人民共和国成立 70 周年的献礼之作。中华人民共和国成立 70 年来，在中国共产党的领导下，中国特色社会主义建设取得举世瞩目的伟大成就。在这一伟大的历史进程中，中国哲学社会科学事业自身也不断繁荣发展，并为服务党和国家的重大决策以及经济社会发展，提升民族文化水平、丰富人民精神生活做出了重大贡献。当前，我国开启了全面建设社会主义现代化国家的新征程，中国特色社会主义进入新时代，对哲学社会科学事业也提出了新的要求。习近平总书记在哲学社会科学工作座谈会上的重要讲话中指出，"只有以我国实际为研究起点，提出具有主体性、原创性的理论观点，构建具有自身特质的学科体系、学术体系、话语体系，我国哲学社会科学才能形成自己的特色和优势"①。新时代，如何回应当代中国正经历着历史上最为广泛而深刻的社会变革，如何总结当代中国正在进行着的人类历史上最为宏大而独特的实践创新，提炼概括具有中国基因的原创理论，加快构建中国特色哲学社会科学，成为历史赋予哲学社会科学工作者的光荣使命。

---

　　①　习近平：《在哲学社会科学工作座谈会上的讲话》，人民出版社 2016 年版，第 16 页。

　　中国社会科学出版社作为我国马克思主义理论成果出版的重要阵地，多年来始终坚持正确的政治方向、出版导向和价值取向，始终把社会效益放在首位，坚持社会效益与经济效益协调发展的发展理念，高度重视、精心策划特色主题出版，力求学术出版与主题出版的统一，出版了大量学术含量高、学术特点鲜明的优秀主题出版物，积极弘扬主旋律，传播正能量。我们坚持立足中国社会科学院，面向中外学术界的发展视野，坚持哲学社会科学专业出版定位，致力于原创学术出版，出版了我国哲学社会科学各学科一大批学术大家和领军人物的代表性学术成果，推出了一大批获得中国出版政府奖、中国好书奖等国家级图书奖的学术精品，打造了诸多优秀出版品牌，为促进和推动我国哲学社会科学的繁荣发展做出了独特贡献。

　　十年前，为庆祝中华人民共和国成立60周年，我社经过周密策划和论证，开始组织编辑出版《当代中国学术思想史》大型丛书。这套丛书自2008年启动，到2018年，前后历时十年，共出版35部著作，总计1860万字，构成一部规模恢宏的当代中国哲学社会科学学术思想发展史，被誉为"国内唯一系统完整地展现当代中国哲学社会科学学术思想发展史的大型丛书"。这套丛书的编撰出版，是我院贯彻习近平总书记"5·17"重要讲话精神，加强"三大体系"建设，加快构建中国特色、中国风格、中国气派的哲学社会科学取得的重要成果。丛书的出版，得到了院党组、我院各兄弟单位，以及全国许多科研单位和专家学者的大力支持。据统计，共有400多位专家学者参与其中，在座的许多著名学者，都是这套丛书的撰稿人。十年辑书路，终得笑春风。正是有各位领导和学术大家们的鼎力支持，《当代中国学术思想史》丛书甫一面世，就备受瞩目，成为我社占领学术制高点的品牌图书。

　　十年后，为反映当代中国学术思想史研究各学科、各领域的最新进展，我社组织当年参与丛书编撰工作的部分专家学者，对《当代中国学术思想史》丛书进行了修订，补充了最近10年的研究状况，并对之前出版的内容进行了局部修订，这次修订版一共推出20卷。和第一版一样，这次的修订工作自去年下半年启动以来，也得到了包括在座的专家学者在内的各位主编和撰稿人的积极响应和热情支持。大家克服时间短、任务重、工作繁忙等重重困难，按时、高效地交出了优质的书稿。为了编辑出版好这套丛书，社里也从各部门选派精干力量，以最高的质量标准做好"三审三校"等工作，对书稿进行精雕细琢，希望将这套丛书打造成学术精品。权威的作者队伍，认真负责的治学态度和精益求精的编辑出版作风，让我们有充分的理由相信，这套丛书必将成为总结中华人民共和国70年哲学社会科学成绩和经验、研究当代中国学术思想史的一套重要参考文献。

党的十八大以来，中国社会科学出版社坚持走哲学社会科学专业出版的高质量发展之路，在主题出版、专业出版、智库成果出版、"走出去"出版和出版业态创新方面，都取得了新的成绩，为阐释宣传马克思主义中国化最新成果和繁荣发展哲学社会科学做出了应有贡献。

当前，随着中国特色社会主义进入新时代，加快构建中国特色哲学社会科学是摆在哲学社会科学工作者面前的一项紧迫任务。作为全国哲学社会科学学术出版的重镇，我社将坚决贯彻习近平总书记在哲学社会科学工作座谈会上的重要讲话精神，认真抓好党的十九届四中全会精神的学习和贯彻落实，把深入学习研究阐释宣传习近平新时代中国特色社会主义思想和党的十九届四中全会精神作为出版工作的首要任务，围绕研究阐释坚持和完善中国特色社会主义制度、推进国家治理体系和治理能力现代化的一系列理论和实践问题，结合全面建成小康社会、建党100周年主题出版的要求，推出有思想含量、有理论分量、有话语质量的出版成果，要在重点抓好《理解中国》丛书等品牌图书出版工作的同时，重点抓好《中国制度研究》丛书、《中国共产党领导力研究》丛书、《中国特色哲学社会科学》丛书等重大项目的出版工作。深耕专业出版，引领主题出版和"走出去"出版，拓展大众出版，积极传播智库成果，推进融合发展，力争使中国社会科学出版社在转型发展中实现更大进步。

最后，我们也恳请各位领导、各位编委、各位作者为我们这套书多提宝贵意见，帮助我们把好丛书的质量关，使丛书高质量地持续出版下去！再次向所有关心和参与丛书各项工作的各级领导、专家学者、相关工作人员，以及长期以来关心和支持中国社会科学出版社事业发展的各位领导和专家学者们表示衷心感谢！

构建文艺理论的中国学派[*]

　　大家早上好，非常高兴今天我们在这里举行《当代中国文学批评史》丛书发布会暨中国文学批评70年学术研讨会。我谨代表中国社会科学出版社对《当代中国文学批评史》丛书的出版表示衷心的祝贺，对丛书主编张江①教授、分卷作者表示衷心的祝贺！

2019年10月31日，《当代中国文学批评史》丛书发布会暨
中国文学批评70年学术研讨会合影

---

　　* 2019年10月31日，在《当代中国文学批评史》丛书发布暨中国文学批评70年学术研讨会上的发言。

　　① 张江，中国社会科学院原副院长，时任中国社会科学杂志社总编辑。

《当代中国文学批评史》丛书源自张江教授为国家社科基金重大委托项目"中国特色社会主义文学理论话语体系"策划的一个文学批评研究系列。近几年来，张江教授在西方文论批判、中国文学批评、文艺理论研究方面不断深耕、多有建树。在对西方文论的批判和反思方面，他提出的"强制阐释论""公共阐释论"等观点在学界引起巨大反响，这种思想风暴多年来都是罕见的；在立足中国实际的文艺理论研究方面，张江教授倡导以中国理论阐释中国经验、以中国道路印证中国理论，创建具有新时代特质的中国阐释学派。这是一项长期的、崇高的事业，只有建立文艺理论的中国学派，才能切实地推进当代中国的学术体系、学科体系、话语体系建设，才能在精神层面真正确立中国学术的主体性。

张江教授的学术视野宏阔，《当代中国文学批评史》丛书正是其学术版图的有机组成部分。从反思西方文论对当代中国文学研究的影响，到系统批判"强制阐释"现象，从分析当代中国文论重建的路径，到积极推动文艺理论中国学派的建立，这些研究层层深入，张江教授不仅自己写出了重量级成果，更组织了国内优秀的文艺理论领域专家学者来做系统研究，对推动我国马克思主义文艺理论、文学批评的研究，做出了重要贡献。这套历时4年多的《当代中国文学批评史》丛书，对1949年至今的中国当代文学批评状况进行了系统的梳理和研究。它以马克思主义思想和历史唯物主义理论为指导，力图重塑当代中国文学批评精神，充分体现了张江教授的理论眼光和学术担当，充分展现了当今学术的"中国特色、中国风格、中国气派"。

2015年7月14日，张江教授主持召开了丛书项目启动会，来自中国社会科学院、清华大学、北京大学等高校的专家学者对项目提出了许多宝贵意见，确定了当代中国文学批评观念史、文艺政策发展史、小说批评史、戏剧批评史、诗歌批评史、外国文学批评史、网络文学批评史等分卷书名和写作内容。之后的 4 年多来，我们相继举办了大纲讨论会、初稿研讨会、中期检查会、改稿审读会，每一次张江教授均提出具体的写作意见和要求，统一整套书的指导思想，确立各分卷的写作方式，正是在他的指导下，这套书得以稳步推进，在新中国成立 70 周年之际作为献礼图书推出恰逢其时。而在座的诸位先生则多次在我社这个会议室里热烈讨论，精益求精地反复修改。这些会议上大家思索之深、争锋之烈，早已远远超出书稿的内容，涉及了整个中国文学批评研究的现状、问题、理论和发展。因此，我们将这次会议的主题设置为丛书发布会暨中国文学批评 70 年学术研讨会，希望延续这一由一套书聚集起来而又不局限于一套书的思想碰撞，延续有关 70 年文学批评讨论的学界盛事。

应该说，这样成规模、成体系的当代中国 70 年文学批评史，之前市场上是没有的。这套丛书是有开创意义的。因此我们也顺利申请到了 2017 年度的国家出版基金和"十三五"国家重点图书规划立项。作为出版方，在这套书的成形过程中，我们不仅仅是把作者们的研究成果付诸印刷，而是全程积极参与组织，与主编、作者共同经历从成果开始酝酿到最后成书的每个环节，这无疑延伸了出版链条，也让我们从这个过程中得到很多收获。我们今年还推出了《中国社会科学院庆祝中华人民共和国成立 70 周年书系》，也是从策划到成书全程参与完成的。这些 70 年献礼图书，充分彰显了我社将主题出版和为读者定制出版相结合，开拓新时代出版创新之路的决心。

党的十九大报告指出，要坚定文化自信，推动社会主义文化繁荣兴盛，建设社会主义文化强国。这就要求无论是学术研究者，还是文化传播者，都应坚守中华文化立场，引导人们树立正确的历史观、民族观、国家观、文化观。而改革开放 40 多年来，在当代中国文学批评界却充斥着西方"话语"，西方文艺理论在中国学界获得极大推崇，中国批评家已经习惯于驾轻就熟地操持一整套西方"话语"来阐释当下的文艺实践，而不顾当代中国的文学发展状况。2017年张江教授的《当代西方文论辨识》书系，对中国学界滥用西方文论的现象进行了批判，当时在学界引起了巨大反响。现在这套批评史丛书，则是张江教授在"批判"和"反思"之后，进一步的"建构"；是将历史上出现的思潮、观念、理论放回历史语境中去，看清楚历史是如何演进的，形成立足于中国实际的批评史，才能为新时代文学批评的发展和繁荣助力。

当代中国70年的文学批评，我们这套书做了梳理总结，但这只是一个开始。正如书签上主编所言，中国文学批评，我们还要再走70年、100年，甚至更久。中国社会科学出版社作为坚持学术出版道路的出版机构，愿意以最大的诚意，出版这样有价值的学术精品，服务于新时代的哲学社会科学研究，为构建中国特色文学理论话语体系贡献力量。

不忘初心、牢记使命，做双效统一高质量发展的先锋[*]

我们要树立一个观念：

对哲学社会科学工作者和出版者来讲，政治理论学习就是业务学习，是必修课，是做好出版工作的前提和根本保障，只有做到这一点，才能做一个合格的编辑。我们一定要以习近平新时代中国特色社会主义思想武装自己的头脑，指导出版工作，提升各方面能力。

要紧密结合个人思想和工作实际，紧密结合出版业发展和我社工作实际，检视问题找差距，把整改和解决问题贯穿始终，务求主题教育活动取得实效。

2019年6月24日下午，中共中央政治局就"牢记初心使命，推进自我革命"举行第十五次集体学习，习近平总书记在主持学习时强调：

我们党作为百年大党，如何永葆先进性和纯洁性、永葆青春活力，如何永远得到人民拥护和支持，如何实现长期执政，是我们必须回答好、解决好的一个根本性问题。我们党要求全党同志不忘初心、牢记使命，就是要提醒全党同志，党的初心和使命是党的性质宗旨、理想信念、奋斗目标的集中体现，越是长期执政，越不能忘记党的初

---

* 2019年7月11日，在中国社会科学出版社作关于"不忘初心、牢记使命"主题教育活动的党课报告（节选）。

心使命，越不能丧失自我革命精神，在新时代把党的自我革命推向深入，把党建设成为始终走在时代前列、人民衷心拥护、勇于自我革命、经得起各种风浪考验、朝气蓬勃的马克思主义执政党。①

......

回顾党的历史，为什么我们党在那么弱小的情况下能够逐步发展壮大起来，在腥风血雨中能够一次次绝境重生，在攻坚克难中能够不断从胜利走向胜利，根本原因就在于不管是处于顺境还是逆境，我们党始终坚守为中国人民谋幸福、为中华民族谋复兴这个初心和使命，义无反顾向着这个目标前进，从而赢得了人民衷心拥护和坚定支持。②

......

中国特色社会主义进入新时代，我们比历史上任何时期都更接近、更有信心和能力实现中华民族伟大复兴。......我们千万不能在一片喝彩声、赞扬声中丧失革命精神和斗志，逐渐陷入安于现状、不思进取、贪图享乐的状态，而是要牢记船到中流浪更急、人到半山路更陡，把不忘初心、牢记使命作为加强党的建设的永恒课题，作为全体党员、干部的终身课题。③

......

我们党继承和发展马克思主义建党学说，形成了关于党的自我革命的丰富思想成果，如坚定理想信念，加强党性修养，从严管党治党，严肃党内政治生活，坚持经常性教育和集中性教育相结合，勇于开展批评和自我批评，加强党内监督，接受人民监督，不断纯洁党的思想、纯洁党的组织、纯洁党的作风、纯洁党的肌体，等等。这些都是推进党的自我革命的重要经验，在这次主题教育中要充分运用并不断发展。④

---

① 《习近平谈治国理政》第 3 卷，外文出版社 2020 年版，第 530 页。
② 《习近平谈治国理政》第 3 卷，外文出版社 2020 年版，第 531 页。
③ 《习近平谈治国理政》第 3 卷，外文出版社 2020 年版，第 532 页。
④ 《习近平关于"不忘初心、牢记使命"论述摘编》，人民出版社 2019 年版，第 178、179 页。

此次举办学习贯彻习近平新时代中国特色社会主义思想专题培训班，一方面是为了加强理论学习，另一方面要紧密结合出版工作实际，把自己摆进去，坚持刀刃向内找差距，推动"不忘初心、牢记使命"主题教育持续走向深入。全体党员要充分认识开展主题教育的重大意义，开展这次主题教育，是用新时代中国特色社会主义思想武装全党的迫切需要，是推进新时代党的建设的迫切需要，是保持党同人民群众血肉联系的迫切需要，是实现党的十九大确定的目标任务的迫切需要。

为中国人民谋幸福，为中华民族谋复兴，是中国共产党人的初心和使命，是激励一代代中国共产党人前赴后继、英勇奋斗的根本动力。

一　"不忘初心、牢记使命"的提出及重要论述

（一）为什么提出"不忘初心、牢记使命"

2019 年第 13 期《求是》杂志刊发了习近平总书记的重要文章《在"不忘初心、牢记使命"主题教育工作会议上的讲话》，这一重要讲话我们要认真学习。

开展"不忘初心、牢记使命"主题教育活动，我们首先要理解，习近平总书记为什么提出"不忘初心、牢记使命"。我的体会是，原因有两点。其一，我们党今年已经成立 98 年了，我们要回顾走过的路。习近平总书记在"不忘初心、牢记使命"主题教育工作会议上的重要讲话中指出："今年是新中国成立 70 周年。在这个重要时间节点开展'不忘初心、牢记使命'主题教育，其特别意义在于，无论我们走得多远，都不能忘记来时的路。"[①] 其二，中国特色社会主义进入新时代，我们比历史上任何时期都更接近、更有信心和能力实现中华民族伟大复兴。而我们党面临的"四大考验"是长期的、

---

① 习近平：《在"不忘初心、牢记使命"主题教育工作会议上的讲话》，人民出版社 2019 年版，第5页。

复杂的，面临的"四种危险"是尖锐的、严峻的，党内存在的思想不纯、政治不纯、组织不纯、作风不纯等突出问题尚未得到根本解决，"四风"问题树倒根存，形式主义、官僚主义问题依然突出。2019年6月24日，习近平总书记在主持中央政治局第十五次集体学习时指出："中国特色社会主义进入新时代，我们比历史上任何时期都更接近、更有信心和能力实现中华民族伟大复兴。我们千万不能在一片喝彩声、赞扬声中丧失革命精神和斗志，逐渐陷入安于现状、不思进取、贪图享乐的状态，而是要牢记船到中流浪更急、人到半山路更陡，把不忘初心、牢记使命作为加强党的建设的永恒课题，作为全体党员、干部的终身课题。"①

（二）习近平总书记提出的自我革命理论内涵

1. 不忘初心、牢记使命，必须进行党的自我革命

习近平总书记在中央政治局第十五次集体学习时强调："做到不忘初心、牢记使命，并不是一件容易的事情，必须有强烈的自我革命精神。"② 他还强调："不忘初心、牢记使命，关键是要有正视问题的自觉和刀刃向内的勇气。要坚持问题导向，真刀真枪解决问题。这次主题教育列出的八个方面突出问题，都是可能动摇党的根基、阻碍党的事业的问题，必须以彻底的自我革命精神加以解决。"③ 可以说，习近平总书记把这次主题教育活动看作党的又一次自我革命，通过自我革命回归初心。

2. 指出勇于自我革命是中国共产党最鲜明的品格和最大的优势，明确自我革命的内容即"四个自我"

在2017年2月13日召开的省部级主要领导干部学习贯彻十八届六中全会精神专题研讨班开班式上，习近平总书记指出："勇于自我

① 《习近平关于"不忘初心、牢记使命"论述摘编》，人民出版社2019年版，第20页。

② 习近平：《在十九届中央政治局第十五次集体学习时的讲话》，《人民日报》2019年6月26日第1版。

③ 习近平：《在十九届中央政治局第十五次集体学习时的讲话》，《人民日报》2019年6月26日第1版。

革命，是我们党最鲜明的品格，也是我们党最大的优势。"①他明确指出："中国共产党的伟大不在于不犯错误，而在于从不讳疾忌医，敢于直面问题，勇于自我革命，具有极强的自我修复能力。"② 他要求全党要以自我革命的政治勇气，着力解决党自身存在的突出问题，不断增强党自我净化、自我完善、自我革新、自我提高能力，经受"四大考验"、克服"四种危险"，确保党始终成为中国特色社会主义事业的坚强领导核心。"四个自我"形成了依靠党自身力量发现问题、纠正偏差、推动创新、实现执政能力整体性提升的良性循环。

3. 指出要以党的自我革命引领党所领导的伟大的社会革命

习近平总书记在十九届中共中央政治局常委同中外记者见面会上的讲话中又讲道："实践充分证明，中国共产党能够带领人民进行伟大的社会革命，也能够进行伟大的自我革命。"③ 习近平总书记在学习贯彻党的十九大精神研讨班开班式上发表重要讲话指出："在新时代，我们党必须以党的自我革命来推动党领导人民进行的伟大社会革命，把党建设成为始终走在时代前列、人民衷心拥护、勇于自我革命、经得起各种风浪考验、朝气蓬勃的马克思主义执政党，这既是我们党领导人民进行伟大社会革命的客观要求，也是我们党作为马克思主义政党建设和发展的内在需要。"④ 在进行社会革命的同时不断进行自我革命，是我们党区别于其他政党最显著的标志。一个执政党进行社会革命不容易，进行自我革命更不容易，而不进行自我革命就必然被历史所淘汰。一路走来，我们党在带领人民进行伟大社会革命的同时，不断进行伟大自我革命，这是我们党不断从胜利走向新的胜利的关键所在。

4. 回答了为什么党能够进行自我革命的问题

习近平总书记指出，我们党之所以有自我革命的勇气，是因为

---

① 习近平：《论坚持全面深化改革》，中央文献出版社 2018 年版，第 325 页。
② 习近平：《论坚持全面深化改革》，中央文献出版社 2018 年版，第 325 页。
③ 《习近平关于"不忘初心、牢记使命"论述摘编》，人民出版社 2019 年版，第 238 页。
④ 《习近平谈治国理政》第 3 卷，外文出版社 2020 年版，第 71 页。

我们党除了国家、民族、人民的利益，没有任何自己的特殊利益。不谋私利才能谋根本、谋大利，才能从党的性质和根本宗旨出发，从人民根本利益出发，检视自己；才能不掩饰缺点、不回避问题、不文过饰非，有缺点克服缺点，有问题解决问题，有错误承认并纠正错误。要兴党强党，就必须以勇于自我革命的精神打造和锤炼自己。只有努力在革故鼎新、守正出新中实现自身跨越，才能不断给党和人民事业注入生机活力。

5. 指明了新时代如何推进党的自我革命的方法

习近平总书记指出，要坚持加强党的集中统一领导和解决党内问题相统一，要坚持守正和创新相统一，要坚持严管和厚爱相统一，要坚持组织推动和个人主动相统一。

6. 指出了党的自我革命的评判标准

习近平总书记指出："对党内的一些突出问题，人民群众往往看得很清楚。党员、干部初心变没变、使命记得牢不牢，要由群众来评价、由实践来检验。我们不能关起门来搞自我革命，而要多听听人民群众意见，自觉接受人民群众监督。"[①] 习近平总书记指出："时代是出卷人，我们是答卷人，人民是阅卷人。"[②] 人民是我们党执政的最大底气，是我们共和国的坚实根基，是我们强党兴国的根本所在。要站在人民的立场自我革命，要坚持以人民为中心进行自我革命。党除了人民利益之外没有自己的特殊利益，党的一切工作都是为了实现好、维护好、发展好最广大人民根本利益。

7. 总结了我们党长期以来形成的关于党的自我革命的丰富思想成果

习近平总书记指出："如坚定理想信念，加强党性修养，从严管党治党，严肃党内政治生活，坚持经常性教育和集中性教育相结合，

---

① 习近平：《在十九届中央政治局第十五次集体学习时的讲话》，《人民日报》2019 年 6 月 26 日第1 版。

② 《论学习贯彻习近平总书记"1·5"重要讲话》，人民出版社 2018 年版，第 3 页。

勇于开展批评和自我批评，加强党内监督，接受人民监督，不断纯洁党的思想、纯洁党的组织、纯洁党的作风、纯洁党的肌体，等等。"①

8. 健全党和国家监督体系，探索自我监督新路，形成自我净化的有效机制

自我监督是世界性难题，是国家治理的哥德巴赫猜想。党的十八大以来，我们党全面从严治党的实践证明，我们党自我净化的机制是有效的，完全有能力解决自身存在的问题。

（三）为什么党要进行自我革命

新时代中国共产党推进自我革命亦是由其在建设社会主义现代化强国和中华民族伟大复兴的征程中的领导地位所决定的。"党政军民学，东西南北中，党是领导一切的。"② 中国共产党的领导是中国特色社会主义最本质的特征，是中国特色社会主义制度的最大优势。坚持党的领导是当代中国的最高政治原则，是实现中华民族伟大复兴的关键所在。新时代中国共产党的自我革命是由我们党所面临的复杂的执政环境和自身突出的问题所决定的。党的十八大以来，党中央深刻洞察党内长期存在的突出问题如党的领导弱化、党的建设缺失、全面从严治党不力，党的观念淡漠、组织涣散、纪律松弛等，清醒地认识到党所面临的执政考验、改革开放考验、市场经济考验、外部环境考验"四大考验"，以及党所面临的精神懈怠危险、能力不足危险、脱离群众危险、消极腐败危险"四大危险"。要解决面临的复杂问题，党必须进行自我革命。

习近平总书记曾以"四个不容易"告诫全党："功成名就时做到居安思危、保持创业初期那种励精图治的精神状态不容易，执掌

---

① 习近平：《在十九届中央政治局第十五次集体学习时的讲话》，《人民日报》2019 年 6 月 26 日第1 版。

② 《习近平新时代中国特色社会主义思想学习纲要》，学习出版社、人民出版社 2019 年版，第 68 页。

政权后做到节俭内敛、敬终如始不容易，承平时期严以治吏、防腐戒奢不容易，重大变革关头顺乎潮流、顺应民心不容易。"① 不容易的背后是对新形势新任务的深刻判断，是对管党治党的深刻理解，是对自我革命与社会革命的深刻把握。中国特色社会主义进入新时代，我们比历史上任何时期都更接近、更有信心和能力实现中华民族伟大复兴。船到中流浪更急、人到半山路更陡。如果在一片喝彩声、赞扬声中丧失革命精神和斗志，就会"一篙松劲退千寻"；时刻保持强烈的自我革新意愿和动力，才能"百尺竿头更进一步"。

习近平总书记丰富的党的自我革命理论，为新时代我们党进行自我革命提供了理论遵循，对新时代坚持和发展中国特色社会主义具有十分重要的指导意义。

（四）党的自我革命与社会革命的关系

学习习近平总书记这一重要思想，我有一个深刻的体会：社会革命与自我革命是辩证统一的，坚持社会革命与自我革命的辩证统一是中国特色社会主义道路的一个重要特征。

伟大的社会革命与党的自我革命是辩证统一的，两者统一于中国共产党领导中国革命、建设、改革98年的光辉历程。社会革命与自我革命是互为前提、相互作用、相互促进、不可分割的。党的自我革命是党领导人民进行伟大的社会革命的前提，中国共产党为什么能够从中国近代各种政治力量较量中脱颖而出，成为中国人民和中华民族的主心骨，成为中国革命、建设、改革伟大的社会革命的领导力量，就是因为我们党始终保持自我革命的精神，不断坚持真理，纠正错误。此外，党领导人民进行的伟大的社会革命也推动党不断进行自我革命。党领导人民进行革命、建设、改革不是一帆风顺的，而是几经风雨、几经波折的，革命时期的生死存亡、建设时期的艰难曲折、改革时期的风险挑战，都促进我们党时刻保持清醒

---

① 《论学习贯彻习近平总书记"1·5"重要讲话》，人民出版社2018年版，第4页。

的头脑，不断进行自我批判、自我反思、自我革新。

革命时期，党的自我革命与党所领导的新民主主义革命息息相关。党的每次重大错误都将中国革命置于十分危险的境地，陈独秀右倾投降主义错误、王明"左"倾冒险主义错误都险些葬送中国革命。以毛泽东为代表的中国共产党人靠着顽强的自我革命精神，一次次挽救了革命。最为典型的是毛泽东多次领导开展的党的整风运动，通过开展批评与自我批评，达到"惩前毖后、治病救人"的目的，彻底解决了党的思想政治路线问题，解决抗战中大批新入党的同志思想上入党的问题，克服党内广泛存在的小资产阶级思想，使全党全军在思想上达到团结统一，为新民主主义革命胜利提供了坚强保障。在新民主主义革命胜利前夕，毛泽东同志在党的七届二中全会上告诫全党，夺取全国胜利，这只是万里长征走完了第一步。中国的革命是伟大的，但革命以后的路程更长，工作更伟大、更艰苦。他要求全党在胜利面前保持清醒头脑，在夺取全国政权后要经受住执政的考验，务必使同志们继续保持谦虚、谨慎、不骄、不躁的作风，务必使同志们继续保持艰苦奋斗的作风。毛泽东把从西柏坡进北平风趣地比喻为"进京赶考"，习近平总书记也多次讲到"进京赶考"，实际上强调的就是要不忘初心。

2013年7月，习近平总书记在河北调研指导党的群众路线教育实践活动时又一次提到"赶考"，他说：应该说，党面临的"赶考"远未结束。我们党要带领人民实现全面建成小康社会的奋斗目标，不断坚持和发展中国特色社会主义，就是这场考试的继续。

2016年7月1日，在庆祝中国共产党成立95周年大会上，习近平总书记再次讲到，60多年的实践证明，我们党在这场历史性考试中取得了优异成绩。同时，这场考试还没有结束，还在继续。今天，我们党团结带领人民所做的一切工作，就是这场考试的继续。

70年来，从毛泽东提出"进京赶考"、中国共产党准备在全国执政，到习近平总书记在许多场合多次重提"赶考"，在中国共产党的领导人的意识里，"赶考"这根弦一直绷得很紧，不曾松懈。说明中国共产党人时刻自我反省，不忘初心。

正是"两个务必"保证了中国社会主义革命的顺利推进并取得胜利。但在社会主义建设的探索中，某个时期我们党偏离了"实事求是"的思想路线，社会主义建设陷入困境。1978 年，在党和国家面临何去何从的重大历史关头，关于真理标准的大讨论掀起了党的又一次自我革命，进而推动改革开放的伟大的社会革命。党的十一届三中全会的召开不仅解决了党内很多问题，开启了改革开放的伟大征程，开辟了中国特色社会主义道路。

中国特色社会主义道路是党的自我革命与伟大的社会革命的辩证统一，坚持社会革命与自我革命相统一是中国特色社会主义道路区别于其他道路的一个重要标志。中国特色社会主义道路是怎么走出来的，是从整党这一党的自我革命开始的，是从改革开放这场伟大的社会革命走出来的。习近平总书记指出："当代中国的伟大社会变革，不是简单延续我国历史文化的母版，不是简单套用马克思主义经典作家设想的模板，不是其他国家社会主义实践的再版，也不是国外现代化发展的翻版。"[①] "改革开放是决定当代中国命运的关键一招。"[②] "改革开放是我们党的一次伟大觉醒，正是这个伟大觉醒孕育了我们党从理论到实践的伟大创造。改革开放是中国人民和中华民族发展史上一次伟大革命，正是这个伟大革命推动了中国特色社会主义事业的伟大飞跃！"[③] 改革开放 40 多年来，通过改变束缚生产力发展的体制机制，极大地解放和发展了生产力，极大地激发了社会发展活力，人民生活水平大幅提高，综合国力显著增强，国际地位显著提高。改革开放改变了中国的面貌，实现了中国人民从

---

① 习近平：《在哲学社会科学工作座谈会上的讲话》，人民出版社 2018 年版，第 21 页。

② 习近平：《在纪念中国人民抗日战争暨世界反法西斯战争胜利 69 周年座谈会上的讲话》，人民出版社 2014 年版，第 18 页。

③ 《习近平新时代中国特色社会主义思想学习纲要》，学习出版社、人民出版社 2019 年版，第 80 页。

站起来到富起来、强起来的伟大飞跃，成功走出了一条中国特色社会主义道路。

中国特色社会主义最本质的特征是中国共产党领导。中国共产党是中国特色社会主义道路的开辟者、领导者和推动者，没有中国共产党，就没有新中国，同样也没有中国特色社会主义道路。中国共产党为什么能够领导中国人民成功开创中国特色社会主义道路，是因为中国共产党具有勇于自我革命的鲜明品格，能够以自我革命引领改革开放的伟大社会革命。中国改革开放总设计师邓小平告诫我们："在整个改革开放过程中都要反对腐败。"[①] "中国要出问题，还是出在共产党内部。"[②]在整个改革开放过程中，我们党坚持不懈抓反腐败斗争，先后开展整党、"三讲"教育、先进性教育活动、学习实践科学发展观活动、群众路线教育实践活动、"三严三实"专项教育、"两学一做"学习教育、"不忘初心、牢记使命"主题教育活动等教育活动，始终保持党的先进性和纯洁性。

实践证明，在中国特色社会主义的发展历程中，党的自我革命与党所领导的改革开放的伟大的社会革命是辩证统一的，两者缺一不可，缺其一，就不可能开辟中国特色社会主义道路，就不能坚持和发展中国特色社会主义道路。

把新时代坚持和发展中国特色社会主义这场伟大社会革命进行好，我们党必须继续做好自我革命。新时代是决胜全面建成小康社会，进而全面建设社会主义现代化强国，实现中华民族伟大复兴的关键时期。船到中流浪更急，人到半山路更陡。这一时期世界处于百年未有之大变局，正经历新一轮大发展大变革大调整，人类文明发展面临的新机遇新挑战层出不穷，不确定不稳定因素明显增多。国内全面深化改革还面临很多深层次的矛盾，"四大考验""四种危险"依然复杂严峻。"打铁还需自身硬"，要把新时代中国特色社会

---

① 《邓小平文选》第 3 卷，人民出版社 1993 年版，第 379 页。

② 《邓小平文选》第 3 卷，人民出版社 1993 年版，第 380 页。

主义发展好，就必须不断纯洁党的队伍，保证党的肌体健康。党的十八大以来，全面从严治党深入推进并取得重大成效，有力地保障了中国特色社会主义的健康发展。我们党必须增强忧患意识、责任意识，把党的伟大自我革命进行到底，以党的自我革命引领党建设新的伟大工程，推进新的伟大斗争，发展中国特色社会主义的伟大事业，实现中华民族伟大复兴的梦想。

（五）新时代中国共产党如何进行自我革命

党的十八大以来，我们把全面从严治党纳入"四个全面"战略布局，这是新的历史条件下我们党应对世情国情党情变化的必然选择。我们坚持问题导向，主要从以下几个方面推进全面从严治党。一是抓思想从严，坚持用马克思主义中国化最新成果武装头脑、凝心聚魂，用理想信念和党性教育固本培元、补钙壮骨，着力教育引导全党坚定思想、坚定信念，增强中国特色社会主义道路自信、理论自信、制度自信、文化自信。二是抓管党从严，坚持和落实党的领导，引导全党增强政治意识、大局意识、核心意识、看齐意识，着力落实管党治党责任，不断增强各级党组织管党治党意识和能力。三是抓执纪从严，坚持把纪律挺在前面，严明党的政治纪律和政治规矩，着力推动全党牢记"五个必须"、防止"七个有之"，保证全党团结统一、步调一致。四是抓治吏从严，坚持正确用人导向，深化干部人事制度改革，破解"四唯"难题，着力整治用人上的不正之风，优化选人用人环境。五是抓作风从严，坚持以上率下，锲而不舍、扭住不放，着力解决许多过去被认为解决不了的问题，推动党风政风不断好转。六是抓反腐从严，坚持以零容忍态度惩治腐败，"老虎""苍蝇"一起打，着力扎紧制度的笼子，特别是清除了周永康、薄熙来、郭伯雄、徐才厚、令计划等腐败分子，有效遏制腐败蔓延势头。

经过几年努力，全面从严治党取得重要阶段性成果，党内正气在上升，党风在好转，社会风气在上扬。这些变化，是全面深刻的变化、影响深远的变化、鼓舞人心的变化，为党和国家事业发展积聚了强大正能量。这充分表明，党中央做出全面从严治党的战略抉择是完全正确的，是深得党心民心的。

党的十八大以来，以习近平同志为核心的党中央以巨大的政治勇气、强烈的责任担当、顽强的意志品质坚决改变管党治党"宽""松""软"的状况。以猛药去疴、重典治乱、刮骨疗伤的决心勇气，推动全面从严治党向纵深发展，"打虎""拍蝇"雷霆万钧，正风肃纪驰而不息，形成了反腐败斗争压倒性态势，消除了党和国家内部存在的严重隐患，党内政治生活气象更新，党内政治生态明显好转，党的创造力、凝聚力、战斗力显著增强，党的团结统一更加巩固，党群关系明显改善，党在革命性锻造中更加坚强，焕发出新的强大生机活力，为党和国家事业发展提供了坚强政治保证。党的十九大报告中提出的"革命性锻造"是"自我革命"的另一种表达。党的十八大以来的实践表明，党的自我革命显示出了巨大的威力。自我革命不仅仅是一个抽象的理论概念，更是一种实践活动，它包含以下几个着力点。

一是把纪律挺在前面，加强党的作风建设。针对一段时期党内存在的突出问题，中央出台关于改进工作作风、密切联系群众的"八项规定"，严厉整治形式主义、官僚主义、享乐主义和奢靡之风，坚决反对特权，把纪律挺在前面。着力解决人民群众反映最强烈、对党的执政基础威胁最大的突出问题，在全党进行党的群众路线教育实践活动和"三严三实"专项教育，推进"两学一做"学习教育常态化制度化，以保持党与人民群众的血肉联系，不断厚植党执政的群众基础。

二是以零容忍态度坚定不移惩治腐败。2013 年习近平总书记在研究中央巡视工作规划时指出，反腐败斗争形势依然严峻复杂。党的十八大以来波澜壮阔的实践充分证明，把全面从严治党摆上战略布局英明正确，在实现伟大复兴的关键时刻，校正了党和国家事业前进的航向，使党经历了革命性锻造。以"得罪千百人，不负十三亿"的使命担当，正风肃纪反腐，挽狂澜于既倒，逆转了多年形成的"四风"惯性。五年来，440多名省军级以上党员干部及其他中管干部、8000多名厅局级干部、6.3万多名县处级干部严重违纪违法受到惩处，反腐败力度史无前例，腐败蔓延势头得到明显遏制，反腐败斗争的压倒性态势已经形成并巩固发展。党的十九大报告指出："要坚持无禁区、全覆盖、零容忍，坚持重遏制、强高压、长震慑，坚持受贿行贿一起查，坚决防止党内形成利益集团。""打铁必须自身硬。""只有以反腐败永远在路上的坚韧和执着，深化标本兼治，保证干部清正、政府清廉、政治清明，才能跳出历史周期率，确保党和国家长治久安。"① 这些论述表明我们党在新时代继续推进以全面从严治党为载体的自我革命的坚定决心。

三是完善党内法规体系，使从严治党管党有规可循。党的十八大以来，中国共产党不断总结在加强自身建设方面的经验和教训，及时把行之有效的做法用制度的形式固定下来。5年来，中央共出台或修订80多部党内法规，超过现有党内法规的40%，全面从严治党逐步实现有规可循、有据可依。比如，2012年12月4日，习近平总书记主持召开中共中央政治局会议，审议通过了《中央政治局关于改进工作作风、密切联系群众的八项规定》。2017年10月27日，十九届中共中央政治局召开会议，审议《中共中央政治局贯彻落实中央八项规定的实施细则》，使改进工作作风有了更加规范的依据。十八届中央纪委三次全会指出，各级党委（党组）要切实担负党风廉政建设主体责任，纪委（纪检组）要承担监督责任。2015年，修订《中国共产党廉洁自律准则》，为党员和党员领导干部树立了一个看得见、够得着的高标准，展现了共产党人的高尚道德追求；修订《中国共产党纪律处分条例》，实现问责工作的制度化、程序

① 习近平：《决胜全面建成小康社会　夺取新时代中国特色社会主义伟大胜利——在中国共产党第十九次全国代表大会上的报告》，人民出版社2017年版，第67页。

化。修订《党政领导干部选拔任用工作条例》和印发《关于防止干部"带病提拔"的意见》，严格干部选拔任用。党的十八届六中全会通过《关于新形势下党内政治生活的若干准则》，将党的十八大以来的新做法新经验固化为党内法规，成为未来党内政治生活的基本遵循。

四是着力构建对权力运行进行制约与监督的体制机制。党的十九大报告提出："增强党自我净化能力，根本靠强化党的自我监督和群众监督。要加强对权力运行的制约和监督，让人民监督权力，让权力在阳光下运行，把权力关进制度的笼子。"① 这些表述一语中的，十分深刻。建立完善的自我监督体系是党自我革命的最为关键的一环，也是全面从严治党重要着力点。党的十八大以来，以习近平同志为核心的党中央建立和完善了一系列制度，着力加强对权力运行的制约和监督。党的十八届六中全会通过《中国共产党党内监督条例》，对中国共产党自我监督做了重大创新。如明确提出："党内监督没有禁区、没有例外。信任不能代替监督。"强化民主集中制基础上的"三种监督"："党内监督必须贯彻民主集中制，依规依纪进行，强化自上而下的组织监督，改进自下而上的民主监督，发挥同级相互监督作用。"构建完整严密的六大党内监督体系，即"在党中央统一领导下，建立党委（党组）全面监督，纪律检查机关专责监督，党的工作部门职能监督，党的基层组织日常监督，党员民主监督的党内监督体系。"改革纪委监督体制，"强化上级纪委对下级纪委的领导，纪委发现同级党委主要领导干部的问题，可以直接向上级纪委报告……"进一步加强巡视工作："巡视是党内监督的重要方式。中央和省、自治区、直辖市党委一届任期内，对所管理的地方、部门、企事业单位党组织全面巡视。"把巡视工作作为党内监督的战略性制度安排。2015 年 8 月 3 日，中共中央颁布实施修订的《中国

---

① 习近平：《决胜全面建成小康社会　夺取新时代中国特色社会主义伟大胜利——在中国共产党第十九次全国代表大会上的报告》，人民出版社 2017 年版，第 67 页。

共产党巡视工作条例》。

党的十九大报告对完善监督体系和改革监督机制做出了进一步规划与设计，首先是对深化国家监察体制改革做出重大决策部署。报告指出："深化国家监察体制改革，将试点工作在全国推开，组建国家、省、市、县监察委员会，同党的纪律检查机关合署办公，实现对所有行使公权力的公职人员监察全覆盖。制定国家监察法，依法赋予监察委员会职责权限和调查手段，用留置取代'两规'措施。"[①] 2017 年 10 月 29 日，中共中央办公厅印发《关于在全国各地推开国家监察体制改革试点方案》，部署在全国范围内深化国家监察体制改革的探索实践，在总结北京市、山西省、浙江省改革试点工作经验基础上，在全国各地推开改革试点，完成省、市、县三级监察委员会组建工作，实现对所有行使公权力的公职人员监察全覆盖。

党的十九大报告提出了将党的自我监督与国家监督、人民监督相结合，构建完善的监督体系："构建党统一指挥、全面覆盖、权威高效的监督体系，把党内监督同国家机关监督、民主监督、司法监督、群众监督、舆论监督贯通起来，增强监督合力。"[②] 党的十九大的这些部署对中国的政治体制和权力运行机制将产生深刻的变革和极为深远的影响，特别是对一党执政条件下权力的科学有效的监督将走出实质性和具有历史性意义的步伐。在此基础上，中国共产党将走出一条崭新的执政党权力的自我监督之路，走出一条崭新的人类制度文明之路，为探索国家治理文明、人类发展之路提供中国智慧和中国方案。

五是自我革命"永远在路上"。全面从严治党永远在路上，宣示

①　习近平：《决胜全面建成小康社会　夺取新时代中国特色社会主义伟大胜利——在中国共产党第十九次全国代表大会上的报告》，人民出版社 2017 年版，第 67—68 页。

②　习近平：《决胜全面建成小康社会　夺取新时代中国特色社会主义伟大胜利——在中国共产党第十九次全国代表大会上的报告》，人民出版社 2017 年版，第 68 页。

了中国共产党的自我革命不是一个历史阶段的运动，它没有终点，贯穿于中国共产党的历史、现在和未来。作为中国共产党的一个基本的立场、观点和方法，自我革命是管长远的，是要长期坚持的。"永远在路上"内涵丰富、意义重大。首先，"永远在路上"要牢记自己的起点，这一起点就是将为中国人民谋幸福、为中华民族谋复兴作为初心和使命，这一"初心"和"使命"始终是激励我们奋勇前行的强大动力。其次，"永远在路上"，就要看清自己的方向，不断深化。正如党的十九大报告指出："坚持问题导向，保持战略定力，推动全面从严治党向纵深发展。"① 最后，"永远在路上"表明了全面从严治党的常态化、长期性、复杂性。全面从严治党不可能一蹴而就，更不会一劳永逸，管党治党宽松软不是一两天形成的，从宽松软走向严紧硬也绝非一日之功，需要经历一个砥砺淬炼的过程。党的十八大以来，全面从严治党虽然成效卓著，但仍然任重道远；反腐败斗争压倒性态势已经形成并巩固发展，但形势依然严峻复杂。因此，全面从严治党要注重日常，抓在经常，要常抓不懈、锲而不舍，对于党内的突出问题，必须反复抓、抓反复，不能有喘口气、歇歇脚的念头。

中国共产党是一个长期一党执政的党，与西方多党制和三权分立的政治制度截然不同。西方制度强调所谓的相互制约，中国制度不仅强调构建制度监督体系，同时又十分强调自律。自己认识自己的不足，自己监督自己，自己发展自己，这既遵循了马克思主义批判的革命的辩证法，也符合中国自省的历史文化传统，更是在开创政党制度和国家治理没有走过的新路。中国共产党的伟大不在于不犯错误，而在于从不讳疾忌医，敢于直面问题、勇于自我革命，具有极强的自我修复能力。正如习近平总书记指出，我们党为什么能够在现代中国各种政治力量的反复较量中脱颖而出？

① 习近平：《决胜全面建成小康社会　夺取新时代中国特色社会主义伟大胜利——在中国共产党第十九次全国代表大会上的报告》，人民出版社 2017 年版，第 67 页。

为什么能够始终走在时代前列、成为中国人民和中华民族的主心骨？根本原因就在于始终保持了承认并改正错误的勇气，一次次拿起手术刀来革除自身的病症、解决自身的问题。这种能力既是我们党区别于世界上其他政党的显著标志，也是我们党长盛不衰的重要原因所在。党的十八大以来，中国共产党勇于自我革命，从自己的党情和我国国情出发寻求破解长期一党执政历史周期率困境的钥匙，在风云变幻的国际形势中经受住了考验，以长盛不衰的形象屹立于世界政党之林，为政党制度的发展与完善做出了中国的贡献。

二　中国特色社会主义道路的基本内涵

习近平总书记在"不忘初心、牢记使命"主题教育工作会议上的重要讲话中特别强调，今年是新中国成立 70 周年。在这个重要时间节点开展"不忘初心、牢记使命"主题教育，其特别意义在于，无论我们走得多远，都不能忘记来时的路。因此，"不忘初心、牢记使命"，我们深刻认识我们党现在所走的路和来时的路。我的体会是，现在所走的路和来时的路就是中国特色社会主义道路以及它的由来即新民主主义革命时期和社会主义建设时期我们所走过的路。

中国特色社会主义这条道路来之不易，它"是在改革开放四十多年的伟大实践中得出来的，是在新中国成立七十年的持续探索中得出来的，是在我们党领导人民进行伟大社会革命九十多年的实践中得出来的，是在近代以来中华民族由衰到盛一百七十多年的历史进程中得出来的，是在世界社会主义五百年波澜壮阔的发展历程中得出来的，是在对中华文明五千多年的传承发展中走出来的"[①]，中国特色社会主义是科学社会主义理论逻辑和中国社会发展历史逻辑的辩证统一，具有深厚的历史渊源和广泛的现实基础。中国特色社

[①] 《习近平新时代中国特色社会主义思想学习纲要》，学习出版社、人民出版社 2019 年版，第 24—25 页。

会主义道路不是从天上掉下来的，是我们党和人民在长期的革命、建设、改革实践中，历经千辛万苦走出来的。历史证明："只有社会主义才能救中国，只有中国特色社会主义才能发展中国，只有坚持和发展中国特色社会主义才能实现中华民族伟大复兴。"①

（一）近代中国的命运与中国道路的历史必然性

鸦片战争以后，由于清政府的腐败无能，随着西方列强的不断入侵，中国陷入半殖民地半封建社会的深渊，进入了长达百年的沉沦期和屈辱史，中华民族遭受了前所未有的苦难。近代以来，中国面对两大主题——民族独立和经济社会的现代化，两大主题又统一为一个大的主题即中华民族的伟大复兴。民族独立是第一位的，为此，历代仁人志士提出各种救亡图存的良方，探寻摆脱侵略和压迫、实现民族独立和国家富强的道路。太平天国运动、洋务运动、戊戌变法以及实业救国、科学救国、教育救国等各种救国思潮都接连失败，孙中山先生领导的辛亥革命虽然推翻了帝制，但由于中国资产阶级的软弱性，中国并未摆脱帝国主义、封建主义和官僚资本主义三座大山的压迫。中国国民党代表大地主大资产阶级的利益，也不可能完成推翻三座大山的历史任务。历史证明，无论旧式农民起义、封建统治阶级的自强运动，还是资产阶级改良派和资产阶级革命派的努力，都不能完成结束中国半殖民地半封建社会的历史任务，资本主义道路在中国是走不通的。

俄国十月革命一声炮响，给中国送来了马克思列宁主义。在马克思列宁主义同中国工人运动相结合的进程中，中国共产党诞生了。这一开天辟地的大事变"深刻改变了近代以后中华民族发展的方向和进程，深刻改变了中国人民和中华民族的前途和命运，深刻改变

---

① 《习近平新时代中国特色社会主义思想学习纲要》，学习出版社、人民出版社 2019 年版，第 21 页。

了世界发展的趋势和格局"①。中国共产党从成立之初就明确提出反帝反封建的革命主张，就把人民翻身做主人和人民幸福作为奋斗目标，就肩负起了实现中华民族伟大复兴的历史使命。

以毛泽东为主要代表的中国共产党人带领中国人民经过28年浴血奋战，彻底推翻三座大山，取得新民主主义的胜利，建立了中华人民共和国。旧中国半殖民地半封建社会的历史彻底终结，中国历史开始走出谷底，步入上升期。中国近代史100年的艰难历程充分证明："历史选择了马克思主义为指导思想，历史选择了中国发展的社会主义道路，历史选择了中国共产党作为推动中国历史前进的领导力量，历史证明实现中华民族复兴，是近代以来中国人民最伟大的梦想。"② 可以说，以马克思主义为指导思想的中国共产党带领中国人民赢得民族的独立，是历史的选择、人民的选择。

建立新中国、实现民族独立只是中华民族伟大复兴万里长征的第一步，新中国成立后中国共产党带领中国人民开启了探索社会主义道路、实现社会主义现代化的历程。新中国成立后，"我们党团结带领中国人民完成社会主义革命，确立社会主义基本制度，消灭一切剥削制度，推进了社会主义建设……完成了中华民族有史以来最为广泛而深刻的社会变革，为当代中国一切发展进步奠定了根本政治前提和制度基础，为中国发展富强、中国人民生活富裕奠定了坚实基础，实现了中华民族由不断衰落到根本扭转命运、持续走向繁荣富强的伟大飞跃"。③ 1956年年底三大改造的基本完成，确立了社会主义的基本经济制度和政治制度，标志着中国进入社会主义社会，开启了社会主义现代化建设的新征程。

在社会主义三大改造即将完成时，中国共产党召开第八次全国

---

① 习近平：《在庆祝中国共产党成立95周年大会上的讲话》，人民出版社2016年版，第2页。

② 张海鹏、翟金懿：《简明中国近代史读本》，中国社会科学出版社2018年版。

③ 习近平：《在庆祝中国共产党成立95周年大会上的讲话》，人民出版社2016年版，第3页。

代表大会，指出国内的主要矛盾不再是工人阶级和资产阶级之间的矛盾，而是人民对于建立先进的工业国的要求同落后的农业国的现实之间的矛盾，是人民对于经济文化迅速发展的需要同当前经济文化不能满足人民需要的状况之间的矛盾。基于对主要矛盾的科学认识，大会做出了党和国家的工作重点必须转移到社会主义建设上来的重大战略决策。但可惜的是，这一正确决策并没有得到贯彻落实。在"超英赶美"的焦虑中，人民公社化、"大跃进"运动开始了，直至"文化大革命"运动，党错误地把阶级斗争作为国内的主要矛盾，社会主义现代化建设陷入困境，以高度集中的计划经济体制和单一公有制为主要特征的传统社会主义道路已经走不通了。"社会主义道路向何处去"的问题摆在党和人民的面前。在新的历史时期，邓小平重新思考"什么是社会主义，怎样建设社会主义"的问题，以其卓越的胆识和超人的智慧引领了改革开放这一伟大历史转折，开创了中国特色社会主义道路。

　　1978 年 12 月召开的十一届三中全会，是新中国成立以来我党历史上具有深远意义的伟大转折：彻底否定"两个凡是"的方针，重新确立解放思想、实事求是的思想路线；停止以阶级斗争为纲的口号，做出把党和国家的工作重心转移到经济建设上来，实行改革开放的决策。党的十三大提出并系统阐述了社会主义初级阶段理论，制定了党在社会主义初级阶段的基本路线，制定了"三步走"发展战略和各项改革任务。之后，邓小平为打破对市场经济"姓资""姓社"的思想束缚，提出"三个有利于"标准，指出"社会主义的本质，是解放生产力，发展生产力，消灭剥削，消除两极分化，最终达到共同富裕"，为社会主义市场经济的发展和改革开放指明了方向。党的十四大提出我国经济体制改革的目标是建立社会主义市场经济体制，中国特色社会主义道路的基本框架逐步形成，中国特色社会主义步入快速发展的轨道。

　　正如习近平总书记指出，改革开放 40 多年来，"我们党团结带领中国人民进行改革开放新的伟大革命，极大激发广大人民群众的创造性，极大解放和发展社会生产力，极大增强社会发展活力，人民生活显著改善，综合国力显著增强，国际地位显著提高。这一伟大历史贡献的意义在于，开辟了中国特色社会主义道路，形成了中国特色社会主义理论体系，确立了中国特色社会主义制度，使中国赶上了时代，实现了中国人民从站起来到富起来、强起来的伟大飞跃"①。经过40多年的发展，我们走出了一条自己的道路——中国特色社会主义道路，40年持续稳定的发展实践证明了中国特色社会主义道路的科学性和必然性。今天，我们比历史上任何时期都更接近、更有信心和能力实现中华民族伟大复兴的目标。

习近平总书记在庆祝中国共产党成立95周年大会上的讲话中指出：

历史告诉我们，没有先进理论的指导，没有用先进理论武装起来的先进政党的领导，没有先进政党顺应历史潮流、勇担历史重任、敢于做出巨大牺牲，中国人民就无法打败压在自己头上的各种反动派，中华民族就无法改变被压迫、被奴役的命运，我们的国家就无法团结统一、在社会主义道路上走向繁荣富强。

历史告诉我们，95年来，中国走过的历程，中国人民和中华民族走过的历程，是中国共产党和中国人民用鲜血、汗水、泪水写就的，充满着苦难和辉煌、曲折和胜利、付出和收获，这是中华民族发展史上不能忘却、不容否定的壮丽篇章，也是中国人民和中华民族继往开来、奋勇前进的现实基础。

历史还告诉我们，历史和人民选择中国共产党领导中华民族伟大复兴的事业是正确的，必须长期坚持、永不动摇；中国共产党领导中国人民开辟的中国特色社会主义道路是正确的，必须长期坚持、

①　习近平：《在庆祝中国共产党成立95周年大会上的讲话》，人民出版社2016年版，第3页。

永不动摇；中国共产党和中国人民扎根中国大地、吸纳人类文明优秀成果、独立自主实现国家发展的战略是正确的，必须长期坚持、永不动摇。①

（二）中国道路的丰富内涵

在改革开放的伟大实践中，党对中国特色社会主义道路的认识不断深化和完善。党的十三大明确概括和全面阐发了党的基本路线，即"领导和团结全国各族人民，以经济建设为中心，坚持四项基本原则，坚持改革开放，自力更生，艰苦创业，为把我国建设成为富强、民主、文明的社会主义现代化国家而奋斗。"② 这一概括是对党的十一届三中全会以来路线、方针、政策的总结。党的十六届六中全会提出了构建社会主义和谐社会的战略目标，中国特色社会主义总体布局由"三位一体"发展为"四位一体"。

党的十七大报告对中国特色社会主义道路做出初步概括："中国特色社会主义道路，就是在中国共产党领导下，立足基本国情，以经济建设为中心，坚持四项基本原则，坚持改革开放，解放和发展社会生产力，巩固和完善社会主义制度，建设社会主义市场经济、社会主义民主政治、社会主义先进文化、社会主义和谐社会，建设富强民主文明和谐的社会主义现代化国家。"③ 这是中国共产党在其代表大会上首次对中国特色社会主义道路进行理论概括。党的十八大报告又做出新的概括："中国特色社会主义道路，就是在中国共产党领导下，立足基本国情，以经济建设为中心，坚持四项基本原则，坚持改革开放，解放和发展社会生产力，建设社会主义市场经济、社会主义民主政治、社会主义先进文化、社会主义和谐社会、社会主义生态文明，

---

① 习近平：《在庆祝中国共产党成立95周年大会上的讲话》，人民出版社2016年版，第4、5页。

② 《十三大以来重要文献选编》（上），人民出版社1991年版，第15页。

③ 胡锦涛：《高举中国特色社会主义伟大旗帜　为夺取全面建设小康社会新胜利而奋斗——在中国共产党第十七次全国代表大会上的报告》，人民出版社2007年版，第11页。

促进人的全面发展，逐步实现全体人民共同富裕，建设富强民主文明和谐的社会主义现代化国家。"①与党的十七大报告相比，党的十八大报告对中国特色社会主义道路的内容的概括更加丰富，增强了"社会主义生态文明"这一内容，形成了"五位一体"的总体布局。

2012年11月17日，习近平总书记在十八届中共中央政治局第一次集体学习时的讲话中指出：中国特色社会主义道路，既坚持以经济建设为中心，又全面推进经济建设、政治建设、文化建设、社会建设、生态文明建设以及其他各方面建设；既坚持四项基本原则，又坚持改革开放；既不断解放和发展社会生产力，又逐步实现全体人民共同富裕、促进人的全面发展。这一概括勾画了中国特色社会主义道路的基本轮廓，指明了中国特色社会主义道路的基本前提、基本依据、运行机制、基本目标。党的十九大形成了"两步走"的战略安排，提出到2050年全面建成富强民主文明和谐美丽的社会主义现代化强国。对奋斗目标的表述，不仅增加了"美丽"的内容，而且将"社会主义现代化国家"升级为"社会主义现代化强国"，拓展了党的基本路线的内涵。

中国特色社会主义道路的基本内涵包括以下几个方面。

1. 中国道路最本质的特征是中国共产党的领导

中国共产党的领导是中国特色社会主义最本质的特征，是中国特色社会主义制度的最大优势。党的十九大报告指出："中国特色社会主义最本质的特征是中国共产党领导。""党政军民学，东西南北中，党是领导一切的。"②为什么中国特色社会主义最本质的特征是中国共产党领导呢？因为中国共产党是中国特色社会主义道路的开辟者、领导者和推动者，中国道路体现中国共产党的理想和智慧。没有中国共

---

① 胡锦涛：《坚定不移沿着中国特色社会主义道路前进　为全面建成小康社会而奋斗——在中国共产党第十八次全国代表大会上的报告》，人民出版社2012年版，第12页。

② 习近平：《决胜全面建成小康社会　夺取新时代中国特色社会主义伟大胜利——在中国共产党第十九次全国代表大会上的报告》，人民出版社2017年版，第20页。

产党，就没有新中国，同样也没有中国特色社会主义道路。党的十八大以来，我们党推进党的建设新的伟大工程，进行具有许多新的历史特点的伟大斗争，要确保党在发展中国特色社会主义历史进程中始终成为坚强领导核心。党的十九大报告明确指出："伟大斗争，伟大工程，伟大事业，伟大梦想，紧密联系、相互贯通、相互作用，其中起决定性作用的是党的建设新的伟大工程。"[①]

加强党的领导是新时代坚持和发展中国特色社会主义的根本保证，在新时代，我们党必须以党的自我革命来推动党领导人民进行坚持和发展中国特色社会主义这场伟大社会革命。

2. 中国道路是发展社会主义市场经济之路

中国特色社会主义道路的一个突出特征，就是实现了社会主义与市场经济的有机结合，破解了社会主义资源如何配置这一难题。社会主义市场经济，打破了市场经济"姓资""姓社"的思想束缚，是把社会主义的理想价值与市场调节手段相结合的经济形态，在坚持市场基础性调节作用的同时，发挥国家在关键的市场领域和市场环节保持足够的控制力和调节能力。这是党总结世界经济发展的经验教训，在长期社会主义建设实践探索中总结出来的，也是基于中国基本国情的"中国独创"。它克服了单纯计划指导和完全自由化、市场化调节的弊端，更好地处理了公平与效率的关系，既能保证经济的快速发展，又保证不偏离公平正义、共同富裕的社会主义方向。

因此，从经济的角度看，中国道路就是发展社会主义市场经济之路。社会主义市场经济体制的建立和完善是改变中国的历史抉择，是改革开放最核心的内容，极大地解放和发展了社会生产力，促进了我国经济长达40多年的快速发展。

3. 中国道路是中国特色社会主义民主政治发展道路

政治发展道路是关系根本、关系全局的重大问题。习近平总书

---

① 习近平：《决胜全面建成小康社会　夺取新时代中国特色社会主义伟大胜利——在中国共产党第十九次全国代表大会上的报告》，人民出版社 2017 年版，第 17 页。

记在党的十九大报告中指出："中国特色社会主义政治发展道路，是近代以来中国人民长期奋斗历史逻辑、理论逻辑、实践逻辑的必然结果，是坚持党的本质属性、践行党的根本宗旨的必然要求。"中国特色社会主义政治发展道路最根本的就是"坚持党的领导、人民当家作主、依法治国有机统一"。"党的领导是人民当家作主和依法治国的根本保证，人民当家作主是社会主义民主政治的本质特征，依法治国是党领导人民治理国家的基本方式，三者统一于我国社会主义民主政治伟大实践。"① 中国特色社会主义政治发展道路，就是"坚持和完善人民代表大会制度、中国共产党领导的多党合作和政治协商制度、民族区域自治制度、基层群众自治制度，巩固和发展最广泛的爱国统一战线，发展社会主义协商民主，保证人民当家作主落实到国家政治生活和社会生活之中"。②

　　中国特色社会主义政治发展道路，坚持马克思主义群众史观，坚持人民主体，保障人民当家作主的权利，是中国共产党团结带领中国人民、立足中国政治实际进行长期不懈奋斗的实践创造，是人类民主政治发展史上具有标志性意义的中国智慧和中国方案。

　　4. 中国道路是中国特色社会主义先进文化发展道路

　　中国特色社会主义文化是当代中国的文化基石，是国家文化软实力的根本。党的十九大报告指出："中国特色社会主义文化，源自于中华民族五千多年文明历史所孕育的中华优秀传统文化，熔铸于党领导人民在革命、建设、改革中创造的革命文化和社会主义先进文化，植根于中国特色社会主义伟大实践。发展中国特色社会主义文化，就是以马克思主义为指导，坚守中华文化立场，立足当代中国现实，结合当今时代条件，发展面向现代化、面向世界、面向未

---

① 习近平：《决胜全面建成小康社会　夺取新时代中国特色社会主义伟大胜利——在中国共产党第十九次全国代表大会上的报告》，人民出版社 2017 年版，第 36 页。

② 习近平：《决胜全面建成小康社会　夺取新时代中国特色社会主义伟大胜利——在中国共产党第十九次全国代表大会上的报告》，人民出版社 2017 年版，第 22 页。

来的，民族的科学的大众的社会主义文化，推动社会主义精神文明和物质文明协调发展。要坚持为人民服务、为社会主义服务，坚持百花齐放、百家争鸣，坚持创造性转化、创新性发展，不断铸就中华文化新辉煌。"① 这一概括指出了中国特色社会主义文化的内容，即中华优秀传统文化、革命文化和社会主义先进文化，指明了其发展路径，即创造性转化、创新性发展。

5. 中国道路是为人民谋幸福的发展道路

中国特色社会主义道路坚持以人民为中心，推动人的全面发展。党的十九大报告指出："全党必须牢记，为什么人的问题，是检验一个政党、一个政权性质的试金石。带领人民创造美好生活，是我们党始终不渝的奋斗目标。必须始终把人民利益摆在至高无上的地位，让改革发展成果更多更公平惠及全体人民，朝着实现全体人民共同富裕不断迈进。"② 从党的八大开始，我们党就把人民日益增长的物质文化需要同落后的社会生产之间的矛盾作为我国社会的主要矛盾。改革开放40多年来，我国经济社会发展的最终目的就是满足人民不断增长的物质文化需要。中国特色社会主义进入新时代，我国社会主要矛盾转化为人民日益增长的美好生活需要和不平衡不充分的发展之间的矛盾。人们的生活水平大幅提高，温饱问题已经解决，需求层次随之提高，不仅对物质文化生活提出了更高要求，而且在民主、法治、公平、正义、安全、环境等方面的要求日益增长。我们要满足人民群众更高层次的需求。

习近平总书记高度重视民生建设，把"精准扶贫"作为三大攻坚战之一。关于扶贫工作，他说："小康不小康，关键看老乡。"③

① 习近平：《决胜全面建成小康社会　夺取新时代中国特色社会主义伟大胜利——在中国共产党第十九次全国代表大会上的报告》，人民出版社2017年版，第41页。

② 习近平：《决胜全面建成小康社会　夺取新时代中国特色社会主义伟大胜利——在中国共产党第十九次全国代表大会上的报告》，人民出版社2017年版，第44—45页。

③ 《习近平新时代中国特色社会主义思想学习纲要》，学习出版社、人民出版社2019年版，第161页。

假如没有农村的小康，特别是没有贫困地区的小康，全面建成小康社会就难以完成。

6. 中国道路是追求人与自然和谐共生的生态文明发展道路

生态文明是当代社会形态的一个重要特征，也是中国特色社会主义道路的重要内涵之一。"生态文明是人类为保护和建设美好生态环境而取得的物质成果、精神成果和制度成果的总和，是贯穿于经济建设、政治建设、文化建设、社会建设全过程和各方面的系统工程，反映了一个社会的文明进步状态。"① 党的十九大报告指出："人与自然是生命共同体，人类必须尊重自然、顺应自然、保护自然。……我们要建设的现代化是人与自然和谐共生的现代化，既要创造更多物质财富和精神财富以满足人民日益增长的美好生活需要，也要提供更多优质生态产品以满足人民日益增长的优美生态环境需要。必须坚持节约优先、保护优先、自然恢复为主的方针，形成节约资源和保护环境的空间格局、产业结构、生产方式、生活方式，还自然以宁静、和谐、美丽。……坚定走生产发展、生活富裕、生态良好的文明发展道路，建设美丽中国，为人民创造良好生产生活环境，为全球生态安全作出贡献。"②

7. 中国道路是以人类命运共同体为理念的和平发展道路

改革开放以来，我们一贯坚持走和平发展道路，不搞霸权主义。党的十八大以来，习近平总书记高屋建瓴，着眼世界整体，提出并阐释了"构建人类命运共同体"的思想。这一思想集中概括了中国所主张的实现和平发展、建设和谐世界的发展道路。这一发展道路不是要谋求世界霸权，而是把为人类做出新的更大贡献作为自己的使命，主张建设持久和平、普遍安全、共同繁荣、开放包容、清洁美丽的世界：坚持共建共享，维护世界普遍安全；坚持合作共赢，谋求世界共同繁荣；坚持交流互鉴，主张开放包容；坚持绿色低碳，

---

① 陈金清主编：《生态文明理论与实践研究》，人民出版社 2016 年版，第 8 页。

② 习近平：《决胜全面建成小康社会　夺取新时代中国特色社会主义伟大胜利——在中国共产党第十九次全国代表大会上的报告》，人民出版社 2017 年版，第 50、24 页。

共同建设一个清洁美丽的世界。这一发展道路尊重世界文明的多样性，尊重各国人民自主选择发展道路的权利，维护国际公平正义；秉持共商共建共享的全球治理观，不断为全球治理体系改革和建设贡献中国智慧和力量。

（三）新时代中国道路的挑战与未来

中国特色社会主义进入新时代，是新中国成立以来特别是改革开放以来我国社会发展进步的必然结果，新中国的成立，为中华民族伟大复兴奠定坚实基础。改革开放新的伟大革命，为中华民族伟大复兴注入强大生机活力。新时代是决胜全面建成小康社会，进而全面建设社会主义现代化强国的时代，是实现中华民族伟大复兴的关键时期。我们必须把握时代特点、直面时代课题，在体现时代性、把握规律性、富于创造性中不断展现蓬勃的生机活力。

新时代中国特色社会主义依然面临诸多风险和挑战。习近平总书记指出："当前，我国处于近代以来最好的发展时期，世界处于百年未有之大变局，两者同步交织、相互激荡。"① 当今世界正经历新一轮大发展大变革大调整，大国战略博弈全面加剧，国际体系和国际秩序深度调整，人类文明发展面临的新机遇新挑战层出不穷，不确定不稳定因素明显增多，要防患终止和延缓中华民族伟大复兴的重大风险和挑战。

三　唤醒初心、回归初心、践行初心，做双效统一、高质量发展的担当者，改革创新的先行者

（一）牢记学术出版的初心和使命

第一，学术出版的初心。学术出版的初心就是为人民群众出好书，满足人民群众更高精神文化需求，为中华民族的伟大复兴提供坚实的文化支撑，全体同志要树立崇高的职业理想，树立"要做好书""能

---

① 《习近平谈治国理政》第 3 卷，外文出版社 2020 年版，第 428 页。

做好书""做成好书"的信念，树立引领哲学社会科学出版的自信。

第二，历史回顾与经验总结。今年是中国社会科学出版社成立41年，去年我们40周年社庆时，我回顾了中国社会科学出版社40年的发展历程，就讲到初心，我的致辞题目是"不忘初心　勇于担当　继往开来　砥砺前行"。

40多年来，我们的特色和经验就是"守正创新、双效统一"。

第一，始终坚持正确的出版方向，重视理论学习，特别是近年来我社注重在深入学习党的创新理论的基础上策划优秀选题和加强图书质量把关。40多年来，我社在宣传马克思主义理论和中国特色社会主义研究成果方面，在弘扬主旋律、巩固以马克思主义为指导的社会主义意识形态上，在坚持社会主义先进文化的发展方向上出版了大量具有重要影响力的力作，发挥了作为党和国家意识形态重要阵地的作用。

第二，坚守学术出版定位。40多年来，我社始终坚持学术出版的基本定位，出版了大量学术和文化精品。但有一段时间，我们因为追求经济利益而迷失，出版社的口碑和品牌付出了沉重的代价。无论多么困难，我们都应当坚持学术出版的初心不变，绝不能因为经济利益丢掉学术出版的品牌。

第三，创新发展思路，跟上时代步伐。我社紧跟哲学社会科学发展和图书出版行业发展的新形势，相继成立马克思主义理论出版中心、国际合作与出版中心、数字出版中心、年鉴分社、重大项目出版中心等，使我社保持了与时俱进的发展格局与态势，保证了我社在主题出版、精品化、数字化、国际化上跟上时代的步伐。

第四，探索出主题出版、精品出版、国际出版、大众出版、数字出版相统一的出版道路，收到一举多得的成效。

（二）我社和出版行业现状

1. 新时代、新要求

新时代党中央对出版工作提出了新的要求。目前，中国正处于由出版大国向出版强国转变的时期，图书出版也从数量规模型向质量效益型转变。党中央对出版工作高度重视，对图书政治导向要求越来越严，对图书质量要求越来越高。一是中央全面深化改革委员会第五次会议审议通过了《关于加强和改进出版工作的意见》，这是一个关于出版业发展的纲领性、指导性文件，为出版工作下一步发展指明了方向。二是中宣部印发了《图书出版单位社会效益评价考核试行办法》，将社会效益指标进行了量化，为图书出版单位划出了社会效益红线。三是人力资源和社会保障部自2015年起将我社纳入中央直属企业考核，经济考核主要考核年度总收入、净利润等指标。四是财政部和中宣部下发的《中央文化企业公司制改制工作实施方案》，要求国有文化企业完成公司制改制，建立现代企业制度。

大家在努力工作的同时，一定要认识到新时代出版工作的新要求、新环境和新变化。如果认识不到这一点，不改变观念，就不能适应新时代。如果别人适应了我们没适应，若干年后我社就会落伍、被淘汰。客观上，时代和形势发生变化，我们一定要与时俱进，使主客观相统一。

2. 我社面临的问题

经过多年的发展，我社取得了一定的成就。自2011年我接任社长以来，我社利润和储备都有所增长。生产规模、总收入、利润、运行情况总体较好，社会影响力、品牌影响力和口碑都获得了扩大和提升，但我社的发展中也存在一些问题。

第一，意识形态工作存在风险隐患。一是在选题把关环节方面存在问题隐患。我社出版的图书，学科领域宽，学科覆盖面广，民族、宗教、外交等领域的成果多，敏感问题集中，存在未发现书稿中细小政治差错和隐蔽意识形态问题的可能。二是在书稿审读环节存在问题隐患，没有完全做到专业审稿，三审把关草率，不认真仔细负责情况仍存在。

第二，图书编校质量存在隐患。由于编辑力量不够充实，与我社目前的出书量相比缺口较大，不得不使用一定数量的兼职编辑，这些兼职编辑人员素质参差不齐，编校能力不足，一些编辑对兼职编辑管理、审核把关不严，虽然兼职编辑人员仅进行稿件初审，但仍存在较大质量隐患。去年，我社对兼职编辑的资质进行审核，淘汰一批不合格的兼职编辑。专业学术出版编辑对从业人员的学历、专业等都有较高要求，经济学、法学等热门学科入职成功率较低，应届毕业生落户指标较少，招聘难度较大；此外，出版社自2019年起实行工资总额管理，"增人不增资"政策如何执行尚不确定，对招聘工作造成了一定难度。审稿的能力、审稿队伍还要加强。

第三，图书策划和产品结构方面，创新能力不足。选题策划能力、宣传能力、营销能力均有待提高。一种内容多种产品形态的新业态策划生产能力不突出。管理创新能力不高。不少编辑人员观念陈旧，习惯了做一般学术类图书，图书策划能力不强或无心施展；依赖"做多"，编辑出版质量不理想；图书结构不合理，精品图书的占比低；发行量较大的单品种图书少。数字产品的运营管理有待加强，持续稳定的盈利能力还没有形成。

第四，制度建设不够完善。从源头上预防和治理腐败的举措、办法还不多，权力监督制约的"笼子"扎得还不够紧。

第五，人才队伍方面的问题。高素质复合型人才的缺乏，已经成为我社高质量发展的重要障碍。近几年我社高级职称编辑退休较多，年轻编辑学历高、人数多，总体来看，我社职称评审压力较大；数字编辑、校对、质检、美编等岗位缺乏职称评审或职业晋升通道，骨干人才、干部队伍和梯队建设面临较大的困难，班子建设亟待加强。

第六，各部门之间协作联动不够。ERP系统上线，但还有很多不足，信息不全不准的情况较严重，成本信息不能及时归集，导致财务数据不及时、不准确，利润和资产数据虚高。

第七，攻坚克难勇气和担当精神不足，对出版社的改革存在畏难情绪。出版社转企改制以来，亟须建立符合现代企业发展需求的一整套管理体系。但是，长期以来形成的企业文化、思维方式和工作习惯等，使得有些人在改革创新方面，存在着求稳怕乱的顾虑，对出版社的改革发展、坚持和加强社会效益考核的力度等有畏难情绪和抵触情绪。

第八，在组织建设方面，一是党支部未能按期换届。二是个别党支部班子不健全，党支部书记空缺。三是由于人员进出变动，个别党支部未能及时调整。有的支部党员人数较多，不利于管理和开展工作。

第九，在理论学习方面，将学习的成果转化为自身思想政治、理论水平的提高，转化为新的判断、把关的能力还不高。虽然能够坚持政治理论学习，对一些新指示新要求的学习比较及时，但由于业务工作繁忙，学习的系统性和深入性还不够，对中层以下党员同志的理论学习抓得不够紧，要求不够严。个别编辑人员的思想理论水平和政治鉴别能力不够强，政治把关能力有待进一步提高。

第十，领导班子的创新能力和效率还有待提高。

（三）发挥优势，坚定发展信心

近年来，我社在探索社会效益与经济效益相统一上取得了显著的成绩。

1. 社会效益不断提升

一是积极弘扬主旋律、传播正能量，充分发挥全国马克思主义理论成果出版主阵地、党和国家意识形态重镇的作用，精心策划优秀主题出版物。如《习近平新时代中国特色社会主义思想学习丛书》（12卷）、《理解中国》丛书、《中国制度研究》丛书，以及《马克思主义史学思想史》《思想巨人马克思》《中国共产党人的战略思维》等众多马克思主义理论优秀研究成果。二是学术影响力不断增强。在南京大学中国社会科学评价研究院发布的"中文学术图书引文索引"2017年版中，我社在全国600多家出版社中，被引综合排名第四，前三名分别是商务印书馆、中华书局和人民出版社，我社原创学术图书影响力首屈一指。在影响力评价涉及的 21 个学科中，我社有 12 个学科位居前三强，4 个学科排名第一位，6 个学科排名第二位，2 个学科排名第三位。在第二十五届北京国际图书博览会（BIBF）上发布的《2018 年中国图书海外馆藏影响力研究报告》中，我社中文图书海外馆藏影响力，继 2017 年之后，再次荣登全国各出版社榜首。

2. 经济效益连年增长

2011 年以来，各项经济指标均快速增长，出书规模、发货码洋、回款、总收入均实现翻番。分别于 2013 年、2015 年两年在社科类图书出版单位总体经济规模综合排名中名列第九。

3. 主题图书出版业内领先

重大项目出版中心创建出版了一系列的品牌图书，这些品牌图书最大特点就是"四位一体"，既是主题出版，以专业的学术视角和原创为特色，传播中国故事，同时也是精品出版、大众出版，在市场上反响很好。《理解中国》丛书、《中国共产党人的战略思维》、《四十不惑：中国改革开放发展经验分享》、《中国智慧》、《新大众哲学》等图书销量都很好。同时这些书又是"走出去"的主力产品，实现了主题出版、精品出版、大众出版、"走出去"出版四者统一。

（1）《习近平新时代中国特色社会主义思想学习丛书》

《习近平新时代中国特色社会主义思想学习丛书》是中宣部重点主题出版项目。这套书政治性很强，作者权威，撰写要求高。从2015 年策划开始，过程艰辛。从组稿到出版，前后完成四次修订并送审。在宣传上，第一时间通过新闻联播等中央新闻媒体报道，《人民日报》、《光明日报》、新华社等中央权威媒体头版头条报道。这套书作为主题出版，受到了广泛的社会关注，扩大了我社的影响力。配合"不忘初心、牢记使命"主题教育活动，通过党校、中心组学习等，实现社会效应和市场价值双效统一。

（2）《理解中国》丛书

《理解中国》丛书已出版 18 种中文版，并已签约 59 种，有 11 个语种，出版 21 种。《理解中国》丛书受到了"中华外译""经典中国""丝路书香""中国图书对外推广计划"等各大国家重点外译项目的青睐，获得多种项目资助。同时作为"走出去"的品牌，很多学者以能够入选这套丛书为荣。我社能够获得中宣部的"中国图书对外推广计划"特别贡献奖，主要是这套丛书的品牌影响力。中央电视台三次报道《理解中国》丛书。《理解中国》丛书中的《中国的和平发展道路》入选 2017 年"中国好书"，《破解中国经济发展之谜》入选"中华优秀出版物""中宣部优秀通俗理论读物"。2018 年 3 月，美国国会图书馆的东亚馆将我社 27 本《理解中国》丛书的中英文版纳入美国国会图书馆重点藏书目录。

（3）《中国制度研究》丛书

《中国制度研究》丛书是目前中国学术界和出版界唯一一套系统梳理和研究中国制度的丛书，我们要把它做好，肯定会有广泛社会影响力。

（4）"简明中国"系列

优秀的大众读物是市场所需求的，能够做到双效统一。作为大众读物，《简明中国历史读本》销量很好，而且可以多语种出版。《简明中国近代史读本》《简明中国文学史读本》社会反响也很好。这些书是在学术研究基础上，由学术大家撰写的普通读物，简明扼要，通俗易懂，兼具知识性和权威性。

（5）"中社智库"

近几年来学术研究有四大趋势，一是国际化。在全球化、中国崛起、中国文化战略等因素的背景下，学术出版"走出去"是大势所趋。二是研究手段的大数据化。三是智库功能化。中央对学术研究的智库功能要求越来越高。比如，新成立的中国历史研究院不仅是学术需求，还有现实需求和外交需求。四是大众化。学术不能仅仅躲在象牙塔里，学术还要影响、引导、提升大众的素质与精神境界。我们要了解学术研究大众化趋势，与时代同行，才能策划、研发出好的产品。以智库产品为载体，紧随时代发展，通过发布会吸引关注度，提升品牌效应。

（6）"一带一路"研究系列

我社积极响应国家的发展规划，服务"一带一路"建设。出版"一带一路"研究系列近百种，在2019年"一带一路"国际合作高峰论坛、中非合作论坛上送上了我社的近两千种中英文版图书，发出了我们的声音。与英国帕斯国际出版社合作策划了《一带一路》期刊，及时展示中国"一带一路"研究的最新成果，与英国罗德里奇学术出版社联合出版全球第一本《"一带一路"手册》。与剑桥大学联合举办《"一带一路"手册》英文版发布会，取得了良好的国际影响。

还有"年度发展报告""可持续发展报告"等，影响力都很大。"一带一路""精准扶贫"等图书亮相各大国际论坛，既支持了国家战略发展，也扩大了我社的影响力，与时代同行，发时代强音。

我们要多动脑筋，对图书进行二次策划，策划出更多推动主题出版、精品出版、大众出版、"走出去"出版四者统一，社会效益与经济效益相统一的图书。我们要提振信心，提高单本书的市场销售量，也就是说提高了"亩产量"，收入就更多，利润就更丰厚，可持续发展能力就更强。

以上所举的图书以及重大项目出版中心的运行实践表明，"两个效益"的统一是可以做到的，是可以实现的。我社走出了主题出版、精品出版、大众出版、"走出去"出版和数字出版相统一的出版道路，形成了自己的特色优势和经验。

4. 勇于担当作为，以刀刃向内的自我革命精神查找和整改存在的问题

（1）以刀刃向内的自我革命精神找差距

要深入贯彻落实"不忘初心、牢记使命"主题教育的总要求，

"守初心、担使命，找差距、抓落实"，要全面检视问题，要刀刃向内找差距。

一是在增强"四个意识"、坚定"四个自信"、做到"两个维护"等遵守政治纪律和政治规矩方面存在哪些差距。

二是在深入贯彻习近平新时代中国特色社会主义思想，推动学习往深里走、往心里走、往实里走，以学习成果武装头脑、转化为工作能力上存在哪些差距。

三是在政治把关、消除错误隐患能力上存在哪些差距。

四是在干事创业、担当作为方面有哪些差距（如贪图安逸、缺乏战斗精神、缺乏朝气）。

五是在改革和推动创新上有哪些差距（如营销上既缺乏战略思维，不能开拓新路径、采用新思维、新方法，而是传统的路径依赖，不能"打巷战"）。

六是在出精品力作、把社会效益放在首位上有哪些差距。

七是在提升策划能力和市场竞争力上有哪些差距。

八是在践行融合发展、创新产品形态上有哪些差距。

九是在传帮带、发挥团队精神上有哪些差距。

十是在党的建设、基层党支部建设方面有哪些差距。

十一是在严格执行八项规定精神，反对"四风"，推进党风廉政建设和反腐败工作，在知敬畏、存戒惧、守底线方面，防范政治风险、经营风险上有哪些差距。

十二是在群众观念、群众立场、群众感情、服务群众方面存在哪些差距。

十三是在道德修养、作风形象方面存在哪些差距。

（2）真刀真枪整改，担当作为，改革创新

广大党员干部要切实担负起责任，在深化改革，勇于创新，破解发展难题，坚持"两个效益"相统一，走高质量发展之路等方面，勇于担当作为。

一是在加强政治把关方面勇于担当作为。要加强政治理论学习，坚持正确的政治方向和学术导向，提高政治责任感和政治鉴别力，把好学术出版的政治方向关。要提高对图书编辑出版、成果发布的把关意识，加强对出版社网站、新媒体传播平台的把关，破解意识形态工作存在的风险隐患。

二是在出版社的深化改革中勇于担当作为。要提高对改制工作重要性及其意义的认识，支持改革、参与改革、深化改革，完成中央交办的任务，增加出版社发展的内生动力，在保持原有的补贴机制的基础上，提升市场化能力，提高出版社的效益。广大干部职工务必把改制工作重视起来，如果思想认识不到位，动力不足，改制效果就要大打折扣。

三是在坚持走社会效益与经济效益相统一的高质量发展之路方面勇于担当作为。要解放思想、履职尽责、攻坚克难，继续深入推进专业化和精品化战略，努力提高我们的策划能力和选题质量，要策划出版更多有市场影响力、发行量大、具有市场盈利能力的选题和图书，策划出版更多具有重要学术价值和实践意义的优秀图书。坚持不懈抓质量建设，要从出版生产流程的各个环节入手，抓选题质量、编校质量、封面质量和印制质量等，力争做到业界领先、同行典范。大力抓营销发行，不断提高市场盈利能力。

四是在创新发展上勇于担当作为。创新是发展动力。要加强出版业态创新，锐意改革，开拓进取，大力推进传统出版与数字出版融合，加快发展数字出版、网络出版，更好地用先进技术传播先进文化。要策划创新选题，始终站在时代前沿，立足学术出版主业，与时俱进，推动学术出版与大众出版融合发展，带头进行产品创新，打造具有核心竞争力和社会影响力的学术出版品牌。

五是在营造团结、和谐、健康、向上的企业文化氛围中勇于担当作为。要友爱他人、团结协作，要和谐共事、相互体谅，以事业为重、以大局为重，把心思用在干事业上。不计较个人得失，正确处理与集体、团队和他人的关系。要勇于同歪风邪气、不良风气作斗争，始终保持共产党员本色，营造想干事、能干事、干成事的工作环境。

六是在党风廉政建设上勇于担当作为。要严格遵守中央八项规定精神，在生产经营活动中，自觉抵制"围猎"腐蚀，在与钱、财、物打交道时，要守住底线，不碰红线，带头树好廉洁自律的"风向标"，正确对待权力，正确对待利益，正确对待监督，洁身自好，防微杜渐，营造风清气正的出版环境。

（四）关于我社未来发展的几个着力点

坚持走高质量发展之路。按照党中央的部署和要求，变压力为动力，通过创新，转变观念，重视策划和营销。图书编辑要从策划开始就要有营销观念，编辑和市场部门联合，只靠营销部门是做不好宣传的。我们的一般学术类图书虽然有项目资助，但也要拓展市场影响力、市场增长点。

未来存在不确定因素，想要掌握自己的命运就要未雨绸缪。一是牢牢坚持品牌立社的战略。作为权威的国家级出版社，要坚决贯彻落实品牌战略，出更多精品力作，在学科内有影响力，在学科图书影响力评选中要进前列，这是出版社生存发展的根本之道。各个学科可以加大投入，挖掘优秀学者和中青年学者资源，像签约作家那样签约学者。二是坚持双效益相统一。三是市场化改革方向。未来市场不确定性很大。因此，大家要有危机感，深化改革，正是为我们自己的命运和未来而努力，我们要认清这样的形势，未雨绸缪，练好内功，提升我们的出版能力和企业竞争力，才能立于不败之地。

未来，我社市场化改革发展有以下几个方向。一是做好主题出版，在这方面，我社已经走在前面，从近几年出版业发展和我社的实践来看，主题出版的市场空间很大。二是加强市场类图书的开发。三是图书网络出版。推动市场策划是我们的共识，其他出版社都在大踏步前进，要提升自身能力，否则以后可能编辑都当不成。四是推动知识服务转型。我社的电子书开发，不仅是电子书数据库，还有网络出版、多版权开发等。我们要转变传统的出版思维，勇于创新，开发听书、音频等付费产品。五是推动研究出版一体化。我社有中社智库研究院和博士后工作站这样的研究机构，有专业编辑和课题经费。六是办编校公司，提升编校质量。七是创新开发文创产品，提供会议服务。鼓励年轻人利用科文、博雅公司，开发文创产品、提供会议服务。八是建设专业化队伍和经营人才。培养营销、宣传、发行、数字出版的复合型人才。九是深化管理体制创新。打破现有的体制机制格局，成立若干创新小组。对想做事能做事的人，给予大力支持。

出版社是大家的家园，出版社的改革需要大家的支持和拥护。我们作为利益共同体首先要取得共识，行动上才能步调一致，有凝聚力和战斗力，有创新力和竞争力。

进入新时代，中国社会科学出版社要在习近平新时代中国特色社会主义思想指引下，不忘初心、牢记使命，传文明薪火，发时代先声，为加快构建中国特色哲学社会科学，推动新时代中国学术出版事业的发展，为中华民族的伟大复兴做出更大贡献。

把"走出去"作为"一把手"工程，这家社的做法值得借鉴！[*]

商务君按： 在日前召开的"中国图书对外推广计划"工作小组第 14 次工作会议上，中国社会科学出版社（简称"社科社"）荣获"特别贡献奖"。多年来，社科社坚持发挥哲学社会科学出版优势，走出了一条主题化、精品化、大众化、国际化相互联动的发展之路。本报专访社科社党委书记、社长赵剑英，请他分享社科社在"讲好中国故事 传播中国声音"方面的做法和经验。

近年来，在中宣部国新办、国家新闻出版署的指导下，在中国社会科学院党组的领导下，社科社以习近平新时代中国特色社会主义思想为指导，深入学习贯彻落实习近平总书记在全国哲学社会科学工作座谈会上的重要讲话、在全国宣传思想工作会议上的重要讲话精神，紧紧围绕国家重大战略部署和对外工作的总体要求，积极响应国家"走出去"号召和"一带一路"倡议，大力推进国际合作，在讲好中国故事、传播中国声音方面取得了显著成绩。

据社科社党委书记、社长赵剑英介绍，社科社与 30 余家国际知名出版社建立版权贸易和图书合作出版关系，与国外出版社签约

---

[*]《出版商务周报》2019 年 6 月 5 日。

"走出去"483 项，语种涵盖英文、西班牙文、阿拉伯文、日文、俄文等 10 多种文字。《中国图书世界馆藏影响力调查报告》显示，2018 年社科社海外入藏图书品种 654 种，继 2017 年之后，再次位列全国 600 多家出版社首位，影响力蝉联第一。在"2018 中国图书海外馆藏影响力英文图书 10 强"排名中，位列第六。

重视品牌效应，向世界展示真实立体全面的中国

《理解中国》《中国制度研究》《简明中国》《当代中国学术思想史》等系列丛书是社科社向世界展示真实、立体、全面的中国的部分载体。其中，《理解中国》丛书已出版 18 种中文版，并已签约 59 种，有 11 个语种，出版 21 种，在海内外的影响力继续提升。《中国制度研究》系列是目前中国学术界和出版界唯一一套系统梳理和研究中国制度的丛书，侧重对当代中国发生历史巨变的原因和中国成功的制度优势的分析探讨。而《简明中国》丛书包括《简明中国历史读本》《简明中国近代史读本》《中华文化简明读本》等，旨在帮助国外读者了解"历史的中国"和"文化的中国"，进而有助于他们了解当代中国人的思维方式和价值观。

除了上述几个系列外，"中社智库"也是社科社向世界传播中国声音的重点品牌之一。社科社是第一家系统、密集、快速发布中国高端智库成果的重要平台。2015 年，社科社成立中国社会科学智库成果出版中心，策划出版"国家智库报告"系列，倾力打造"国家智库报告""地方智库报告""年度报告""智库丛书"，4 年来共推出"国家智库报告"230 余种，"地方智库报告"30 余种，"年度报告"40 余种，"智库丛书"近 200 种。目前，已有近百种智库报告被翻译成外文，频频亮相国际论坛。2018 年 9 月中非合作论坛北京峰会，社科社又推出中英文"国家智库报告"18 种。11 月，社科社将 4 本"精准扶贫"主题的中英文"国家智库报告"送上改革开放与中国扶贫国际论坛，取得了较好反响。

服务"一带一路"建设，构建人类命运共同体

近年来，社科社积极响应国家"一带一路"倡议，不断加强"一带一路"合作出版布局，致力拓展与"一带一路"沿线国家和地区的合作，新增"一带一路"沿线出版合作伙伴10多家，策划出版了《"一带一路"与改革开放》《"一带一路"和人民币国际化》《"一带一路"视野下亚非经济圈的构建与发展》《"一带一路"：新型全球化的新长征》等近70种"一带一路"研究系列图书，服务"一带一路"建设。

在刚刚结束的第二届"一带一路"国际合作高峰论坛上，社科社策划的由中英双方著名经济学家联袂主编，与罗德里奇学术出版社联合出版的全球第一本《"一带一路"手册》中英文版再次亮相，引发了与会嘉宾的关注。6月，社科社将与剑桥大学联合举办《"一带一路"手册》英文版的发布会暨中外学者座谈会。

随着"一带一路"研究成果的丰富，2017年起，社科社与英国帕斯国际出版社合作策划了《"一带一路"》期刊，每年出版4期，目前已出版6期。

拓展"走出去"形式，注重多样化和本土化

社科社积极整合资源优势，参与国际书展，拓展"走出去"多种形式。一方面，利用大型国际书展，以"走出去"图书为基础，以作者为媒介，举办相关学术研讨会。社科社多次邀请国内外知名学者参加国际书展主宾国活动，如英国学者马丁·雅克、彼得·诺兰，美国学者彭慕兰、周锡瑞等，做好"走出去"图书发布和研讨会。中外学者围绕相关图书主题进行学术座谈，既宣传"走出去"产品，也能够促进学者间的深入交流。

另一方面，积极筹划，较早启动出版本土化的推广计划。2016年11月，社科社成立智利分社，重点推介《理解中国》丛书的西班

牙文版；同时，发布了《理解中国》丛书首部西班牙文图书《中国的民主道路》。目前，社科社共签约出版西文版图书 14 种。继智利分社以后，又成立了法国分社，致力于推选优秀图书在法国翻译出版。两个分社的成立为中国与国外深入开展学术和智库交流搭建起新的平台，为双方学术对话提供资源支持和保障，进一步促进学术成果快速落地、本土推广。

重视机制建设，将自身优势与"走出去"有机结合

在多年来的探索中，社科社在"走出去"工作方面取得了一些成绩，也积累了一些经验。赵剑英将其总结为以下四个方面：

第一，以习近平新时代中国特色社会主义思想为指导，认真学习贯彻落实习近平总书记关于文化"走出去"的重要指示精神，敏锐把握国际关切话题，做好选题策划工作。 提高政治站位，增强"走出去"工作的使命感和责任感。"只有深刻领会、学懂弄通习近平新时代中国特色社会主义思想并贯彻到实际工作中，才能切实使'走出去'工作有更高的站位、广阔的视野以及选题的灵感。"赵剑英表示，同时，要紧紧围绕中国改革发展中的重大理论与实践问题，密切关注国内外时事形势，善于把国际关切话题转化、提升为出版选题，加强"走出去"图书的针对性。

第二，领导班子高度重视，"走出去"工作由主要领导亲自抓。 社科社领导班子高度重视"走出去"工作，把"走出去"工作作为"一把手工程"来抓。社长抓落实、策划"走出去"系列丛书并参加各大国际书展活动，多次主持召开"走出去"工作专题会，邀请学术界、翻译界和外宣专家传经送宝，同时充分挖掘学术文化界资源并动员全社力量全力支持做好"走出去"工作。

第三，为"走出去"工作设立专门机构，注重人才建设。 人才引进和专业人员综合素质的培养提高是做好"走出去"工作的关键。社科社先后设立重大项目出版中心和智库成果出版中心、国际合作

与出版部，前者专门从事主题图书、智库类图书、"走出去"图书的策划、研发与出版，后者专门负责这些图书的对外推广。部门间紧密协作、联动，做好"走出去"项目的开发和落地，形成"走出去"图书产品的上下游生产线。如智库报告的外文版、《"一带一路"手册》的策划并在短时间内翻译、编辑出版，都是部门紧密配合协作的成果。

社科社还积极引进和培养业务拓展与交流人才、产品研究与开发人才以及国际市场营销人才；聘任国外著名的学者及相关领域的专家，充分发挥他们在国际交流以及审读翻译等方面的作用。

第四，发挥哲学社会科学出版优势，将主题出版、精品出版、大众出版与"走出去"出版四者有机结合。将"走出去"图书做成学术精品，这是增强国际学术影响力的根本。赵剑英认为，主题图书不应是意识形态的说教和宣传，应当是高质量的学术精品，应当是适合大众阅读的读物。近两年来，社科社着力将主题出版、学术精品出版、大众出版与"走出去"紧密有机结合，坚持"高端"与"普及"有机结合，探索出了一条主题化、精品化、大众化、国际化相互联动的出版产品线。

以《理解中国》丛书为例，因其选题好、作者强，又通俗易懂，不但获得了较好的经济效益，还获得"中国好书奖""中华优秀出版物奖""全国优秀通俗理论读物奖"等。

发挥主力军作用，从"走出去"到"走进去"

中国特色社会主义新时代，文化"走出去"任重道远，社科社将进一步发挥好中国学术"走出去"的主力军作用，为讲好中国故事、传播中国声音、提升中国国际话语权、增强国家文化软实力作出更多贡献。

第一，进一步做好主题出版，尤其是《习近平新时代中国特色社会主义思想学习丛书》的多语种推广工作。社科社将继续发挥哲学社会科学出版优势，做好主题出版的系列化、深度化工作。赵剑英透露，近期，社科社推出了《习近平新时代中国特色社会主义思想学习丛书》。该丛书共 12 册，约 300 万字，历时三年多，由近百位专家学者通力合作完成。这是社科社未来"走出去"工作的一个重点，今年将启动其英文、韩文、印地文、孟加拉文和尼泊尔文的翻译出版工作，俄文版的合作也在顺利洽谈中；并将通过国际书展、国际论坛、知名国际大学等多种渠道，全方位立体进行该丛书多语种的推广发行，力求让更多的国际学者和读者了解马克思主义中国化的最新成果，共同分享中国智慧、中国经验。

第二，进一步做好系列主题图书出版，开展多样化学术活动。做好《理解中国》《中国制度研究》《简明中国》等品牌系列图书的多语种出版，挖掘更多适合"走出去"的选题和项目，做亮品牌，做大影响，以此为基础开展中外学术对话研讨、走进对象国大学讲中国故事等形式多样的活动，推动更多主题图书"走出去"。

第三，进一步优化海外布局，增强出版海外落地实效。继续探索"走出去"图书出版本土化，推动与"一带一路"沿线国家出版界的深度合作，策划并组织海内外学者撰写学术前沿专著，推出一批有影响力的学术力作；同时利用海外分社的平台，组织国内外学者开展学术交流，进一步提高我国学者在海外的影响力，提升国际话语权。

第四，进一步创新营销模式，实现学术出版从"走出去"到"走进去"的转变。要想真正扎根海外，仅仅"走出去"是不够的，还要真正"走进去"。社科社将进一步创新海外营销模式，借助国际大型书展和国际学术平台、海外图书馆的资源，配合国际高端论坛展示销售图书，加强多语种版图书的海外营销，使图书更快捷到达目标读者。

第五，提高翻译质量，加强外语人才队伍建设。赵剑英说："海外传播的效果要依托高水平的翻译，高质量的翻译是争取更多的国外读者、真正发挥图书世界影响力的一个关键环节。"社科社将进一步加强与青年汉学家、海外华人学者间的联系，维护好翻译和外文审校专家队伍，充分发挥翻译出版基地的作用，聘请和引进更多资深外文审稿专家，进一步加强外宣、外译项目的政治质量把关。

2020

《后疫情时代的全球经济与世界秩序》出版前言

仅仅在一年以前，似乎没有人相信，在科学技术日益发达的今天，人类社会将因一次全球性公共卫生事件而发生巨大变化。然而，自 2020 年年初至今，一种前所未遇的新型冠状病毒（COVID – 19）席卷整个中国乃至全世界，迄今已在全球造成上千万人感染，数十万人死亡。在生者为逝者哀恸的今日，我们所面对的是一个似乎比过去二十年充满着更多不确定性的时代；新冠肺炎疫情也必将在某

种程度上成为改写或重规人类历史进程的实实在在的"黑天鹅"事件。

新冠肺炎疫情在这短短的半年时间内，已然在很大程度上改变了我们所熟知的这个世界：一方面，它极大地改变了我们的生活方式，并持续地给世界经济带来了巨大的打击：产业链受到严重冲击使全球经济陷入了可能长期衰退的危机，这种危机又显著地投射到

---

* 在 2020 年 4 月新冠肺炎疫情肆虐时，我策划了此书并于 2020 年 8 月正式出版。此书出版后多次上榜多种书单，赢得了良好的社会反响并签约 6 个语种，分别为英语、阿拉伯语、法语、尼泊尔语、希伯来语和俄语。

金融领域，导致各国股市多次熔断，国际石油价格和黄金价格暴跌，相关国际经济和金融机构不断下调本年度经济预期。另一方面，疫情的持续发展也在很大程度上改变了世界政治的面貌，加剧了前疫情时代的诸多矛盾：民粹主义加剧、保护主义抬头、治理能力缺失的恶果日益显著，中美战略博弈更加激烈，热点地区冲突不减反增；传统安全和非传统安全问题交织，带给全人类远胜以往的严峻考验。总而言之，国际社会对全球治理变革的需求因此次疫情而比以往显得更为迫切，提升国际治理能力水准将成为后疫情时代亟待解决的重大课题。

在这样的时代背景下，有至少两大方面的问题急需中国学界从历史经验和学术视角出发，予以解答和展望。

其一，如何看待后疫情时代的世界。必须回答的是，后疫情时代的世界必然同前疫情时代的诸多潜在矛盾相互关联，这些矛盾之间存在着怎样的联系和区别？它又将在何种程度持续改变我们所熟知的世界？现有的理论和历史的模型是否足以预知后疫情时代的世界面貌和趋向，如何在全球化和信息化的背景之下应对传统安全问题和非传统安全问题？如何弥补新冠肺炎疫情暴露出的国家治理能力和全球治理能力的"赤字"？同时，这些问题的解决程度又同新冠肺炎疫情的未来发展密不可分。必须认识到，尽管因治理能力赤字带来的逆全球化思潮和运动成为未来很长一段时期内难以避免的现象，但应对人类共同危机的努力必将也只能是超脱单一国境范围的全球性的合作。归根结底，如何应对全球化和逆全球化这两种趋向之间的张力，是人类社会在后疫情时代所必须共同解决的难题。

其二，如何看待后疫情时代的中国。所有人都无比期待下述问题的答案：中国将在后疫情时代的世界中扮演何种角色，采取何种态度和策略，以应对这个充满不确定性的时代？毫无疑问的是，在后疫情时代，中国所面临的机遇和挑战将是前所未有的。一方面，中国以共建人类命运共同体的姿态和责任感，积极配合世卫组织的抗疫工作，及时向全世界通告疫情发展情况，并近乎决定性地取得了抗疫斗争的阶段性胜利；在此基础上，中国进一步履行大国担当，宣布为全球共同抗疫提供公共产品，承担应尽的责任，这无疑提升了中国作为负责任大国的国际形象和地位。另一方面，中国同发达国家尤其是美国的双边和多边关系也面临着更为严峻的挑战："中美脱钩论""中国赔偿论""中国病毒论"等论调甚嚣尘上，美国对华战略认知发生重大改变，自 2018 年以来已然恶化的中美关系雪上加霜；与此同时，疫情所导致的经贸往来的中断将不可避免地导致全球经贸格局的变动和转移，未来中国对外开放的面貌面临着极大的不确定性。2020 年 4 月 8 日，习近平总书记在中共中央政治局常务委员会会议上强调，要坚持底线思维，做好较长时间应对外部环境变化的思想准备和工作准备。总之，中国以何种姿态和方式应对来自美国等西方国家的挑战和冲突，又如何在未来难以避免的冲突中谋求共建人类命运共同体的合作，必将在很大程度上塑造后疫情时代国际格局的面貌。

为此，2020 年 4 月，正值全球新冠肺炎确诊病例呈指数增长之际，中国社会科学出版社开始组织 20 位国内顶级专家学者，合力编写《后疫情时代的全球经济与世界秩序》一书。本书从宏观经济和国际关系等学科角度，探讨经济全球化的走向、世界经济衰退风险、受疫情冲击的产业链以及后疫情时代的世界秩序、全球治理与大国关系等被广泛关注与争论的核心议题。

本书为我们呈现了中国学术界在面临新冠肺炎疫情之时的问题意识和危机意识。在这一特别的时期，希望本书的出版可以为国内读者呈现中国学界对后疫情时代的世界面貌和格局深入而及时的思考；同时，也期待本书成为中国学界对外交流的平台，为人类共同应对后疫情时代的诸多挑战尽中国学界的一分力量。

在本书付梓之际，我对应约为本书供稿的专家深表谢意，衷心感谢各位领导、专家对中国社会科学出版社工作的大力支持。

深入研究世界百年未有之大变局
背景下中国共产党治党治国的
哲学智慧*

首届中国哲学家论坛，我们探讨了建构当代中国哲学形态问题，中国共产党治党治国的实践蕴含着丰富的哲学智慧，构成当代中国哲学形态的重要内容。因此，我们这次论坛就延续首届中国哲学家论坛的话题，集中探讨中国共产党治党治国的哲学智慧。

学哲学、用哲学，是我们党的一个好传统。习近平总书记多次强调，马克思主义哲学是中国共产党的看家本领，他要求全党要不断接受马克思主义哲学智慧的滋养，系统学习、真正掌握和自觉运用马克思主义哲学基本原理，不断提高全党运用马克思主义哲学基本原理分析和解决实际问题的能力，不断提高运用科学理论指导我们应对重大挑战、抵御重大风险、克服重大阻力、解决重大矛盾的能力。他先后五次主持中央政治局集体学习

---

* 2020年10月24日，在浙江桐庐召开的"第二届中国哲学家论坛"上的发言。

马克思主义理论，包括辩证唯物主义基本原理和方法论、历史唯物主义基本原理和方法论、马克思主义政治经济学基本原理和方法论、当代世界马克思主义思潮及其影响、《共产党宣言》及其时代意义。中国共产党治党治国实践是当代中国实践的主体，运用于治党治国实践的哲学是当代中国哲学的鲜活形态。因此，深入研究中国共产党治党治国的哲学智慧，是当代中国马克思主义哲学研究的一个重要内容，是建构当代中国哲学形态的一项基础性工作。

深入研究当今中国共产党治党治国的哲学智慧，首先要深入分析一个富有哲学意蕴的时代判断——当今世界正处在大发展大变革大调整时期，正面临着百年未有之大变局。习近平总书记提出并多次强调的"世界百年未有之大变局"判断是我们分析当今世界局势和推动新时代中国特色社会主义发展的一个重要指南。这一论断具有十分丰富的内涵。其中，有两个显著内涵值得我们特别关注。一是以中国为代表的新兴市场国家和发展中国家近些年来快速崛起，同时以美欧为代表的西方国家相对而言在走下坡路、综合实力在下降。这一发展趋势不可逆，整个世界"东升西降"的变化趋势逐渐凸显。其中，新时代中国的发展与强起来是促成百年未有之大变局的主要力量。这是自近代以来世界格局从未发生的新现象和新变化。二是当前世界经济深度衰退、国际贸易和投资大幅萎缩、国际金融市场动荡、国际交往受限、经济全球化遭遇逆流、一些国家保护主义和单边主义盛行、地缘政治风险上升等，世界面临的不稳定性、不确定性日益突出，世界经济增长动能不足、贫富分化加剧、非传统安全问题蔓延等全球性问题成为人类面临的共同挑战。2020 年，突如其来的新冠肺炎疫情肆虐全球，加剧了"世界百年未有之大变局"的进程，一方面使东西方两条道路、两种制度、两种力量、两种意识形态、两个前途、两种命运的矛盾与斗争更加激烈；另一方面世界面临的不稳定性、不确定性更加突出。

"世界百年未有之大变局"是习近平总书记自觉运用唯物史观观

察时代、解读时代、引领时代得出的科学论断，它与"我们依然处在马克思主义所指明的历史时代"和"中国特色社会主义进入新时代"两个判断辩证统一，共同构成习近平总书记的科学时代观。根据这一时代观，我们可以清晰地把握"两个变"与"三个不变"。"两个变"是指中国特色社会主义发展取得巨大成就，使社会主义与资本主义之间的力量对比发生变化，中国特色社会主义的世界意义、示范意义彰显；我国社会主要矛盾发生了历史性的变化，已经转化为人民日益增长的美好生活需要和不平衡不充分的发展之间的矛盾。"三个不变"是指当今人类社会仍然是资本主义生产方式占统治地位，但资本主义必然灭亡、社会主义最终胜利是人类历史发展的必然趋势没有变；我国处于并将长期处于社会主义初级阶段的国情没有变；中国是世界上最大发展中国家的国际地位没有变。如何应对"世界百年未有之大变局"，直接影响新时代中国特色社会主义的发展，直接影响人类历史从资本主义向社会主义过渡的进程。

"世界百年未有之大变局"背景下推动新时代中国特色社会主义发展，体现了以习近平同志为核心的党中央高超的哲学智慧，如运用唯物史观形成科学的时代观，运用人的解放和人的自由全面发展原理形成以人民为中心的发展思想，根据唯物辩证法原理形成党的自我革命理论，运用历史唯物主义原理推进国家治理体系和治理能力现代化，运用自由人的联合体和世界历史理论形成人类命运共同体思想，运用自然辩证法、人与自然和谐共生、生命共同体等原理形成生态文明思想，运用社会意识对社会存在具有反作用原理创新了马克思主义的诸多文化理论，等等。这些哲学智慧需要我们哲学界同人深入研究，从学术的角度进行学理阐释。同时，我们也需要吸收这些哲学智慧，推动当代中国哲学的发展。在第二届中国哲学家论坛上，希望17位哲学大家畅所欲言，发表自己的高见。会后我们会将各位的发言稿整理后结集出版，以飨读者。希望本次大会圆满成功。

着力推进学术出版思维方式和发展方式转型升级，在高质量发展之路上迈出新步伐[*]

2019年对中国社会科学出版社来说，确实是很不容易的一年。这一年，在库房遭遇突发情况，经济下行压力大，竞争激烈以及新的考核要求下，全体员工和全社各部门顶住压力，攻坚克难，奋力拼搏，深化改革，我社社会效益、品牌影响力越来越大，经济指标，特别是收入规模，没有下降，反而实现了比较好的增长。这一年，社党委、社领导班子牢牢把握正确的政治方向和出版导向，坚持发展是第一要务的硬道理不动摇，统筹兼顾各项工作，掌握合理的发展节奏，妥善把握数量与质量的关系，抓主要矛盾，努力推进制约我社长远发展的重点工作的解决，体现了高度的责任意识和担当意识。成绩来之不易，凝聚了大家的汗水和心血，我在这里要真诚感谢每一位努力工作、共克时艰的同事！我们有理由为2019年的付出与收获感到欣慰！也对2020年充满信心和希望！

一 2020年总的工作思路

2020年是中国全面建成小康社会和"十三五"规划的收官之年，也是我社进一步深化改革创新、推进高质量发展的机遇之年。党的十八大以来，中国特色社会主义进入新时代，新形势下的出版

---

* 2020年1月15日，在中国社会科学出版社年度工作会议上的讲话。

工作面临从数量规模型向质量效益型转变的新要求，面临中宣部、人社部等部门对出版工作在社会效益考核和经济效益考核上的新要求。中国社会科学出版社在新的一年里，要坚持以习近平新时代中国特色社会主义思想为指导，全面贯彻党的十九大和党的十九届二中、三中、四中全会精神，坚定不移地实施专业化、精品化、数字化、国际化和大众化"五化"发展战略，站在新时代，适应新要求，秉持新思维，拿出新作为，团结协作，和衷共济，推进我社学术出版高质量发展。

1. 要坚持正确的政治方向和出版导向

政治方向和出版导向是出版工作的生命线。离开了这一条，其他都无从谈起。全体同志要自觉坚持以习近平新时代中国特色社会主义思想指导学术出版工作。旗帜鲜明讲政治，把加强党的政治建设摆在首位，牢固树立"四个意识"，坚定"四个自信"，做到"两个维护"，在政治立场、政治方向、政治原则、政治道路上同以习近平同志为核心的党中央保持高度一致。"两个维护"不能停留在表态上、文件上和会议上，必须贯彻落实到行动中，落实到贯彻执行党中央的决策部署上来。要推进"不忘初心、牢记使命"主题教育常态化制度化，提高政治觉悟和政治水平。要严守政治纪律和政治规矩，强化意识形态工作责任制，坚决反对和抵制各种错误思潮。尤其是全体编辑出版人员，要时刻绷紧政治这根弦，提高政治鉴别力和政治敏锐力，始终把正确的政治方向和出版导向贯穿于编辑出版工作的全过程，绝对不给错误观点和思潮以及庸俗低俗的书稿提供任何传播空间和渠道。要强化重要事项请示报告制度，强化团队意识、大局意识、责任意识，坚决反对个人主义、散漫主义等不良作风。

2. 要坚持精品导向思维，强化精品意识

把中宣部关于图书出版单位社会效益考核办法的文件精神，落实到出版各环节中，落实到精品图书的策划上。进一步强化精品意识，加强原创学术图书和精品图书的策划出版。加强学科覆盖，抓好重点单位、重点作者、重点课题，注重产品的策划和研发。策划更多研究新时代重大理论和现实问题的选题，出版更多原创性、高质量、标志性的研究成果。抓好老书新做工作。加快推进我社旧版图书版权摸底建档工作，加强对传统品牌图书的版权维护，加强原创学术出版品牌建设。

3. 要坚持质量导向思维，推动学术出版加速由数量增长向质量效益提升转变

认真贯彻落实中央关于加快转变发展方式、推动高质量发展的方针政策和中宣部关于加强书号管理、控制出版规模的决策部署，狠抓编辑出版质量。进一步强化责任意识，加强制度建设，切实加强三审三校制度的执行力度，严把书稿政治方向关、学术水平关和编校质量关。建立各出版中心双周例会制度、新书预告制度、重大选题和主题图书报备制度，进一步完善编辑出版规范和管理制度。认真落实《图书编辑出版体例规范》和《图书质量管理办法》，进一步提高编辑出版工作科学化规范化水平。

4. 要坚持融合发展导向思维，推动我社向知识服务快速转型

顺应信息化发展趋势，坚定不移走融合发展之路，推动优质内容资源融合生产传播。提升数字出版管理水平，提高盈利能力，把数字产品盈利作为我社新的利润增长点。完善已有数据库产品的迭代升级，整合资源，着力开发子库、特色库等新的数据库产品。加强有声书产品的策划、研发与销售。提高电子图书的运营管理水平，提高防范风险意识，加强数字产品版权保护。加强数据库营销，抓好重点书运营，突出传播力和销售收入，力争数据库销售实现大的增长。

5. 要坚持市场导向思维，进一步强化市场意识

深挖营销发行潜力，确保销售收入持续平稳增长。加强对全社图书产品的整合、开发，采用主体化、丛书化、套书化的工作思路，

将零散的产品成系列地推向市场。加强对图书市场的深度开发，重点提升系统直销、精准营销能力，努力提高单品种图书的销量。转变营销观念，创新营销方法，实现由"传统发行"向"大营销"的转变。加强各类图书馆特别是公共图书馆的馆配工作。加强品牌宣传、强化微信公众号等新媒体的宣传路径，扩大粉丝群。努力突破市场书开发的"瓶颈"。加大"鼓楼新悦"等大众品牌建设，进一步扩大出书规模，拓宽出版主题，明确品牌特色，激发市场需求，扩大"鼓楼新悦"的品牌影响力。完善市场书考核提成办法，一方面要加强对原创市场书的策划，另一方面要加强对补贴类图书的再策划再开发。各出版中心要加大市场书的开发力度，进一步提升销量。

6. 要坚持以财务数据为导向的工作思维，加强财务核算管理

各类经营数据的准确性，决定着经营成果核算的准确性，影响着企业考核和工资总额。所以各业务环节都要严格执行财务管理的相关制度和 ERP 系统操作规范，树立效率观念、核算观念，各个岗位、各个环节，紧密配合，认真履职尽责，以保证本环节提供的经营数据真实准确，从而保证财务部门对出版社经营成果核算的准确性和财务管理数据的有效性。要加强预算管理、成本管理，在生产经营活动中要用好财务数据分析，坚持以效益为中心、以财务数据为导向，控制生产成本支出，节约经营费用开支，避免生产和经营支出所产生的经营风险，降低出版社运营成本，提高财务管理的科学性、规范性，促进我社收入、利润持续稳定增长。

7. 要以团结协作为导向，树立"命运共同体"意识

社科出版社全体干部职工是一个整体，一个大家庭，我们是一个命运共同体，一荣俱荣，一损俱损。要处理好个人利益与集体利益、部门利益与全社利益、眼前利益与长远利益的关系，要讲团结，讲协作，讲责任，讲奉献，要相互理解，相互支持，相互补台，上下一心，和衷共济，形成合力，这才会有战斗力、竞争力和凝聚力。

要勇于同歪风邪气、不良风气做斗争，营造想干事、能干事、干成事的风清气正的工作环境。

二　2020 年主要工作任务

1. 要持续把学习贯彻习近平新时代中国特色社会主义思想引向深入，认真抓好党的十九届四中全会精神的学习贯彻落实

习近平新时代中国特色社会主义思想是马克思主义中国化的最新理论成果，是当代中国马克思主义、21 世纪马克思主义，是我们在前进道路上不断夺取新胜利的指南针、定盘星。要坚定不移地用习近平新时代中国特色社会主义思想武装头脑，把党的十九届四中全会精神学习好、贯彻好。要强化理论武装，坚持党委中心组学习制度，持续、系统、深入地学习，要通过学习，把习近平新时代中国特色社会主义思想和党的十九届四中全会精神转化为全体干部职工清醒的理论自觉、坚定的政治信念、科学的思维方法。要联系实际地学习，将习近平新时代中国特色社会主义思想和党的十九届四中全会精神贯彻落实到选题策划、书稿审读、编校出版、品牌建设、党的建设、队伍建设、群团工作、企业文化建设等各项工作的全过程。

2. 全力做好主题出版，努力在业内保持领先地位

围绕深入研究阐释党的十九届四中全会提出的新思想新观点新要求，研究阐释中国特色社会主义根本制度、基本制度、重要制度，研究阐释坚持和完善中国特色社会主义制度、推进国家治理体系和治理能力现代化的一系列理论和实践问题，结合全面建成小康社会、建党 100 周年主题出版的要求，推出有思想含量、有理论分量、有话语质量的出版成果。重点抓好《习近平"一带一路"倡议理论体系研究》、《从八八战略到习近平新时代中国特色社会主义思想》丛书（共 10 种，浙江省社科联主编）、《中国共产党领导力研究》丛书等重要项目的编撰出版工作。进一步抓好《理解中国》丛书、

《中国制度研究》丛书的编辑出版工作，加快推出新品。继续做好院马克思主义理论研究和建设工程系列丛书，策划更多研究和阐释马克思主义经典著作和基本原理、中国化马克思主义、21世纪中国马克思主义的优秀成果。做好其他研究重大理论和实践问题，及讲述中国故事、阐发中国智慧的重点主题图书的出版工作。

3. 服务"三大体系"建设，抓好重大项目出版工作和精品图书的策划出版

围绕我院构建中国特色哲学社会科学"三大体系"的工作部署和任务要求，启动并实施《中国特色哲学社会科学》丛书的编撰出版工作。《当代中国学术思想史》丛书、《当代中国文学批评史》丛书继续推出新品。抓好《中国特色社会主义文艺理论话语体系》丛书的出版工作。

抓住中国历史研究院建立发展机遇和成果出版需求，加强历史学、考古学学科建设，关注和跟踪重大课题成果，做好史学理论和大众史学著作的出版。抓好做好《中国哲学典籍大全》《今注本二十四史》等重大项目的出版。抓好《中国历史地图集》（第二册）的出版。加快"剑桥史"系列图书的出版进程，《剑桥中国史》《剑桥世界史》要继续推出新书，《剑桥基督教史》《剑桥哲学史》也要取得实质进展。

进一步加强智库成果的出版。《粤港澳大湾区研究系列》《中国—中东欧研究院丛书》《中国非洲研究院文库智库系列》等已有品牌要努力扩大出书规模，推出更多高质量的智库报告和智库图书。要加强新产品研发和品牌宣传，进一步扩大智库出版品牌的影响力。

继续推进"简明中国""中国社会科学年鉴""社科学术文库""当代中国学者代表作文库""中国社会科学院学部委员专题文集""中国社会科学博士论文文库""中国社会科学博士后文库"等传统大型项目的出版。抓好"国家社科基金博士论文"等新项目的出版。

做好《中国珍稀法律典籍集成》、《白居易资料新编》、《蜀学丛

书》、《20世纪前期乡村建设文库》（15卷）、《拉美研究丛书》、《日本研究丛书》，以及《习仲勋民族工作思想研究》、《新中国外交史》、《中国山水诗史》、《中国政治诗史》、《元诗史》（修订版）、《西夏文词典》、《夏基松文集》、《中国古代小说在东亚的传播影响》、《新编中华文化海外传播史》、《印度佛教史》、《印度古代文学》等重点新书的出版工作。

4. 进一步抓好"走出去"工作，更加深入地推进国际出版

做好《习近平新时代中国特色社会主义思想学习丛书》的多语种出版工作。扩大与"一带一路"沿线国家出版机构的合作，重点在"丝路书香"项目上有新突破。对已出版的外文图书积极推荐参加海外图书评奖，充分利用我社智利分社和法国分社的影响力，借助法兰克福书展等国际大型书展和学术活动平台，加强多语种图书的推广和宣传，为作者的学术作品做好增值服务。

5. 扎实推进公司制改制，成立若干创新工作室，把改革创新引向深入

根据中央和院党组的要求，加快公司制改制的进度，加快建立完善符合文化企业特点的现代企业制度。进一步深化绩效考核改革。根据中宣部下发的《图书出版单位社会效益评价考核试行办法》文件精神，认真贯彻落实我社《出版中心社会效益考核指标和图书效益提成办法》，向单本图书利润高的图书倾斜。推动图书生产经营机制改革，成立若干创新工作室，鼓励跨部门组建创新项目或工作室，针对我社存在的痛点问题，补短板、强弱项，破解发展的"天花板"和瓶颈期，为我社创新发展注入新的活力和动力。社里要给予相应的支持，人事部门要参考业内外支持创新的做法，牵头制定相关考核办法，给予政策扶持，健全激励机制和容错机制，建立协调机制，支持青年同志参与到创新项目中来。加快筹建编校中心，解决编辑力量不足的问题，提高产能和效益。

6. 进一步加强人才队伍建设

着眼长远，加强干部队伍建设。重视梯队建设，充实班子队伍，推进副社级班子成员的选拔任用工作。启动中层干部选拔工作，重视对年轻干部的培养和提拔，充分发挥年轻干部的积极性。加强编辑人才的招聘力度，引进成熟的高层次出版人才和管理人才。做好编辑出版人员的继续教育和新员工的培训工作，进一步做好"编校检"交流会。加强兼职编辑管理，做好兼职编辑的登记、备案、审核认定工作。

7. 加强党的建设，狠抓党风廉政建设

坚持党要管党，从严治党，把党的政治建设摆在首位，以政治建设为统领推进全面从严治党，认真落实党建工作责任制。深入学习贯彻党的十九大及十九届历次全会精神，落实全面从严治党主体责任和监督责任。严格对"三重一大"事项的民主决策。做好新任党支部书记培训工作。加强党员教育培养，积极发展新党员。加强党费的使用管理，开展形式多样的学习教育活动，引导广大党员干部讲党性、重品行、做表率，充分发挥党员干部的先锋模范作用。加强党风廉政建设，提升纪检工作规范化水平。加强日常监督，对编辑、印制、发行等各个出版环节实行监督把关，查找漏洞，及时发现问题，提前防范。严格执行中央八项规定，坚决整治"四风"。

8. 加强信息化建设，为企业生产经营活动提供强有力的保障

加快推进机房升级改造，进行设备的更新换代，强化网络安全防护，为我社图书生产经营及信息化产品的运维管理提供更优质的保障和服务。进一步完善 ERP 的功能，加强和物流系统的对接工作，加快外版书模块的建设，优化出版流程，加强成本归集的规范性和时效性，提高成书上报率，提高图书生产管理水平。加强对我社大数据资源的融合发掘，提高我社办公系统使用效率。

同志们，2020 年是我国具有里程碑意义的一年，我国将全面建成小康社会，实现第一个百年奋斗目标。2020 年也是我社深化改革

创新和推动高质量发展的又一个十分关键的年份。让我们在院党组的坚强领导下，以习近平新时代中国特色社会主义思想为指导，认真学习贯彻党的十九届四中全会精神，积极贯彻落实院党组的各项工作部署，不忘初心，不负韶华，努力拼搏，开拓奋进，谱写社科出版社高质量发展的新篇章！为决胜全面建成小康社会、夺取新时代中国特色社会主义伟大胜利贡献力量！

理想与责任：青年决定着
出版社的未来[*]

首先，欢迎各位新同事加入中国社会科学出版社。祝贺你们选择了出版作为自己的事业，这是一个高尚的职业、智慧的行业，充满挑战与激情。你们是我社的新鲜血液，相信你们的到来将会给我社带来更多的活力与生机。青年人是我们出版社工作的主体力量，青年人决定着我们出版社的未来。社领导历来高度重视对青年员工的培训。

我为大家介绍一下我社的基本情况。中国社会科学出版社是隶属于中国社会科学院的一家出版机构，成立于1978年6月，是由中国社会科学院创办并主管，以出版人文社会科学学术著作为主的国家级出版社。建社以来，出版近2万种图书，多部图书获国家图书奖荣誉奖、国家图书奖、中国图书奖、中国出版政府奖图书奖、中国好书奖、中华优秀出版物奖、"三个原创一百"图书奖和中宣部优秀通俗理论读物奖等国家级奖励。

近年来，我社坚持走哲学社会科学专业出版的发展道路，坚持把社会效益放在首位，努力实现社会效益与经济效益的协调发展，大力实施专业化、精品化、数字化、国际化和大众化发展战略。目前，中国社会科学出版社已经发展成为我国马克思主义理论的重要出版阵地、哲学社会科学出版重镇、国家高端智库成果的重要发布

---

[*] 2020年10月15日，在中国社会科学出版社新员工培训会上的讲话。

平台和中国学术"走出去"的主力军。

　　经过 40 多年的持续奋斗，我社的发展进入新时代，面临新形势，正处在一个发展方式从数量规模型向质量效益型转变的关节点上，出版工作面临新形势、新挑战、新机遇，国家对包括出版社在内的文化企业的管理更加规范化、常态化，出版的政治纪律方面有许多新的要求，图书质量方面的要求越来越高，书号发放实行新政等。各家出版社都在求变创新，竞争更趋激烈，专业出版的趋势更加明显。在这一关键时刻，我们要清醒认识自身的不足：习惯了做一般学术类图书，长此以往，图书策划能力弱化；依赖"做多"，编辑出版质量不甚理想；图书结构不尽合理，精品图书的占比不高；发行量较大的单品种图书较少；产品营销水平不高，对产品的梳理、整合、开发的工作重视不够，没有放到带动发行全局的战略位置，成系列、大码洋的套书不多；销售上创新方法还不够多，馆配做得不透，公共图书馆没有很好开发，党政图书市场、直销大户没有充分挖掘；数字产品的运营管理有待加强，持续稳定的盈利能力还没有形成；企业员工的工作作风有待改进，战斗力、竞争力、凝聚力需要进一步增强。

　　唯物辩证法告诉我们，矛盾是普遍的，是无时无刻不存在的。人类总是在发现矛盾、解决矛盾的过程中前进的。矛盾与问题并不可怕，关键是要勇于面对，以科学的方法解决矛盾，化危为机，转危为安。在这一关键时刻，我们要清醒应对新的形势与问题，进一步做好出版工作，推动我社从数量规模型向质量效益型转变，坚持正确的政治方向和出版导向，以改革创新为动力，坚定信心，真抓实干，深挖潜力，在高质量发展道路上迈出新步伐。

　　出版是文明之光，照亮人类前进的方向，是一个高尚的职业，也是一个充满魅力的职业，我相信社科出版社的平台可以实现你的追求和出版梦想。接下来，我想给我们年轻员工讲讲怎样做好社科出版人，或者说一名合格和优秀的社科出版人要具备哪些素质。

一　要讲纪律守规矩

1. 政治纪律

我们要与以习近平同志为核心的党中央保持高度一致，自己的言行包括网络行为都要与中央保持一致，不要违反政治纪律。个人的思想行为要守规矩，编辑的选题、书稿要严格把关，讲政治纪律，这是头条，非常重要。我们出版的书代表的是中国社会科学出版社，社会的高度关注，对我社的编辑提出了更高的要求。我们的选题立项和书稿的政治把关一定要注意，这点作为编校人员一定要烂熟于心，因为这是你做好工作的一个前提，做好工作的一把尺子。若是尺子没有把握好，你的工作就做不好。要始终绷紧政治这根弦，提高政治鉴别力和政治敏锐力，始终把握正确的政治方向和出版导向，绝不给错误观点、错误思潮以及庸俗低俗的书稿提供任何传播渠道，确保不出政治问题。牢固树立政治意识、大局意识、核心意识、看齐意识，坚决维护习近平总书记党中央的核心、全党的核心地位，坚决维护党中央权威和集中统一领导。

2. 出版纪律

我们的出版要有严格的流程控制。一定要完成三审三校流程，终审签发后申请书号。如果三审之后提出了问题但是没有解决，不能因为作者的催促就忽略流程而急于出书，帮助作者也是要有原则的。终审的问题没有解决前就申请书号，这是严重违反出版纪律和出版流程的，而这种情况不时发生。出现这种情况是要严肃处理的。所以我们的编辑和总编室在这方面的把控上一定要严格。

3. 组织纪律

一个单位有一个单位的规矩，组织纪律也是中央特别强调的。如出京和出境都有一套严格的组织纪律。我们社里也相应制定了请示报告制度。员工请假、出差、出京、出境都有完整的审批报备流程。我希望我们的年轻同志要认真学习和了解这些制度。如因私出境，这不仅仅是你的个人行为，你要和组织报告，要备案。

4. 工作纪律

我们平时的工作都是有流程、讲纪律的。如劳动纪律、防火、安全、保密纪律等。同时也希望大家遵守基本的考勤纪律、会议纪律。保密纪律也是和每一个员工息息相关的，出版是一个创意产业，出版行业是有竞争的。如 OA 平台上发布的信息，不能外传，这是对单位的忠诚。

总而言之，讲纪律、守规矩就是做老实人，办规矩事。做老实人、办规矩事是不吃亏的，一定要相信这一点。

二　要树立职业理想，担负起应尽的责任

实现中华民族伟大复兴的中国梦，实现社会主义现代化强国梦是每一个中国人的梦想。具体到我们这个行业为实现中国梦做出贡献，那就要立志做一个出版家，要传文明薪火，发时代先声。出版家是什么？就是对人民传承有益的东西，即知识、思想、方法和为善的道德取向，就是要出好书，做精品。精品力作不仅要做好国内的传播，还要做好国外的传播，对外讲好中国故事，这是一个出版人的理想。尽最大努力把精品和好书传播到海内外，充分实现它的价值。做印制的怎样设计好版式，做美编的怎样针对每本书的特点设计一个好的封面，做宣传的怎样扩大书籍的社会影响，做"走出去"工作的尽量使更多的好书"走出去"，扩大世界影响，提升我们中华文化的价值与影响力。每一位社科人都应该为出好书的理想而努力。

一个好的编辑的标准是什么？我认为，优秀的编辑不仅仅要高质量完成编辑工作，那是基础工作，优秀的编辑应该是一个批评家，要具有批判性思维，这里的批判包括指谬、规范和鉴赏；优秀的编辑还要不断学习、善于学习，对世界充满好奇；优秀的编辑要保持灵敏的嗅觉，信息灵通，把握前沿，熟悉学科布局和学术地图，善

于交往和营销。总之，要成为一名学习型、批评型、营销型、社会活动家型"四位一体"的出色编辑。

当然，我们做好任何一件事首先都要讲责任。责任心和态度是最重要的。只要每个人都有责任心，我们的出版质量、出精品的数量就有很好的保障。我们现在书稿很多，就责任心而言，首先要对书稿负责，对出版的价值负责。要认真查找书稿中存在的问题，通过你的工作，使书稿质量得到进一步提升，更加完善。有的编辑什么稿子都要揽，稿子在他手上放很长时间，可能自己还不看，结果这个稿子很长时间出不来，找一些水平不是很高的兼职编辑来看，使得稿子根本得不到精心编辑、认真修改，这是对书稿不负责，对作者不负责，对出版社不负责任，从而对自己也不负责任。拖得时间长，稿子出不来，或是稿子出来问题很多，这给编辑自身和出版社都会带来很差的口碑。其他行业和其他岗位也是一样的，印制、办公室、财务工作等，都有责任心的问题。这个责任心包括怎样把你从事的工作做好，经过我的手以后，错误消灭了多少。如同财务工作，不要放过任何一张有问题的发票。责任心会使我们工作的成效更加完美。全员质量意识归根结底就是责任心的问题。院科研局抽检书稿质量时发现，我社存在问题的书稿总是有一些，这就是责任心不到位的问题。做好工作，首先要有理想和责任心。

我一共讲了四个负责：对书稿负责，对作者负责，对出版社负责，对自己负责。其实这种责任心，走到哪个岗位都是必需的。

三　业精于勤，要不懈奋斗

华为的核心价值观是以奋斗者为本。我社也正处于一个发展的上升时期。我社在分配上的一条基本原则就是鼓励多劳多得、优劳多得，贯彻奋斗者为本这样的价值观。当然，奋斗者要以责任心为前提。粗制滥造的奋斗不叫奋斗，是没有内涵的奋斗。青春是用来奋斗的，青春是人的一生中最美好的年华，青春首先要有理想，有想象力，同时要有脚踏实地的奋斗精神。大家不要辜负青春时光，要对自己的人生有一个好的规划。少壮不努力，老大徒伤悲。《钢铁是怎样炼成的》一书的主人公保尔·柯察金说过："人最宝贵的是生命，生命对于我们只有一次。人的一生应当这样度过：当他回首往事时，不因虚度年华而悔恨，也不会因碌碌无为而羞耻。"

首先，奋斗要做到勤奋。人生最靠得住的还是自己，一个人的立身之本是自己的奋斗和勤奋。依靠别人的人生是依赖型人生，就没有独立的人格。所以最重要的是要通过自己的努力奋斗实现自己的人生价值。年轻人不要太懒。只有对他人和社会有意义，这个人的人生才有价值。因为人的本质是一切社会关系的总和。人有了成就的喜悦之所以需要分享，是因为人是社会关系的存在物，人不能孤芳自赏。我们出版社很多年轻人还是非常优秀的，脚踏实地地看稿子。我们需要这样的人，这就叫奋斗、勤劳。对于这样的人，出版社是不会让他吃亏的，要有意识地给他们提供锻炼的机会，培养他们。

其次，奋斗要勤于学习。既要学习政治理论，也要把握学科动态，多看好的学科代表作，全面学习，向老师学习，向同行学习，向他人学习，丰富自我，提高自己的业务水平，成为本岗位的行家里手。

最后，奋斗要敢于竞争，有一种不服输的精神。这种精神对出版业来讲是非常重要的。出版行业是一个竞争的行业。作为编辑，要敢于策划好的选题，要有竞争意识，要先人一步。有的人总会抱怨选题又被其他出版社抢走了，那你就需要反思是不是自己的竞争意识比较差。如果我们所有岗位都是这样，那我们的整体竞争力就不行了。比如，为什么同样性质的书我们的馆配数量比不上其他社，这里就有竞争意识和竞争状态的问题。所谓奋斗，就是由低到高、由弱到强这样一个努力的过程。要敢于竞争，善于竞争。

四　要勇于创新

中国正在推进供给侧结构性改革，实施创新驱动发展战略，走高质量发展之路。我们国家不能通过消耗更多的生产要素和资源来实现发展。这样的时代已经过去了，当今时代需要创新。年轻同志一定要紧跟时代发展趋势和出版业发展趋势，按行业和时代最新发展形势来要求自己，站位要高、眼光要远、视野要宽，要从不利于我社发展的旧的思维方式、工作习惯中解放出来，切忌老气横秋、因循守旧。要做解放思想的先行者，创新发展的践行者，融合发展的引领者。

创新需要智慧。出版的本质就是创新、创意。创意有时候一点就破，但创意是从无到有的，有的人很容易就能想出来，有的人绞尽脑汁也想不出来。创新对出版业来讲是一个很重要的任务。对于编辑来讲，策划是创新性思维的首要环节。我们出版社品牌好、地位高，我们会接到很多书稿，这是优势，但也可能越来越弱化我们的创新策划能力。我希望我们的年轻同志不要这样。若刚进来就缺乏创新能力，那就好比第一个扣子没扣好，始终不会有强的竞争力和创新力，如同一只老虎没有了野性。我希望每个年轻人都主动策划一些选题。不管选题通过与否，每个人都要策划。没有这种状态，长此以往，你的策划能力就弱化了。随着年龄的增长和长期被动地接受书稿，你的策划能力就可能难以唤醒了。我认为，每个岗位都需要创新，如印制、美编设计，包括我们的行政管理人员都要有这种创新意识。要把创新作为我们工作进步、事业发展的动力，以及我们企业发展的竞争力。

五　要与人为善，团结协作

做人首先要宽容，多看看别人的优点，包容别人的短处，换位思考，这样才能够和谐共处。多看别人的长处，不要在背后去评论别人，以免产生不必要的矛盾。做人包容是很重要的，世界很大，也很复杂，人的差别也很大，不要寄望于别人来适应你，你要包容别人。与人为善，要善良、仁爱。

出版社是一个整体协作的链条，大家要团结协作。出版是一个整体，离开任何一个部门的协作，出版工作都无法进行下去。每一个出版环节都是图书出版生产链条中的一环，大家都要有一种团结协作的精神，这样才能有更好的生产效率和效益。团结协作，更多地要从一个人的人格和人品上来说。大家做人做事都要有品格。与人为善，团结协作是我们企业文化的重要组成部分。团队的氛围和精神是非常重要的。一个部门或一个项目的负责人，一个重要的本事是把团队团结起来、凝聚起来，产生一加一大于二的效应。我想，这样我社的竞争力，我们团队的状态就会非常好。出版社好，大家好。所以团队精神和集体荣誉感，对于新员工来讲尤其应该树立起来。

以上，也是我平时的所思所想。我想，作为中国社会科学出版社的一名员工，起码应该做到以上五点，这是一名员工应该具备的基本素质。

系统总结中国经济学研究的著作*

《新中国经济学研究70年》是中国社会科学院党组和谢伏瞻院长策划和部署的《庆祝中华人民共和国成立70周年书系》之一。出版这套丛书，是我们中国社会科学出版社的一项光荣职责。

张卓元先生①在我国经济改革领域深耕六十余载，早在1993年，就应邀参加了党的十四届三中全会《中共中央关于建立社会主义市场经济体制若干问题的决定》的起草工作，继而参与党的十五大、十六大、十六届三中全会的报告，国务院机构改革方案等中央重要文件起草工作和国家重大经济政策的咨询工作。近些年虽年事已高，但仍以"老骥伏枥，志在千里"的情怀时刻关注我国经济改革进程，继在我社出版《新中国经济学史纲（1949—2011）》《中国经济学40年（1978—2018）》等引起学界和社会极大关注和反响的著作之后，又于新中国成立70周年之际，带领着强大的研究团队，系统总结了

* 2020年1月10日，在"新中国成立70年与中国经济学发展暨《新中国经济学研究70年》出版座谈会"上的致辞。

① 张卓元，中国社会科学院学部委员，经济研究所研究员。曾任中国社会科学院财贸经济研究所所长，工业经济研究所所长，经济研究所所长。

2020 年 1 月 10 日，新中国成立 70 年与中国经济学发展暨
《新中国经济学研究 70 年》出版座谈会专家合影

中国经济学 70 年的演进历程，梳理了经济学"中国化"的重大进展，形成了《新中国经济学研究 70 年》（上、下卷）这部厚重的、具有里程碑意义的新中国经济思想史著作。

经过新中国 70 年的发展，中国已经在实现中华民族伟大复兴的中国梦征程上迈出了决定性的步伐。回顾 70 年经济建设辉煌成就，不只是感叹祖国的伟大、感叹党带领全国人民奋斗的艰苦卓绝，更重要的是通过追溯中国经济成长的基本轨迹，总结中国经济成功的基本经验，探索中国经济发展的基本规律，进一步促进中国经济学发展，为中国实现"两个一百年"目标贡献理论力量。中国经济学理论的创新与发展，是扎根于中国的经济建设实践的系统总结，是对贯穿"站起来、富起来到强起来"三个时代内在规律的科学阐释。张卓元先生特别强调经济学研究必须与中国实践相结合，同时他的研究历程也表明，只有深植中国经济土壤才能使理论研究更具中国特色、中国气派。

仔细研读这本著作，我认为该书具有以下的鲜明特点：其一，该书逻辑严密、系统性强。它不仅完整地记录了中国经济学发展的峥嵘历程，带领读者重新回望"来时的路"；而且清晰梳理了中国经济学70年的演进历程，让读者领略"路上的风景和艰辛"。分六个时期从基本经济制度、金融、国企改革、农村改革等多个分领域讨论，用经济学的范畴概念组合成逻辑严密的体系。其二，该书突出问题导向，深刻研究我国伟大的经济建设实践，总结了新中国70年经济学研究的八大进展，蕴含张卓元先生亲身参与一些经济学热点问题讨论的体会，值得反复品读。其三，该书清晰地呈现了经济学"中国化"的重大进展。如从工业化赶超到高质量增长、不断丰富和发展中国特色社会主义经济理论、适时提出构建中国特色社会主义政治经济学的任务，等等，对丰富的实践经验做出了理论概括。

再次感谢各位专家学者一直以来对中国社会科学出版社的支持和关心。作为全国哲学社会科学学术出版重镇，中国社会科学出版社将坚决贯彻习近平总书记有关宣传出版工作的讲话精神，把深入学习研究阐述宣传习近平新时代中国特色社会主义思想摆在出版工作的首要位置，深耕专业出版，引领主题出版和"走出去"出版工作，积极传播智库成果，推进融合发展，力争在出版业转型发展中有更大作为。也期待新中国成立80周年的时候，张卓元先生的团队能推出再创辉煌的《新中国经济学80年》。

讲好践行"一国两制"的出版故事[*]

1995年的"双十二"还没成为中国人网购狂欢的节日,不过是一个普通的星期二。但对于青年学者赵剑英,这一天则有特殊的意义,他接受了一份光荣的使命,来到美丽而宁静的澳门:为澳门回归做对策研究,身份是新华社澳门分社政策研究室高级研究员。

"对澳门的感情就是从那时开始的,我们在工作之余经常穿行于澳门的小巷,感受市井生活,了解社情民意……"在澳门的调研工作经历,使赵剑英对澳门深厚的中华传统文化底蕴、多元文化的汇融、淳朴的民风以及充满活力的经济生活有了深刻的认知,也为20余年后他带领中国社会科学出版社高度自觉地践行"一国两制"种下了基因。"主权回归后重要的是人心回归。'一国两制'一国是大前提,首先是要对'一国'认同,特别是对中国历史文化的认知和认同,对当代中国改革开放成果的认知和认同",这样的感触一直充溢在赵剑英心中。

行动早做得好,关键看产品

作为一家高端学术出版社,服务"一国两制"大业,这一步不仅走得早,还要走得好,"关键看产品"。在赵剑英看来,中国社会科学出版社琳琅满目的图书中,不仅有综合性强、严谨厚重、充满

---

[*] 《中国社会科学报》2020年1月9日,该报记者陈静撰稿。

学术生命力的理论著作，更有学术大家们撰写的深入浅出、颇具可读性的通俗读物。而通俗读物恰恰是中国社会科学出版社与港澳地区出版合作的抓手。

2017 年 10 月，香港特别行政区正式将中国历史教育确立为初中阶段必修课。同年 12 月 6 日，赵剑英一行怀揣服务"一国两制"的热忱，携带精心挑选的三部著作：《中华文化简明读本》《简明中国历史知识手册》《中国历史年表》，与三联书店（香港）在香港联合出版大厦举行了战略合作签约仪式暨"中华文化的核心理念"学术研讨会。

这三部著作可谓讲述中国历史文化的精品力作。《中华文化简明读本》是中国社会科学出版社 2017 年着力打造的《理解中国》丛书之一；《简明中国历史知识手册》（繁体字版为《中国历史关键词500＋》）包括中国历史名词、中国历史大事记、夏商周纪年表、历代年号纪元表四部分，为读者提供了简明扼要、通俗易懂的中国历史知识；《中国历史年表》则以图表的形式，按年代顺序将中国历史发展变化直观地显现于一表中。赵剑英认为，这些图书繁体字版在香港的出版发行，有助于香港读者更加全面系统地学习、了解中国历史和中华文化，对于增强香港同胞的国家意识和爱国精神，增强其对祖国历史文化的认同具有重要意义。

服务"一国两制"大业不是单方面的输出，而是相互交流与对话。中国社会科学出版社不仅把好的图书带出去，也把好的作品引进来。这次出访，三联书店（香港）出版的《中国何以稳定》受到中国社会科学出版社的青睐。书中认为，中国之所以稳定，关键在于中国共产党能够以高度适应性和极强的学习能力顺应时代变化，在治国理政中有效掌握并运用国家弹性和刚性力量，通过不断对内观察分析和对外学习吸收来进行适应时代要求的调整和创新。赵剑英果断将该书纳入中国社会科学出版社"走出去"品牌——《理解中国》丛书。

在采访中，赵剑英感慨地对记者说："认知与认同之间有个环节是理解。认知是知道，认同是态度，认知—理解—认同是人认识事物的客观过程，任何人际共识、社会共识的形成都离不开这样一个认识的客观过程。历史文化方面的出版物，对于理解中国至关重要。实践证明，这恰恰就是香港教育体系中的匮乏之处。"

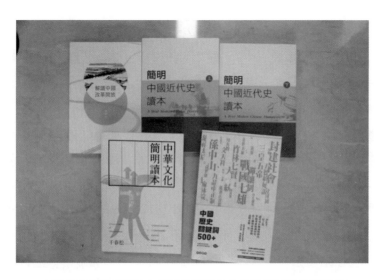

中国社会科学出版社与香港出版机构合作出版的繁体版图书

2017年以来，中国社会科学出版社又与香港商务印书馆合作出版了蔡昉著《解读中国改革开放》（繁体版），与香港中华书局合作出版了张海鹏等著《简明中国近代史读本》（繁体版），始终如一地把讲好中国改革开放故事，阐释好中国道路、中国制度和中国理论的精品图书带给港澳同胞。许多港澳知识界、教育界人士建议，应当以上述图书繁体字版出版为契机，举办中国历史知识竞赛，吸引广大港澳同胞尤其是青少年阅读这些历史文化书籍，进一步推进港澳地区中国传统文化与历史知识的普及。

有没有成效，主要看教育

"接天莲叶无穷碧，映日荷花别样红。"澳门回归祖国 20 年来，书写了"一国两制"的亮丽篇章。"从一个小渔村发展成繁华的现代化国际大都市，经济发展、社会安定、环境优美、居民安居乐业，多元文化得到了很好的发展"，对赵剑英来说，澳门虽海风依旧，而经济社会风貌和城市气质早有了翻天覆地的变化，他一如既往地想为澳门做点事情。

"文化传统和身份认同与教育，特别是中小学教育密切相关。"2006 年，澳门特区政府颁布了《非高等教育制度纲要法》——自 2007—2008 学年开始实施 15 年免费教育。自此，澳门成为世界上少数实现从幼儿园到高中实施 15 年免费教育的地区。澳门特区政府在非高等教育上投入大量资源，此项开支从特区成立初期的约 10 亿澳门币，增至 2018 年的 75.4 亿澳门币，增幅超过 7 倍，教育体系呈多元发展。在赵剑英的提议下，2017 年 12 月 9—11 日，中国社会科学出版社对接澳门教育暨青年局教育厅厅长龚志明、中学暨技术职业教育处处长梁怡安，向包括著名的濠江中学在内的中小学赠送《简明中国历史知识手册》《中华文化简明读本》和《中国历史年表》等 1000 余册图书。龚志明表示，澳门教育部门会将这些图书分发到澳门 77 所中小学，用作专职教师的参考工具书，并进入各个学校图书馆供学生借阅，充分发挥这批图书的作用。

澳门与中国民主革命的伟大先行者孙中山先生有着很密切的联系，澳门是孙中山踏入社会走向世界的起点，也是孙中山革命活动的舞台。近几年来，中国社会科学出版社高度关注展现澳门历史、文化、教育、社会等内容的选题。在澳门回归祖国 20 周年之际，特别推出了原香港大学、澳门大学资深教授霍启昌先生的《孙中山在澳门——档案中的孙中山先生澳门经历》一书中葡语两个版本，并在澳门举办了该书的出版研讨会。孙中山先生早年曾在澳门行医、从事革命活动，在香港、澳门散落了许多珍贵的档案资料。该书充分利用这些资料，考察了孙中山先生在澳门的经历，弥补了其早期思想及策进革命运动的直接史料匮乏之憾。

2019 年 10 月，中国社会科学出版社总编辑魏长宝带队赴澳门参加"孙中山与革命同行者"史料图片展及"孙中山与革命同行者"系列活动，其间魏长宝总编辑再次代表出版社向澳门教育暨青年局和部分中小学捐赠了部分面向青少年的人文社会科学普及读物，希望对于推动澳门的国民教育、增加澳门青少年对祖国历史文化的了解和认同发挥积极作用。

中国社会科学出版社出版的"粤港澳"相关图书

"我们已经出版了澳门大学的多卷本《澳门教育史研究丛书》"，丛书包括《杜岚校长与澳门教育》《邝秉仁先生与澳门教育》等。《澳门教育史研究丛书》主要介绍了澳门濠江中学原校长杜岚女士的教育思想和教育事业、澳门培正中学校长邝秉仁的专访和他的著作。"我们也正在组织出版《澳门教育丛书》，携手澳门中华教育会共同为澳门教育工作者搭建起成果出版与传播的平台。"赵剑英指出，要不断助力港澳地区中小学历史文化教育和"一国两制"教育；通过规范和强化学校爱国主义教育，提升港澳青少年对国家民族的归属感、自豪感、认同感，确保爱国爱澳精神薪火相传。

能不能领跑，方向最重要

2019年5月，中宣部"中国图书对外推广计划"工作小组授予中国社会科学出版社"走出去"工作特别贡献奖，以表彰该社在讲好中国故事、传播中国声音方面做出的突出贡献。"学术出版不只是面向学术界，也要走向大众；横向发展与纵深研究缺一不可。"在筹划出版方向上，赵剑英着实有独到的眼光，这要归功于他把握时代话题的敏锐性和引领力。他坦陈，与学术研究和学术期刊相比，图书出版空间更大、舞台更宽，可以主动策划各个学科有时代特点的大型丛书。他总是激励编辑策划体现时代意识和问题意识强的高质量选题，去争取更多的优秀作者，因为"出版社要想获得更持续的发展，必须依靠高质量的产品和优秀的作者队伍"。

近几年，中国社会科学出版社立足国家战略部署，充实和扩大有关粤港澳研究的作者队伍，多次与港澳地区大学和研究机构展开交流与合作，力促学术与出版相得益彰。2018年12月，中国社会科学出版社与中山大学、招商局集团（香港）有限公司发展研究中心、京港学术交流中心、香港中国学术研究院联合举办"粤港澳大湾区合作的回顾与展望研讨会"，发布"中社智库"之"粤港澳大湾区研究"系列图书。2019年5月，在澳门城市大学举行"澳门特区社会经济与对外关系发展研讨会"，会上发布由澳门城市大学学者出版的6种学术著作，为澳门回归20周年献礼。此前，中国社会科学出版社就曾与澳门城市大学在多个领域达成合作意向，包括关于世界滨海城市治理研究方向的出版合作，以及粤港澳大湾区研究和"一带一路"沿线葡语国家研究成果的出版合作等。

"雄关漫道真如铁，而今迈步从头越。"出版界服务"一国两制"大业正在路上,现在中国社会科学出版社已经领跑业界,相关工作走向纵深阶段:从出版合作到教育推广再到学术研讨,清晰呈现出三大特点:意识超前、活动集中、成效显著。

"下一阶段,在港澳地区我们将重点关注以下三个领域:历史文化类图书的合作出版与推广,青少年爱国主义教育类图书的合作出版与推广,对祖国改革开放和中国道路认同方面图书的合作出版与推广。"

北京鼓楼西大街甲158号,明净、敞亮的三楼楼道里堆放着刚出版的新书。一个身着黑色皮夹克、牛仔裤的儒雅身影,正坐在小板凳上埋头翻书。赵剑英说:"再忙我也都会挤出时间翻阅所有新出的图书。"在他看来,这一工作既体验了收获好书的愉悦,又能发现存在的问题。而更重要的是,在翻阅的过程中,他也许又有了关于图书策划的"新点子"……

代　跋

哲学家的出版实践，
出版家的哲学情怀

——记第十三届韬奋出版奖获得者中国社会
科学出版社党委书记、社长赵剑英[*]

　　北京鼓楼西大街，紧邻热闹的什刹海，坐落在这条街上的中国社会科学出版社，却是一处清幽之地。走进赵剑英的社长办公室，就能看到两幅落着辛卯年款的书法作品，一幅写着"闲静"，一幅写着"平和"，让这里显得愈发雅致。

　　辛卯年，即公元 2011 年。凡是对赵剑英和中国社会科学出版社有些了解的人，从这个年份、从这两幅字中，都能读出别样的滋味。那一年，刚刚在鬼门关走了一遭的中国社会科学出版社总编辑赵剑英，出任中国社会科学出版社社长，仍然兼任总编辑。那一年，已经到了"不改革就没有出路"的中国社会科学出版社，同样风起云涌。在这样的生死时刻，如何"闲静"？何以"平和"？赵剑英这位从大学起就学习哲学、研究哲学的学者，用哲学思考着个体生命的跌宕起伏，也用哲学谋划着这家老牌学术出版社的未来，既大刀阔斧，又从容不迫。

　　赵剑英出任社长已有十年，从向世界讲好中国故事的《理解中国》丛书，到揭示中国奇迹成功密码的《中国制度研究》丛书，从

　　* 原载《中国出版》2020 年第 23 期，《光明日报》记者杜羽撰稿。

为新型智库建设添砖加瓦的"中社智库"，到助力中国特色哲学社会科学学科体系、学术体系和话语体系建设的《当代中国学术思想史丛书》和《中国特色哲学社会科学丛书》，中国社会科学出版社紧贴大国崛起的时代脉搏，沿着专业化、精品化、国际化、数字化、大众化的道路稳步迈进，逐步发展成为我国马克思主义理论的重要出版阵地、哲学社会科学出版重镇、国家高端智库成果的重要发布平台和中国学术"走出去"的主力军。赵剑英的出版改革实践，为中国的学术出版增添着新的生机与活力。

一

赵剑英的出版人生涯，是从 2007 年开始的。那年夏天，他从鼓楼西大街甲 158 号的二楼走到了三楼，虽然只有一层楼的距离，却完全换了一个行当。

那时，这个小院的一楼、三楼是中国社会科学出版社，二楼则是中国社会科学杂志社。1989 年，赵剑英从中国人民大学哲学系硕士一毕业，就被一辆老旧的伏尔加小汽车带到小院里，搬着几个纸箱的行李径直上了二楼，成为中国社会科学杂志社的一名哲学编辑。

"杂志社人不多，很安静。到了办公室，我就读稿子、写文章，好几篇发在《哲学研究》上的文章都是在那里写的。"十几年的时间，从普通编辑到副总编辑，虽然每次上班都要经过一楼，但赵剑英和出版社几乎没什么交往。

中国社会科学出版社营销中心主任王斌第一次见到赵剑英，就是在二楼杂志社的副总编辑办公室。"门是敞开着的，他在伏案写字。我敲了几下门，他没回应。看他那么专注，我就准备离开。这时，他抬头喊了一句：'你进来吧，我马上好！'接着，又低下头写了起来……过了会儿才又抬起头：'抱歉！刚才在给作者回复审稿意见。遇到一篇好文章。'"王斌没想到，几年之后，这位专注于学问的领导，竟从二楼走到了三楼，和他们一起在图书市场中摸爬滚打。

不仅王斌没想到，连赵剑英自己也没想到。对于这个任命，起初他心里有些波澜。在《中国社会科学》这家全国顶级的学术杂志社，赵剑英36岁就做到了副总编辑，他策划的"马克思哲学论坛"，成为引领推动中国哲学研究发展的重要平台。从二楼走到三楼，意味着从一个安稳、单纯的学术机构进入一个需要在市场中求生存的战场。尽管内心有点儿失落，但赵剑英还是服从组织安排，接受新的挑战。

转年初春，赵剑英组织了履新后的第一场专家座谈会——邀请多位哲学界知名学者为出版社出谋划策，没想到，遭遇的却是当头棒喝。

"你们出版社的定位没有特点"，"这几年社科出版社的图书质量在下滑"，学者们的批评，从图书质量到编辑服务，无一遗漏。虽然脸上有些挂不住，但赵剑英明白，学者们说的是心里话、大实话。此后，赵剑英又分别主持召开了历史学、宗教学学者和作者座谈会，听取办好社科出版社的意见和建议。

此时的中国社会科学出版社，正处于低谷。最明显的表现就是，作为一家专业学术出版社，出现了非专业化的趋势：以数字命名的"一编室""二编室"等几个编辑室，都是"混编部队"，没有专业分工、学术边界。有的编辑为了个人多拿提成，出了不少学术质量不高却有资助的图书，甚至有内容庸俗的图书。

赵剑英就任总编辑后的第一件事，就是要求各编辑室回顾出版社自1978年成立以来的选题，梳理曾经出版过的各学科领域的代表作：金克木的《印度文化论集》、王力的《龙虫并雕斋琐语》、王元化的《清园夜读》、季羡林的《原始佛教的语言问题》，从海外引进的《剑桥中国史》……在赵剑英看来，就是这些大家、这些好书，奠定了中国社会科学出版社的基础，现在，如果顶着"中国社会科学出版社"这块金字招牌，吃老本、不断消耗品牌，甚至竭泽而渔，这家出版社的学术权威度、认可度、吸引力就会日渐稀薄，早晚有一天会被学术界彻底抛弃，这无异于自废武功、自毁前程。

问题是全方位的，一定要改革。赵剑英很急迫，但并不盲目。他从哲学的角度思考出版社面临的问题，要抓住主要矛盾，要分轻重缓急，打出一套组合拳。

"我们的竞争力在哪里？命根子是什么？我们到底要走什么路？"对于出版社的定位，赵剑英很明确，"中国社会科学出版社是一家专业学术出版社，理所应当是哲学社会科学出版重镇，否则，我们在出版行业里一点优势都没有"。

他从内部管理着手，主持制定《关于加强选题和书稿政治与学术质量管理的若干规定》《关于加强图书编校质量管理的补充规定》。为了出版社的长远发展，他不怕得罪人，多部已经签了出版合同、给了出版资助的书稿，因为内容不合格，被他坚决退回。"交钱就可以出版"的乱象得以扭转。

凭借学者的敏锐，赵剑英在选题策划上小试牛刀。他策划主编的《马克思主义学术文丛》，组织到了吴元樑、李德顺、许全兴、侯惠勤、吕大吉等知名学者的书稿，被视作中国马克思主义理论研究的最新研究成果，刚刚设立不久的国家出版基金随即给予资助。他策划的《中国哲学社会科学 30 年丛书》全面展示了改革开放到2008 年中国哲学社会科学发展的基本脉络和丰富内容；《当代中国学者代表作文库》收录了中华人民共和国成立以来中国学者在人文社会科学等主要学科研究成果的代表性著作……这些书融入了赵剑英对学术出版的理解，也为出版社树立了一个学术质量的新标杆，激发起编辑们为提升出版品牌而做书的意识。

紧接着，2010 年 3 月，赵剑英把目光对准出版社的两个"命门"——选题质量和管理体制机制。他主持召开选题与管理体制机制创新工作会议，提出提高选题质量和管理体制机制改革的思路与方案：以学科化、专业化的思路进行机构改革，建立以学科为中心的编辑部管理体制，重新配置人员，实行学科负责制，编辑需要密切跟踪各自学科的学术动态、学术前沿和学术资源，提高书籍的学术质量和编校质量；实行相应管理机制改革，完善社会效益与经济效益相统一的激励机制，把对数量的考核与质量的考核结合起来，把对编辑工作的经济效益的考核与社会效益的考核统一起来，把对个人的激励、考核与出版社整体的、长远的发展结合起来……

就在改革的当口，目标有了，思路有了，方案有了，一个月后，赵剑英却病了，而且病得不轻，必须进行肝移植手术！

二

46岁，正准备在出版界大展身手的赵剑英，即将走上决定命运的手术台。过往的岁月，像过电影一样一幕幕在他眼前浮现。

1982年，18岁。从浙江小城萧山考入中国人民大学哲学系。20世纪80年代正是一个思想解放、学术争鸣空气浓厚的年代：课堂上，有教马克思主义哲学的萧前、陈先达等先生授课，有教中国哲学的石峻、方立天、张立文等先生指点，有教西方哲学的苗力田、钟宇人等先生启发；课堂外，到处都是讨论会、辩论会、座谈会，到处都是新观点、新思想，原本对哲学不甚了解的赵剑英意识到，在纷繁复杂的讨论中，哲学问题才是最基础的问题。他感受到了幸福——因为选择了哲学，因为生活在那个年代。带着对真理的渴盼，带着强烈的好奇，他开始了自己的学术探索，如饥似渴。不仅读人文社科书，也读高等数学、生物、物理、化学，了解科学技术发展对人类社会的影响；不仅读经典著作，还泡在图书馆期刊阅览室，翻看《哲学研究》《自然辩证法通讯》等众多专业期刊，关注学术前沿；他痴迷于自然辩证法和科技哲学，也关心人的问题，关注人道主义和异化问题的讨论。他还和另一位同学，一人骑上一辆自行车到北大、清华、北师大、北外售卖《走向未来丛书》，传播新知识、新观点、新思想——那或许可以看作他出版生涯的起点。

1986年，22岁。论文《试论定量思维方法在科学认识中的作用》在《国内哲学动态》发表。对于这篇处女作，他说至今看也不觉得汗颜。接着，开始读研究生。1988年，所撰写的《从价值批判到科学批判——马克思的价值批判方法与唯物史观的创立》在《教学与研究》发表。《论马克思主义主体性原则及其现实意义》《关于历史唯物主义理论基础的历史沉思》《论决策集团主体的思维效益》，或独著或合作，先后在有影响力的期刊发表。

1989年，25岁。到中国社会科学杂志社做编辑。从普通编辑到哲学编辑室副主任再到副总编辑，走得顺风顺水。先是编稿子，写学术综述。那里是学术的最前沿，接触的都是一流学者。培养起规范性思维、批判性思维、建设性思维，从文字表达到学术视野，都得到了提升。有些来稿涉及的学术领域并不是自己熟悉的专业方向，因此需要反复阅读才能有所把握，写出的审读意见，既要肯定优长，又要指出问题，只有说在点子上，才能让那些大学者心服口服。后来，又与同事一起创办"马克思哲学论坛"，策划"中西马哲学对话论坛"等，推动哲学研究。也抽时间自己搞研究。1989年，在国内最权威的哲学杂志《哲学研究》发表头条论文《试析实践活动运行机制》，后来获得中国社会科学院第一届青年优秀成果一等奖。此后，又在《哲学研究》上先后发表《实践活动中规范与创新的矛盾及其科学解决》《论人类实践形态的当代发展》《交往形态的新变化与当代社会的新特征》《论中国化马克思主义哲学形态的当代建构》等5篇论文。还主编《世纪之交的中国文化》《马克思哲学的当代意义》《马克思哲学与中国现代性建构》《中国化马克思主义哲学新形态》等图书，被学界广泛引用。在杂志社工作的十几年，他已经成长为颇有知名度的青年学者。

2007年，43岁。中国社会科学出版社总编辑。虽然困难重重，但多年的哲学训练在这里有了开花结果的可能。从哲学角度破解出版社的矛盾，提出"三个统一"的治社理念：注重图书社会效益与经济效益的统一、数量与质量的统一、个人利益与全社利益的统一。

虽然不是生意人，但骨子里有浙商的精神：不投机取巧，全凭自己苦干、实干，相信付出就会有回报，把品牌与信誉建设放在第一位……

2010年，所有的一切，就这样结束了吗？赵剑英不甘心，命运也没有辜负他的勤奋与执着。4月的手术很顺利。三个月后，他就逐渐捡起了工作。术后第一次回出版社时，赵剑英还很虚弱，爬上三楼就气喘、腿软。但他丝毫没有退缩，反倒是坚定了决心：加强锻炼，回归社会。

这一年，中国社会科学出版社转企了，但改制的任务才刚刚起步，赵剑英的种种规划，需要逐一落地。

为了引导编辑争取优秀选题，增设选题策划特别奖，具有重大学术价值、填补学术空白的《商代史》和研究学术前沿热点问题的《跨媒体研究丛书》获奖。

"启动这个奖，我们的初衷就是要大家检视一下一年下来有什么好书拿得出手。我看有的同志真是拿不出来！那你的工作价值体现在何处？仅仅是养家糊口吗？作为编辑应该有职业精神，不能太重自己眼前的那点儿利益而不顾我们出版社的品牌和未来，那样太缺乏境界了。"虽然有好书获奖，他还是说了"狠话"。

2012年，经过反复调研、讨论，编辑部的机构改革方案终于付诸实施。新成立的马克思主义理论出版中心、哲学宗教与社会学出版中心、历史与考古出版中心、文学艺术与新闻传播出版中心、政治与法律出版中心、经济与管理出版中心、国际问题出版中心七大专业出版中心以及大众分社、数字出版中心，构成了专业化的学术出版格局。

"机构改革之后，原先没有明确分工的几个编辑部门被分为七个专业出版中心。我如今所在的文学艺术与新闻传播出版中心，人员都是从各个编辑室抽调出的专业对口的编辑。年龄结构合理，专业性强，学历也都在硕士以上，这样整合出的'优势兵力'对我们这个年轻的部门开展工作创造了非常有利的条件。"中国社会科学出版社文学艺术与新闻传播出版中心主任郭晓鸿，把这次机构改革视为自己编辑职业生涯中的一个重要转折点。

几年后，在七个专业出版中心之外，重大项目出版中心、国际合作与出版部、数字出版中心、年鉴分社先后成立。

"重大项目出版中心专注于高质量的主题出版和跨学科的重大项目，可以弥补专业化出版体制的不足，是出版社品牌建设的主要支柱。"在赵剑英的心中，重大项目出版中心是一支"机动部队""先头部队"，根据业态发展趋势和品牌建设需要，能够随时冲锋向前，发挥团队合力和高效率优势，完成急难险重的特殊任务，以取得市场竞争中的比较优势。

国际合作与出版部的设立，瞄准的是"国际化"。发挥中国社会科学出版社的专业优势，推进国际合作，充分传播中国思想、中国理论，讲好中国故事、传播中国声音。

至此，赵剑英提出的专业化、精品化、国际化、数字化、大众化战略，在机构设置上全都落到了实处。

三

时代在发展，科技在进步，工作节奏、生活节奏变了，阅读习惯、阅读需求也变了。赵剑英做出判断：出版业将面临深刻变革，只有主动应对、谋划，创新出版业态，才能在新的时代背景下谋求新的突破。当然，在创新的同时，他也有所坚守：无论是数字出版、智库出版、年鉴出版，还是大众出版，都要以"学术"为基础，都要有"学术"的特色。

从2012年起步的数字化探索，为学术出版的数字化转型蹚出一条新路。近2万种图书完成数字化加工，5年内的新书实现全品种数字化，纸电同步率达到95％以上，这些电子书、有声书在咪咕、亚马逊Kindle、掌阅、阅文、京东、喜马拉雅等平台的销售活跃；《中国社会科学文库》《中国社会科学年鉴数据库》《中国近代影像资料库》三个数据库产品已在国家图书馆、中国社会科学院图书馆、上海图书馆等 600 多家图书馆试用。2019 年全部数字产品销售收入近1000 万元。

近几年，中国社会科学出版社大众出版品牌"鼓楼新悦"旗下的新书频频登上各大媒体好书榜。背靠出版社的学术资源、积淀和眼光，《金犀牛：中世纪非洲史》《疫苗的史诗：从天花之猖到疫苗之殇》《史诗之城：在加尔各答的街头世界》等一批面向大众读者的普及读物，不仅具有较高的学术质量，而且能娓娓道来，让高端的学术思想从殿堂走向民间。

学术年鉴是一个学科学术进展和学术信息的重要展示平台，是学术研究重要数据来源，在学术评价中日益发挥重要作用。随着习近平总书记在《在哲学社会科学工作座谈会上的讲话》中提出，"不断推进学科体系、学术体系、话语体系建设和创新，努力构建一个全方位、全领域、全要素的哲学社会科学体系"，赵剑英推动年鉴分社不断拓展学术年鉴的品种规模。目前，已连续出版 30 多种学术年鉴，基本覆盖哲学社会科学领域的一级学科，正在向有影响力的二级学科拓展，清晰呈现出学科体系、学术体系和话语体系发展建设的脉络。这些年鉴还围绕相关学科的重大理论和热点问题展开研讨，评选年度十大优秀论文，发布优秀学科综述，权威、公允的评价越来越得到学界认可，影响力日益彰显。

近年来，中央对中国特色新型智库建设做出重要战略部署。赵剑英敏锐地意识到，这将引领未来学术发展的方向。他迅速抽调精干人员，成立智库成果出版中心。五年来，这个中心打造的"中社智库"品牌，吸引了中央 25 家国家高端智库的许多优秀成果，已推出"国家智库报告"300 余种，"地方智库报告"40 余种，"年度报告"50 余种，"智库丛书"300 余种，成为中国第一家系统、密集、快速发布中国高端智库成果的重要平台。智库成果出版在全国出版社中独树一帜，成为中国社会科学出版社一个重要的出版板块，取得了良好的社会效益和经济效益。

应时而动、顺势而谋，这一系列举措使中国社会科学出版社充满前行的活力，与时代同行、发时代先声。

与机构改革同步展开的，是人事制度和薪酬体系改革。全社人员实行聘用制，干部岗位有了任期制，人员能进不能出、干部能上不能下的问题得到解决。在新的薪酬体系中，体现能者多劳，对编辑进行分级，职称相对较低的编辑也可以选择高级别的编辑工作量，进而取得相应的报酬；加大对重点选题的奖励力度；对质量不合格图书进行处罚。编辑的年终奖金增加了对社会效益的奖励——不仅"多劳多得"，而且鼓励"优劳多得"。不论是获得"中国出版政府奖""中华优秀出版物奖"等国家级奖项，还是获得省部级奖、社内好书奖，编辑都可以获得相应的奖金。为了持续积累高端出版资源，出版社不仅奖励获奖图书的编辑，也奖励获奖图书的作者。

出版社的"内部改造"进行得如火如荼，"外部改造"也在同步进行。2010 年，中国社会科学杂志社搬离小院。2012 年，赵剑英从主管单位中国社会科学院争取到房屋维修资金对办公楼进行维修改造。始建于 20 世纪 50 年代的建筑，原来四处弥漫着仿佛是岁月积累下来的幽暗，自此光洁明亮，焕然一新，洋溢着现代企业的勃勃生机。

正像赵剑英所笃信的那样，付出就会有回报。2013 年，全社立项选题达到 2513 个，实际出书 1937 种，总收入是 2010 年的近 3 倍。

出版社有钱了，赵剑英准备投资。不是投资金融，也不是投资房地产，而是投资作者。那几年，中国社会科学出版社出资 45 万元启动法学学科新进展报告系列，出资 40 万元争取到中国社会科学院重大项目《中国政治思想史》（多卷本），出资 100 多万元启动《当代中国学术思想史》系列（16 种）……

"这些项目竞争都比较激烈。我们能拿下这些项目，充分表明中国社会科学出版社对优质成果的高度重视。"赵剑英说，与其让这些钱趴在银行账户上，不如投资作者，既争取了作者团队，又展示了一个大社应有的气魄。

不仅要"埋头苦干"，还要"抬头望路"，"仰望星空"，学会看宏观、看变化、看战略，赵剑英的长远眼光，在几年后得到了更为丰厚的回报：2019 年，中国社会科学出版社总收入达 3 亿元，这项历史新高，是 2010 年的 5 倍还多。这对于一家没有任何教材教辅和党政渠道资源，纯粹做学术出版的出版社来讲，是殊为不易的。

"唯物辩证法告诉我们，矛盾是普遍的，是无时无刻不存在的。人类总是在发现矛盾、解决矛盾过程中前进的。矛盾与问题并不可怕，关键是要勇于面对，以科学的方法解决矛盾，化危为安，化危为机。"赵剑英的从容与自信，源自他的努力，也源自他的哲学思考。

四

2012 年 4 月，经过十多个小时的长途飞行，赵剑英抵达伦敦，参加在那里举办的中国作为主宾国的伦敦书展。那场大手术过去了两年，他想试炼一下自己的身体能否适应长途旅行，也想试炼一下自己的意志。没想到，这成为中国社会科学出版社"走出去"的开端。

赵剑英发现，虽然书展热热闹闹的，但国内出版社展示的图书，大多还是武术、饮食、传统文化之类的主题，介绍当代中国的图书很少，更别说深浅适宜、通俗易懂的书了。这也印证了赵剑英以往对外交流的感受：大多数外国人既不了解历史的中国，又不了解当代的中国，即使稍有了解，也是非常表面的了解。数量不多、质量不高的外宣图书，与中国的大国地位极不相称。扭转这种现状，搭建中外文化交流的桥梁纽带，是出版人义不容辞的责任。走出展场，在伦敦街头漫步，赵剑英心中蹦出"理解中国"四个字来。

改革开放以来，中国特色社会主义取得了巨大成功。如何用外国读者听得懂、喜欢听的语言，行之有效地展示历史的中国、现实的中国、学术的中国、文化的中国？赵剑英的答案是：把讲好中国故事和自己所从事的学术出版结合起来，对中国道路、中国理论、中国制度进行阐述，给国内外读者呈现一个真实的、丰富的、立体的中国。他的想法逐渐成熟起来。

三年之后，2015 年美国书展，一套名为《理解中国》的英文版丛书横空出世。丛书首批图书《破解中国经济发展之谜》《中国社会巨变和治理》《中国的民主道路》《中国的环境治理与生态建设》《中国经济改革的大逻辑》《中国人的宗教信仰》《中国的法治道路》《中国战略新布局》在纽约发布。

"著名经济学家蔡昉撰写的《破解中国经济发展之谜》，从人口红利的角度分析了中国经济的发展之谜，并指出，未来中国经济的发展要从依靠'人口红利'转向通过改革释放'制度红利'。著名社会学家李培林主编的《中国社会巨变和治理》，运用大量统计数据和经验调查材料，从人口、家庭、社会结构、社会心态、社会治理等不同的角度，全面反映了中国改革开放以来社会发生的巨大变化、取得的成就和面临的挑战……"面对众多世界知名学者、出版人，赵剑英娓娓道来，如数家珍。

三年来，他一直在构思着这套丛书，从策划选题到约请作者，从拟写提纲到修改书稿，无不亲力亲为。终于，群贤毕至，一批一流学者从各自学科角度客观介绍中国的道路、理论、制度和中国的文化，语气谦和、诚恳，真正帮助国外读者了解和理解中国，实现有效沟通。如今，这套倾注着赵剑英大量心血的《理解中国》丛书，已有了中文品种 20 种，已经海外合作签约、在译外文版 86 种，已出版外文版 33 种，既是中国社会科学出版社"走出去"的发轫之作，也是代表之作。其中，《破解中国经济发展之谜》获第六届中华优秀出版物（图书）奖，《中国的和平发展道路》入选"2017 中国好书"。在世界著名出版公司施普林格的电子书平台 BookMetrix，《破解中国经济发展之谜》英文版的下载量超过 10000 次，《中国经济改革的大逻辑》英文版的下载量超过 7000 次，《中国的环境治理与生态建设》英文版的下载量超过 5000 次，《中国人的宗教信仰》英文版的下载量超过了 2600 次，远高于普通学术著作的平均下载量。

《理解中国》丛书，让赵剑英找到了"走出去"的感觉。或者说，赵剑英深厚的学术积累、敏锐的出版意识，凭借《理解中国》丛书得以充分施展。自此，中国社会科学出版社的"走出去"图书精彩迭出。《中国制度研究》丛书被视作目前唯一一套系统梳理和研究中国制度的丛书，"简明中国"系列丛书沿着"理解中国"和"中国制度研究"的模式继续深化与展开，《简明中国历史读本》《简明中国近代史读本》《简明中国宗教史读本》《中华文化简明读本》《简明中国文学史读本》等多部著作，从历史与文化的角度帮助国外读者了解当代中国人思维方式和价值观的由来。

出版"理解中国""中国制度研究""简明中国"这些跨学科的大型丛书，无法依靠某个专业出版中心；版权输出，是中国社会科学出版社过去极少触及的领域。此时，重大项目与智库成果出版中心、国际合作与出版部的独特作用就得以凸显。近两年，重大项目出版中心已出版的"走出去"图书占全社 60%，"走出去"图书签约占全社 77%。"中社智库"海外签约项目百余种，配合国家主场外交出版英文图书 50 余种，在"一带一路"国际合作高峰论坛、中非合作论坛北京峰会、改革开放与中国扶贫国际论坛等国际会议上，都能看到"中社智库"中英文版图书的身影。

2019 年，在"中国图书对外推广计划"工作小组会议上，中国社会科学出版社被授予"突出贡献奖"。在发表获奖感言时，赵剑英说："将'走出去'图书做成学术精品，这是增强国际学术影响力的根本。我们认为，主题图书不应是意识形态的说教和宣传，应当是高质量的学术精品，应当是适合大众阅读的读物。近两年来，我们着力将主题出版、学术精品出版、大众出版与'走出去'紧密有机结合，坚持'高端'与'普及'有机结合，探索出了一条主题化、精品化、大众化、国际化相互联动的出版产品线。"

五

做学术，是赵剑英的当行本色。抓市场，则是作为社长的赵剑英不得不面对的新挑战。

"当时的情形已不容再拖拉，图书营销必须要紧跟形势的发展，这一点在我看来可能比其他工作都要迫切。"早在刚刚出任总编辑时，赵剑英就注意到了编发脱节的问题。他把图书编辑与发行人员召集到一起。都有牢骚，都有抱怨，都有苦衷，处于出版社最关键环节的编辑与发行，终于坐到了一起，面对面沟通，这为后来的精准衔接奠定了坚实的基础。

就任社长后，营销部门的调整，开始在赵剑英头脑中酝酿。以推动"宣传与发行一体化"为主要思路，将传统的发行部与市场部合并，成立营销中心。原先工作目标单一的市场部升格为产品与品牌宣传部，被赋予品牌宣传的职能。此后，面向馆配市场的图书馆部、面向互联网新媒体的网络与新媒体部相继成立，实现了图书营销的全渠道覆盖。

2017 年，出版社的图书销售遭遇瓶颈，从营销中心主任到发行员都忧心忡忡，但赵剑英并未慌乱。他分析，党员领导干部阅读正在向高端理论和知识领域发展，学术图书在党政渠道大有机会，主题图书可以成为拉动出版社销售增长新的动力。根据这一判断，发行人员及时调整工作方向，加大主题出版物宣传推介力度，销售潜力得到了释放，销售码洋恢复了快速增长的态势，出版社各项经济指标增长明显。

《简明中国历史读本》销售 18 万册、《新大众哲学》销售 6 万余册、《中国共产党人的战略思维》销售 4 万册……在赵剑英"整合与挖潜""营销引领发行""深入终端的精准营销"等理念的推动下，出版社的营销工作屡屡实现新突破。特别是一些主题图书的叫好又叫座，让很多身经百战的发行员不禁对这位"营销新手"暗自佩服。

在赵剑英看来，出版主题图书，不仅是政治任务、学术工作，而且市场潜力巨大。2019 年，他策划的《习近平新时代中国特色社会主义思想学习丛书》（12 种）入选中宣部主题出版重点出版物，在全社会引起重大反响，发行超过 5 万套，实现销售码洋近 3200 万元，取得了社会效益、经济效益双丰收。余韵未消，他又谋划起《中国特色哲学社会科学丛书》（12 种）的出版方案："近代以来，中国学界基本上是跟着西方走，一直尊崇西方人文社科的学术观点和方法。当今时代，已经到了建构、提炼体现中国主体性、时代特点和内涵的，有民族性特色的学术思想体系的时候了，与其谈设想、谈规划，不如拿出真正能够体现中国特色、中国风格、中国气派的论著，这是哲学社会科学工作者的使命和职责。"

赵剑英不仅为营销人员指点迷津，还经常亲自上阵。借助自己长期形成的人脉，挖掘机构客户，推动精准大额销售。每次大型书展，赵剑英都坚守在出版社展台前，为读者、经销商释疑解惑，推荐好书。在出版社的样书室，他不厌其烦一次又一次为到访的人们讲述那些图书背后的故事。疫情期间，销售难度增大，在微信朋友圈和各种微信群里，赵剑英推送图书信息的次数明显增加了。不是简单地转发，而是用精炼又通俗的语言把这些书好在哪、为什么重要讲得透彻明白。

从前的"营销新手"，如今成了员工口中的"金牌销售员"，这源自赵剑英心中的信念：读者需要好书，好书一定会有市场。

六

出版社走上了正轨，赵剑英却停不下来。

他太忙了。每天经手数不清的书稿、文件，每年三百多场社内外的会议、活动。忙着策划书稿，也从零学起，看财务报表。忙得很多人已经忘了他还是个病人，忙得外人丝毫看不出他是个病人，甚至错以为他是个不需要休息的"超人"。

一本书接着一本书，一个挑战接着一个挑战，赵剑英累吗？确实累。手术之后，每天都需要服用免疫抑制剂，容易感到累，但他不愿停下来，他太热爱这份事业了。

赵剑英是个做实事的人，从不玩虚的，从不空喊口号。他层出不穷的想法、创意、理念，通过出版变为现实。虽然累，但他感到无比快乐、无比充实。出版给他提供的实践舞台，杂志社没有，学术界也没有。一个想法接着一个想法，赵剑英已经做了很多，但他还有很多要做的。

"以前对出版工作有些拒斥，现在则是'欲罢不能'。干出版很累，环节多，同时市场的不确定性强，每一个产品都是新产品，所以很辛苦，但又有一种说不清的魅力，我想就是挑战与应战的魅力，包括成功的体验和不可避免的遗憾。"身体在逐渐康复，出版社的发展也在稳步推进，这让赵剑英相当有成就感，"这种体验、这种快乐是常人体会不到的，这里面的艰辛与心理压力也是常人体会不到的"。

就是在这样高强度的出版工作中，赵剑英仍然坚持着自己的学术研究。"不仅要埋头苦干，还要抬头望路，仰望星空"，他这样要求员工，更这样要求自己。仰望星空，回归哲学，回到那个探寻智慧的世界，对他来说，是一种习惯，充满无限乐趣。

和职业学者不一样，赵剑英很难有大块的时间。在旅途中，在散步时，他抓紧一切碎片化的时间，进行思考。思考得多了、深了，新观点、新思想自然而然地就流淌出来。他在《中国社会科学》《哲学研究》《马克思主义研究》《人民日报》等报刊上发表论文和文章，已近百篇，迄今在《哲学研究》发表8篇论文，在《马克思主义研究》发表8篇论文。读过他的《党的自我革命开创权力监督

的新路》《中国为何有坚定的制度自信》《中国道路的哲学观念》
《中国之治的实践逻辑》《现代性与近代以来中国人的文化认同危机
及重构》《试析实践活动运行机制》等文章，学者们无不称道：赵
剑英的文章有新意，是马克思主义哲学研究和中国特色社会主义理
论研究领域的重要文献。

2017 年、2018 年，赵剑英连续出版了《时代的哲学回声》《21
世纪中国的马克思主义》两部专著，在国内外学界引起广泛关注。
2019 年 12 月，俄罗斯科学院哲学所首席研究员、著名汉学家布罗夫
在《自由思想》杂志刊发长篇书评《马克思主义的创造性方法》，
认为《21 世纪中国的马克思主义》不仅解读了中国道路成功之
"道"，同时阐释了习近平新时代中国特色社会主义思想的基本内涵，
从马克思主义理论的历史逻辑、中国特色社会主义的实践逻辑，以
及中华文化的传承发展逻辑看，习近平新时代中国特色社会主义思
想是马克思主义在 21 世纪发展的新境界、新阶段，是反映时代新变
化、新特征和中国发展新实践、新经验的创新了的马克思主义，是
植根中国优秀传统文化、传承革命文化、反映社会主义先进文化，
把三者有机融合起来的中国化的马克思主义，是中华文化在 21 世纪
发展的新阶段、新形态。作者不仅描述了 21 世纪中国的马克思主
义，同时描画了现代中国社会的思想政治生活的广阔全景图，介绍
了中国共产党和习近平总书记治国理政的纲领方针。不久之后，布
罗夫主动将这本书翻译成俄文在俄罗斯出版。

他主编的 The Theory of China Model and the Rise of China （《论中
国模式》）在国际著名出版社罗德里奇学术出版社出版。他在马克思
主义实践理论、当代中国哲学新形态、当代中国文化认同问题与中
国特色社会主义文化理论及习近平新时代中国特色社会主义思想研究
领域取得了丰硕的成果，曾获得吴玉章人文社会科学奖优秀成果奖，
中国社会科学院第一届青年优秀成果一等奖，中国社会科学院优秀
对策信息奖一等奖，胡绳青年学术奖，等等。基于赵剑英在学术研

究上取得的突出成绩，他被评为全国文化名家暨"四个一批"人才，入选国家百千万人才工程和有突出贡献中青年专家，国务院政府特殊津贴专家，全国新闻出版行业领军人才。他还是中国历史唯物主义学会副会长，全国中国特色社会主义理论研究会副会长，全国21世纪马克思主义研究会副会长。赵剑英是我国马克思主义哲学和中国特色社会主义理论研究领域的知名学者。

在赵剑英的生命历程里，学术与出版早已相互浸润，融为一体。在出版这个舞台，他既有气魄宏大的整体勾勒，也不乏精细的局部雕琢。通过一个好的选题，他可以组织、协调甚至引领学术研究。而因为有了深厚的学术积累，就策划出了像《理解中国》丛书、《习近平新时代中国特色社会主义思想学习丛书》这样一批既叫好又叫座的出版物。

赵剑英很欣赏一句话："这个世界上并不缺乏温和的人，缺的是温和而意志坚定的人，也不缺理性的人，缺的是理性而有使命感的人。"在他看来，做学问、做出版，都需要有儒家那种入世的态度，积极进取，刚健有为，同时又要具备道家那种出世的精神，平静超然，处变不惊，临危不乱。

"出版是文明之光，照亮人类前进的方向，是一项高尚的事业，也是一项充满魅力的职业，我相信社科出版社的平台可以实现你的追求和出版梦想。"在新员工入职培训上，赵剑英告诉他们，从哲学上讲，人生的意义是由创造性实践活动所赋予的，每个人都要不断努力、不断追求，这样你的人生才能够越来越丰富，越来越有价值，而出版社也会因为你们的创造性实践活动而变得越来越好。

这是一位哲学家对出版的理解，也是一位经历过大风浪的出版家对人生的理解。

致　　谢

在本书即将付梓之际，确实有不少话要表达一下。

回想近十多年走过的路，所做的事，取得的一些成绩，首先是要真诚地感谢中国社会科学院党组和陈奎元老院长、王伟光院长、谢伏瞻院长等院领导，以及原国家新闻出版总署（总局）、中国出版协会的柳斌杰、邬书林、吴尚之和其他领导的信任、关心与支持。

感谢业内同人对中国社会科学出版社和我本人工作的理解、指导与支持！

感谢与我朝夕相处，共同奋斗的同事们，包括与我一起先后工作的社科出版社领导班子成员和其他同志们。团结就是力量，群众是真正的英雄。正是同志们的支持，大家同舟共济、携手合作、努力拼搏，才有今天社科出版社良好的局面。

感谢一路走来过程中各方朋友的襄助与鼓励，让我感到并不是一个人在奋斗。

感谢家人的宽容与支持，因为我把大部分时间用在了工作上，对家务关心甚少。

编辑出版本书是一项极为繁杂的工作。首先要感谢张华兵、杜丽延同志搜集散见于各处的大量讲话、发言，并初步按年份装订成册，接下来对这些文本进行初读与选择时，王曦、王衡协助我做了大量工作。孙萍、喻苗、范晨星、王衡承担了书稿的责编工作，王衡同志自始至终做了大量编务工作。美术编辑孙婷筠在封面、版式以及照片的编排等方面付出辛劳。营销编辑姚成号在照片查找上也费神不少。责任印制王超在印刷生产环节给予了技术支持。魏长宝总编辑、王茵副总编辑审阅了全部书稿，并提出了许多宝贵的修改意见。

特别感谢中国出版协会理事长邬书林先生在百忙之中欣然应允为本书作序，令我十分感动。他用精练而不失优美的语言，对本书以及我十几年的学术出版实践给予了精准概括和充分肯定，给我以莫大的鼓励。尤其是他对学术出版地位和重要性的深刻见解，对未来中国学术出版的发展方向和着力点所提出的要求，为中国学术出版工作者指明了努力的方向。

我对以上同志为本书出版所付出的辛勤劳动与所给予的宝贵指导表示深深的谢意！为本书的出版付出劳动的同志还有不少，恕我不在此一一提名，谨向他们致谢！

赵剑英

2021 年 11 月 25 日
于后海北岸